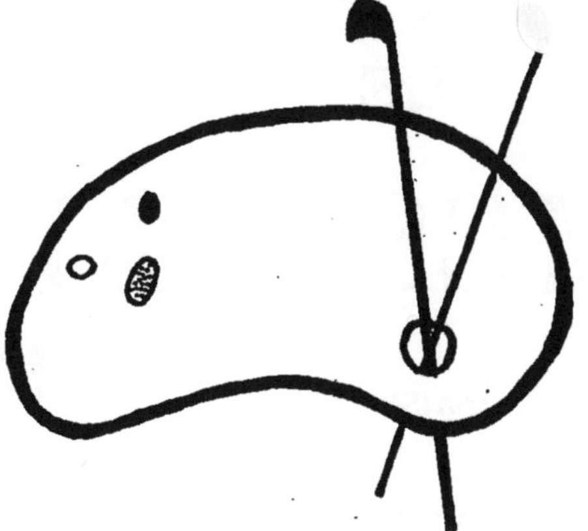

DEBUT D'UNE SERIE DE DOCUMENTS
EN COULEUR

LE
HOMESTEAD

OU L'INSAISISSABILITÉ

DE LA PETITE PROPRIÉTÉ FONCIÈRE

PAR

Paul BUREAU

PROFESSEUR SUPPLÉANT A LA FACULTÉ LIBRE DE DROIT DE PARIS

PRÉFACE DE M. E. LEVASSEUR
MEMBRE DE L'INSTITUT

MÉMOIRE COURONNÉ PAR L'ACADÉMIE DES SCIENCES MORALES ET POLITIQUES
Prix Rossi pour l'année 1894.

PARIS

LIBRAIRIE NOUVELLE DE DROIT ET DE JURISPRUDENCE
ARTHUR ROUSSEAU, ÉDITEUR
14, RUE SOUFFLOT ET RUE TOULLIER, 13

1895

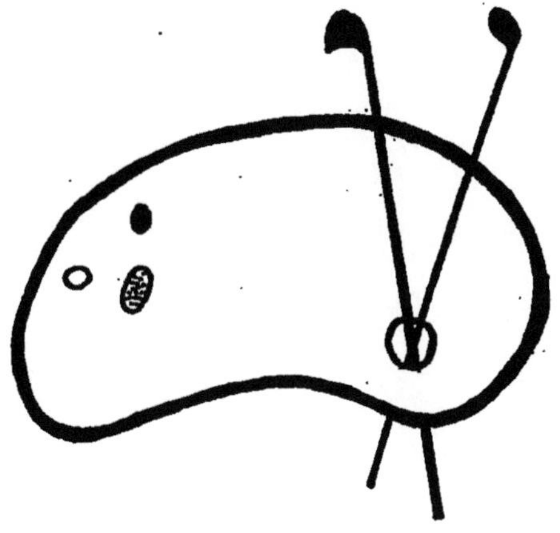

FIN D'UNE SÉRIE DE DOCUMENTS
EN COULEUR

LE

HOMESTEAD

OU

L'INSAISISSABILITÉ DE LA PETITE PROPRIÉTÉ FONCIÈRE

LE HOMESTEAD

OU L'INSAISISSABILITÉ

DE LA PETITE PROPRIÉTÉ FONCIÈRE

PAR

Paul BUREAU

PROFESSEUR SUPPLÉANT A LA FACULTÉ LIBRE DE DROIT DE PARIS

PRÉFACE DE M. E. LEVASSEUR
MEMBRE DE L'INSTITUT

MÉMOIRE COURONNÉ PAR L'ACADÉMIE DES SCIENCES MORALES ET POLITIQUES

Prix Rossi pour l'année 1894.

> « *Come ye round all nations of the world, for
> uncle Sam is rich enough, to give us all a
> farm* » (chanson de l'oncle Sam).
>
> « Accourez toutes, nations de la terre, car
> l'oncle Sam est assez riche pour nous donner à
> tous une ferme. »
>
> « En dépit des apparences, les lois de homes-
> tead, aux États-Unis, n'ont été conçues que pour
> les périodes courtes de crise économique et n'ont
> d'utilité pratique que pendant ces périodes. »

PARIS

LIBRAIRIE NOUVELLE DE DROIT ET DE JURISPRUDENCE

ARTHUR ROUSSEAU, ÉDITEUR

14, RUE SOUFFLOT ET RUE TOULLIER, 13

1895

PRÉFACE

L'Académie des sciences morales et politiques avait mis au concours en 1891 pour le prix du Comte Rossi la question suivante : « Rechercher les origines de la législation dite de Homestead ; en exposer le fonctionnement dans les pays où elle est établie ; en apprécier les avantages et les inconvénients ». Elle a décerné le prix à l'auteur du mémoire n° 3.

L'auteur était M. Bureau, et le mémoire, retouché par lui, est devenu le livre que nous présentons au public.

Ce livre vient à propos éclairer un problème économique qui est, depuis une dizaine d'années, agité en France et dans plusieurs autres Etats d'Europe. On s'inquiète de l'émigration des campagnes vers les villes, de l'instabilité des petits propriétaires ruraux, du morcellement des héritages par les successions, des frais de mutation des parcelles de terre, du nombre des saisies immobilières et on a songé à remédier à ce qui est réellement un mal ou à ce que certaines opinions considèrent comme tel par des mesures qu'on croit propres à fixer les populations sur le sol.

On a proposé comme un des moyens les plus efficaces la constitution de « biens de famille », consistant en maison et terre n'excédant pas la valeur de

10.000 francs suivant les uns, de 5.000 francs suivant les autres, que la loi mettrait à l'abri de la saisie par les créanciers et de l'hypothèque par le propriétaire, qu'elle rendrait inaliénable ou du moins dont elle n'autoriserait l'aliénation par le mari qu'avec le consentement de la femme et dont elle faciliterait même, suivant le vœu de quelques réformateurs, la transmission intégrale à l'un des héritiers sous condition d'indemnité pour les autres.

On cherche à s'autoriser de l'exemple de peuples étrangers et on cite principalement le Hanovre et les Etats-Unis. Mais, en Hanovre, le « Auerbenrecht » qui avantage l'héritier principal désigné pour continuer l'exploitation de la ferme, s'adresse à une population qui a conservé une partie des traditions féodales et, bien qu'il ait été accueilli par elle avec faveur, on ne peut pas citer un ensemble de résultats manifestant avec évidence la supériorité de ce système. L'exemple des Etats-Unis au contraire est éclatant ; si le peuple de cette grande république, dont la population a plus que doublé jusqu'ici dans chaque période trentenaire de son histoire et qui, de 1850 à 1890, a défriché 100 millions d'hectares, triplant ainsi en quarante ans la superficie des terres en culture, a obtenu ces résultats grâce à l'insaisissabilité et à l'inaliénabilité des petites propriétés, il faudrait être bien réfractaire au progrès pour ne pas admirer « l'intelligence sociale avec laquelle l'agriculture américaine a su mettre par le Homestead le domaine rural à l'abri de l'expropriation ».

Mais l'examen des faits n'autorise pas cette conséquence. M. Bureau, qui est docteur et professeur en droit et qui a vu en Amérique ce que sont les législations diverses du Homestead et les effets qu'elles ont produits, ne s'est pas laissé abuser par des apparences en confondant des faits distincts parce qu'ils ont un nom de commun. Les Américains ne s'y trompent pas ; mais il ne faut pas s'étonner que des publicistes européens n'aient pas, à si grande distance, distingué de leur cabinet la différence des choses sous la similitude des mots. Le livre de M. Bureau la leur mettra sous les yeux.

Depuis le temps de la proclamation de l'indépendance, les États-Unis avaient employé divers moyens pour mettre en valeur par des ventes ou par des concessions gratuites leur immense territoire. En 1862, pendant la guerre de la rébellion, ils ont rendu la loi la plus importante que le Congrès ait voté sur la matière, la « Homestead law », qui donne à tout Américain majeur ou à toute personne ayant déclaré, conformément à la loi, son intention de devenir citoyen des États-Unis, le droit d'occuper gratuitement 160 acres de terre arpentée, ou seulement 80 acres dans certains cantons plus avantageusement situés, et qui lui en confère la pleine propriété après cinq ans de résidence s'il a cultivé, en partie au moins, cette terre. Avant les cinq années, le colon, ne peut l'aliéner, ni l'hypothéquer puisqu'il n'en a pas la propriété.

Cette loi fédérale, qui était réclamée depuis plusieurs années par le parti républicain, et qui devait avoir, entre autres effets, celui d'augmenter sa force

en formant dans l'ouest une armée de petits propriétaires libres, a eu un plein succès ; car en moins
d'une trentaine d'années elle a donné naissance à
plus d'un million de Homesteads ayant une superficie totale plus grande que la France entière. « Ce
Homestead, dit un écrivain américain, couvre d'habitations le sol des Etats. Il fait sortir de terre les
communes et les cités. Ce Homestead, nous ne l'a-
vons emprunté à aucune nation, il porte la puissante
et originale empreinte de notre race ».

Autre chose est la « Homestead exemption », créée
par des lois particulières d'Etat, qui constitue un
privilège en faveur du foyer domestique. Elle a été
définie à peu près ainsi par le jurisconsulte américain, Rufus Waples, auteur de l'ouvrage le plus
récent et le plus important sur la matière : « Le Homestead est une résidence de famille, impliquant
possession, occupation effective, limitation de valeur, exemption de saisie, aliénabilité restreinte, le
tout conformément à la loi ». Le lecteur trouvera
dans le livre de M. Bureau un exposé précis et clair
de ces conditions. Il y verra, entre autres choses, que
l'insaisissabilité n'est pas absolue, puisque le privilège est temporaire et conditionnel, et que les petits
domaines ne sont pas rendus absolument inaliénables et insaisissables, puisqu'ils peuvent être aliénés
et hypothéqués par le veuf sans la participation de
ses enfants et par le mari avec le consentement de
sa femme.

Il y trouvera aussi l'histoire de cette législation qui
remonte à l'année 1839 dans le Texas, et qui a été

adoptée successivement par presque tous les Etats pour divers motifs : le désir, dans le sud, de protéger côntre l'éviction les propriétaires obérés par la guerre de la rébellion et, dans l'ouest, la prépondérance politique des petits propriétaires et l'espoir d'attirer les colons par cette immunité sont au nombre de ces motifs. Dans la majorité des Etats du nord-est, la « Homestead exemption », qui n'est pas la loi commune, mais seulement le privilège de ceux qui ont volontairement placé leur bien sous ce régime, est une exception rare ; les propriétaires n'y recherchent guère un privilège qui leur interdirait le crédit hypothécaire. Quand on sait quel fréquent usage les fermiers américains font de l'emprunt sur hypothèque, seul moyen qu'ils aient le plus souvent de se procurer l'argent nécessaire à leur faire-valoir, on ne s'étonne pas que, dans l'ouest même, beaucoup renoncent à l'insaisissabilité, qui y est de droit commun, en demandant à leur femme d'apposer sa signature sur un contrat d'hypothèque.

Néanmoins l'institution de « Homestead exemption » jouit d'une certaine popularité aux États-Unis, puisque quarante-quatre États ou Territoires l'ont introduite dans leur législation ; elle paraît être appréciée par les propriétaires du centre et de l'ouest plus que par ceux de l'est. L'immunité qu'elle confère a incontestablement l'avantage de conserver un asile à une famille dont le chef a été imprudent ou malheureux et d'aider la veuve à élever ses enfants : avantage, il est vrai, qui n'est obtenu qu'au détriment d'un créancier ; mais, elle a, d'autre part, l'inconvénient d'aider les malhonnêtes gens à faire des dupes.

Nous savons exactement quels ont été les effets de la loi de 1862 pour le peuplement de l'Amérique. Nous n'avons aucune donnée précise sur les effets des lois particulières. Une estimation, un peu vague d'un jurisconsulte américain porte à 6000 le nombre des arrêts rendus de 1878 à 1893 en matière de Homestead : ce serait, si le chiffre est exact, peu pour une population de 62 millions d'habitants (en 1890) quand en France 38 millions d'habitants ont donné lieu, dans la seule année 1889, à 14.278 ventes sur saisie immobilière. Nous possédons cependant la statistique de la dette hypothécaire dont j'ai donné les principaux résultats dans mon travail sur *L'agriculture aux Etats-Unis* : statistique très intéressante qui prouve que, puisque les petits propriétaires empruntent beaucoup sur hypothèque, il faut conséquemment que beaucoup renoncent, d'accord avec leur femme, à leur privilège.

Ont-ils tort ou raison ? Les opinions peuvent différer sur ce point parce que les cas sont divers. Pour moi, je pense, avec des agronomes éminents des Etats-Unis, que, quoiqu'il y ait des propriétaires qui s'obèrent imprudemment, le centre et l'ouest de l'Amérique n'auraient pas été si rapidement peuplés et cultivés sans emprunt hypothécaire, c'est-à-dire si les propriétaires n'avaient pu s'affranchir de l'insaisissabilité.

Cette insaisissabilité, qui ne s'applique pas plus au campagnard qu'au citadin, n'avait pas pour objet, dans la pensée des législateurs américains et n'a pas eu pour effet d'attacher de père en fils les familles à la culture du même sol. Ce que nous savons du caractère américain, de la fréquence des mutations, de la facilité avec laquelle les jeunes gens quittent le foyer paternel pour se frayer eux-mêmes une carrière avant que leurs parents ne soient parvenus à l'âge de la retraite, nous porterait à croire que, s'ils avaient eu ce dessein, ils n'auraient guère réussi. On peut dire que le privilège de Homestead a sauvé des familles de l'éviction — ce qui est l'essence même de ce privilège — mais il ne faut pas dire, comme on l'a fait, qu'il a créé la stabilité de la famille américaine.

Un des économistes les plus autorisés de l'Amérique que j'interrogeais sur la question du Homestead me disait : « La loi fédérale de 1862 a été féconde en résultats heureux pour la grandeur des Etats-Unis. Quant aux lois d'Etat sur la Homestead exemption, elles ont pu être utiles à des particuliers, mais il est impossible de soutenir qu'elles aient été utiles à la prospérité du pays ».

Cette distinction n'a pas été faite par tous les auteurs qui ont abordé la matière. M. Bureau l'a nettement établie.

Un mot en terminant. Convient-il de décréter en France l'inaliénabilité et l'insaisissabilité des petits patrimoines ? C'est la question qui nous intéresse le plus, mais qui est trop grave pour que je l'entame dans une préface. Je me borne à dire que pour donner mon adhésion à un tel projet, j'aurais besoin d'être convaincu non seulement par des arguments de sentiment, mais par des faits et par des raisons positives prouvant que la mesure aura plus d'avantages que d'inconvénients. En tout cas, il ne convient pas de citer comme un argument décisif en faveur de cette convenance l'exemple des Etats-Unis, parce qu'il ne faut pas confondre les bons effets, dûment constatés par la statistique, de la loi fédérale de 1862 avec les effets, qui sont divers, douteux à certains égards et sur lesquels la statistique ne nous renseigne pas, des lois particulières de « Homestead exemption ».

Sur toutes les questions que soulève le problème du Homestead en Amérique et de l'introduction d'une institution analogue en France, M. Bureau fournit des éclaircissements et des réponses. L'Académie des sciences morales et politiques lui a décerné le prix parce que, dit le rapport, « cet auteur a examiné les faits sur place aux Etats-Unis et que son Mémoire réunit les trois qualités d'une solide étude juridique des lois sur le Homestead, d'une analyse précise des conditions dans lesquelles il est pratiqué ainsi que des effets qu'il a produits, et d'un jugement ferme et libéral sur l'introduction d'une loi de ce genre en France ». Ces qualités recommandent l'ouvrage qui est le résultat d'une enquête personnelle et consciencieuse faite en Amérique par un jurisconsulte connaissant bien les institutions et la langue ; il est le document le plus complet et le guide le plus sûr qu'on puisse aujourd'hui consulter en France sur la matière et, comme nous le disions au début de cette préface, il vient à propos pour éclairer le problème économique du Homestead.

E. LEVASSEUR.

AVANT-PROPOS

En 1891, l'Académie des Sciences Morales et Politiques, choisissant le thème du concours du prix Rossi, pour l'année 1894, adopta le sujet suivant : « Rechercher les origines de la législation dite du *homestead*. En exposer le fonctionnement dans les pays où elle est établie. En apprécier les avantages et les inconvénients ».

Vers la fin de l'année dernière, je soumis le résultat de mes recherches sur ce sujet à l'Académie des Sciences Morales et Politiques qui décerna à mon mémoire le prix du comte Rossi. Qu'il me soit permis, dès le début, de la remercier de la consécration qu'elle a ainsi donnée à mon étude et que le savant Rapporteur de ce concours, M. Emile Levasseur, m'a fait apprécier davantage encore, s'il était possible, par ses paroles beaucoup trop bienveillantes.

C'est ce mémoire que j'ai maintenant l'honneur de présenter au public et auquel les polémiques récentes suscitées par l'apparition des deux propositions de loi de M. Léveillé et de M. l'abbé Lemire ont donné un intérêt d'actualité bien inattendu au moment de sa rédaction.

J'avouerai, sans détour, que j'avais vu, avec une satisfaction très particulière, l'Académie inviter ceux qui étudient les phénomènes économiques, à porter leurs investigations sur les lois, si peu connues, du *homestead*. En fait, puisque cette législation, née aux Etats-Unis, n'a guère reçu son développement complet que dans son pays d'origine, c'était un sujet presque exclusivement américain que l'Académie proposait de traiter ; il était par conséquent particulièrement séduisant pour quelqu'un qui, depuis plusieurs années, se consacre à l'étude de la grande démocratie américaine, et plus généralement à l'étude des pays où l'influence anglaise est prédominante.

Lorsque j'eus commencé à lire les publications allemandes et françaises sur les lois américaines de *homestead exemption*, je me trouvai bien vite en face d'une situation singulière et fort embarrassante ; ces travaux, *tous* empreints d'un même esprit, *tous* écrits par des auteurs plus ou moins imprégnés des idées de la Société d'Economie sociale, représentaient les lois américaines de *homestead* comme répondant à des pensées et à des préoccupations que je savais être notoirement étrangères aux conceptions des hommes d'Etat américains. La quasi-unanimité de ces écrivains ne pouvait prévaloir contre l'évidence ; j'avais beau relire, pour contrôler mes propres jugements, les multiples ouvrages écrits depuis cinquante ans par la société américaine, que ce fussent les œuvres déjà anciennes de Tocqueville, de Michel Chevalier, de M. de Bacourt, ou de M. Dureau, ou celles plus récentes de M. Carnegie, de M. Max Leclerc, de M. Paul de Rousiers, j'arrivais fatalemeut à la même conclusion, l'antinomie était irréductible entre les lois de *homestead exemption*, telles que les présentaient les écrivains allemands et français auxquels j'ai fait allusion plus haut, et les caractères les plus incontestables de la société américaine.

Malheureusement, je ne pouvais recourir à aucun ouvrage américain pour m'éclairer, car je crois pouvoir affirmer que les lois de *homestead exemption*, n'ont jamais été, dans

auĉune revue économique américaine, l'objet d'aucun article ; encore moins aucun économiste américain leur a-t-il
fait l'honneur d'une étude spéciale et complète.

Désireux cependant de ne point abandonner le travail
commencé, je suis allé aux Etats-Unis chercher moi-même
les documents que je ne trouvais nulle part ; pendant deux
mois, j'ai parcouru plusieurs Etats de l'Est et de l'Ouest,
multipliant de tous côtés les enquêtes, les questions et les
« *interviews* », allant chercher des informations auprès de
tous ceux que leurs études, leur situation ou leurs occupations professionnelles mettaient le plus à même de me renseigner ; d'ailleurs j'ai surtout prolongé mon séjour, dans
les régions de l'Ouest, et, notamment dans le Minnesota,
car ces contrées me fournissaient les types les plus complets
des lois de *homestead*.

Voici le résultat de cette enquête, faite sur place, *avec
un sincère désir de bien voir tout ce qui est et de ne rien
voir qui ne soit pas.* Puisse cette étude contribuer, pour
sa modeste part, au progrès de la science, sans cesse re-
nouvelée et rajeunie des phénomènes économiques et des
lois qui président à leur développement.

J'ajoute que cette enquête a été conduite d'après la méthode d'observation, inaugurée par Frédéric le Play et développée par M. Henri de Tourville dont les beaux travaux
ont donné à tous ceux qui désirent s'en servir un instrument
si puissant d'investigation et d'analyse (1).

Je tiens, sans plus tarder, à réunir dans un remerciement
collectif et très sincère, tous ceux qui, soit par les moyens

---

(1) Cette méthode est exposée dans la *Science sociale*, revue mensuelle, dont les études si nouvelles ont éclairé, d'une vive lumière,
l'histoire et l'évolution des sociétés anciennes ou modernes.

de transport qu'ils m'ont fournis, soit par les renseignements qu'ils m'ont donnés, soit par les relations qu'ils
m'ont ménagées, ont concouru à m'éclairer et ont été, en
quelque manière, les collaborateurs de cette étude.

Je remercie notamment M. Seligman, le distingué profes-
seur d'économie politique, au Columbia College de New-
York ; M. G. K. Holmes, directeur au Census Office de la
section des *Homes and Mortgages* (habitations et hypothèques); le savant Commissionner of Labor de Washington,
M. Carroll D. Wright ; le Right Reverend Archbishop de
Saint Paul, Mgr Ireland ; M. William W. Folwell, professeur d'économie politique à l'Université du Minnesota ;
M. Léon Gérin, attaché au Ministère de l'Agriculture du
Dominion Canadien, enfin les Présidents des Compagnies
des chemins de fer de Chicago, Milwaukee and Saint Paul,
du Great Northern et de Saint-Paul and Duluth.

BIBLIOGRAPHIE

Le baron de Vogelsang, *Nothwendigkeit einer neuen Grund-entlastung (Nécessité d'une nouvelle émancipation économique du sol)*, 1880. — **Ofner,** *Die neue Gesellschaft und das Heimstätten-recht*, 1880. — **Sering,** *Die Landwirthschaftliche Konkurrenz Nordamerikas*, 1887. — **Popischill,** *Heimstätten*, 1884. — **Sember,** *Wahre Ursachenblatt*, Berlin, 1890, et livraison des *Verhandlungen des Prussischen Landesökonomiekollegs*, 1890, p. 209. — **Ruhland,** *Agrarpolitische Versuche*, p. 134. — **Batzinger,** *Erhaltung des Bauernstandes*, p. 57. — **Gamp,** *Landwirthschaftlicher Kredit*. — **A. Menger,** *Recht auf den vollen Arbeitsertrage*. — **O. Gierke,** *Sociale Frage*. — *Verhandlungen des Vereins für socialpolitik*, 1888, volume XXVIII, p. 39, von **Miaskowski**; p. 39, **Conrad**; p. 37, **Buchenberger**; p. 64, **Thiel**. — **Lorenz** von **Stein,** *Drei Fragen des Grundbesitzes*; du même, *Bauerngut*. — **Schaeffle,** *Incorporation des Hypothecarkredites*. — **F. Hacke,** *Wo hinaus*, 1891.

Verhandlungen des Preussischen Abgeordnetenhauses, 1882-1888, I, p. 565, von **Bismarck Schonhausen**; p. 568, **Westerburg**; p. 572, **Grünn**; et année 1890, III, p. 1983, von **Lucius**; p. 1984 et 2036, *von* **Ranchhaupt**; p. 1440, de **Below**: p. 1443, **Enneccerus**. — Articles du Dr **Grünberg** et du Dr **Weiss,** dans *Grenzboters*, 1890, n° 42.

Dr **Rüdolf Meyer,** *Heimstätten und andere Wirthschaftgesetze der vereinigten Staaten von Amerika, von Canada, Russland, China, etc...*, Berlin, 1883.

Das sogenannte Heimstättenrecht de M. K. **Schneider,** juge provincial à Cassel, dans *Jahrbuch für Gesetzgebung, Verwaltung und Volkswirthschaft im Deutschen Reich*, publié sous la direction de **Gustave Schmoller,** 1892, p. 43 et suiv.

Volks-und-Staatwirthschaftliche Rundschau, par Dr **Joh** von **Keussler,** dans *Russische Revue*, publié sous la direction de **R. Hammerschmidt,** 1891, p. 367 et suiv. — Article de M. **Pobedonotseff,** président du saint synode russe, dans *Réforme sociale*, 1890, p. 290.

Proposition du Grand Conseiller, pour le canton de Lucerne, **Franz Beck Len** dans le sursis du 28 février 1882; Rapport de la commission du 28 avril 1884; Rapport du conseil du gouvernement du canton au Grand Conseil, 13 février 1885. — **D'Amman Weck**, *De la conservation des biens ruraux* dans *Revue de la Suisse catholique*, juin 1885, p. 579 et s.

Nombreuses publications des professeurs italiens **Ignazio** et **Ippolito Santangelo Spoto** ; parmi celles-ci, nous signalerons spécialement : *Applicate l'homestead alle collonizzazione della Sardegna 1891 ; la colonizzazione interna; L'homestead e le condizzioni della proprieta et della famiglia in Italia ; Sul concorso per la costruzione delle case coloniche,* 1891; *Colonizzate ad homestead; L'homestead exemption law* dans *Rassigna di scienze soc e polit.,* 1890-1891. — Mémoire très étendu présenté, par M. **Ignazio Santangelo Spoto**, à l'Académie royale d'économie agricole des *Georgofili* de Florence. —**Egisto Rossi,** *La concurrenza americana e gli Stati Uniti.*

Devas, *Labour and Capital in England,* London, 1876 ; Du même, *Studios of family life,* London 1896 ; Du même, un article publié dans *The month,* 1888. — Publications diverses de la Société fondée à Londres par M. Devas pour la propagation des principes des *homestead Exemption laws* américaines, société disparue aujourd'hui. — *Further reports from her Majesty's minister of Washington, on the homestead Exemption laws of the United States :* Commercial n° 2 (1887), in continuation of Commercial n° 18. 1886, chez Harisson and Sons.

Professeur **Eduardo Sanz y Escartin**, la *cuestion economica,* Madrid, 1891.

Bulletin de la Société de législation comparée, année 1878, p. 27 et suiv. Etude de M. **Pierre Joliot,** sur les *homestead Exemption laws,* en Amérique. — **Claudio Jannet,** *les Etats-Unis contemporains,* 2° édition 1889, 2 vol. — **Saturnin Vidal** l'*institution du Homestead* (lecture faite à l'Académie de législation de Toulouse) Toulouse 1888, et aussi dans le *Recueil de l'Académie de législation de Toulouse,* 1887-1888, p. 63. — Discussion sur la législation du homestead, à la Société d'économie politique, le 5 mars 1887, rapportée dans le *Journal des Economistes,* mars 1887. — *Le Correspondant* du 25 juillet 1890 : Les Faits économiques et le Mouvement social, par M. **Claudio Jannet.**

Publication des Unions de la Paix sociale, Enquête sur l'état des familles, 1889, et surtout dans *Réforme sociale* — livraison du 15 juin 1884, p. 573 à 585 : Histoire politique de la petite propriété, rapport présenté par **Gabriel Ardant ;** — livraison du 15 février 1886, p. 21, Réunion du groupe mensuel de Paris, Détails donnés par M. **Rudolf Meyer,** sur la colonisation du Nord-Ouest canadien ; — livraison du 15 juillet 1886, p. 65 : La constitution de la famille dans le passé et dans le présent, par M. **Claudio Jannet** ; — livraison du 1ᵉʳ sept. 1886, p. 225 : Le droit d'expropriation et ses limites, par M. **Georges Michel** ; — livraison du 15 nov. 1886, p. 525 : Le mouvement agraire en Autriche par M. le Dʳ **Kaempfe** ; — livraison du 1ᵉʳ déc. 1886, p. 555 : Texte d'une pétition adressée au Sénat par M. **Jules Fourdinier** en faveur de l'institution du *homestead* ; — p. 561 à 571 Projet de loi ayant pour objet d'assurer la protection de la petite propriété. Anonyme ; — livraison du 15 mars 1887, p. 341. La protection de la petite propriété devant les sociétés savantes. Rapport de M. **Méplain**. Analyse d'un rapport de M. **Welche**. Résumé d'un discours de M. **Claudio Jannet**. — livraison du 1ᵉʳ mai 1887, p. 481. La crise agricole et ses remèdes, par **Urbain Guérin** ; — livraison du 15 mai 1887, p. 503. Réunion régionale de Lyon. De la crise agricole et des moyens de maintenir la petite propriété en France. Résumé d'un discours de M. **Claudio Jannet** ; — livraison du 1ᵉʳ août 1887, p. 155. Courrier d'Autriche. La préservation des biens de famille par le Dʳ **Kaempfe** ; — livraison du 5 août 1887, p. 203. Courrier de Suisse. Les lois successorales et les biens de famille, par M. **d'Amman Weck** ; — Analyse d'un projet de loi présenté par le conseil d'Etat au Grand Conseil, dans le canton de Lucerne sur les *Heimstaetten* ; — livraison du 15 nov. 1887, p. 522. La question de la petite propriété devant la Société d'agriculture de la Nièvre. Rapport de M. **Soglio** ; — livraison du 1ᵉʳ avril 1888, p. 399. Pro aris et focis. La question du homestead en Angleterre, par M. **Devas** ; — livraison du 1ᵉʳ juin 1888, p. 669. La petite propriété aux Etats-Unis. Rapport de M. **Ardant** à la Société d'Economie sociale et discussion ; — livraison du 16 juillet 1888, p. 103. L'institution du homestead. Aperçu des dispositions .... Extrait d'un mémoire de M. **Saturnin Vidal** ; — livraison du 16 août 1888, p. 222. Objection contre l'exemption de saisie des petits domaines. Lettre de M. **Edouard Vignes** ; — livraison du 16 déc. 1889, p. 741. Réunion mensuelle du groupe de Paris, le fisc et la petite propriété, par M. **Georges Michel** ; — livraison du 1ᵉʳ mars 1890, p. 290. La protection de la petite propriété rurale et le homestead en Russie, par M. **Pobedonotseff** ; — livraison du 16 mars 1890, p. 359. Le rôle social de la petite propriété, par M. **Jules Michel** ; — livraison du 1ᵉʳ août 1790, p. 184. Le mouvement social à l'étranger, par M. **Cazajeux** ; — livraison du 1ᵉʳ mars 1892, p. 383. La protection de la petite propriété, par M. **François Lajeunie.**

La Société d'Économie sociale a réuni les plus importants des documents indiqués ci-dessus dans une brochure spéciale, portant pour titre : *Enquête sur l'état des familles et l'application des lois de succession.* 2ᵉ fascicule, *Études sociales et juridiques sur la protection de la petite propriété en France et à l'étranger*, Paris, 1889.

Story, *Legal Digest*, 1889. — **John K. Smyth**, *the law of homestead and Exemption*, San Francisco, 1875. — **Seymour D. Thompson**, *A treatise on the homestead and Exemption laws*, 1878. — **Rufus Waples, L. L. D.**, *A treatise on homestead and Exemption*, Chicago, T. H. Flood et C°, 1893.

LE HOMESTEAD

ou

L'INSAISISSABILITÉ DE LA PETITE PROPRIÉTÉ FONCIÈRE

CHAPITRE PREMIER

LES DEUX SENS DU MOT HOMESTEAD.

Avant de commencer une étude sur la « législation du *homestead* », il est indispensable de bien préciser le sens de ce terme, afin de délimiter, par là même, la matière de ce livre.

Puisque le mot « *homestead* » est d'origine américaine, il semble que le meilleur moyen d'en connaître la signification exacte est de la demander à un Américain ; or, lorsqu'on se livre à cette recherche, on obtient, presque infailliblement, l'un ou l'autre des résultats suivants : ou bien la personne interrogée répond qu'elle ignore absolument le sens de ce mot (1), ou bien, si elle habite un des Etats de l'*Ouest*, elle répond invariablement que cette expression désigne la surface de terres publiques (ordinairement 160 acres =

---

(1). Je prie le lecteur de remarquer que les Américains de l'*Est* font cette réponse neuf fois sur dix ; à moins qu'ils ne disent, comme le fit l'un d'entre eux, que j'interrogeais à New-York, que ce mot leur est parfaitement connu, qu'il désigne en effet une pièce de théâtre qui eut « *the most marvellous success* ». Les visiteurs de l'Exposition Colombienne ont pu voir les mots « *the Old Homestead* » imprimés en grosses lettres sur d'innombrables affiches.

64 hectares, parfois 80 acres seulement), qu'un immigrant peut occuper à certaines conditions (1) et dont il peut acquérir gratuitement ou à un prix minime la propriété. *Ce sens est absolument dominant dans l'Ouest* et on traduirait volontiers le mot *homestead,* ainsi entendu, par *concession de terre,* si l'expression française n'entraînait pas avec elle l'idée de nos règlements coloniaux sur les concessions de terres, idée absolument étrangère aux lois américaines.

Cette première signification, pour *dominante* qu'elle soit aux États-Unis, n'est évidemment pas celle qui a fait la fortune du mot auprès des économistes allemands et de plusieurs publicistes français. Les puissances de l'Europe occidentale n'ont, en dehors de leurs colonies, aucune terre publique à donner en cadeau à ceux qui consentiraient à les cultiver, et les divers parlements anglais, allemand, italien. ou français n'ont point à se préoccuper d'assurer le défrichement d'immenses espaces fertiles restés incultes ; plusieurs siècles déjà avant qu'elle ne fut promulguée, la loi fédérale de 1862 (2) n'aurait plus pu servir de modèle à aucun législateur européen, du moins pour la politique métropolitaine.

Je tenais cependant à signaler ce premier sens du mot *homestead,* d'abord parce qu'il rend compte de la déplorable confusion faite par un trop grand nombre d'écrivains (3),

---

(1) Ces conditions sont, notamment, une résidence d'une certaine durée (six mois ou cinq ans), une déclaration au bureau des terres publiques (*land office*), et un défrichement effectif et réel d'une partie au moins de la terre acquise.

(2) Cette loi d'ailleurs n'a soulevé aucune discussion économique ou juridique. Elle est cependant célèbre auprès des économistes américains par l'amplitude singulière des fraudes qu'elle a permises : le caractère Yankee s'est manifesté là dans toute sa plénitude.

(3) On trouvera dans une thèse récemment soutenue par M. Corniquet, devant la Faculté de Paris, un exemple remarquable de cette

entre la loi *fédérale* de *homestead* et les différentes lois, *spéciales à chaque Etat*, que je dois étudier ; d'ailleurs je montrerai plus tard que ce n'est pas par un simple hasard que le mot *homestead* a reçu dans la langue américaine deux significations différentes, mais voisines par plus d'un côté.

Les économistes européens entendent par l'institution du *homestead, l'ensemble des dispositions légales, qui,* aux Etats-Unis tout spécialement, *exemptent de la saisie pour dettes la propriété immobilière sur laquelle une famille a son habitation, et qui exigent pour l'aliénation ou l'hypothèque de cette propriété le consentement de la femme* (1). Il y aura lieu de déterminer ultérieurement les conditions spéciales auxquelles est soumise la jouissance de cette faveur ; mais on voit, dès maintenant, que l'insaisissabilité pour dettes de l'habitation de la famille et la nécessité pour le propriétaire *marié*, qui veut l'aliéner, d'obtenir le concours de son conjoint (en pratique de la femme) sont les deux caractères fondamentaux qui distinguent le *homestead* dont plusieurs publicistes éminents se sont faits, depuis quelques années, les défenseurs convaincus.

Ce second sens du mot *homestead* est aussi celui qu'a consacré la langue juridique américaine, et M. Waples en donne la définition suivante : « Le homestead est la résidence de la famille, possédée, occupée, consacrée, limitée,

---

fatale confusion. — A propos de cette thèse, il n'est peut-être pas inutile de signaler que la loi fénérale sur la faillite (*Bankrupt law*) du 2 mars 1867 dont M. Corniquet commente plusieurs dispositions a été purement et simplement abolie et non remplacée par la loi du 7 juin 1878. Cédant à des doléances nombreuses, le Congrés fédéral a abandonné cette matière aux législations locales.

(1) *Dictionnaire d'économie politique*, Léon Say et Chailley-Bert, V° Homestead.

exempte de saisie et atteinte dans son aliénabilité, conformément aux prescriptions des statuts (1) ».

Cette signification nouvelle est d'ailleurs en parfait accord avec le sens étymologique du mot, car celui-ci est composé de *home* que notre terme foyer traduit imparfaitement et de *stead* qui signifie lieu. Aussi Webster définit-il le mot homestead : « Le lieu d'une maison d'habitation, la place où une personne demeure, avec cette étendue de propriété qui se trouve à l'entour et qui lui est contiguë » ; ou encore « l'enclos ou le terrain qui se rattache immédiatement à la maison d'habitation » (2).

On définit aussi le homestead « la maison ou la terre qui constitue la résidence d'une famille (3) » ou « une maison d'habitation avec le terrain adjacent (4) » ou enfin « le lieu du foyer, la maison et la terre adjacente où le chef de la famille demeure, la ferme sur laquelle se trouve le *home* (5) ».

Ces diverses définitions, et surtout celle de M. Waples qui est naturellement la plus précise, puisqu'elle émane de l'auteur du meilleur commentaire juridique des lois de homestead, expriment une idée importante, elles indiquent que le « *home* » devra être l'habitation non pas d'une personne isolée, mais d'une famille, et en cela elles se rappro-

---

(1) Homestead is a family residence owned, occupied, dedicated, limited, exempted and restrained in alienability, as the statute prescribes. *A treatise on homestead and exemption*, Chicago, 1893, p. 1. Cet auteur remarque que, si tous les commentaires juridiques de cette législation et cette législation elle-même ne s'occupaient, en même temps, de l'insaisissabilité des meubles, il serait inutile de faire suivre le mot *homestead* du mot *exemption* : le terme *homestead* seul suffirait.

(2) Webster, *American dictionary of the English language*, V° homestead.

(3) *The american and english encyclopedia of law*, compiled under the edictorial supervision of John Houston Merrill, V° homestead.

(4) Worcester, *American dictionary of English language*.

(5) Bouvier's *Law dictionary*.

chent davantage du sens originaire du mot anglais « *home* » qui évoque l'idée d'un lieu dans lequel se réunissent les divers membres d'une famille.

S'il est utile de connaître le sens exact du mot « homestead », il l'est peut-être plus encore d'attribuer à ce terme la signification qu'il comporte *dans toute son étendue*. C'est ainsi qu'il s'applique également à la demeure somptueuse d'un Armour ou d'un Vanderbilt et à l'habitation du pauvre et de l'ouvrier ; bien plus, on peut même remarquer qu'il s'applique plutôt au terrain sur lequel est situé l'habitation de la famille qu'à l'habitation même et qu'il n'évoque nécessairement la pensée d'aucune construction spéciale, en tant du moins que l'absence de celle-ci n'exclurait pas la possibilité d'une habitation fixe ; de même, ce mot n'est pas restreint à la propriété rurale et une maison de ville sera un homestead au même titre que l'habitation d'un *farmer*. Enfin, cette expression n'éveille en aucune façon l'idée d'une demeure familiale, transmise intégralement de père en fils à un enfant unique ; bien plus, elle n'implique même pas que la famille ou l'un de ses membres doive être *propriétaire* de l'habitation.

J'ai tenu à débuter par ce commentaire positif et négatif du mot homestead ; c'est qu'en effet, il donne immédiatement au lecteur une idée très exacte et très précise de ce qu'est la législation du homestead et de ce qu'elle n'est pas. Il voit, aussitôt, que la faveur de l'insaisissabilité et l'exigence du consentement du conjoint pour l'aliénation, dans le cas où le propriétaire est marié, ne s'appliquent qu'à l'immeuble qui sert d'habitation à une *famille*, mais, cette condition remplie, il importe peu que cette habitation soit située à la ville ou à la campagne, qu'elle soit somptueuse ou modeste, enfin qu'elle soit occupée à titre de propriétaire, de possesseur, d'usufruitier ou de locataire.

Ceux qui sont habitués aux études économiques et sociales, et qui, derrière les mots, veulent atteindre les idées ou les faits qu'ils expriment, ont souvent remarqué les différentes significations qu'un mot revêt successivement, suivant qu'il franchit les frontières de tel ou tel pays. L'avertissement si sage du proverbe italien : *traduttore, traditore*, ne doit jamais être oublié et il y a quelque temps, un économiste remarquait, non sans finesse, que les mots *nationalisation du sol* ont quatre sens bien différents, suivant qu'ils sont employés par l'anglais Wallace, par l'américain Henry George, par les socialistes français ou par les collectivistes allemands (1).

De même, lorsque quittant New-York, on traverse l'Atlantique et que l'on suit les vicissitudes diverses du mot *homestead,* on ne tarde pas à reconnaître que, si l'expression reste la même, la pensée exprimée s'est profondément modifiée, et on trouvera peut-être un intérêt particulier, à ce point de vue, aux pages de la présente étude, dans lesquelles je montrerai comment les publicistes allemands, qui avaient commencé par couvrir de fleurs l'institution américaine, modérèrent leurs éloges et les changèrent même en reproches, lorsque le homestead américain, mieux connu, se révéla à eux dans ce qu'ils appelèrent « son insuffisance et sa grossière imperfection ».

Tandis que les promoteurs du mouvement du homestead en France conservent encore à l'image qu'ils présentent à notre admiration quelques traits du modèle américain, les économistes allemands désignent aujourd'hui du nom de homestead, ou *Heimstätte,* une institution toute différente : l'inaliénabilité et l'insaisissabilité deviennent presque absolues, mais ces avantages ou inconvénients, comme il plaira

(1) *La Science sociale,* livraison du 15 juillet 1893, t. XVI, p. 2.

au lecteur de les appeler provisoirement, sont réservés à la propriété *rurale* et même à la *petite* propriété rurale, et d'autre part, il n'est plus nécessaire que la demeure serve d'habitation à une *famille*. Ce nouveau genre de homestead que nous appellerons désormais *homestead européen*, doit être distingué, *avec grand soin*, du homestead américain ; il ne s'inspire pas, en effet, des mêmes pensées et ne répond pas aux mêmes préoccupations.

Cette distinction des deux sortes de homestead, en même temps qu'elle nous fera éviter toute confusion, (ce qui, à la vérité, est la condition première de toute étude scientifique) montre, d'une manière très précise, la tâche spéciale que cette dualité de tendances m'impose. On sait, en effet, que ce que j'ai appelé le homestead *européen* n'existe guère encore que sur le papier ; la Russie et les Principautés danubiennes en ont, sans doute, ébauché déjà le dessin dans leur législation, mais aucune des nations de l'Europe occidentale n'en a encore admis le principe dans ses lois. Or, il se rencontre que pour créer le mouvement (*bewegung*), pour entretenir l'agitation en faveur du homestead, tant en France qu'en Autriche et en Allemagne, les partisans de cette institution invoquent sans cesse l'exemple du homestead américain, des lois de *homestead exemption* des Etats-Unis, des *nordamerikanischen Heimstätten Gesetze*. On ne méconnaît pas que la copie diffère singulièrement du modèle, mais on affirme que c'est là une différence légitimée par la dissemblance même des conditions sociales, et qu'on ne fait en réalité qu' « adapter » à un milieu social nouveau le *principe* des lois américaines.

On peut se représenter aisément quelles ont été les conséquences de cette habile tactique. Comme les Etats-Unis sont très loin de l'Europe, il a été facile d'attribuer, au moins partiellement, aux lois de homestead le merveilleux développement agricole, qui, depuis trente années, a fait de la grande république du Nord de l'Amérique le premier des marchés exportateurs de céréales et de viandes. L'exemple d'un tel peuple, célèbre par le libéralisme de ses mœurs et les qualités d'initiative et de *self help* de ses citoyens, ne pouvait manquer de concilier au mouvement provoqué la faveur des admirateurs de cette démocratie (et chacun sait qu'ils sont nombreux) ; il calmait en même temps les susceptibilités et les méfiances de ceux qui, toujours attachés aux principes du libéralisme et à la formule de Bastiat : « *La liberté résout tout* », ne professaient qu'une sympathie médiocre pour un système qui entreprend de protéger artificiellement les imprévoyants, au grand détriment du crédit général.

Je ne puis insister sur ce point et montrer, par des citations, avec quelle habileté on a ainsi « présenté les choses » ; il me suffit de renvoyer le lecteur à la bibliographie qui se trouve en tête de cet ouvrage et notamment aux divers articles de la *Réforme sociale*. On comprend, sans difficulté, comment cette situation spéciale a obligé l'auteur de cette étude à donner à certaines parties de cet ouvrage un développement plus considérable, Il ne suffira plus de déterminer avec précision à quelles conditions est soumis le bénéfice du homestead et quelle est l'étendue des privilèges qu'il confère ; il nous faudra nous élever plus haut et regarder plus loin. Non seulement il conviendra d' « apprécier les avantages et les inconvénients de cette législation dans les pays où elle est établie » ; mais encore, il sera indispensable de montrer comment elle s'harmonise et se fond dans l'ensemble des institutions des pays où elle existe. Faire saisir cette harmonie, rechercher d'une manière précise les causes économiques qui ont fait apparaître cette législation, les idées politiques et sociales qui l'ont inspirée, ce sera là une des parties importantes de cette étude.

Il est manifeste que c'est seulement *après* que nous serons en possession des résultats de cette recherche, que nous pourrons nous prononcer utilement sur la valeur du mouvement du homestead et de la législation proposée par divers économistes européens ; au contraire, toute conclusion qui ne serait pas précédée de ces constatations serait fausse peut-être, imprudente certainement.

CHAPITRE DEUXIÈME

POURQUOI DES PUBLICISTES EUROPÉENS PROPOSÈRENT D'IMITER LA LÉGISLATION AMÉRICAINE DU HOMESTEAD

Il n'est personne qui conteste que, depuis dix-huit ans environ (1876), l'Europe occidentale traverse une crise agricole aiguë. Il n'entre pas dans le plan de cette étude de décrire cette crise, encore moins d'en rechercher les causes, dont les mieux connues et les plus évidentes sont : la concurrence de plus en plus active des pays neufs, le percement du canal de Suez, l'abaissement considérable des frets, à mesure que le tonnage des navires augmente, enfin la perfection de l'outillage économique de certains de ces pays neufs, des États-Unis notamment.

Je me bornerai, seulement, à relever ici, parmi les conséquences de cette crise agricole, celles qui se rapportent directement à mon sujet ; en d'autres termes, je n'envisagerais que ses effets sur la propriété foncière.

Si les souffrances de l'agriculture ne menaçaient que la grande propriété foncière, il est probable que l'émoi qu'elles provoquent n'eût été partagé que par un cercle limité d'intéressés ; plusieurs pourraient penser, et on ne peut les contredire sur tous les points, que les fortunes territoriales des grands propriétaires français qui se bornent à toucher leurs fermages, des *lords* ou des *squires* anglais, ou des *Ritter* prussiens (Rittergüter), dont le rôle économique et social perd chaque jour en importance, n'ont que des droits très restreints à la bienveillance de nos sociétés démocratiques (1). Mais les choses se sont présentées de tout autre façon, et les statistiques les plus certaines montrent que la petite propriété foncière a été la plus atteinte. En France le nombre des ventes sur saisies immobilières qui s'était élevé à 6.370 en 1878, monte à 9.014 en 1884 ; en 1885, il passe à 9.575 ; en 1886, à 11.498, à 13.320 en 1887 et cette augmentation énorme de plus de *cent dix pour cent* en dix années porte presque exclusivement sur les ventes *inférieures à deux mille francs* (2). Les statistiques pour les années 1888 et 1889, dernier exercice sur lequel les renseignements précis puissent être obtenus, montrent que la progression ne s'est point arrêtée, puisque le chiffre des saisies immobilières pendant ces deux années s'est élevé respectivement à 13.944 et à 14.278. (3). Si on tient compte, en outre, comme on doit le faire, du nombre des saisies immobilières converties en ventes volontaires, qui passe de 775, année moyenne pendant la période 1876-1880, à 1.912, pour l'année 1888 et à 2.778 pour l'année 1889, on peut juger de la marche rapide de l'évolution. La signification de ces chiffres devient plus évidente, si on les rapproche du nombre des ventes volontaires d'immeubles *qui a diminué* et de celui des ventes sur licitation qui est resté à peu près stationnaire (11.561 en 1887).

Ces chiffres, qui s'appliquent à la France entière, n'indiquent évidemment qu'une moyenne : si maintenant nous

---

(1) Il faut remarquer avec soin qu'une certaine catégorie de grands propriétaires fonciers est seule visée ici : il n'entre pas dans ma pensée de critiquer, en général, la grande propriété foncière. *Vide infrà*, chap. XII.

(2) *Bulletin du ministère des finances*, 1886, t. II, page 475 et *Compte rendu de la justice civile*, pour 1887.

(3) *Compte rendu général de l'administration de la justice civile en France pour l'année* 1888, page XIV ; le même pour l'année 1889.

considérons quelques départements isolément, le spectacle est plus frappant encore ; ainsi, dans le **Pas-de-Calais**, le nombre des saisies immobilières s'élève, en quatre années, de 171 à 288 et pendant la même période, il passe dans l'arrondissement de Boulogne de 14 à 46 (1).

Un propriétaire de la Charente écrivait il y a quelques mois : « actuellement, un grand nombre de *petits* paysans servent à leurs créanciers hypothécaires, des intérêts doubles de ce que la terre pourrait s'affermer, et ils n'ont pas comme s'ils étaient fermiers, la certitude d'éviter l'expulsion immédiate : les créanciers, à la vérité, n'exproprient pas, car tout s'en irait en frais de justice (2) ». Une personne qui habite aussi ce département me disait récemment qu'aux environs de Cognac, des propriétaires abandonneraient volontiers gratuitement leurs terres, dans le seul but de se décharger du paiement de l'impôt.

Dans une autre partie de la France, le conseil général du Tarn et Garonne, dans sa séance du 1ᵉʳ mai 1889, s'est préoccupé de la quantité croissante de domaines que le Crédit Foncier acquérait dans ce département (3).

En plusieurs endroits, la population des campagnes diminue et le recensement de 1891 constate que plusieurs départements ruraux ont vu s'abaisser le nombre de leurs habitants, tandis que les départements qui renferment des grandes villes, et à plus forte raison, ces grandes villes elles-mêmes ont progressé (4). La population agricole qui, en France, représentait en 1851, 57 0/0, en 1861 et en 1876, 53 0/0 de la population totale, ne représente plus que 50 0/0 en 1881, et 47,82 0/0 en 1886.

(1) *Réforme Sociale*, 1887, p. 342.
(2) *Réforme Sociale*, 1892, p. 383.
(3) *Le Socialisme d'État* par M. Claudio Jannet, 2ᵉ édition, p. 481.
— Rapport des opérations du Crédit Foncier, pour l'exercice 1888.
(4) *Économiste français* du 9 septembre 1893, p. 324.

Si nous quittons la France, pour jeter les yeux sur les pays voisins, nous ne pouvons que constater une évolution semblable. On sait que des cinquante-deux millions d'acres de la Grande-Bretagne, quinze cents personnes possèdent la moitié et sept mille les trois quarts. La petite propriété nesera bientôt plus qu'un souvenir dans ce riche pays où la terre, bien que cultivée de la manière la plus scientifique et la plus intensive, rembourse à peine les frais de culture et est devenue un objet de luxe (1). Depuis plusieurs années le parti conservateur et le parti libéral s'efforcent de sauver les derniers débris de la petite propriété et surtout d'en favoriser la reconstitution. On a voté à ce sujet des lois qu'on pourrait accuser de tendances parfaitement socialistes, si l'impossibilité absolue de les mettre à exécution ne les recommandait à l'indulgence des économistes (2) et en attendant, les petits *crofters* écossais, que leur inaptitude organique condamne à la misère, disparaissent de jour en jour. Le congrès agricole de Londres, tenu le 7 décembre 1892, a constaté l'état critique, malgré les efforts énergiques des *farmers*, de l'agriculture anglaise, et tous les orateurs se sont accordés à constater que « sous la pression de la concurrence étrangère, la terre finira par être laissée en friche, sauf dans quelques contrées particulièrement favorisées (3) ».

(1) Cet objet a d'ailleurs ceci de particulier qu'il donne lui-même les moyens de mener la vie luxueuse : ce n'est donc que par comparaison avec les profits industriels ou commerciaux qu'on peut dire que la terre ne rapporte pas.

(2) Au moment où j'écrivais ces lignes, M. Gladstone demandait à la Chambre des communes de voter l'article 9 du bill sur les conseils de paroisse qui donnait à ces conseils le droit d'expropriation pour vendre à de petits *farmers* la terre expropriée. On sait que le bill entier a été repoussé par la Chambre des Lords.

(3) De 1866-1870 à 1886-1890, le prix du blé est tombé en Angleterre de 100 à 85, le prix du bœuf de 100 à 88, celui du porc de 100 à 86. La baisse du prix des fermages atteint 25 et parfois 40 0/0. *Le Monde*

En Italie, l'enquête agraire, conduite en ces dernières années, a constaté que la hausse réalisée, depuis 1860, dans la valeur de la terre, était presque complètement perdue. De 1873 à 1882, il y a eu 64.826 dévolutions de biens au domaine national italien, pour défaut de paiement de l'impôt, sur lesquelles 32.152 ont été maintenues ; et la petite propriété compose presque à elle seule la totalité de ce bilan. En dix ans, le nombre des petites propriétés, dans la province de Mantoue, a passé de 39.000 à 34.000, et quoique, depuis lors, une loi ait soustrait à la saisie du fisc les très petites parcelles, journellement encore, de petites propriétés sont mises aux enchères à la requête du Trésor. La petite propriété, jadis si développée dans les provinces du centre et du nord de l'Italie, disparaît rapidement et on a la preuve formelle que parmi les nombreux émigrants qui vont encombrer les rues de New-York et de Montevideo, beaucoup sont de petits propriétaires qui abandonnent leurs domaines au fisc (1).

En Allemagne « le développement énorme des dettes hypothécaires, le nombre des ventes forcées qu'il entraîne sont un des traits caractéristiques de la situation » (2) et les progrès de l'industrie ont puissamment contribué à attirer dans les villes la population des campagnes. Cependant le nombre des saisies immobilières qui à partir de 1873

économique, 2 septembre 1893, p. 254. — Il ne faudrait pas d'ailleurs assimiler une terre en friche à une terre improductive. Ainsi un propriétaire peut avoir avantage à louer ses terres pour la chasse et le loyer qu'il touche constitue pour lui un produit. Quant au *farmer* lui-même, il s'en va soit défricher le sol, aux colonies, soit fonder une fabrique ou un comptoir ; ce n'est qu'une simple évolution dont ni lui-même, ni la collectivité n'ont à souffrir.

(1) Claudio Jannet, *op. cit.*, p. 480.

(2) Dès 1868, le baron von Schorlemer-Alst signalait cette situation dans une brochure : *Die lage des landlichen Grundbesitzes in Westphalen bezügliche der Verduldung und Kreditnoth.*

avait suivi en Prusse une marche ascendante est retombé depuis 1880, descendant à 5.895 en 1887, et, en Bavière, du chiffre de 2071 en 1882, on est tombé à celui de 1111 en 1887.

En Autriche, des statistiques récentes réprésentent la situation de la petite propriété comme des plus critiques. Au 31 décembre 1892, la dette hypothécaire s'élevait dans ce pays à 2.183,09 millions de florins ce qui représente une augmentation de 778, 7 millions de florins, dans l'espace des vingt-cinq dernières années. Naturellement, toutes les parties de l'empire ont contribué à cette augmentation moyenne de 55, 4 0/0 ; mais pour certaines natures de biens et pour certaines régions, ce pourcentage s'élève bien plus haut et il atteint 102, 8 0/0 en Styrie et 210 0/0 dans la basse Autriche. Les chiffres, recueillis dans les pays pourvus de livres fonciers réglementaires, prouvent que le nombre des immeubles vendus sur saisie atteint toujours un total effrayant (*noch immer auf einer erschreckenden Höhe steht*). Tandis que ce nombre était de 4.990 en 1868 et de 4418 en 1874, il s'élève en 1892 à 8, 614 et encore ce chiffre est-il sensiblement au-dessous de ceux des années précédentes qui dépassaient 9000 et même 10.000 (1).

Bien plus ces chiffres ne donnent qu'une représentation inexacte de la situation actuelle. M. le Ministre de l'agriculture nous dit en effet que les 182.179 saisies immobilières auxquelles il a été procédé dans toute la période des vingt-

<hr>

(1) J'emprunte ces chiffres aux tableaux très complets annexés par le ministre de l'agriculture, M. de Falkenhayn, à l'appui de ses deux projets de loi sur les Rentengüter et les syndicats agricoles. n° 711, *Beïlagen zu den stenogr. Protokollen des Abgeordnetenhouses. XI, session* 1893. Le premier de ces projets autorise l'achat des propriétés à charge de rentes perpétuelles, le second organise le crédit agricole. Je dois la communication de ces renseignements statistiques à M. le bibliothécaire du Comité de législation étrangère au ministère de la justice et je l'en remercie.

cinq dernières années n'ont produit qu'une somme totale
de 373.662.987 florins : or comme les créances hypothécaires inscrites sur ces immeubles s'élevaient au total de
660.735.163 florins, il y a donc eu pendant cette période
une diminution de la dette hypothécaire de 287.072.176 florins, *qui ne correspond à aucun paiement effectif* et n'a
d'autre cause que l'insuffisance du produit de l'immeuble
vendu.

Que ce soit bien la petite propriété qui tombe ainsi sous
le marteau des enchères, en voici la preuve irréfutable : la
moyenne des créances, pour lesquelles ces exécutions ont
eu lieu, ainsi que le produit moyen de ces exécutions étaient
en 1868 de 4.158 et de 2.356 florins respectivement, en 1892
ces chiffres tombent à 2.633 et à 1.714 florins respectivement, symptôme significatif de l'état de la petite propriété
agricole (1).

Enfin M. de Falkenhayn a voulu pousser encore plus loin
son enquête à ce sujet, et il a trouvé que sur 60.734 cas
observés, dans les cinq dernières années, le prix d'adjudication avait été inférieur à 100 florins dans 9.619 cas, soit
près d'un sixième et que dans 42.434 cas, soit plus des deux
tiers, il n'avait pas dépassé 1.000 florins. On ne peut, après
de semblables constatations, s'étonner de voir que, dans les
provinces alpestres et particulièrement en Styrie, dans le
duché de Salzbourg et en Bohême, la culture, et avec la
culture, la population se soient retirées de plusieurs
hautes vallées (2).

(1) Pendant cette période de 25 ans, 1868-1892, le produit moyen de
l'adjudication représentait 48,4 0/0 du montant total des créances inscrites ; or ce chiffre n'a cessé de baisser particulièrement depuis 1884
et, en 1892, il est tombé à 34,9 0/0.

(2) *Réforme sociale*, 1887, 1er mars, article de M. Walter Kaempfe.
D'après M. Rüdolf Meyer, le nombre des propriétaires en Hongrie
serait tombé de 1.631.071 en 1870 à 1.186.180 en 1880. J'avoue que j'ai
peine à ajouter foi à ces chiffres.

Lorsqu'on est habitué à considérer la petite propriété foncière comme un des éléments nécessaires d'une bonne organisation sociale, ce n'est pas sans un vif émoi que l'on fait toutes ces constatations. Sans se demander si les conditions nouvelles de l'agriculture de l'Europe occidentale ne devaient point amener nécessairement une réparutition différente de la propriété, des économistes recherchèrent s'il était impossible d'apporter aucun remède à une situation qu'ils jugeaient calamiteuse. Fallait-il donc assister ainsi, les bras croisés, à cette disparition rapide de la petite propriété ? On montrait à l'envi comment cette dernière joue un rôle économique important et on affirmait qu'à notre époque, plus qu'en tout autre temps, on ne pouvait se passer de ce facteur social considérable qui fournit à une nation ses éléments les plus sains et les plus résistants (1).

Naturellement beaucoup tournèrent les yeux vers l'agriculture américaine dont le merveilleux développement était précisément la cause de la ruine de l'agriculture de l'Europe occidentale. Je n'ai point à décrire ici ce grand œuvre de défrichement et de colonisation dans ce qu'on appelait autrefois le *Far West* américain et qu'on appelle aujourd'hui simplement l'Ouest ; quelques chiffres suffiront à prouver une fois de plus les progrès de la production agricole dans ces pays (2).

D'après le dernier rapport du secrétaire de l'agriculture à Washington, la culture du maïs qui occupait en 1880

---

(1) Il conviendrait d'ailleurs de ne pas oublier que la *jouissauce* de la terre n'est pas essentiellement la *propriété*. Ni chez les peuples communautaires de l'antiquité, ni au moyen-âge, la propriété, dans le sens absolu du mot *dominium* romain, n'appartenait à ceux qui profitaient de l'utilité effective de la terre et la même remarque s'applique aujourd'hui à l'Angleterre. Il ne faut pas croire que les avantages de la possession du sol sont dévolus tout entiers au propriétaire : ce serait là une profonde erreur.

(2) *Economiste français* des 4 et 14 février 1893.

62.317.842 acres, occupait en 1887, 72.392.730 et en 1891, 76.204.515 acres.

Pour la production du blé, voici les chiffres :

	Bushels	Acres	Dollars (valeur en)
1880	498.549.000	37.986.000	474.201.000
1891	611.780.000	39.900.000	517.000.000

et il est digne de remarque que l'Etat qui vient le premier dans la production du froment, avec 55.333.000 bushels, récoltés sur 3.143.917 acres et représentant une valeur de 43.159.622 dollars, le Minnesota, est un Etat qui, en 1860, venait à peine d'être admis dans l'Union et ne comprenait que quelques milliers d'habitants qui faisaient venir des Etats voisins, de l'Illinois et de l'Iowa, leur farine et leur viande de bœuf.

La progression de l'exportation des viandes atteint 700 pour cent dans l'espace de 22 années et voici le montant comparatif de cette exportation évaluée en dollars.

	1870	1891
Bétail vivant	715.873	31.852.988
Viande de bœuf	5.754.639	35.086.715
Viande de porc	15.400.647	85.418.700
Ensemble :	21.880.159	152.358.403

Cette exportation s'est même élevée en 1891 à 174.104.333 dollars, si l'on tient compte des produits accessoires, tels que peaux, cornes, œufs, beurres, graisses et fromages.

Le *Statisticien* de Washington, voulant frapper l'esprit de ses lecteurs, publiait, il y a quelques mois ce tableau singulièrement éloquent :

Importance totale des exportations des produits agricoles pour l'année 1891.

        1° Céréales et farines. Dollars. 128.121.656
        2° Animaux et viandes.   »   178.204.333
        3° Coton (1).   »   294.668.203
                Ensemble. . .   600.994.192

Mais au point de vue qui nous occupe, ce qu'il y avait de plus remarquable dans cette immense production agricole, c'était moins son énormité que les facteurs employés pour y parvenir. Revenant d'une erreur due plutôt à l'imagination populaire qu'à des observations inexactes, on remarqua que les grandes fermes étaient relativement peu nombreuses et qu'on n'employait guère les charrues ou les moissonneuses à vapeur pour labourer tous ces champs et récolter toutes ces céréales. On vit que le véritable concurrent du paysan français, du *bauer* allemand, c'était le petit « *farmer* » de l'ouest qui cultivait *seul avec sa famille* ses 80 ou ses 160 acres (32 ou 64 hectares) (2). Les statistiques aidèrent à faire la lumière ; elles montrèrent que la superficie *cultivée* qui, en 1870, était de 188.921.099 acres répartis entre 2.659.985 fermes avait atteint en 1880 le chiffre de 284.771.042 acres, répartis entre 4.008.907 fermes (3); la

(1) La production du coton aux Etats-Unis, en 1892, a été de 9.078.707 balles pour une valeur de 442 millions de dollars.
        Elle était de 4.823.770 balles en 1860
                      4.352.317   »   » 1870
                      5.757.397   »   » 1880
                      6.550.216   »   » 1885

(2) Il est affligeant de voir quelles erreurs circulent encore dans le public à ce sujet ; en réalité, les fermes de plus de 200 acres sont relativement peu nombreuses dans ce pays où la main-d'œuvre des domestiques est d'un prix inabordable ; même dans le Dakota du Nord où l'on rencontre une vingtaine d'exploitations de 10.000 acres et plus, le secrétaire de cet Etat m'écrivait récemment que l'étendue moyenne des fermes était de deux cents acres.

(3) Le Census Office de Washington vient de publier les chiffres du recensement de 1890, relatifs au nombre des fermes. Ce nombre est de 4.561.611 avec une étendue de 623.218.619 acres sur lesquels un peu plus de la moitié est en état de culture.

L'exploitation agricole qui, en 1880, embrassait seulement 28 0/0 superficie moyenne des fermes tombait donc de 153 acres en 1870 à 134 en 1880 (1).

Le recensement de 1880 apportait un autre enseignement plus précieux encore. Michel Chevalier écrivait en 1835 : « en général, le cultivateur est le propriétaire de sa terre : *à l'Ouest, c'est une règle qui ne souffre pas d'exception* (2) ». Or les chiffres officiels sont venus à quarante-cinq années de distance confirmer cette parole du grand économiste ; ils ont montré que sur 4.000.000 de fermes, près de 3.000.000, soit exactement 74,4 0/0 étaient exploitées par le propriétaire, 18,4 0/0 par des tenanciers payant un loyer fixe et 17,2 0/0 par des métayers (3). Le lecteur perçoit immédiatement toute l'éloquence de ces chiffres. En réalité la petite propriété avait atteint aux Etats-Unis un développement extraordinaire, et tandis que l'Europe ne parvenait pas à *maintenir* sur le sol les petits propriétaires qui le cultivaient,

du territoire en embrasse maintenant plus de 32 0/0, bien près d'un tiers. Il est intéressant de remarquer que ces chiffres donnent une étendue moyenne de 133 acres pour chaque ferme, sensiblement égale à celle de 1880. — Le même rapport auquel j'emprunte ces chiffres constate que la fortune totale des États-Unis s'élève à la somme fabuleuse de 65 milliards de dollars, ce qui représente plus de 1000 dollars par habitant.

(1) Sur ces 4.003.907 fermes, le nombre de celles dépassant 1000 acres ne s'élevait qu'à 28.273 et celui des domaines de plus de 500 acres qu'à 75.972. Le nombre des fermes de 20 à 500 ares était de 3.570.867.

(2) Michel Chevalier, *Lettres sur l'Amérique du Nord*. Baltimore 8 oct. 1835.

(3) Et encore conviendrait-il de tenir compte, si on veut apprécier exactement la portée de ces chiffres, de ce fait certain que j'ai eu l'occasion d'observer fréquemment dans l'Ouest, que le métayer n'est bien souvent qu'un homme qui n'a *pas encore* assez d'argent pour acheter une ferme, mais qui ne manquera pas de s'établir pour son propre compte dès qu'il le pourra, ou bien un petit *farmer* voisin qui ne trouve pas dans l'exploitation de la ferme, dont il est propriétaire, une occupation suffisante et loue des terres du voisinage. Dans l'Ouest, *je n'ai jamais rencontré de métayage en dehors de l'une ou de l'autre de ces conditions.*

dans les plaines de l'Ouest américain, des milliers d'émigrants s'*élevaient* chaque année à la propriété.

Plusieurs économistes se proposèrent alors de rechercher les causes de ces phénomènes contradictoires et voici ce qu'ils ont découvert. Ils ont remarqué que tous les Etats de l'Ouest avaient successivement adopté une législation qui exemptait de la saisie la propriété rurale sur laquelle se trouvait l'habitation de la famille : comme ils appartenaient à des pays où les saisies immobilières rejetaient chaque année dans le prolétariat agricole une multitude innombrable de petits propriétaires, ils en ont conclu aisément que, puisque les saisies décimaient la petite propriété, l'insaisissabilité devait évidemment en assurer la conservation et *l'existence d'un grand nombre de petits propriétaires, dans les pays qui avaient établi cette insaisissabilité,* donnait en apparence une force irrésistible à leur raisonnement : *post hoc, ergo propter hoc.*

Déjà en 1878, dans un article purement juridique, M. Joliot avait indiqué, dans une revue française, les grandes lignes de la législation du homestead (1), et vers la même époque, M. Devas, en Angleterre, en avait signalé l'action bienfaisante, lorsqu'en 1883 parut en Allemagne l'ouvrage désormais célèbre de M. Rüdolf Meyer (2). Ce livre étrange où l'on voit, entre autres choses, que la déclaration des droits de l'homme fut rédigée par Jefferson, qui la fit passer secrètement à la Fayette (3), était écrit par un homme qui

____

(1) *Bulletin de la société de législation comparée,* année 1878, p. 28 et suiv.

(2) Dr Rudolf Meyer, *Heimstätten und andere Wirthschaftsgesetze der Vereinigten Staaten von Amerika, von Canada, Russland, China und England.* Berlin, 1883.

(3) P. 292. L'auteur explique aussi d'une manière vraiment neuve la modification qui, après la démission du maréchal de Mac-Mahon, se produisit dans les rapports de l'Eglise et de l'Etat. « La loi de partage égal (je traduis textuellement) a conduit le Français à l'oppo-

partait de ce principe, que la liberté d'aliénation, de morcellement, de partage et d'endettement équivalait en pratique à la saisie prochaine de la petite propriété foncière ;
aussi l'auteur qui se reconnaît lui-même très volontiers
partisan d'un socialisme conservateur (p. 386) ne vit-il aux
Etats-Unis que ce qu'il était allé pour y voir, l'absence d'une
grande banque hypothécaire, l'existence de lois répressives
de l'usure et des lois de homestead. Tels furent les seuls
traits marquants, qu'il observa pendant son voyage de
quinze mois. Après de pareilles constatations, le développement merveilleux de la petite propriété agricole aux Etats-
Unis, ne pouvait plus lui paraître étonnant !

Le livre et les idées de M. Rüdolf Meyer reçurent en Allemagne de la part *des Socialistes de la Chaire* et en France
de la part des tenants de la Société d'Economie sociale,
l'accueil le plus favorable. L'Allemagne venait de réformer
ses lois successorales, par le régime de l'inscription volontaire sur les Höferollen, et quant à la *Réforme Sociale*
elle cherchait, avec trop de persévérance, à faire passer
dans nos lois, le principe de la transmission intégrale pour
ne pas voir avec faveur la législation du homestead, qui
apparaissait aux uns et aux autres comme le complément
nécessaire de la réforme successorale (1).

La Société d'Economie sociale et les Unions de la paix
sociale, dont il serait puéril de contester l'influence étendue, firent autour de la législation américaine du homestead une propagande active ; elles les mirent à l'ordre du
jour de leurs « réunions mensuelles » de leurs « dîners »,
de leurs « enquêtes » et de leurs « congrès » et on a pu

sition contre l'Eglise catholique, parce que cette loi le forçait d'adopter
le système des deux enfants (*Zweikindersystem*) qui ne peut réussir
qu'à l'aide de pratiques pour lesquelles l'Eglise refuse l'absolution. »

(1) Il est à peine besoin de dire que le groupe d'études sociales qui
a pour organe l'*Association Catholique,* se montra dès le début, favo-

voir, à la simple lecture de la bibliographie qui précède cet ouvrage, l'indication de nombreux articles que la *Réforme sociale* publia à ce sujet. Le « mouvement du homestead » se généralisa ; la Société d'Economie politique entendit et discuta un rapport de M. Claudio Jannet sur le homestead (1) et les sociétés savantes qui avaient mis cette question à l'ordre du jour de leur session annuelle, entendirent cet éminent économiste proclamer que « *la législation du homestead est aujourd'hui considérée aux Etats-Unis comme une des institutions fondamentales de la République, car elle assure à la fois la stabilité de la famille et le maintien de la petite propriété* » (2). M. Urbain Guérin insiste à son tour et admire avec sincérité « l'intelligence sociale avec laquelle l'agriculture américaine a su mettre, par le homestead, le domaine rural à l'abri de l'expropriation, c'est-à-dire de l'instabilité (3) ».

De bonne heure, la Société d'Économie sociale se préoccupe de « la meilleure méthode pour propager l'idée du homestead » (4) et sa propagande obtient bientôt un plein succès.

La question n'intéresse plus seulement les hommes de science et d'étude, elle atteint le cercle toujours plus large des intérêts pratiques : en 1887, la société des Agriculteurs adopte un vœu en faveur de l'insaisissabilité de la petite propriété rurale et la société d'agriculture de la Niè-

rable à l'idée nouvelle. Cf. dans cette revue *passim* et notamment, t. XXV, p. 333 ; t. XXVI, pp. 225 et 360 ; t. XXX, p. 210.

(1) Société d'Economie politique, réunion du 5 mars 1887 : « le système des exemptions de saisie en faveur du foyer domestique, connu aux Etats-Unis sous le nom de homestead, serait-il applicable en France et est-il conforme aux lois économiques ? » *Journal des Economistes*, mars 1887.

(2) *Réforme sociale*, livraison du 15 mars 1887, p. 341 à 349.

(3) *Réforme sociale*, la crise agricole et ses remèdes. Livraison du 1er mai 1887, p. 481.

(4) *Réforme sociale*, 1er août 1890 ; le mouvement social à l'étranger par M. Cazajeux, 1er mai 1887.

vre contresigne la pétition rédigée par sa sœur de l'Allier (1).

Depuis 1888, la société des Agriculteurs de France maintient plus ou moins expressément la question à l'ordre du jour de ses congrès. Dans un discours que M. de Mun prononçait à St-Etienne le 15 décembre 1892, je relève cette phrase : « la législation protégera le foyer et la vie de famille dans les campagnes en rendant insaisissables la maison et le champ du cultivateur, les instruments et le bétail de première nécessité » (*applaudissements*). Ce vœu de l'orateur catholique sera-t-il réalisé ? on ne peut le dire : du moins sait-on que le Parlement a été saisi par M. l'abbé Lemire et par M. Léveillé de deux propositions de loi qui, à travers des divergences de détail, visent un but unique, soustraire à la saisie pour dettes la petite propriété rurale (2).

L'apparition de ces deux propositions de loi a fait grand bruit et multiplié de toutes parts les discussions. Divers journaux ont pu « faire de l'actualité » avec la question du *homestead* (3) et ce mot est devenu subitement, vers le mois de mai de l'année 1894, un des plus usuels et des plus répandus. Beaucoup répétaient d'abord le mot *homestead* sans avoir une notion très précise de sa signification : mais on leur affirma qu'il s'agissait de la protection de la petite propriété, de la conservation du foyer, et cela suffit à susciter l'enthousiasme, car aucun esprit sérieux ne peut évidemment se montrer indifférent au progrès de si belles institutions.

En Allemagne et en Autriche, « le mouvement en faveur de cette institution va croissant », et dès 1883, le comte Wil-

---

(1) *Réforme sociale*, année 1888, 2ᵉ semestre, p. 525.

(2) Voir le texte de ces propositions de loi, *infrà*, chap. XI.

(3) Le *Figaro* du 3 février 1894 : l'article porte pour titre : « le contre-socialisme ». Voir également la *Justice* du 3 février 1894.

helm de Bismarck, fils du chancelier, introduisait auprès de la chambre des députés de Prusse une proposition en ce sens. On trouve que « la réglementation de la succession dans les *Bauerngüter* n'est pas suffisante et qu'il faudra adopter, en même temps, le principe des *homesteads* garantis contre l'endettement et l'hypothèque » (1). En Italie, les frères Ignazio et Ippolito Santangelo Spoto multiplient leur propagande infatigable devant les comices agricoles, les sociétés d'agriculture, les académies savantes et dans la presse scientifique (2) et la déplorable situation de la petite propriété rurale, dans ce pays, donne à leur parole l'appui le plus puissant. En Suisse, le conseil d'Etat du canton de Lucerne a soumis, en 1887, au grand conseil un ensemble de dispositions de principes destinés à servir de base à un projet de loi sur les biens de famille (3). Il n'est pas jusqu'à l'Angleterre elle-même qui n'ait participé à ce mouvement général. Un membre de la Société d'Economie sociale, M. Devas, communiqua aux lecteurs anglais les dispositions des lois américaines de *homestead exemption* « lois également fondées sur le principe de la protection du pauvre, du faible, et du simple contre le riche, le fort et l'habile « et il n'hésita pas à appeler ces lois une nouvelle *magna charta* de la petite propriété rurale (4). « Ce sont elles, ajoutait-il encore, qui après avoir été une des causes principales du merveilleux développement agricole de l'Ouest des Etats-Unis, ont, après la terrible guerre civile de Sécession, raffermi la cons-

(1) *Réforme sociale*, 1er août 1887. Courrier d'Autriche.
(2) Le *Giornale del Cornizia agraria* de Palerme ; l'*Agricoltura italiena* de Pise-Florence ; les *nuovi annali di agricoltura siciliana*, de Palerme ; la *Rassegna di Scienze sociali e politiche* de Florence ; l'*Agricoltura meridionale* de Portici ; la *Rassegna nationale* de Florence.
(3) *Réforme sociale*, 1887, p. 203 et *Revue de la Suisse catholique*, juin 1885.
(4) *The Month*, février 1888.

titution branlante des Etats du Sud ». Aussi sous l'impulsion de cet économiste, une *homestead exemption League* se forma à Londres : d'ailleurs elle ne vécut que quelques mois.

Enfin la Russie, toujours préoccupée de protéger contre eux-mêmes le moujick et l'ancien serf imprévoyants et enclins à la boisson, que l'oukase célèbre de 1864 a élevés à la propriété et à la liberté, s'associait, en la personne de M. Pobedonotseff, procureur général du Saint Synode, au mouvement nouveau (1). Les dispositions de la législation américaine ressemblaient sur plus d'un point, *quoique pour des raisons bien différentes*, à celles de ses propres lois et elles ne faisaient guère que compléter, en les étendant, les mesures déjà existantes qui tendaient à prémunir le paysan russe contre sa déplorable propension à l'emprunt et contre l'expropriation forcée qui n'en est que trop souvent la conséquence.

On le voit, il existe en faveur du homestead un mouvement général qui s'accomplit sous le patronage d'hommes éminents par leur science, leurs fonctions ou leur situation sociale. Ce n'est pas une agitation factice, limitée à un petit cercle d'initiés enthousiastes. Le grand public et la presse s'intéressent vivement à cette question et les projets de loi se multiplient devant les Parlements français, autrichien et allemand. A tous ces titres la législation du homestead américain mérite donc une étude attentive.

(1) *Réforme sociale*, 1ᵉʳ octobre 1889.

CHAPITRE TROISIÈME

SITUATION ÉCONOMIQUE AUX ÉTATS-UNIS ET AU TEXAS EN 1839 ; LA PREMIÈRE LOI DE HOMESTEAD.

Nous devons maintenant nous embarquer pour les États-Unis. Par une sorte d'ironie du sort, c'est précisément chez le peuple qui a fait, dans la vie de l'homme, la plus large place à la mobilité et au changement qu'il nous faut aller chercher une législation que presque tous ont admirée comme la gardienne vigilante des idées de transmission intégrale du foyer, de tradition, de fixité et de permanence qui leur sont chères. Étrange contradiction, si la législation du homestead répond effectivement à ces préoccupations, qu'on n'en puisse trouver le modèle que dans ce pays où, au dire de Michel Chevalier (*et de tant d'autres*), le fils quitte son père, de bonne heure, « pour ne plus le revoir » et « vend comme une vieille défroque la maison que ses parents laissent à leur mort ».

La première loi américaine de homestead fut promulguée au Texas, le 26 janvier 1839. Au milieu de quelles circonstances fut-elle votée ? et qu'était l'état du Texas à cette époque ? Telles sont les deux questions qui seront étudiées dans ce chapitre.

Tous ceux qui ont quelque connaissance de l'histoire économique des États-Unis, savent que l'année 1839 a été, si l'on fait exception « des années terribles » de la guerre civile, une des plus calamiteuses et peut-être la plus calamiteuse que la grande république américaine ait jamais traversée. Pendant trois années, une crise économique d'une violence inouïe, multiplia de toutes parts les ruines, les faillites et les banqueroutes. Qu'il y ait un rapport entre cette multitude innombrable de débiteurs ruinés subitement, *qui la veille encore avaient un actif bien supérieur à leur passif*, et la promulgation de la première loi qui édicta l'insaisissabilité du homestead de la famille, c'est ce qu'il est aisé de deviner : il convient donc de considérer cette crise de 1837 à 1839 et d'y chercher l'explication historique de la première loi de homestead.

Lorsque les États-Unis eurent définitivement secoué le joug de l'Angleterre, il apparût à tous qu'un champ indéfini s'ouvrait désormais à l'activité humaine. Il s'agissait de défricher un territoire plus étendu que l'Europe, de constituer de toutes pièces le puissant outillage industriel que les découvertes scientifiques venaient transformer chaque jour et dont l'Angleterre avait par tous les moyens empêché l'établissement, afin de réserver à sa propre industrie un débouché très important ; il fallait en un mot édifier sur de nouvelles assises la vie publique et la production économique. Quelque grande que fût cette tâche, les hardis pionniers et les descendants des *Pilgrims Fathers* n'étaient pas au-dessous de ses exigences.

Ils se mirent donc à l'œuvre sans délai. Mais l'organisation économique moderne exige, pour les grandes œuvres, l'association de deux facteurs, le travail et le capital. Ce second élément n'est pas comme le premier à la disposition immédiate de l'homme, et celui qui ne le possède pas n'a d'autre ressource que de l'aller emprunter à ceux qui le détiennent. Que dans cette société, née d'hier, il n'y eût pas d'hommes riches, cela ne peut surprendre : il y avait bien

dans le Sud, et notamment en Virginie, de grand propriétaires, que l'histoire appelle encore les « riches planteurs du
Sud » ; mais leur richesse consistait exclusivement en esclaves et en terres, et ces gentilshommes, plus capables de
fournir à la République des hommes d'État de génie que
de dompter la nature par le travail matériel, aimaient par
dessus tout la chasse et l'équitation, et préféraient la vie
large et facile au souci de prêter ou de faire fructifier eux-
mêmes leurs capitaux. L'Europe n'offrait pas davantage de
capitaux disponibles, du moins au début de ce siècle ; sans
parler de la difficulté des communications qui était loin
d'être encore résolue, les guerres du Premier Empire et le
blocus continental avaient ruiné simultanément la France
et l'Angleterre.

Cependant, en présence de cette *offre* de capitaux presque nulle, la *demande* était considérable ; tous voulaient
profiter des occasions multiples de parvenir à la fortune,
que les richesses naturelles du sol et la variété des besoins
à satisfaire semaient en quelque sorte sur le chemin des
hommes énergiques et capables.

Heureusement, ces colons venus de l'Angleterre avaient
importé de la mère-patrie une institution merveilleuse entre
toutes, qui, par la faculté singulière qu'elle possède de
réunir les petits capitaux épars pour transformer ces unités
impuissantes en une masse productive, et par la rapidité de
circulation qu'elle imprime aux capitaux existants, centuple
leur puissance et leur productivité : j'ai nommé la banque (1). Michel Chevalier a retracé éloquemment les services de toute nature que les banques rendirent aux Amé-

(1) « Si l'on me demandait quelle est celle parmi les institutions humaines qui, après l'Eglise et l'Ecole, a rendu le plus de service aux
sociétés humaines, je n'hésiterais pas à nommer la banque ». *Banker's
Magazine*, 17 août 1898.

ricains, lorsqu'en 1834 il écrivait ces lignes : « Les banques ont servi aux Américains de levier pour installer chez eux, au profit de toute les classes, l'agriculture et l'industrie de l'Europe, et pour couvrir le sol de routes, de canaux, d'usines, d'écoles, de temples, et en un mot de tout ce qui constitue la civilisation. *Sans les banques, le cultivateur n'aurait eu ni les premières avances, ni les instruments nécessaires au défrichement de sa ferme.* Les *mechanics* oublient qu'ils doivent au *banking system* cette activité industrielle qui porte leur salaire à 6 et 10 francs par jour : ils oublient que c'est lui qui leur fournit le moyen, dont beaucoup d'entre eux profitent, de s'élever à l'aisance ou à la richesse ; *car, ici, tout homme entreprenant et qui présente des garanties morales, est sûr de trouver du crédit* et, dès lors, il ne dépend que de lui d'arriver à la fortune » (1).

Mais ce serait mal connaître l'esprit d'initiative *endiablée* et de spéculation, qui fait le fond du caractère Yankee et qui animait surtout les Américains vers 1830, que de croire que ces banques étaient dirigées avec la sagesse et la prudence qui doivent distinguer tout bon administrateur d'une institution de crédit, en général, et d'une banque d'émission en particulier. Sans cesse sollicitées de prêter des capitaux à des emprunteurs disposés à leur payer de gros intérêts, elles ne cédaient que trop facilement à la tentation d'accroître l'émission de leur papier au delà de toutes limites raisonnables, et la masse de leurs *bank-notes* était tout à fait disproportionnée à leur capital réel. Leurs billets représentaient, « non par deux fois ou deux fois et demie, mais dix fois, vingt fois, la valeur de leur numéraire et de leurs autres titres positifs. » (2) La profession de banquier

(1) Michel Chevalier. *Lettres sur l'Amérique du Nord.* New-York, 1ᵉʳ janvier 1834.

(2) Michel Chevalier, *Lettres sur l'Amérique du Nord*, loc. cit.

devint, pour les plus habiles, le moyen le plus simple de multiplier leurs capitaux par l'émission de papier. On vit des fondateurs, s'élisant eux-mêmes directeurs de la banque qu'ils étaient autorisés à créer, n'escompter d'autre papier que le leur, ou, plutôt, ils se prêtaient à eux-mêmes la totalité du papier monnaie de la banque, sur simple dépôt des actions de ladite banque. C'était un procédé ingénieux, à l'usage du premier venu, pour battre monnaie sans lingot d'or ni d'argent. Quelquefois, enfin, le désordre d'administration était tel dans les compagnies banquières, que l'on en vit où les employés, de leur autorité privée, s'ouvraient à eux-mêmes des crédits et faisaient libéralement participer leurs amis à cette fraude. C'est ainsi qu'un jour, on s'aperçut à la City Bank de Baltimore « que le caissier s'était prêté à lui-même 188,548 dollars. Il avait ouvert un crédit de 185,382 dollars à l'un de ses amis, et les autres employés en avait usé de même à l'exception d'un commis et d'un garçon de caisse. (1) »

On ne peut s'étonner qu'avec de telles facilités, « la bancomanie » suivant l'expression de Jefferson, sévit dans toute sa rigueur. Si nous ne considérons que les années qui précèdent la crise de 1837 à 1839, nous assistons en 1834 à un véritable dévergondage de banques et à la floraison suprême du *banking system*. Pendant cette seule année, la législature de l'État de New-York fut saisie de *cent cinq* demandes en autorisation, *chiffre qui dépassait de dix-huit le nombre des banques déjà existantes* ; et le message du Gouverneur au parlement, en date du 7 janvier 1834, l'engagea vainement à arrêter ce débordement. Les cinq cents banques d'émission se livrèrent à des émissions folles ; et comme, une fois lancées dans cette voie elles ne

(1) Michel Chevalier, *Lettres sur l'Amérique du Nord.*

pouvaient s'arrêter, elles essayèrent bientôt de compenser la dépréciation de leur papier par un accroissement nouveau de leurs billets. Tandis qu'à la même époque la banque de France n'émettait pas de billets au-dessous de cinq cents francs, et la banque d'Angleterre pas de *notes* au-dessous de cinq livres sterling, les banques américaines versaient dans la circulation des quantités innombrables de billets de cinq dollars et des coupures de 25, de 10 et même de 5 cents (1).

A côté des abus des banques, il y avait ceux de la spéculation. Il est malaisé de retracer à un lecteur français les excès de la spéculation en Amérique dans les périodes de *boom*, où la prospérité générale semble devoir enrichir tous ceux qui consentent à l'être. Nous vivons en effet dans un pays où les moindres filons sont exploités depuis longtemps, où l'inconnu n'existe guère qu'en imagination, où chacun suit dans un calme relatif la voie tracée par sa carrière libérale, administrative ou commerciale ; beaucoup d'entre nous ne détestent rien tant que le risque et l'incertitude et se contentent aisément d'une situation modeste, mais sûre. L'américain professe, sur tous ces points, des idées bien différentes : doué d'un esprit d'initiative et d'entreprise incomparable, mis en présence de richesses merveilleuses qui semblent promettre le succès à toutes les audaces, il n'aime rien tant que la vie mouvementée et les hasards de la spéculation. Une vie réglée, dans laquelle le jeune homme de vingt-cinq ans peut prédire, à six mois près, le rang qu'il occupera et le salaire qu'il recevra à quarante-cinq ans, lui paraît odieuse. J'ai rencontré, l'année dernière aux États-Unis, plusieurs jeunes hommes qui, dans

(1) De 1831 à 1837, on émit 3.400.000 billets de 25 cents, 5,187.000 de 10 cents, et 9.777.000 de 5 cents.

le *boom* de 1886 et 1887, gagnaient jusqu'à cent mille francs par an et avaient tout perdu depuis : pas un instant ils ne songeaient qu'il eut été préférable de spéculer moins et d'avoir une position plus stable.

Michel Chevalier, qui visitait les États-Unis en 1834, a essayé de nous esquisser le tableau de la spéculation de cette époque ; voici ce qu'il écrivait de Pensylvanie : « Les amateurs de terrains se disputent à l'extrémité Nord les forêts de sapins, riches en bois de construction, à l'extrémité sud, les marécages du Mississipi, les terres à coton de l'Alabana et de la Rivière rouge, et, bien loin *à l'ouest, les terres à blé et les pâturages de l'Illinois et du Michigan.* Les développements inouïs de quelques villes neuves ont tourné toutes les têtes, et l'on se rue sur les localités avantageusement situées comme si, avant dix ans, trois ou quatre Londres, autant de Paris, et une dizaine de Liverpool devaient étaler sur le territoire américain leurs rues, leurs monuments, leurs quais encombrés de magasins, leurs ports hérissés de mâts. A New-York, on a vendu des lots, pour une population de deux millions d'habitants ; à la Nouvelle-Orléans, pour un million au moins. On a distribué, en emplacements de maisons, des marais pestilentiels, des roches à pic. En Louisiane, les terrains mouvants, repaires sans fond des alligators, les lacs et les cyprières de la Nouvelle-Orléans, qui ont dix pieds d'eau et de vase, et ici le lit de l'Hudson, qui en a vingt, trente, cinquante, ont trouvé de nombreux acheteurs (1) ».

(1) Michel Chevalier, Lettre de Johnston, Pensylvanie, 4 avril 1835. Parlant des acheteurs de terrains à Chicago, Michel Chevalier ajoute : « Il est probable que plus d'un acquéreur de ces chiffons s'estimera heureux si, quand il ira examiner son acquisition, il ne la trouve recouverte que de six pieds d'eau ». Ce trait final n'a rien d'exagéré, car on sait que la plus grande partie des terrains de Chicago n'était autrefois qu'une suite de marais pestilentiels, et qu'on a dû exhausser le sol de huit, de dix, et parfois même de seize pieds.

Sans doute, l'Europe connaît aussi ces périodes d'engouement, où des spéculateurs imprudents risquent dans des entreprises insensées leurs capitaux personnels et ceux des autres ; mais ces spéculations sont, en général, conduites par quelques meneurs relativement peu nombreux, et ce fait est si vrai que la langue vulgaire, pour indiquer l'innocente naïveté de leurs victimes, appelle celles-ci des « gogos ». Il en va tout autrement des spéculations américaines ; dans ce pays où tout le monde est commerçant, où la poursuite du dollar tout-puissant (*Almighty Dollar*) est l'objet des continuelles préoccupations de chacun, tous sont également anxieux de prendre part au mouvement général qui crée pour quelque temps une prospérité factice. C'est ainsi qu'en 1831, on vit des hommes de toute profession et de tout rang, prêtres, avocats, évêques, médecins, fonctionnaires, employés de bureau, commis de magasin, etc., multiplier à l'envi leurs achats et leurs ventes, et spéculer indifféremment sur le sucre, le coton et surtout sur les terrains des villes et les terres incultes de l'Ouest. Quel que soit le genre de travaux auxquels on se livre, tous annexent en quelque sorte à leur profession ordinaire celle de spéculateur, et cette nouvelle occupation est autrement lucrative que l'autre.

« On spécule sur les terres, on projette cent chemins de fer avec canaux, mines et toutes sortes d'entreprises qui auraient absorbé trois cent millions de dollars » (1).

(1) Clément Juglar, *Des crises commerciales et de leur retour périodique*, 2ᵉ édition, Paris, 1880 : La crise de 1837-1839 aux Etats-Unis. Je relève dans cet ouvrage les chiffres suivants qui montrent quelle était l'étendue de la spéculation américaine à cette époque : La somme des escomptes de la Banque de France ne s'était élevée, à Paris en 1831, où il s'opérait certainement plus de transactions qu'à New-York, qu'à 228 millions, et à 151 millions en 1832 ; les 20 banques de New-York firent pendant les années 1831 à 1837 une moyenne de 538 millions de francs d'escompte, et, à Philadelphie, en 1831, la somme des escomptes des banques avait été de 800 millions.

Comme, *sous la double action de l'inflation désordon-
née de la circulation fiduciaire et de la spéculation*, les
prix montaient sans cesse, on réalisait en quelques heures
des profits invraisemblables ; et il exagérait à peine ce
plaisant dont parle Michel Chevalier, qui, pour donner une
idée de l'aveugle fureur de spéculation sur les terrains
boisés du Maine, prétendait que les pauvres de la ville de
Bangor, s'étant échappés un moment de l'hôpital, avaient
réalisé chacun un bénéfice de dix-huit cents dollars, avant
qu'on eût pu les rejoindre.

Aussi chacun s'empresse-t-il d'emprunter le plus qu'il
peut, car plus il aura d'argent, plus grand sera le nombre
de ses opérations, et par suite, plus grands aussi seront ses
bénéfices. On ne désire rien tant que contracter des dettes ;
puisqu'on emploie immédiatement le capital prêté à acheter
des choses dont le prix doit nécessairement monter, on
s'enrichit automatiquement d'une somme égale à l'excédent
de valeur de la chose achetée sur le montant de la dette,
lequel reste stationnaire ; aussi en arrive-t-on à mesurer la
fortune de chacun à l'importance de ses dettes.

J'ai ainsi présenté au lecteur les deux facteurs dont les
forces combinées semblaient faire des crises commerciales
un élément *national* et indispensable de la vie économique
aux États-Unis, pendant les quarante premières années de
ce siècle. En effet, les banques, pour satisfaire aux demandes d'emprunt sans cesse croissantes, n'hésitaient point à
augmenter l'émission de leur papier (1), et la spéculation,
trouvant dans ces facilités de crédit un aliment à ses folies,
ne mettait aucune limite à ses audaces. « Depuis 1818 on

----

(1) En 1834, année où les excès de la spéculation et de l'émission
du papier ne faisaient que commencer, les banques de l'Etat de New-
York avaient une circulation de plus de douze millions de dollars de
billets, avec un numéraire total de deux millions de dollars.

voyait, tous les cinq ou six ans, une période de flux et de reflux dans les affaires », mais la crise de 1837 à 1839 fut bien autrement terrible que toutes celles qui l'avaient précédée. Aggravé par la lutte sans merci de Jackson et de Van Buren contre la Banque des Etats-Unis et par les spéculations insensées du président de cette banque, M. Biddle, dont les achats de coton ne peuvent être comparés qu'aux opérations fantastiques du trop fameux syndicat des cuivres, le châtiment de 1837 à 1839 fut plus rigoureux que les autres. Je ne puis songer à décrire ici cette crise commerciale (1) ; qu'il me suffise de dire que la faillite d'une grande banque de New-York, à la date du 10 mai 1837, fut le signal d'un krach général. Vainement les banques, les spéculateurs, et surtout M. Biddle essayèrent-ils de conjurer le fléau, leurs manœuvres ne réussirent qu'à retarder l'explosion de la crise et à la rendre ainsi plus redoutable encore. Ce fut un effondrement, une ruine universelle. Le manque d'argent et de capital détruisit la confiance. Les banques de Philadelphie, de Boston et de New-York, qui prêtaient, la veille encore, huit dollars sur un acre de terre et trois cent cinquante dollars sur un esclave, réclamèrent subitement le remboursement de leurs avances ; aussi les tribunaux ne pouvaient-ils suffire aux demandes de déclarations de faillite dont ils étaient assaillis. Partout la production s'arrêta et « le travail cessa avec sa récompense. La foule sans pain, les promenades désertes, les théâtres vides, plus

---

(1) Je ne puis que renvoyer le lecteur à l'œuvre de M. Clément Juglar, que j'ai signalée plus haut. Ce savant économiste a analysé, avec une grande précision, les causes des crises commerciales et les lois qui président à leur développement et à leur liquidation ; il a ainsi montré que les événements en apparence les plus rebelles à toute règle et les plus soumis à ce que notre ignorance appelle le hasard, obéissaient en réalité à des lois précises et déterminées.

de sociétés, plus de concerts, le mouvement social était suspendu » (2).

Les *notes* des banques cessèrent de circuler au pair et perdirent de 10 à 20 et même 80 0/0 suivant la solvabilité de l'établissement qui les avait émises. Le change monta à 22 0/0 sur la France et l'Angleterre, tout le métal disparut de la circulation et les prix de toutes les marchandises, du coton surtout, s'avilirent. On se fera une idée de l'étendue du désastre quand on saura que 959 banques fermèrent leurs comptoirs dans la seule année 1839 et *que la crise de 1837-1839 entraîna 33.000 faillites et une perte de 440 millions de dollars, soit près de deux milliards trois cent millions de francs* (1).

Si des crises aussi aiguës n'atteignaient que les banquiers imprudents et les spéculateurs, il serait inutile de s'apitoyer sur le sort des victimes, car le châtiment n'atteindrait que les coupables. Qu'un agioteur, qui a

(1) On peut se rendre compte de la violence de cette commotion lorsqu'on sait que la grande crise de 1873 n'entraîna que 5.183 faillites et que pendant les sept premiers mois et demi de l'année 1893, il n'y eut que 8,905 faillites. Et cependant la population et le mouvement des affaires ont singulièrement augmenté aux États-Unis depuis 1839. — La commotion eut naturellement son contre-coup sur les places de Londres et de Paris. De juin 1838 à juin 1839, il y eut en Angleterre 1067 faillites, et l'arrêt du commerce fut tel que l'intérêt de l'argent s'éleva à 20 0/0 et l'escompte du meilleur papier à 15 et 18 0/0. — Puisqu'il est question de crises commerciales, je signale, en passant, le caractère chimérique des plans ingénieux, en apparence, qui consistent à garantir le public, *par l'assurance forcée des banques*, contre les pertes que lui causent les faillites de ces établissements. La presse de New-York a, au mois d'août 1893, exposé divers projets en ce sens. Elle ne se doutait pas que cette idée, fort ancienne, avait passé dans une loi votée par la législature de l'Etat même de New-York en 1829. Le *safety fund Act* créait une police générale et mutuelle des banques sous la direction de commissaires spéciaux et établissait à leurs dépens un fonds commun (*safety fund*) destiné à indemniser le public en cas de faillite d'une d'entre elles. Il est inutile d'ajouter qu'en 1839 aucune des victimes ne reçut une indemnité du *safety fund*.

édifié, en quelques mois, une fortune considérable, se voie en quelques jours, ramené à sa situation première, il n'y a là que demi-mal, et son sort est même peu intéressant. Mais, à côté de lui, il y a la masse des travailleurs réels, des ouvriers effectifs de la prospérité générale, des colons et des cultivateurs, des *farmers* et des *mechanics* qui, malgré leur très minime participation à l'enrichissement des jours de prospérité, souffrent autant que les autres et plus que les autres pendant « les temps durs » (*hard times*). J'appelle sur ce point toute l'attention du lecteur, car cette situation a les rapports les plus directs *avec l'origine de la législation du homestead et avec le fond même de cette législation*, et c'est faute de l'avoir discernée que des conclusions inexactes ont été admises par un trop grand nombre de ceux qui ont étudié les lois américaines de homestead.

Dans le passage que j'ai emprunté plus haut à Michel Chevalier et que j'ai à dessein reproduit en entier, cet économiste nous a montré comment le crédit n'est jamais refusé à un homme entreprenant et qui présente des garanties morales. Or, à cette époque comme aujourd'hui, le moyen le plus accessible aux petites gens de s'établir à leur propre compte, « pour diriger leur propre barque » (*to paddle their one canoe*), consiste à acheter, pour quelques dollars par acre, cent ou cent soixante acres de terres non défrichées et à s'établir farmer. Il est manifeste qu'*une telle acquisition ne peut être faite qu'aux époques de prospérité* (1) ; ce n'est pas, certes, en temps de crise que les travailleurs, qui n'ont d'autre capital que les muscles de leurs

---

(1) Je me permets de faire remarquer qu'au point de vue de l'étude de cette crise, qui a été l'origine de la première loi du homestead, ç'a été une bonne fortune pour moi de voyager précisément en Amérique pendant la terrible crise du crédit de 1893. J'ai pu ainsi observer d'une manière précise l'enchaînement des mêmes lois économiques qui rendirent en 1837-1839 le désastre plus grand encore.

bras, pourraient trouver le crédit dont ils ont besoin. Mais cette obligation de s'établir en temps de hausse est doublement fâcheuse pour eux. D'abord, obligés d'acheter leurs terres dans des moments de *boom*, ils doivent les payer à un prix qui correspond, non pas à la valeur réelle, mais aux fantaisies de l'agiotage et des accaparements (1). Lorsque deux ou trois années après, les spéculateurs ruinés auront cessé de « se disputer la terre à blé et les pâturages de l'Illinois et du Michigan », la farm achetée retombera à des prix aussi excessifs dans le mouvement de baisse que les prix d'acquisition avaient été exagérés dans leur mouvement de hausse, et la même dépréciation se reproduira sur les instruments aratoires, les bestiaux, les matériaux de construction achetés pendant le *boom*.

Cette situation aurait pu ne se traduire que par une grosse perte, mais voici ce qui va la changer en désastre et en ruine complète. Je l'ai dit, pour acheter sa ferme et les instruments nécessaires à son exploitation, le farmer n'avait d'autre ressource que de recourir à l'emprunt, soit en s'adressant au crédit des banques, soit en faisant ses achats à crédit, et il est inutile d'observer que le montant même de ces emprunts était proportionné au prix artificiellement exagéré des choses achetées. Tant que « l'onde de prospérité » continuait à faire sentir son action bienfaisante, cette situation n'avait rien de particulièrement grave, car le farmer retrouvait dans le prix élevé de ses produits une compensation à l'exagé-

(1) M. de Varigny, dans son ouvrage sur *Les grandes fortunes aux Etats-Unis et en Angleterre*, nous a retracé l'histoire des Jacob Astor, des Morris Birkbeck et des Georges Flower qui, par des spéculations sur les terres, réalisèrent une grande fortune. J'ajoute, d'ailleurs, qu'il ne faudrait pas prendre ces trois hommes pour de simples spéculateurs. — Il y aurait de longues pages à écrire sur cet agiotage des terres publiques aux Etats-Unis, auquel la loi fédérale de 1862 essaya de mettre un terme, sans y réussir d'aucune manière.

ration de sa dette ; mais, le jour où la crise sévissait, où le prix de toutes choses éprouvait subitement une baisse de 10, de 20, de 40 ou de 50 0/0, il se trouvait en présence d'une dette dont le montant restait invariable, alors que son actif subissait une dépréciation considérable. Cette terre, ces instruments aratoires, qu'il avait achetés fort cher, deux ou trois ans auparavant, ne représentaient plus que *la moitié peut-être de leur valeur* ; et, cependant, la dette contractée à raison de ces achats restait la même. C'est ainsi que les esclaves qui, en 1835, se vendaient sur le marché à des prix très élevés et sur lesquels les banques avançaient jusqu'à 350 dollars, ne trouvaient, en 1839, preneur à aucun prix, puisque la production était arrêtée de tous côtés et qu'on laissait le coton pourrir sur pied. Bien plus, l'instrument même d'échange, ces billets, ces banknotes qu'il avait reçus, ne circulaient plus qu'avec une perte variable, suivant la situation de la banque qui les avait émis, et, s'il en avait quelques-uns dans sa caisse, il éprouvait encore de ce chef un autre dommage.

Or, c'est précisément à ce moment de dépréciation universelle que ses créanciers le sommaient d'acquitter ses dettes. Par un arrangement bizarre des choses, qui semble n'être qu'une ironie du sort et qui n'était cependant que la conséquence de lois économiques élémentaires, tant que durait l'ère de prospérité, le *boom*, on ne l'avait pas pressé de payer, et c'est précisément alors qu'il lui eût été facile de se procurer de l'argent par des réalisations avantageuses, ou même de trouver ailleurs du crédit. *C'était donc au moment où personne ne voulait, ni surtout ne pouvait, lui prêter un cent, où rien ne se vendait plus, même à des prix dérisoires de bon marché* (1), *que ses créanciers*

---

(1) Cette phrase doit être prise à la lettre. Pendant la récente crise que les Etats-Unis viennent de traverser l'année dernière, l'arrêt des

exigeaient leur paiement et, faute de l'obtenir, procédaient à la saisie de ses biens ; en sorte que cet infortuné farmer se trouvait toujours *acheter sa terre, ses bestiaux et ses instruments aux cours les plus élevés, et obligé de les vendre sur saisie aux cours les plus bas* ; c'était la ruine certaine, la faillite immanquable ; et Michel Chevalier n'exagère rien lorsque, décrivant ce resserrement si brusque du crédit, ces paniques pendant lesquelles les capitaux fuient et l'argent se cache, qui avilissent le prix de toutes choses parce que tous cherchent à vendre et que personne ne veut acheter, il écrivait, en 1835, que de « telles crises sont plus terribles aux Etats-Unis que le tremblement de terre le plus violent ».

Si l'on veut mesurer avec précision tout ce que cette situation avait d'atroce, il convient de ne pas oublier deux choses : en premier lieu, ces crises périodiques se succédaient à intervalles très courts, dont la durée la plus longue était de cinq ou six ans, *en sorte qu'il était impossible d'économiser* et de payer ses dettes pendant ce délai ; et l'économie, on le sait, n'est pas une vertu américaine, surtout pendant les périodes prospères. En second lieu, ces farmers, ces petites gens, ces *humiliores*, pour employer le langage de César, n'avaient en aucune façon mérité le malheur qui les frappait ; ils n'avaient point spéculé, ils n'avaient pas compté pour s'enrichir sur les produits de l'agiotage ; ils n'avaient jamais attendu l'aisance ou la fortune que du travail pénible et persévérant,

affaires aux mois de juillet et d'août a été complet. Alors que tout le monde cherchait à vendre pour se procurer de l'argent, personne ne voulait plus rien acheter, et j'ai vu des objets, qui d'ordinaire se vendaient 9 et 10 francs, ne pas trouver preneur au prix de 3 francs : à de telles époques, la saisie équivaut à une dilapidation anonyme, sans profit pour personne.

qui amasse sou à sou et n'obtient sa récompense qu'après un plus ou moins grand nombre d'années d'effort.

En présence d'une pareille situation, l'exaspération n'est que trop naturelle. Aussi voyons-nous, à partir de 1824, les *farmers*, irrités de se trouver ainsi périodiquement rejetés dans la misère *par la faute des autres*, s'unir aux ouvriers et aux *mechanics* pour qui ces crises se traduisent en une souffrance d'un autre genre, mais non moins aiguë, l'arrêt du travail et la suspension du salaire. Associés dans une même haine de la spéculation, des capitalistes, du commerce et de la bancomanie, ils formèrent les gros bataillons de ce parti démocratique qui, le 4 mars 1829, fit entrer Jackson à la Maison Blanche.

Cette entrée est célèbre dans l'histoire et je voudrais pouvoir en présenter le pittoresque tableau, car cette scène inoubliable a un rapport direct avec la législation qui fait l'objet de cette étude. Jamais la Maison Blanche n'avait été le théâtre de semblables manifestations. Chacun voulut contempler les traits du nouveau Président et lui serrer la main, à tel point qu'il faillit être étouffé. Ces courtisans d'une espèce nouvelle laissèrent sur les meubles de soie de la demeure présidentielle les empreintes de leurs bottes crottées, mirent en pièces les porcelaines et les cristaux et vidèrent à la santé du Président des tonneaux de punch qu'on apporta dans le vestibule (1). Ce fut, suivant l'expression d'un des meilleurs esprits de ce temps, le grand juge Story, l'intronisation de la populace, le triomphe du roi *Mob* ; et, Webster, témoin de ce spectacle, écrivait : « Je n'ai jamais vu pareille foule ; il y a des gens qui sont venus d'une distance de 500 milles, pour voir le général Jackson, et ils paraissent convaincus que le pays vient d'échapper à

____

(1) *La Démocratie autoritaire aux États-Unis : André Jackson,* par Albert Gigot, Paris 1883.

un effroyable danger ». Ce triomphe du parti démocratique marquait réellement le commencement d'une ère nouvelle dans l'histoire des Etats-Unis et, pour rester dans l'ordre d'idées qui doit seul retenir notre attention, il marquait un changement d'attitude, une évolution de l'autorité gouvernementale décidée à protéger désormais les victimes des abus de la bancomanie et de la spéculation. En la personne de Jackson, arrivait au pouvoir ce que l'on a appelé « le petit homme » (*the little man*) qui se lassait d'être le seul à ne pas s'enrichir, alors qu'il sentait que, par son travail matériel, il était le producteur effectif de la richesse. Il serait intéressant de retracer les péripéties de la lutte acharnée engagée par Jackson contre la Banque des Etats-Unis. Cet établissement, que ses adversaires appelaient emphatiquement *the Mammoth Bank* et dont ils proclamaient la puissance incompatible avec une véritable démocratie indépendante (1), personnifiait en quelque sorte le régime auquel « le petit homme » avait voué toute sa haine.

Ce qu'il importe de bien discerner et ce que Michel Chevalier a admirablement mis en lumière, c'est qu'au fond

---

(1) Cet établissement avait son siège social à Philadelphie et 25 succursales ; il était le régulateur de toutes les autres banques aux Etats-Unis. M. Clément Juglar (*op. cit.*) se montre un peu sévère, peut-être, pour M. Biddle, le directeur de la Banque des Etats-Unis. Michel Chevalier loue « l'intelligence de cet habile administrateur », et M. Cucheval-Clarigny, en parlant de la ruine de cet établissement poursuivi sans relâche par Jackson et par son successeur Van Buren, écrit, que « c'est peut-être le premier exemple qu'on ait d'une institution excellente et irréprochable, n'ayant donné et ne donnant que les meilleurs résultats, et sacrifiée volontairement au triomple d'une théorie » (*Revue des Deux Mondes*, 1er janvier 1850 : La société américaine et les parties de l'Union). Sans doute, les manœuvres de Biddle et sa spéculation sur le coton méritent le blâme le plus sévère, mais aussi convient-il de tenir compte de la déloyauté des attaques dirigées contre la Banque par Jackson (Voir, dans Michel Chevalier, la surprise de la succursale de Savannah). Il me semble que la brutalité même de ces assauts a dû pousser Biddle à des excès qu'il n'aurait pas commis sans cela.

cette affaire n'était rien autre chose qu'une lutte du parti démocratique contre l'aristocratie commerciale. « Il y avait *cette aversion qu'on retrouve partout chez les gens à habitudes rangées, gagnant peu par un rude travail, mais gagnant régulièrement, contre ceux qui sont impatients de faire fortune, qui la font par tous les moyens pour la gaspiller, au sein d'un luxe effréné et par des entreprises folles, plus vite encore qu'ils ne l'ont acquise* » (1).

C'était le même esprit qui présidait à cette réunion de farmers, de manouvriers et de *mechanics*, tenue à Boston le 16 février 1831, et à la suite de laquelle fut fondé le parti des « travailleurs » avec un journal pour organe. Le programme de ce parti réclamait la journée de dix heures, la suppression de la Banque et de tout monopole, l'abolition de la prison pour dettes et le vote d'une loi des faillites, enfin une hypothèque privilégiée garantissant le salaire des ouvriers.

Ce mouvement reçut naturellement de la terrible crise de 1837 à 1839 une impulsion nouvelle. De toutes parts ce ne sont que fondations d'associations et de clubs démocratiques. Tandis que s'organise l'*Antimonopol laborers' party*, Evans fonde, en 1844, le parti des Droits du peuple (*the people's rights party*), dont le but est d'assurer la terre au véritable colon, et il expose son plan agraire dans une revue mensuelle, *The Radical*. Pendant la même période, se constitue à New-York le parti agraire, plus connu sous le nom de « *Loco foco party* » (2).

<hr>

(1) Michel Chevalier, *op. cit.* Lettre de New-York, 1ᵉʳ janvier 1834.

(2) Ce nom bizarre fut donné à ce parti à la suite d'un meeting monstre où, pour accroître le tumulte et mettre fin à la réunion, les adversaires avaient éteint toutes les lumières, que les assistants rallumèrent avec des allumettes appelées alors *loco foco* : les allumettes à friction étaient d'un usage nouveau.

Le Congrès vota à cette époque de nombreuses lois en faveur du travail contre le capital ; notamment, en 1833, il supprima la prison pour dettes. Mais c'est l'année 1841 qui est surtout féconde en lois et en discussions parlementaires empreintes de l'esprit démocratique le plus pur. On vota d'abord la loi fédérale sur les faillites (*Bankrupt-act*) qui, au dire d'un des plus célèbres hommes d'Etat de la République américaine, Th. Benton, *était en pratique un moyen légal à l'usage des débiteurs insolvables, pour obtenir à leur gré la remise de leurs dettes*. (*An insolvent law for the abolition of debts at the will of the debtors*). Elle permettait au débiteur de faire ouvrir la procédure du règlement de la faillite dans l'arrondissement judiciaire de sa résidence *actuelle, quelque récent que fût son déménagement*, décidait qu'une simple insertion dans les journaux vaudrait avertissement, au regard des créanciers, et prononçait, moyennant l'abandon de l'actif, *l'extinction de la dette, toutes les fois que la fraude n'était pas prouvée.* J'ajoute d'ailleurs, pour ne pas soulever trop vivement l'émotion du lecteur, que cette loi, « qui était l'atteinte la plus odieuse qui ait jamais été portée au droit de propriété » (1), n'a eu qu'une existence éphémère, car on avait eu soin d'en différer l'application jusqu'au mois de février 1842, afin de permettre au Congrès de l'abolir avant l'époque où elle entrerait en vigueur.Le Congrès apporta cependant à cette œuvre de justice un retard de quelques mois et le Bankrupt-act ne fut aboli que dans la session de 1842-1843 (2).

---

(1) *Thirty years view*, by J. H. Benton, p. 395. Cette œuvre importante est la mine la plus précieuse de renseignements qui se puisse rencontrer sur le mouvement politique, parlementaire, économique et social de cette époque.

(2) Ce Bankrupt-act n'était d'ailleurs qu'un des éléments d'une trilogie qui comprenait en outre le *Fiscal Bank bill* et le *Public land*

J'ai tenu à donner le résumé de cette loi fédérale, car, mieux que tout, elle montre quel était à cette époque l'état des esprits et dans quelles dispositions vis-à-vis du capital et des droits des créanciers se trouvaient à la fois les électeurs et les élus. Après le vote de pareils *bills*, la promulgation des lois de homestead dans différents États de l'Union devient *la chose la plus normale et la plus régulière* (1) ; ces lois en effet, ainsi qu'on le verra, pâlissent étrangement à côté du Bankrupt-act fédéral de 1841 ; elles ne sont que l'expression affaiblie d'un sentiment dont j'ai essayé d'indiquer, dans ce rapide exposé, la nature et l'origine et qui s'était traduit, on vient d'en avoir la preuve, en des actes tout autrement graves et d'une réalisation tout autrement difficile.

Mais n'anticipons pas sur l'ordre chronologique. Pour retracer « les origines de la législation du homestead », il nous reste à nous demander pourquoi la première loi de homestead fut proclamée au Texas ? Quelle était la situation économique et sociale du Texas, en 1839, et quelles raisons lui réservaient ainsi l'honneur de tracer la voie aux différents États de l'Union ?

Il est difficile à un Français, en 1894, de se représenter la curiosité et l'attention passionnée que le Texas éveillait dans les esprits en 1839, tant en Europe qu'en Amérique.

---

bill (loi sur les terres publiques), tous deux conçus naturellement dans le même esprit. Le *Fiscal Bank bill* était tellement excessif qu'il ne put passer ; quant au *Public land bill*, il fut aboli avant d'avoir été appliqué.

(1) Cette loi de 1841 montre, en même temps, quelles sont parfois les mœurs parlementaires américaines ; et ces mœurs ont plus de rapport qu'on ne le croit au premier abord avec l'adoption des lois de homestead. *Vide infrà*, chap. VIII.

Pour attester cet intérêt, il suffit de rappeler ces lignes par lesquelles M. Frédéric Leclerc commençait un article qu'il publiait le 1er mars 1840, dans la *Revue des Deux Mondes*, sur le Texas et sa révolution : « La révolution qui a fait, sous nos yeux, de la province américaine du Texas une république indépendante, est à la fois un des plus singuliers événements de l'histoire contemporaine et un des faits *qui exerceront la plus grande influence sur l'avenir politique et social de l'Amérique du Nord.*

« Les gigantesques progrès de ce nouvel État, l'accroissement extraordinaire de sa population, *le mouvement qu'il imprime aux esprits et aux intérêts matériels*, dans le sein des États-Unis... etc... (1) ».

Lorsque le Texas promulgua la première loi de Homestead, il venait de se séparer du Mexique et s'était constitué en république indépendante. A quelle race et à quelle classe de la société appartenaient les premiers habitants de ce vaste territoire ?

L'élément le plus important se composait d'abord d'émigrants américains venus, avec ou sans esclaves, cultiver le coton. Le premier mouvement d'émigration au Texas paraît devoir être placé vers 1820. Par le traité de 1819, conclu avec l'Espagne, le gouvernement des Etats-Unis avait renoncé à ses prétentions sur le Texas ; aussi, dès l'année suivante, un citoyen du Missouri, natif du Connecticut, homme respectable et intelligent, au dire de Benton (*a respectable and enterprising man*) tenta d'établir au milieu des Espagnols une colonie de ses compatriotes par les voies pacifiques et légales et avec l'autorisation du cabinet de Madrid. Il réussit dans ses pourparlers et obtint même une grande étendue de terres à condition d'y amener 300 famil-

---

(1) Il faut avouer que si M. Leclerc eût pensé, dans ces lignes, à la législation du homestead, il ne se fût pas exprimé autrement.

les de colons industrieux, professant la religion catholique.

Lorsque le Mexique eut rompu les liens de dépendance qui le rattachaient à l'Espagne, le gouvernement mexicain se trouva, au début, assez embarrassé sur la conduite à tenir vis-à-vis de ces émigrants anglo-américains. D'une part, il était manifeste que ce qui manquait au Texas (et on pourrait dire ce qui y manque le plus encore aujourd'hui) c'étaient des bras pour défricher ce sol immense (1) qui, grâce à la chaleur du climat, à la fertilité de la terre et aux richesses minières du sous-sol, pouvait par le travail devenir une source de prospérité pour la nation et pour les individus. Or, qui pouvait accomplir cette tâche mieux que ceux qui, depuis quarante ans, avaient dans leur propre pays défriché tant de terres incultes ? D'ailleurs, en principe, les provinces du Sud du Mexique voyaient dans le peuplement du Texas la création d'un débouché assuré pour leurs esclaves et, par suite, une source de gros profits. Mais, d'autre part, ce n'était un mystère pour personne qu'un parti puissant aux Etats-Unis convoitait l'annexion de cet immense territoire qui formait comme une pointe avancée dans l'Union, terre fertile et bien arrosée, où le coton poussait à merveille. Une campagne active était menée dans la presse américaine, et des hommes entreprenants fondaient des sortes d'agences d'émigration avec la pensée non dissimulée, que, le jour où il y aurait au Texas assez d'Américains, il faudrait bien que la contrée devint à son tour américaine.

Le gouvernement mexicain vit le danger ; aussi la loi mexicaine du 18 août 1824, sur la colonisation, décida-t-elle dans son article 7 que, « jusqu'à l'année 1840, le Congrès général ne pourra interdire l'entrée d'aucun étranger en qualité de colon, *à moins que des circonstances impé-*

(1) La superficie du Texas est de 70 millions d'hectares ; elle dépasse donc celle de la France de 18 millions.

rieuses ne l'exigent, relativement aux sujets d'une nation particulière ».

C'était dire, d'une manière détournée, mais parfaitement intelligible pour tous les intéressés, que le gouvernement se réservait le droit de contrôler et même d'arrêter complètement la colonisation du pays par les Américains du Nord. A ce moment, cependant, ce qui distingue l'émigration américaine au Texas, c'est l'énergie indomptable et la persévérance singulière de ses colons. Malgré les tracasseries multiples dont ils étaient l'objet de la part de l'administration, les difficultés croissantes avec lesquelles ils obtenaient des concessions de terre, les entraves qui arrêtaient leurs opérations commerciales, le peu de justice qu'ils rencontraient auprès des tribunaux mexicains, les colons américains continuaient à affluer au Texas. Benton nous dépeint ces émigrants comme des « chefs de famille ou des jeunes gens entreprenants, partis pour améliorer leur situation en recevant de belles terres sous un beau climat et pour continuer à vivre sous la forme républicaine à laquelle ils avaient été accoutumés : gouvernement qui offre tant de garanties pour la vie, la liberté, la propriété et la poursuite du bonheur, et que leurs ancêtres anglais et américains avaient réclamé pendant tant de siècles ».

Cet esprit d'indépendance, l'énergie indomptable et la haute intelligence de ces colons d'élite (1) augmentèrent, dans l'esprit du gouvernement fédéral mexicain, les appréhensions qui se trouvèrent justifiées plus tard à San Jacinto. Comme le flot de l'émigration augmentait d'année en année, ce gouvernement comprit, après la rupture des négociations nouvelles ouvertes avec le gouvernement de Washington pour la cession du Texas, que le moment

______

(1) Paroles de Justice J. Roberts. Chambers Fisk, Texas Reports 22, p. 330 (année 1860).

d'agir était venu, sous peine de se voir enlever par la force et sans compensation le pays qu'on venait de refuser de céder moyennant indemnité. Aussi, à la suite d'un rapport remarquable du secrétaire d'État au Congrès mexicain (1),

(1) Il est difficile de résister au désir de détacher de ce beau rapport la page où le secrétaire d'Etat analyse, avec autant de finesse que de précision, les procédés de colonisation des Anglo-américains, ces procédés que la plus puissante nation colonisatrice de l'Europe a employés tant de fois : « Les Américains du Nord commencent par s'introduire dans le pays qu'ils convoitent sous prétexte d'opérations commerciales ou de colonisation, avec ou sans l'autorisation du gouvernement auquel il appartient. Ces colonies grandissent, se multiplient, deviennent bientôt l'élément principal de la population, et, aussitôt ce fondement posé, les Américains commencent à élever des prétentions qu'il est impossible d'admettre, qui ne soutiennent pas une discussion sérieuse et qui sont basées, par exemple, sur des faits historiques contestés par tout le monde, comme le voyage de la Salle dont la fausseté est maintenant reconnue, mais qu'ils n'en invoquent pas moins à l'appui de leurs prétendus droits sur le Texas. Ces opinions extravagantes sont d'abord présentées au monde par des écrivains inconnus et, le travail que d'autres s'imposent pour chercher des preuves et pour établir leurs arguments, ceux-là l'évitent au moyen d'assertions.... hardies qui, au lieu de prouver la bonté de la cause, ne sont destinées qu'à faire comprendre à leurs concitoyens les avantages du succès. Leurs manœuvres dans le pays qu'ils veulent acquérir se manifestent ensuite par l'arrivée d'explorateurs, qui s'y établissent la plupart sous prétexte que leur résidence ne préjuge pas la question de souveraineté. Ces *pionniers* excitent peu à peu des mouvements qui troublent l'état politique du territoire en litige, puis viennent des mécontentements et des collisions calculées de manière à fatiguer la patience du légitime propriétaire et à diminuer les avantages de la possession. Quand les choses en sont arrivées à ce point, ce qui est précisément le cas du Texas, alors commence le travail de la diplomatie. L'inquiétude qu'ils ont excitée dans le pays, l'intérêt des nouveaux colons, les révoltes qu'ils provoquent parmi les aventuriers et les sauvages, l'obstination avec laquelle ils soutiennent leurs prétentions à la propriété du territoire, deviennent le sujet de notes où la modération et la justice ne sont respectées que dans les mots, jusqu'à ce que, grâce à des incidents qui ne manquent jamais de se présenter dans le cours de pareilles négociations, il se conclue un arrangement aussi onéreux pour l'une des deux parties que favorable à l'autre ». En vérité toute l'histoire de la colonisation anglaise n'est-elle pas là ? Qu'en pensent le Portugal pour le Sud de l'Afrique et la France pour l'Egypte ?

le Parlement vota la loi du 6 avril 1830, qui prohibait toute immigration ultérieure des Anglo-américains.

Pour qui connaît la persévérance invincible de la race anglo-saxonne, il n'est pas besoin de dire que cette loi ne put recevoir aucune application sérieuse ; malgré les prohibitions, les Américains obtinrent comme auparavant des concessions de terres qu'ils dissimulaient sous la forme de procuration ou de fidéicommis (*trust*).

Il ne sied pas de faire ici le récit des événements qui amenèrent l'indépendance du Texas ; il était clair que ces hommes laborieux, ennemis des révolutions, désireux par dessus tout de ne point être troublés « dans la poursuite de la richesse et du bonheur », ne pourraient s'entendre longtemps avec ces metis espagnols, grands amateurs d'agitations politiques et de pronunciamentos. Benton a parlé éloquemment, dans une séance du Sénat américain, de cette demande de reddition des armes, adressée, le 28 septembre 1835, aux habitants du village de Gonzalès : « Ce fut », dit-il, « la même demande, faite dans le même but, que celle que le détachement anglais, sur les ordres du major Pitcairo, avait formulée à Lexington, le 19 avril 1775. C'était la même demande et ce fut la même réponse : résistance, bataille, victoire, car le sang américain était à Gonzalès comme il avait été à Lexington (1) ».

Si, maintenant, nous résumons les conclusions qui se dégagent des pages qui précèdent, nous voyons que le Texas, bien que constituant en 1839 une République indépendante et récemment détachée du Mexique, avait une population presque exclusivement composée d'Américains des Etats-Unis ; que ses habitants étaient des colons nouvellement arrivés, en grande majorité pauvres, mais entre-

(1) J. H. Benton, *Thity years 'view*, p. 674.

prenants et laborieux, qu'ils étaient venus pour « améliorer leur condition (*to better their condition*) par des concessions de belles terres sous un beau climat » ; qu'ils étaient énergiques et bien décidés à travailler sans supporter qu'on les troublât, puisqu'ils n'avaient pas hésité à secouer le joug mexicain, le jour où on ne les avait plus laissés poursuivre en paix la conquête de la richesse.

Mais je dois à la vérité de reconnaître que ces émigrants *de choix* ne composaient pas à eux seuls la population du Texas ; on va même voir qu'en 1839, sinon en 1836, ils n'étaient *qu'une faible minorité*. A côté d'eux, arrivaient chaque jour, surtout depuis la terrible crise de 1837-1839, des débiteurs qui ne pouvaient payer leurs dettes et dont tous les biens avaient été saisis par leurs créanciers, et aussi quelques malfaiteurs qui avaient toutes sortes d'excellentes raisons pour fuir la justice de leur pays.

Voici en effet ce qu'écrivait, en 1841, un diplomate, M. de Bacourt, qui, à cette époque, représentait la France au cabinet de Washington : « La République du Texas est un vrai repaire de bandits. La description que M. Barbezat m'a faite des mœurs, coutumes et violences des Texiens m'ont porté à bénir mon étoile de ne m'avoir conduit qu'ici. Les États-Unis semblent un paradis à qui vient du Texas, où on ne peut sortir sans être armé jusqu'aux dents : le gouvernement lui-même, n'est représenté que par une bande de brigands revêtus du pouvoir. Cela n'est d'ailleurs pas étonnant, quand on pense que presque toute la population du Texas se compose de gens qui ont fui les États-Unis pour se soustraire à l'action de la justice et d'une justice aussi lente ». Et l'année suivante M. de Bacourt écrivait, dans une autre lettre, ces lignes qui ne sont guère à l'honneur de la nouvelle République : « Le Texas est un vrai nid de bandits de toutes les nations, mais particulièrement des États-Unis ; quand on parlé d'un voleur, d'un assassin, d'un banqueroutier qui a disparu, on dit qu'il a mis sur ses cartes G. T. T: *Gone to Texas* (parti au Texas), comme nous mettons P. P. C. (1) ».

Si l'on supprime de ce tableau l'exagération qui tient à l'éducation personnelle de M. de Bacourt, il n'en reste pas moins que le Texas n'avait pas, en 1839, une réputation particulièrement enviable. Un discours de M. Benton, prononcé en 1836 au Sénat américain, nous prouve que cette réputation existait déjà en 1835. A la vérité, le grand homme d'Etat la trouve quelque peu surfaite et injuste (2) ; mais, qu'elle le fût ou non en 1835, il est certain qu'elle ne l'était plus guère en 1839. Si nous évitons de commettre, à la suite de M. de Bacourt, une confusion essentiellement contraire à l'esprit américain entre les débiteurs insolvables et les malfaiteurs ou les voleurs, nous voyons en effet que, lorsque la crise de 1837 à 1839 sévit aux Etats-Unis, *une multitude innombrable de farmers déconfiturés*, dont les terres, les bestiaux et les instruments aratoires avaient été saisis et vendus *pour un prix dérisoire*, émigrèrent au Texas « pour améliorer là-bas leur condition par la concession de belles terres sous un beau climat (3) ». Aux yeux de cette catégorie d'émigrants, le Texas avait l'avantage inappréciable de ne pas faire partie de l'Union : c'était

(1) Lettres de Washington, du 5 juillet 1841 et du 1er avril 1842 : *Souvenirs d'un diplomate*, par M. de Bacourt. Pour qui sait ramener les choses au point et faire la part de l'exagération, ce recueil de lettres est du plus haut intérêt, car il nous donne l'impression que produisait, en 1840, sur un gentilhomme français élégant, aux manières distinguées et polies, cette société de spéculation, d'activité fiévreuse et de travail manuel, où les hommes se mettent en bras de chemises, l'été, dans leur bureau et n'ôtent pas leur chapeau pour saluer les dames.

(2) *It has been common to disparage and to stigmatize the population of Texas ; but nothing could be more unjust.*

(3) Ils n'avaient plus aucune difficulté à obtenir de telles concessions depuis la proclamation de l'indépendance du Texas.

la certitude de ne plus retrouver la justice fédérale. Il y avait bien les tribunaux du Texas lui-même, mais, outre que la distance rendait impossible toute poursuite nouvelle de la part d'un créancier qui ne pouvait savoir pour quelle contrée son débiteur était parti, la justice du pays n'était encore qu'à l'état rudimentaire et n'avait que de la bienveillance pour les victimes de « ces odieux capitalistes de l'Est ». On peut juger de l'importance du mouvement d'exode vers le Texas sous l'action de la crise universelle qui ruinait à ce moment les Etats-Unis, quand on constate que la population du Texas qui, en 1836, ne comprenait que 70,000 habitants, s'élevait, en 1840, à 250,000 : soit une augmentation de près de 350 0/0 en quatre années.

Supposez que, dans un pays inhabité, viennent s'établir des colons énergiques et laborieux, arrivant de deux ou trois mille kilomètres pour faire fortune, défrichant les terres incultes, naturellement disposés à n'estimer que le rude travail manuel, à mépriser l'homme qui ne fatigue jamais les muscles de ses bras, le capitaliste qui tire des revenus de ses capitaux prêtés ; qu'à ce premier élément vienne se mélanger, en une masse beaucoup plus considérable, une foule de débiteurs ruinés par la spéculation des autres et qui ont vu, en un jour, s'écrouler l'édifice de la petite fortune qu'ils étaient en train d'amasser par leur labeur de chaque instant ; qu'enfin, pour donner en quelque sorte plus de saveur à ce mélange social, vous ajoutiez à ces éléments primordiaux un certain nombre de bandits, de malfaiteurs, de voleurs, etc., croyez-vous que, dans une pareille société où presque tous sont ruinés et ont des dettes, où il n'y a pas encore de riches et par conséquent personne pour représenter leurs intérêts, où enfin l'influence politique et parlementaire est dévouée tout entière à cette classe laborieuse à laquelle appartiennent tous les électeurs, croyez-vous que les premières lois votées ne seront pas nécessairement consacrées à la protection du travailleur contre le capitaliste, du labeur manuel contre la fortune acquise, du colon qui défriche contre celui qui demande le payement de son argent, du débiteur contre le créancier ?

Pour de pareils hommes, ruinés la veille par l'obligation où ils ont été de payer *sur l'heure* des créanciers qui, quelques mois auparavant, étaient tout disposés à leur ouvrir un nouveau crédit, il ne s'agit guère, lorsqu'ils sont maîtres de tout, des tribunaux comme du parlement, de s'occuper des droits des créanciers ! Leur préoccupation est différente : il s'agit, au contraire, de protéger l'intérêt public et privé qui exige que le travail de défrichement ne rencontre aucun obstacle et soit poussé vigoureusement. Ce serait, on en conviendra, supposer ces Texiens singulièrement naïfs que de leur prêter une autre intention.

Loin donc de nous étonner de voir le Texas promulguer, le 26 janvier 1839, la première loi de homestead, il convient plutôt d'en admirer la modération et la sagesse et surtout de remarquer l'adaptation exacte du moyen à la fin poursuivie.

Voici le texte original de cette loi, dont la traduction va être aussi donnée : « From and after the passage of this act, there shall be reserved to every citizen or head of a family, in this republic, free and independent of the power of a writ of fieri facias, or other execution, issuing from any court of competent juridiction whatever, fifty acres of land, or one town lot including his or her homestead, and improvements not exceeding five hundred dollars, in value, all household and kitchen furniture, provided it does not exceed in value two hundred dollars, all implements of husbandry (provided they shall not exceed in value fifty dollars) all tools, apparatus and books belonging to the trade or profession of any citizen, five milch cows, one yoke of work oxen, or one horse, twenty hogs, and one year's provisions; and all laws or parts of laws, contravening or opposing the provisions of this act, are hereby repealed. Provided the passage of this act shall not interfere with contracts between parties heretofore made. »

« Depuis et après le vote de cette loi, il sera réservé à chaque citoyen ou tête de famille, vivant sur le territoire de cette République, libres et exempts de la conduite d'un *writ de fieri facias* ou de toute autre mesure d'exécution, émané d'un tribunal quelconque investi de la juridiction compétente, *cinquante acres de terre ou un lot de terrain situé dans une ville (city lot)* (1), y compris l'habitation et les améliorations faites pourvu que celles-ci ne dépassent pas une valeur de cinq cents dollars, tous les meubles et ustensiles de cuisine, pourvu qu'ils n'excèdent pas la valeur de deux cents dollars, tous instruments aratoires jusqu'à concurrence d'une valeur de cinquante dollars au maximum, tous outils, instruments et livres se rapportant au commerce ou à la profession du débiteur, cinq vaches à lait, une paire de bœufs de travail ou un cheval, vingt porcs et toutes les provisions nécessaires à la consom-

---

(1) Ce terme se réfère à l'arpentage des villes américaines. Comme on le sait, les rues des villes américaines se coupent à angle droit et les rectangles ou carrés qui les séparent et sur lesquels se trouvent les maisons portent le nom de *square* ou *block* ; chacun de ces blocks est divisé en rectangles dont les dimensions varient suivant les usages locaux : 50 ou 75 pieds de façade, sur 125 ou 150 de profondeur, représentent des mesures communes. En général chaque maison occupe un de ces rectangles et n'en occupe qu'un : aussi les appelle-t-on *city lots*. — Puisque j'ai parlé des propriétés urbaines, j'ajoute qu'à raison de la profondeur à peu près invariable des terrains d'une même ville, ceux-ci se vendent non pas à la superficie, mais à la mesure linéaire du « front », c'est-à-dire suivant le nombre de pieds de la façade : ce procédé donne aux terrains d'encoignure une longueur apparente double.

mation d'une année ; et toutes les lois ou parties de lois en opposition ou en contradiction avec les dispositions de cet *act* sont dès à présent abrogées. *Il demeure entendu que cette loi n'affecte pas les contrats entre parties, antérieurement conclus* (1) ».

Lorsqu'on cherche à retracer l'historique complet de cette législation du homestead, il n'est pas sans intérêt de remarquer que toutes les dispositions de cette loi n'étaient point également nouvelles. Si nous remontons vingt années en arrière à l'époque où le Texas constituait avec le Mexique, dont il était partie intégrante, une colonie espagnole, nous voyons que la loi espagnole consacrait de nombreuses exemptions de saisie et les Institutes d'Axo et Monmul, telles qu'elles sont reproduites dans l'ouvrage de White, mentionnent, parmi ces exemptions, les instruments agricoles et les animaux employés dans la culture, les pains des boulangers, les outils des artisans, les livres des avocats et des étudiants, les lits, hardes et autres objets nécessaires à la vie journalière. Cette exemption était d'ailleurs commune aux célibataires et aux chefs de famille (2).

Lorsque le Mexique se fut séparé de l'Espagne, la loi impériale mexicaine de colonisation du 4 janvier 1823 disposa, dans son article 26, que « tous instruments agricoles, machines et autres outils qui sont introduits par les colons (*colonists*), pour leur usage, à l'époque de leur entrée dans l'empire, seront exempts de saisie, ainsi que les marchandises introduites par chaque famille (*family*) jusqu'à concurrence de deux mille dollars » (3). Si l'on prenait à la

---

(1) *Paschal's Digest*, t. 1, *Texas laws*, art. 3798. — M. Rūdolf Meyer indique à tort cette première loi de homestead comme exemptant de la saisie 350 acres de terre.

(2) White, t. 1, 322-323 : *Supreme Court of Texas*, Cobbs v. Coleman, 14, Texas, 599.

(3) Paschal's annotated Digest, art. 536 : « all the implements of

lettre les deux mots *colonists* et *family*, il conviendrait d'attribuer à cette loi l'honneur d'avoir, la première, posé le principe de la distinction entre le célibataire qui vit seul et le groupe de personnes qui vivent en famille, distinction qui est, comme nous le verrons, un des traits caractéristiques des lois américaines de homestead (1).

Qu'y avait-il donc de nouveau dans la loi du 26 janvier 1839 ? Peu de chose en vérité : on se bornait à étendre à la terre l'insaisissabilité réservée auparavant à la propriété mobilière. Il vient d'être expliqué pourquoi les Texiens ne devaient pas hésiter à admettre cette extension, à laquelle on aurait tort d'attacher trop d'importance dans un pays où la terre n'a encore aujourd'hui qu'une valeur très minime et où elle en avait une beaucoup plus faible à cette époque. Pour modeste qu'elle soit, cette innovation est admirablement bien adaptée au but à atteindre, et, à ce point de vue, elle est bien l'œuvre de ces Anglo-Saxons dont le sens pratique proportionne toujours le moyen à la fin.

J'ai retracé en détail les effets économiques des crises commerciales sur la masse des petites gens, des modestes farmers établis de la veille et qui viennent à peine de sortir du prolétariat. Au tableau qui a été présenté, il convient d'ajouter maintenant une réflexion *capitale* : c'est que ces infortunés cultivateurs, dont on avait saisi les biens et qui souvent n'a-

---

husbandry machinery and other utensils, that are introduced by the colonists, for their use, at the time of their coming to the empire, shall be free, as also the merchandise introduced by each family to the amount of two thousand dollars ».

(1) En tous cas, cette distinction fut faite, en une autre matière, par l'article 15 de la loi de colonisation des provinces de Coahuila et du Texas du 24 mars 1826, « pour augmenter le peuplement du territoire et promouvoir l'élevage et l'accroissement du bétail »; elle accorda aux colons mariés une étendue de terre quadruple de celle attribuée à ceux qui vivaient seuls sans faire partie d'aucune famille ». *Paschal's annotated Digest*, art. 577.

vaient pas même pu payer 20 0/0 à leurs créanciers, *n'étaient pas en réalité des insolvables*. Cette phrase, qui, au premier abord, semble n'exprimer qu'une contradiction absurde, est pourtant rigoureusement vraie. J'ai montré que ces hommes n'étaient que les victimes d'un enchaînement inéluctable de circonstances qui les forçait à acheter leurs terres et leurs bestiaux au temps de leur plus grande chéreté et à les vendre sur saisie au moment où ils n'avaient qu'une valeur marchande minime ; *mais supprimez cette obligation terrible et qui paraît, en quelque sorte satanique, de vendre* pendant une période de crise économique, à une époque où personne ne veut acheter ; aussitôt vous voyez, comme par un coup de magie, la situation affreuse de ces petits débiteurs devenir prospère. *Ces hommes, encore une fois, n'étaient pas des insolvables* ; depuis plusieurs années, ils gagnaient de l'argent ; si on avait exigé le payement de leurs dettes un peu plus tôt, il n'y a pas de doute que la réalisation de leurs biens n'eût produit un excédent d'actif sur le passif ; de même, laissez écouler quelques mois, attendez que la prospérité générale ait de nouveau succédé à la crise *passagère* et, derechef, ils pourront sans difficulté payer l'intégralité de leurs dettes. Voilà le résultat que poursuit la loi du Texas de 1839, qui, comme toutes les autres lois de homestead qui la suivirent aux États-Unis, n'a pas, quoiqu'on en ait dit, pour effet de dispenser les débiteurs de payer leurs dettes, *mais de les payer dans les moments de crise*, ce qui est bien différent.

L'occasion s'offrira de revenir sur ce grand rôle de la législation du homestead aux Etats-Unis ; disons de suite que c'est pour ne pas avoir compris cette fonction, qu'on lui a attribué tant de visées qui lui sont étrangères. Les lois de homestead, aux Etats-Unis, n'ont jamais eu pour but ni pour effet de soustraire à la saisie ceux qui sont insolvables d'une manière permanente et habituelle, ceux qui ne gagnent pas d'argent et dont l'actif est pendant plusieurs années inférieur au passif (1). C'est là le but que poursuivent en Europe les partisans de l'idée du homestead ; or, ce résultat chimérique, jamais le législateur américain ne l'a poursuivi et encore moins l'a-t-il obtenu. Comment n'a-t-on pas vu que ce parlement Texien qui, en 1839, votait la première loi de homestead, était composé d'hommes qui comprenaient que la honteuse banqueroute qu'on leur avait infligée et l'impossibilité où ils avaient été de payer même la moitié ou le quart de leurs dettes, *n'avaient d'autre cause que le droit de saisie de leurs créanciers, mis en œuvre à une heure inopportune.* Enlever ce droit de saisie, c'était du même coup *éviter au débiteur la ruine immédiate et assurer au créancier le payement intégral de la créance.* Et voilà comment la législation du homestead, conçue exclusivement dans l'intérêt du premier, tourne aussi à l'avantage du second.

Telle est l'origine de la première loi de homestead : l'histoire en est éminemment instructive, car elle renferme l'explication de cette législation dans laquelle on a voulu voir les pensées les plus élevées, et qui ne s'inspirait que d'idées beaucoup plus modestes : assurer *le travail manuel du défrichement* contre les crises périodiques qui ruinent les véritables artisans de la prospérité de l'État, voilà son but ; des débiteurs insolvables, des gens sans autre ressource que leurs bras, mêlés à quelques malfaiteurs, voilà ses auteurs. Il y a loin de ces hommes à ces dignes pères de famille préoccupés d'assurer l'intégrité de leurs foyers et la conserva-

---

(1) Cet effet *d'insaisissabilité passagère, restreinte aux époques de crise,* n'est pas indiqué par le texte de la loi rapportée plus haut, mais on verra qu'il résulte parfaitement de la combinaison même des principes de la législation du homestead.

tion de la petite propriété, qu'on aimait à proposer à notre respect comme les auteurs de la législation du Texas.

Si maintenant le lecteur se reporte aux premières pages de ce chapitre et qu'il se souvienne de l'esprit qui, à partir de 1839, animait aux États-Unis la grande majorité des électeurs et le Parlement lui-même, si surtout il n'a pas oublié les dispositions singulières du Bankrupt-Act de 1841, il comprendra sans difficulté comment la législation du homestead fut successivement adoptée par les législations des différents États. Nous savons, par le témoignage de contemporains, que le Texas imprimait à cette époque un mouvement aux esprits et aux intérêts matériels dans le sein des États-Unis, et, en fait, nous voyons son exemple peu à peu suivi par les divers membres de l'Union à laquelle il devait s'adjoindre bientôt lui-même. Partout on accueille avec faveur le remède proposé, parce que partout on souffre du même mal. La législation nouvelle est promulguée tour à tour dans le Vermont et le Wisconsin, en 1849 ; dans le New-York et le Michigan, en 1850 ; dans l'Indiana, le New-Jersey, le Delaware, en 1851, et dans le Nevada en 1864. Les nouveaux États de l'Ouest s'empressent de l'inscrire sur leur Statutes-Book à mesure qu'ils naissent à la vie économique.

Une pareille législation n'avait guère sa raison d'être pour les États du Sud, pays de grande propriété foncière, où les riches planteurs n'en auraient retiré qu'un secours dérisoire en cas de désastre financier. Mais, lorsque la guerre de sécession (*rebellion war*, comme l'appellent les Américains), eut semé dans le sud la ruine et la désolation, les États de cette partie de l'Union se hâtèrent de proclamer l'insaisissabilité du homestead, pensant y trouver une assistance pour leurs malheureux sujets. La Floride et la Virginie en 1865, l'Arkansas et l'Alabama en 1868, le

Mississipi et la Géorgie en 1870 promulguèrent chacun leur loi de homestead. M. Rudolf Meyer assure que ce furent ces lois qui « rétablirent dans le sud l'antique alliance du sol et du paysan », belles paroles, que nous aurons à contrôler plus tard par l'observation scientifique des faits. Presque tous les États de l'Union ont aujourd'hui leur législation de homestead, et ceux qui, comme la Virginie occidentale, l'Indiana et le Maryland avaient résisté, ou plutôt avaient négligé de se mettre à l'unisson, ont dû à leur tour se ranger parmi les adhérents de l'insaisissabilité de l'habitation. A l'heure actuelle, cinq États seulement n'ont pas admis le principe : ce sont l'Orégon, la Pensylvanie, le Rhode Island, le Delaware et le district de Colombie.

Chose remarquable et trop peu remarquée ; dans toutes ces lois, comme dans celle du Texas, la propriété immobilière est mentionnée à côté de la propriété mobilière ; on exempte de la saisie l'habitation de la famille au même titre que les vêtements, les meubles, les approvisionnements de la famille ; et c'est dans la même pensée qu'on exempte les livres de l'homme de loi et de l'homme d'église, les instruments du médecin, la machine à coudre de l'ouvrière, les outils de l'artisan, *pourvu que ces différentes personnes soient mariées ou à la tête d'une famille.* La propriété immobilière n'est ni plus ni moins protégée que la propriété mobilière : on lui octroie, comme à l'autre, le bénéfice de l'insaisissabilité, car la *conception américaine* de cette propriété et le peu de valeur qu'elle a dans ce pays, où la terre est en abondance, la rapprochent de la propriété mobilière au point de la confondre avec elle. S'il n'y a jamais eu de loi *fédérale* consacrant le principe de l'insaisissabilité du homestead, il n'y a pas d'autre cause de cette omission que la distinction des deux domaines législatifs établie aux Etats-Unis et qui en cette matière déterminait la compétence exclusive de la législation de chaque État. Mais il est rigoureusement exact de dire avec M. Thompson que, depuis 1849, date où les parlements des divers Etats commencèrent à prendre ce sujet en considération, « la protection de l'habitation de la famille du débiteur contre la vente forcée est devenue partie intégrante de la politique générale du pays ». Dix-huit Etats ont inscrit le principe du homestead dans leur constitution, et ce fait, dont on n'a pas d'ailleurs l'illusion d'exagérer la portée lorsqu'on connaît le droit constitutionnel américain (1), prouve du moins l'importance que le corps électoral attache à ce genre de manifestation législative.

Nous avons recherché jusqu'ici quelles circonstances historiques avaient favorisé le triomphe des principes du homestead ; il nous faudra par la suite étudier avec soin le fonctionnement de cette législation, c'est-à-dire ses dispositions, ses tendances et ses effets.

Comme les lois, actuellement en vigueur, diffèrent fort peu des premières lois et n'ont été remaniées que pour permettre au législateur d'apporter à son œuvre des perfectionnements de détail et de mettre fin aux controverses que l'interprétation des premiers textes avait soulevées, je ne

---

(1) A ce propos, il n'est peut-être pas inutile de remarquer que les mots législateur, loi, magistrat.... et tous autres du même ordre ne doivent pas être entendus dans leur sens « auguste » et quelque peu fétichique. L'Américain est peu accessible aux douces illusions qui nous bercent, lorsque nous songeons à « l'esprit du législateur » ou aux « paternels soucis des pouvoirs publics ». Il n'y a jamais eu d'année 1880 dans l'histoire des Etats-Unis.— De plus, le contrôle immédiat de leurs intérêts propres par les groupements locaux, petits ou grands, en plaçant le fonctionnaire public dans le voisinage de ceux dont il administre les affaires, dispose peu l'individu à se représenter la figure des personnages politiques nimbée de l'auréole symbolique de l'intelligence, de la capacité, du travail et de mille autres qualités encore ; cette aimable fiction demande la complicité de l'éloignement.

m'attacherai désormais qu'aux statuts qui ont force de loi
au temps de l'impression de cet ouvrage (1).

(1) On trouvera à l'appendice III le texte original et la traduction des
lois du Visconsin et du Dakota du Sud qui sont rapportées comme
échantillons normaux des statuts des autres Etats, sur cette matière.

CHAPITRE QUATRIÈME

I. — *Les conditions légales*.

Avant d'entamer le commentaire des différentes lois de homestead, je dois, sans délai, donner une réponse à une question importante.

Il y a pour les jurisconsultes et pour les tribunaux deux manières bien différentes d'interpréter une loi. Tantôt ils s'attachent au sens littéral des mots employés, en analysent minutieusement les moindres détails, examinent les raisons qui ont dicté, au législateur, l'emploi de tel mot plutôt que de tel autre, et la place d'une conjonction ou d'une virgule prend parfois à leurs yeux une importance qui scandalise les profanes ; ils n'admettent que l'interprétation qui est commandée strictement par le texte. Tantôt au contraire, ils s'attachent plutôt à la pensée générale du législateur qu'à l'expression même dont il s'est servi ; on les voit alors déclarer que, par delà les mots, il faut aller jusqu'à « l'idée inspiratrice » qui a guidé l'auteur de la loi, et en conséquence, ils n'hésitent pas à admettre toute interprétation qui, sans ressortir nécessairement des termes employés, est cependant conforme à la préoccupation dont le législateur s'est manifestement inspiré au moment de la rédaction de la loi. On comprend aisément que ces deux procédés d'interprétation que les jurisconsultes emploient tour à tour, suivant la nature des dispositions qu'ils ont à commenter, puissent conduire à des résultats bien différents. Or auquel de ces deux procédés le commentateur des lois de homestead doit-il donner la préférence?

Les jurisconsultes français, auxquels on poserait une telle question, n'éprouveraient aucune hésitation à répondre que l'interprétation restrictive s'impose ici. En effet, le principe général, diraient-ils, est que tous les biens d'un débiteur garantissent l'exécution de ses engagements (1). Les lois de homestead apportent donc au droit commun une dérogation grave, et, par suite, il convient de n'en permettre l'application que dans les cas expressément prévus par les textes. Ainsi le veut la grande règle d'interprétation admise dans toutes les législations et que le droit romain formulait en ces termes: *Exceptiones sunt strictissimæ interpretationis.*

Ce raisonnement a été admis au début par les tribunaux américains; mais bientôt lorsqu'on eut découvert dans le vieux *common law* anglais des dispositions qui prononçaient l'insaisissabilité du *home*, on eut la joie de constater que le droit commun était précisément l'inverse de ce qu'on le croyait être et que, par suite, l'adage romain lui-même commandait une interprétation large des lois de homestead. En effet, d'après le *common law*, le droit du créancier de saisir et de faire vendre la propriété de son débiteur n'a jamais été reconnu (2), et, par suite, « les *homestead exemption laws*, loin de constituer une dérogation à ce *common law*, ne font que l'appliquer et c'est au contraire l'exclusion de cette exemption, de cette insaisissabilité, qui est

(1) Art. 2092 du Code civil français.
(2) *Vide infrà*, appendice premier.

en contradiction avec lui ». Ainsi l'a décidé, par un arrêt très bien motivé, le savant *Justice Sherwood* et cette interprétation a été admise par presque toutes les cours des États de l'Union (1).

J'ai dit que ce fut avec joie que l'on fit cette constatation : en effet, il faut avouer, dùt l'honneur des principes juridiques en recevoir quelque atteinte, que, même si l'on n'avait pas eu la bonne fortune de lui trouver pareille justification, l'interprétation large n'en eùt pas moins prévalu. Une fois de plus, la poussée des forces sociales l'emportait sur les déductions rigoureuses des principes abstraits, et les magistrats américains voyaient bien qu'il n'était pas possible de persister plus longtemps dans une interprétation étroite d'une loi dont le but était si éminemment favorable, puisqu'il n'était autre que LA CONSERVATION DES FOYERS POUR LE BIEN DE L'ÉTAT (*conservation of homes for the good of the state*) et qui avait pour elle la faveur très prononcée du public, des électeurs et des parlements. C'est ce que constatent, non peut-être sans un grain de mélancolie, ces paroles d'un juge du Texas : « A tort ou à raison, par sa-
» gesse ou par imprudence, depuis l'origine, ni le peuple
» dans ses assemblées électorales, ni les législateurs, ni les
» tribunaux n'ont reculé à un moment quelconque. Chaque
» modification apportée a étendu la protection, et celles-ci
» ont été assez multipliées pour faire de ce mouvement
» d'expansion une marche continue en avant (*to make the
» progress of expansion a steady march.*). *Quand les tri-
» bunaux ont hésité ou se sont arrêtés, ils ont été pous-
» sés en avant par le pouvoir législatif.* Aussi en l'ab-
» sence de décision nette des législateurs, sur le point
» soumis à notre examen, *et obéissant à la tendance pro-*

(1) Michigan, 15 avril 1886, *Mich. Rep.* année 1886, vol. 60.

» *gressive dont il vient d'être parlé (and in obedience to*
» *the progressive tendency adverted to)*, nous décidons
» que.... (1) ». Ce principe d'interprétation large a prévalu
dans *tous* les États, sauf un, la Louisiane, dont les tribunaux fidèles au Code civil français, qui constitue le droit
commun de ce pays, ont persisté à n'admettre que l'interprétation restrictive (2).

On a même vu, dans certains Etats, des cours renchérir
encore sur cet esprit de bienveillance pour le débiteur et
proclamer qu'il était de jurisprudence constante, que les
textes des lois de homestead devaient être interprétés dans
un esprit *de faveur élargie (enlarged liberality)*. Parfois
cet entraînement général qui pousse les tribunaux, sous
l'action du sentiment public, à admettre une interprétation
de plus en plus extensive des lois de homestead est si puissant, qu'on voit le juge, comme s'il voulait s'encourager lui-
même, rappeler que si le propriétaire du homestead a des
dettes, c'est parce qu'un tiers lui a remis une certaine
somme ou une certaine valeur, précisément égale à celle
qu'on lui réclame aujourd'hui. « Le créancier ne doit donc
» pas être traité comme un ennemi ou un *voleur* ; lui aussi
» a besoin d'un foyer, et il ne lui manque peut-être, pour
» en acquérir un, que de recevoir ce qui lui est dû ; lui
» aussi a peut-être une femme et des enfants qui sont dans
» la gêne. Ses intérêts sont donc aussi précieux que ceux

(1) Swearingen v. Basset, 65, Texas, 273.
(2) Cf. Mitchelson v. Smith, 18, Neb, 586; Chopin v. Runte, 75, Wis.
361; Jackson v. Shelton, 89, Tenn, 82; Barber v. Rorabeck, 36, Mich,
399; Campbell v. Adair. 45, Miss, 178; Wassell v. Trumah, 25, Ark,
103; Ruff. v. Johnson, 40, Ga, 555; Norton v. Bradham, 21. S. C., 375;
Robinson v. Wiley, 15, N. Y, 494; Bradshaw, v. Hurst, 57, Ia, 745;
Montague v. Richardson, 24, Ct., 338; Peverly v. Sayles, 10, N. H.,
358; Howe v. Adams, 28, Vt. 541; Southwick v. Davis, 78, Cal, 504,
Loeb v. Mc. Mahon, 39, Ill, 487.

» du débiteur et par conséquent doivent trouver auprès du
» tribunal la même sollicitude » (1).

Il est difficile d'apercevoir au premier abord l'importance
considérable de ce principe d'interprétation extensive et
toutes les conséquences qui en découlent au point de vue
de l'application pratique des lois de homestead ; ce principe reparaîtra sur notre chemin dans l'examen de toutes
les questions où le homestead d'un débiteur est en jeu.

De la lecture des innombrables décisions judiciaires auxquelles les lois de homestead ont donné lieu (2) se dégage
une étrange impression qui incline volontiers le lecteur à
accuser les magistrats américains de professer pour les
débiteurs une sympathie exagérée, je dirais presque de
la partialité si ce mot n'impliquait l'oubli du devoir le plus
essentiel du juge. On sent que le tribunal insiste plus volontiers sur les raisons qui militent en faveur du débiteur,
et cette disposition paraît s'accentuer encore dans les procès
où une allégation positive de fraude est formulée, tant il lui
répugne d'admettre que le débiteur ait pu se rendre cou-
pable d'une manœuvre dolosive, vis-à-vis de son créancier.
Ces sentiments bienveillants du juge (dont on retrouvera
dans ce chapitre et dans les suivants des manifestations non
équivoques), joints au principe d'interprétation large qui a
prévalu, n'ont pas peu contribué à donner aux diverses
dispositions des lois de homestead un sens tout particulièrement favorable au débiteur qui les invoque.

On sait déjà que la législation du homestead n'est pas
d'origine fédérale, et par suite je me trouve en présence

(1) The J. I. Company v. Joyce, 89, Tenn, p. 337, paroles de J. Snod-
grass.
(2) On évalue à six mille jugements le nombre des décisions judiciaires rendues de 1878 à 1893 sur l'interprétation et l'application des
lois de homestead.

d'un grand nombre de lois qui, rapprochées entre elles par
la communauté de principe et de pensée, sont cependant
dissemblables en certaines de leurs parties. Aussi aurai-je
à relever bien des contradictions dans les formules, bien
des divergences dans les solutions des législateurs et des
magistrats. J'ajoute d'ailleurs que si cette situation com-
plique singulièrement la tâche des jurisconsultes, elle n'est
pas sans avantage pour les économistes qui retrouvent dans
les lois des divers Etats l'empreinte des conditions économiques spéciales à chacun d'eux. Dans toute l'Union Américaine, le principe de la législation du homestead est le
même. Il est curieux de constater comment chaque Etat en
a adapté l'application aux mœurs et aux exigences de ses
« *citoyens* » (1).

Les lois de homestead ont donné lieu à une multitude
innombrable de procès : aussi ai-je recherché dans les
décisions des tribunaux les éléments juridiques du commentaire de leurs dispositions ; le lecteur trouvera en note
l'indication d'un certain nombre d'entre elles. Cette source
d'informations est spécialement instructive, car le juge
américain, à la différence du juge français, ne se croit pas
obligé de ne viser dans son arrêt que des considérations
empruntées à la science du droit : n'ayant point à enfermer
l'expression de sa pensée dans un moule invariable, il fait
volontiers, lorsqu'il rend son jugement sur l'affaire qui lui
est soumise, une sorte d'exposé didactique, dans lequel il
énumère les diverses raisons d'ordre moral, économique,
social, juridique qui militent en faveur de tel ou tel plai-
deur.

(1) Le mot « sujets » est une de ces expressions que la transformation des mœurs politiques tend à faire vieillir dans toutes les lan-
gues ; appliqué aux Etats de la Fédération Américaine il est tout à
fait inexact et n'a d'ailleurs aucun synonyme dans la langue de ce
pays.

Quelles conditions sont requises pour que les lois de homestead puissent être invoquées.

Nous savons que le mot homestead désigne, dans la langue juridique américaine, *la résidence de la famille que les lois protègent contre la saisie et pour l'aliénation de laquelle elles exigent le concours du conjoint du propriétaire lorsque celui-ci est marié*. Mais puisque tous les immeubles ne sont pas des homesteads, quels immeubles constituent des homesteads ?

Il y a trois conditions essentielles et une condition accidentelle pour qu'un immeuble puisse être considéré comme un homestead. 1° Il faut avoir un droit (propriété, usufruit, possession, jouissance à titre de locataire) sur l'immeuble que l'on prétend conserver en qualité de homestead ou plutôt il faut avoir, à un titre quelconque, le droit d'en jouir et d'en faire usage ; 2° le titulaire de ce droit doit être « la tête d'une famille » (*head of a family*) ; 3° l'immeuble doit servir au logement et à l'habitation d'une famille ; 4° enfin certains Etats exigent une publicité spéciale, destinée à prévenir les tiers (*dedication*).

I. Il faut avoir un droit sur l'immeuble que l'on prétend occuper à titre de homestead.

S'il est utile de mentionner cette première condition, c'est à seule fin de rappeler, après les commentateurs américains, que la législation du homestead n'est pas une aumône, une charité que l'Etat se propose de faire, en fournissant un foyer et un « abri » à ceux qui sont sans asile. J'ai déjà indiqué qu'il existe une autre législation que l'on appelle aussi législation du homestead, qui permet aux immigrants d'occuper gratuitement 80 ou 160 acres de terres publiques ; mais cette loi *fédérale* de 1862, n'a, en dehors de la similitude de nom, qu'un rapport très lointain avec les lois qui nous occupent et qui sont spéciales à *chaque État.*

Cette première condition est tellement essentielle qu'il n'existe *aucun* Etat qui ne la requière. En effet, pour protéger un droit, encore faut-il que ce droit existe, puisque les lois de homestead *ne confèrent aucun titre à personne, mais se bornent à entourer de garanties*, DANS L'INTÉRÊT DE LA FAMILLE ET SURTOUT DE L'ÉTAT, le titre que l'on a. De ce principe découle la conséquence suivante : c'est que personne ne peut invoquer la protection de la loi pour un immeuble qui n'a acquis la qualité de homestead que postérieurement à la saisie. L'immunité du homestead n'est *en aucune façon* un moyen d'encourager l'acquisition d'un immeuble. Sans doute, comme le remarque un tribunal, si celui qui n'a pas de terre (*landless*) ne peut s'assurer une protection actuelle pour une propriété qu'il acquerra plus tard, la grande majorité des pauvres n'auront jamais de homestead. Mais il est universellement admis qu'on ne s'est pas proposé pour but d'assurer un homestead à ceux qui en ont le plus besoin ; on protège les foyers existants, on ne cherche pas à aider le pauvre à en acquérir un (*help the poor to homes*).

En cela, cette législation répond bien à la conception américaine qui est de ne se préoccuper que de ceux qui ont donné des preuves de leur capacité et de leur savoir-faire ; pour les autres, l'initiative privée multipliera les moyens d'assistance, mais l'opinion publique réserve ses faveurs à ceux qui s'élèvent par leur labeur et leur initiative.

Si d'ailleurs, il faut avoir un droit sur l'immeuble auquel on prétend faire reconnaître la qualité de homestead, il importe peu que ce droit ait telle ou telle qualité. Il va de soi que le droit pour lequel, le plus ordinairement, la sau-

vegarde de la loi sera invoquée, sera le droit du propriétaire, et, pour la simplicité du langage, je viserai toujours
ce titre dans la suite de cette étude. Mais il faut bien se garder de croire que le propriétaire seul est protégé. Les tribunaux américains nous donnent sur ce point une formule
aussi précise que compréhensive : *quel que soit le droit du
débiteur qui puisse être saisi pour le payement de ses dettes ou qui puisse faire, de sa part, l'objet d'une aliénation
volontaire, l'immunité du homestead peut être invoquée
avec succès, contre toute personne.* Celui donc, qui a un
droit d'usufruit soit pour la durée de sa vie, soit pour un
temps déterminé, peut invoquer cette immunité aussi bien
que celui qui n'a qu'un simple droit de possession ; bien
plus le possesseur de mauvaise foi lui-même, celui que le
droit romain appelle le *prœdo*, peut y prétendre également
contre toute personne (1), sauf naturellement contre le véritable propriétaire, puisque nous venons de voir que la loi
ne se propose pas de donner un titre à ceux qui n'en ont
aucun, ni de purger les vices dont les titres sont infectés.

Peut encore s'abriter sous les lois de homestead le simple
locataire, le bail n'eût-il qu'un an de durée ; en effet, nous
disent les tribunaux américains, « la femme et les enfants
sont intéressés à la conservation de ce foyer temporaire » (2).
A la vérité, ce cas n'offre pratiquement qu'un intérêt secondaire, car le *homestead right* ne prévalant jamais contre
celui de qui on tient le droit qu'il protège, le locataire ne
pourra conserver les lieux loués qu'à la condition de continuer à payer le loyer, mais du moins tout autre créancier
ne pourrait-il pas saisir et faire vendre le droit au bail de

____

(1) Davenport v. Alsten, 14 Ga 471 ; Mc. Clurken v. Mc. Clurken, 46
Ill. 327 ; Brooks v. Hyde 37. Cal. 367.

(2) Phillips v Warner, Texas, 16 S W 423 ; Wheathy v. Griffin CO,
Tex, 209.

son débiteur, (ce qui présenterait de l'intérêt dans le cas où la valeur locative de l'immeuble aurait augmenté) ni surtout, ce qui est d'une application plus générale, saisir la récolte de l'année qui jouit par extension du privilège accordé au homestead sur lequel elle a poussé.

Toutes ces constatations portent en elles un enseignement. Nous verrons plus tard, quand nous étudierons les projets allemand, autrichien et français que ceux-ci ne visent que le droit du propriétaire, et plusieurs avaient pensé et pensent encore que les lois américaines ne protègent que ce droit. On a écrit, à ce sujet, de fort belles pages où l'on célébrait la stabilité et la permanence données au foyer par le législateur yankee. Malheureusement ces éloges étaient en contradiction flagrante avec l'ensemble des mœurs américaines. Dans ce pays où personne ne meurt où il est né, où les hommes changent sans cesse de situation et de profession et s'en vont d'une place à l'autre suivant les chances qu'ils ont « de faire de l'argent » (*make money*), les mots de *stabilité* et de *permanence* ne sont pas de mise en matière de foyer. Les lois de homestead n'ont d'autre but que de protéger le foyer *actuel* de la famille, sans rechercher s'il existait hier, ni s'il existera demain.

J'aurai l'occasion de revenir, dans une autre partie de cet ouvrage, sur cette idée qui est essentielle. J'ajoute seulement ici que j'ai rencontré des ouvriers qui regrettaient d'être propriétaires de leur maison parce que cela les empêchait de se « mouvoir » aussi librement de ville en ville, suivant les hausses de salaire ou les offres d'emploi qui pouvaient se produire ici ou là.

Est-il besoin de dire, en terminant cet exposé de la première condition, que celui qui invoque le bénéfice du homestead est tenu de respecter les droits réels (servitudes personnelles ou réelles, hypothèques) qui auraient été consentis par celui dont il a acquis le bien, ou par lui-même à une époque où l'immeuble n'avait pas encore entre ses mains la qualité de homestead. « Il n'y a pas de magie qui efface les droits réels antérieurs ou qui rende parfait le titre imparfait » (1).

II. Il faut avoir la qualité de tête de famille : *head of a family* (2).

Cette deuxième condition est exigée par la très grande majorité des statuts et on peut dire qu'elle n'est pas moins indispensable que l'existence d'un droit sur l'immeuble que l'on prétend occuper à titre de homestead.

Que faut-il entendre par ce mot famille (*family*)? Webster définit le terme *family*, la réunion de personnes qui vivent sous le même toit et sous la direction morale d'un même individu (*manager*), et Worcester donne une définition identique (3). Sera donc « la tête d'une famille »

(1) Newton v. Summey, 59, Ga, 397. Pour les hypothèques consenties à une époque où l'immeuble avait déjà la qualité de homestead, voyez plus loin p. 145.

(2) J'éprouve quelque embarras à traduire ces simples mots : *head of a family*. La seule traduction littérale est celle-ci : *tête d'une famille* ; c'est aussi la seule traduction qui respecte le sens américain que dénaturerait l'expression : « *chef d'une famille* ». La famille américaine a quelqu'un à sa tête, mais elle n'a pas de chef. Il y a quelqu'un qui est le premier au foyer, mais en réalité l'autorité du mari sur sa femme, du père sur ses enfants ne confère que bien peu de droits à l'un et bien peu d'obligations aux autres. Puisque le langage américain trahit cette situation spéciale du père au foyer, je conserverai les mots, *tête d'une famille*, préférant une légère incorrection de langage à une inexactitude d'expression.

(3) Il est curieux de remarquer comment les mots prennent une signification différente suivant les besoins de ceux qui les emploient. Ainsi le bureau de recensement de Washington considère chaque famille comme l'unité ; or, pour le *Census office*, constitue une famille toute réunion quelconque de personnes mangeant à la même table et dormant sous le même toit, sous la direction matérielle d'un même intendant ou préposé. Les voyageurs d'un hôtel, les dix ou quinze

celui qui aura sous sa direction une ou plusieurs personnes vivant sous le même toit et mangeant à la même table que lui.

La réunion des parents et des enfants constitue la famille par excellence, et on ne peut douter que ce ne soit surtout en considération de ces personnes, que les parlements américains aient édicté la législation du homestead. C'est le foyer du père et de la mère entourés de leurs enfants, qui a été particulièrement visé, lorsqu'on a décidé que le foyer d'une famille ne pourrait faire l'objet d'une saisie pratiquée par un créancier, ni être aliéné volontairement par un seul des époux, sans le consentement de l'autre. Cette espèce de famille est, en effet, celle dont le développement et la conservation intéressent au plus haut degré la prospérité de l'Etat, puisqu'elle est « la cellule élémentaire dont se compose le corps politique ».

Mais ce serait restreindre la pensée du législateur, la définition donnée plus haut et le sens même du mot *family* que de supposer que la deuxième condition ne se trouve remplie que dans cette hypothèse. Un époux divorcé ou veuf ayant des enfants *mineurs, qui dépendent de lui pour leur subsistance*, peut parfaitement invoquer le bénéfice du homestead. La veuve ou la femme divorcée sans enfants, qui ne pourrait acquérir ce bénéfice si elle n'en jouissait pas déjà à l'époque de son mariage, peut continuer à bénéficier de la faveur légale, et cette distinction offre un grand intérêt dans le cas où l'immeuble n'a été acquis que pendant le veuvage ou après le divorce (1).

La réunion des deux époux, alors même qu'aucun enfant n'est issu de leur union, constitue une famille, et la femme

---

ménages, qui vivent ensemble dans les *boarding houses* de New-York, constituent donc pour lui une famille.

(1) Pour le veuf sans enfants, voir page 90.

pourra faire prononcer la nullité de l'aliénation du homestead consentie par le mari seul, de même que celui-ci pourrait invoquer contre ses créanciers le bénéfice de l'insaisissabilité.

Quelques lois ont étendu le sens des mots « *head of a family* », de manière à y comprendre la tante qui pourvoit à l'entretien de ses neveux, la fille qui subvient aux besoins de sa sœur malade *avec laquelle elle vit* : mais ces deux dernières dispositions sont exceptionnelles, et les magistrats américains nous répètent à l'envi que les lois de homestead n'ont pas pour but d'encourager ni de favoriser les actes charitables, mais surtout de conserver les foyers des parents et des enfants vivant ensemble (1) ; ils ajoutent encore, et avec non moins de raison, qu'un débiteur ne peut en aucun cas avoir le droit d'imposer à ses créanciers la charge de sa générosité (2).

Un célibataire doit être considéré comme la tête d'une famille, lorsqu'il est le tuteur d'enfants mineurs vivant avec lui ; en effet il peut être « un facteur aussi important de la collectivité de l'Etat » (*as important a factor of state citizenship*) que l'homme marié ; ses pupilles ont également besoin d'une éducation, d'un foyer, d'une direction paternelle, et par suite c'est répondre pleinement à la pensée du législateur que d'admettre le droit de homestead du tuteur.

L'idée qui se dégage de la revue de ces diverses hypothèses est donc très nette : toutes les fois qu'il existe entre la personne qui est « la tête de la famille » et les autres membres de cette famille un lien *légal* qui oblige le premier à veiller au bien-être matériel ou moral des seconds

______

(1) Voici une variante de la même idée : *the homestead policy is not to bestow charity, but to conserve homes, mostly those of parents and their children.*

(2) Galligar v. Payne, 34, La. Ann. 1057.

ou à subvenir à leurs besoins, le droit de homestead pourra être invoqué ; mais du moins faut-il qu'il y ait obligation légale, car, ainsi que le remarque, non sans malice, un magistrat, il serait à craindre que le débiteur après avoir invoqué le bénéfice de la loi ne s'exonérât de la charge, qu'il a bénévolement acceptée, de subvenir aux dépenses d'autres personnes. Quelques statuts ont d'ailleurs eu soin d'indiquer expressément jusqu'à quel degré de parenté la protection du homestead pourrait être étendue ; ainsi plusieurs décident que des grands-parents âgés, une sœur adulte (1), des petits-enfants orphelins doivent être considérés comme les membres d'une famille dans le sens de la loi.

Admettant une interprétation qui est parfaitement conforme aux mœurs américaines, on n'exige pas que les membres qui composent la famille vivent ensemble ; c'est ainsi qu'un mari qui vit éloigné de sa femme et de ses enfants mineurs peut parfaitement invoquer le droit de homestead, de même que ceux-ci pourraient faire prononcer la nullité de l'aliénation consentie par lui, sans le concours de sa femme (2). D'autre part, et par suite d'une déduction qui n'est que la contre partie de l'idée qui vient d'être formulée, le père veuf, dont les enfants sont parvenus à la majorité, ne peut plus invoquer l'insaisissabilité de son habitation, *alors même que ses enfants vivraient avec lui*; en effet, un père n'a pas l'obligation légale de subvenir aux besoins de ses enfants majeurs et ceux-ci doivent pourvoir eux-mêmes à leur subsistance. Cette interprétation, qui est unanime en ce qui concerne les garçons majeurs, n'est pas

(1) Ces deux premiers cas sont exceptionnels ; ils s'inspirent en effet d'une pensée charitable qui n'est nullement celle de la loi et, d'ailleurs, les mots eux-mêmes trahissent cette dérogation au droit commun, car peut-on dire qu'un petit-fils soit la « tête d'une famille » lorsque celle-ci ne comprend que ses grands-parents?

(2) Gay v. Halton 75 Tex. 203 ; Ellis v. White 47. Cal 63.

aussi généralement reçue à l'égard des filles *majeures vivant avec* la « tête de la famille » parce que les lois de homestead ont été précisément édictées dans l'intérêt de la femme. Nous savons d'ailleurs que le droit de homestead existe dans le cas où l'union des deux époux est restée inféconde ; c'est surtout en effet au profit de la femme mariée que la législation américaine a été promulguée, car le mari a vis-à-vis d'elle une obligation plus stricte encore que celle dont il est grevé vis-à-vis de ses enfants mineurs.

Quelques tribunaux ont considéré comme tête de famille, l'homme qui a des enfants nés d'une union illégitime et la fille mère qui entretient ses enfants ; mais cette décision est généralement critiquée par les jurisconsultes qui font remarquer que le mot famille employé par le législateur, désigne évidemment la famille légalement constituée et que ce serait une singulière politique pour un Etat que d'assurer la conservation des foyers irréguliers.

On n'est jamais allé plus loin et la jurisprudence a, d'une manière persistante, refusé de considérer comme une famille l'union illégale d'un homme et d'une femme, bien qu'ils occupent ensemble une même habitation. En effet, les tribunaux ne manquent point de remarquer que les lois de *homestead* risqueraient de devenir funestes, si aucune distinction n'était faite entre les « vrais foyers » dont la réunion forme l'Etat lui-même et « les mauvais foyers où un défi est jeté à la loi et où les mots sacrés de mariage, de famille et de paternité sont publiquement insultés (1) ».

A titre très exceptionnel, les lois de quelques Etats (Alabama, Wisconsin) protègent l'habitation de tout résident (*resident*) sans exiger ou plutôt sans paraître exiger que ce résident soit à la tête d'une famille.

(1) Rock v. Haas, 110, Ill. 528 ; Aaron v. the State, 37, Ala, 106 ; Stanton v. Hitchcock, 64, Mich. 316 et bien d'autres.

Mais cette solution, qui n'est d'ailleurs pas formellement écrite dans la loi et s'appuie uniquement sur la généralité des mots vagues employés par le législateur (*householder, resident*) (1) déroge au droit commun et personne n'hésite à dire qu'en principe, toutes personnes vivant isolément, et même toute réunion de personnes non unies entre elles par les liens du ménage (*household tie*) sont exclues de la faveur légale, le législateur n'ayant eu d'autre but que « *de protéger la famille pour le bien de l'Etat* ».

A l'étude que nous poursuivons, en ce moment, des qualités requises pour qu'une personne soit « tête de famille » se rattache une question importante qui divise aujourd'hui encore la jurisprudence américaine. Il est certain que le privilège du homestead ne peut être *acquis* ni *a fortiori conservé* par une personne qui n'a pas *et* n'a jamais eu de famille. Mais que dire de celui qui ne vit plus avec aucun membre de sa famille et qui était autrefois en situation de pouvoir invoquer le droit de homestead ? La question, il faut le remarquer, ne se pose pas pour la femme mariée qui perd son mari ou ses enfants ; je ne saurais, en effet, trop répéter avec les tribunaux que c'est surtout pour elle que la loi a été promulguée, et il est manifeste que l'insaisissabilité de l'habitation est plus nécessaire encore à la veuve qu'à la femme mariée.

Mais notre question est très pratique pour l'homme marié qui se trouve seul, par suite de divorce ou de mort de sa femme et dont les enfants sont devenus majeurs, se sont mariés *en dehors du foyer*, ou sont partis au loin pour « pousser leur chemin dans la vie » (*to push their way*),

(1) C'est ainsi qu'une décision de la cour du Wisconsin, Myers v. Ford, 22 Wis, 134, qui a reconnu le droit de homestead à un veuf, dont les enfants, tous mariés, vivaient loin de chez lui, est vivement critiquée par M. Waples, qui oppose d'autres décisions émanées des tribunaux de ce même Etat. Cf. Bunker v. Loche, 15, Wis, 635.

plusieurs années peut-être avant l'âge de leur majorité.

Certaines lois de homestead ont eu la sagesse de prévoir cette situation et elles ont décidé que celui qui était autrefois la tête de la famille *continuerait* à jouir du privilège de l'insaisissabilité, bien que sa condition actuelle ne lui permette pas d'acquérir le droit à ce bénéfice. Mais que décider dans l'hypothèse, de beaucoup la plus fréquente, où la loi est muette ? Il convient d'abord de mettre à part une espèce intermédiaire, sur laquelle vient d'être rendue une décision importante qui, par l'autorité scientifique des juges de qui elle émane et la force de son argumentation, semble devoir faire jurisprudence dans les autres Etats. Il s'agit du cas où un mari divorcé continue à habiter seul le homestead de la famille, alors que ses enfants mineurs habitent avec la mère sous la garde de qui le tribunal les a placés. La cour du Texas a admis que le mari devait encore être considéré comme le chef d'une famille, parce que ses enfants pouvaient avoir besoin de trouver un abri à son foyer, en cas d'abandon ou de mort de la mère (1).

En dehors de ce cas spécial, une jurisprudence nombreuse estime que, si le mari n'a cessé d'être la tête d'une famille que par suite de la mort de sa femme et de ses enfants, il continuera à jouir du bénéfice du homestead (2). Les deux raisons qui paraissent avoir surtout déterminé la conviction des juges sont celles-ci : d'une part, il serait singulier de reconnaître à un mari le droit d'invoquer le bénéfice du homestead sur un immeuble de sa femme prédécédée et de ne pas lui reconnaître le même droit sur un immeuble qui lui appartient en propre ; d'autre part, il n'est pas convenable qu'un homme soit exposé à perdre tout

(1) Hall. v Fields, Texas. 17 S. W. 82.
(2) Blum v. Gaines, 57, Texas, 119; Rollins v. Evans, 23, S. C. 316; Parsons v. Livingstone, 11, Ia, 104; Wilkinson v. Merrill, 87, Va, 513; Blackwell v. Broughton, 56, Ga, 392.

à coup, par la mort de sa femme et de ses enfants, une immunité dont il jouit peut-être depuis de longues années.

A la première raison on peut opposer plusieurs décisions judiciaires qui ne reconnaissent au mari un droit de homestead sur le bien de sa femme qu'autant qu'il est la tête d'une famille comprenant des enfants mineurs et par suite il peut sembler que l'argument invoqué par les jugements que nous visons est dénué de toute portée. Quant à la seconde raison, qui est meilleure, elle rappelle ce texte naïf du jurisconsulte romain Pomponius qui nous dit que c'est à titre de consolation (*solatii causa*) que l'on a accordé au père une action en restitution de la dot de sa fille, lorsque celle-ci vient à prédécéder, « *ne et filiæ amissæ luctum et pecuniæ damnum sentiret* » (1).

Mais ces décisions dictées par le sentiment plus que par la raison ont été contredites par une jurisprudence plus nombreuse encore qui a énergiquement défendu la saine interprétation du principe de la législation du homestead. Elle a démontré que les lois de homestead n'étaient pas instituées pour *secourir charitablement des débiteurs sans ressources* (*to bestow charity upon impecunious debtors*); autrement la loi ferait entre les différentes catégories de débiteurs une distinction haineuse (*invidious distinction in a charity*), en excluant de son secours charitable les débiteurs qui n'ont pas de famille ; et cette exclusion serait particulièrement odieuse, à l'égard des filles sans ressources (*impecunious spinters*). « Une telle opinion, dit une cour, ne peut être admise que par des magistrats qui prétendraient se faire législateurs (*judicial legislation*), en substituant aux vraies lois ce que Jérémie Bentham appelait les lois décrétées par le juge (*judgemade law*). » L'idée fondamentale de la législation du homestead est toute diffé-

(1) Digeste, fragment 6, *de jure dotium*, XXIII, III.

rente : elle consiste *uniquement* à protéger la famille et à lui conserver un abri. Sans doute cette protection, accordée à la famille seule, profitera également au débiteur dans bien des circonstances, puisqu'il sera très souvent impossible de conserver un foyer à la famille du débiteur, sans en conserver un, en même temps, au débiteur lui-même, mais ce résultat, pour fatal qu'il soit, dans bien des cas, *est purement accidentel* (*merely incidental*) : il n'a d'autre cause que l'impossibilité où l'on se trouve de séparer, dans l'application de l'immunité légale, des personnes qui mènent une vie commune. Mais lorsque cette soudure nécessaire entre le débiteur et sa famille n'existe plus et qu'il s'agit uniquement de celui qui a cessé d'être la tête d'une famille, alors les vrais principes, n'étant plus contrariés dans leur application par « le fait qui trop souvent enlève au droit sa pureté », doivent reprendre leur empire. Or il résulte de ces principes qu'en tant qu'il s'agit du débiteur lui-même, et du débiteur seul, « la tête d'une famille, n'est pas, aux yeux de la loi, *plus digne de faveur que le célibataire qui vit seul* » ; l'un et l'autre sont placés en face d'elle sur le pied d'une égalité absolue, et elle ne jette pas sur l'un un regard de complaisance pour exclure l'autre de la bienveillance qu'elle accorde au premier.

« On ne répétera jamais assez », écrit M. Waples, « que le but de la loi est de protéger la famille dans l'intérêt de l'État », par conséquent si « la tête d'une famille » n'a, par elle-même et en elle-même, aucun titre à l'immunité légale, il convient nécessairement de décider que le privilège ne saurait durer plus longtemps que la cause qui l'a fait accorder et que dès lors il ne peut survivre un seul instant à la famille elle-même : *cessante causa, cessat effectus* (1). Ce

(1) Hill v. Franklin, 54, Miss, 632 ; Taylor v. Smith 54, Miss, 50 ; Nelson v. commercial Bank, 80, Ga, 323 ; Van Horn v. Mc. Neil, 79,

qui prouve bien que cette interprétation des lois de homestead est seule conforme à leur esprit, c'est qu'elle a universellement prévalu dans tous les cas où un mari veuf cesse d'être la tête d'une famille, à raison de l'éloignement, de la majorité ou du mariage de ses enfants. Dans ces hypothèses, où les raisons juridiques n'avaient pas à lutter contre des raisons de sentiment, les décisions judiciaires ont unanimement refusé l'immunité du homestead à celui qui n'était plus la tête d'une famille.

L'importance de cette interprétation est considérable, pour qui désire pénétrer d'une manière précise la pensée du législateur américain. Elle nous montre d'abord ce qu'il faut entendre par ces mots que l'on trouve sans cesse sous la plume des commentateurs ou dans la bouche des magistrats : protection du foyer, conservation des foyers. Nous touchons ici à l'origine même de l'erreur commise par un trop grand nombre de ceux qui ont entrepris de révéler à l'Europe les grandes pensées inspiratrices de la législation américaine du homestead. Ils n'ont pas vu que c'étaient des Américains qui parlaient de protection et de conservation du foyer et que ces mots ne pouvaient, comme je l'ai déjà dit, avoir une signification en contradiction manifeste avec les traits les plus certains du caractère et des mœurs américaines. Dans la pensée d'un Américain, les mots « conservation du foyer » ne s'entendent que du maintien *actuel* de ce foyer. Il sait fort bien, que demain peut-être, il sera le premier à se « mouvoir » (*move*) vers un autre lieu, qu'en tous cas ses enfants choisiront très vrai-

Ga, 121 ; Gallighar v. Payne, 34, La Ann, 1057 ; Dobson v. Butler, 17, Mo, 87 ; Santa Cruz v. Cooper, 56, Cal, 939 ; Cooper v. Cooper, 24, O. St. 488 ; Inge v Cain, 65, Tex, 75 ; Duke v. Reed, 64, Tex, 705 ; Green v. Marks, 25, Ill. 204 ; Mc. Kenzie v. Murphy, 24, Ark, 155 ; Keiffer v. Barney, 31, Ala, 196 ; Heaton v. Sarazer, 60, Vt, 495 ; Wiggin v. Buzzell, 58, N. H. 329 ; Whalen v. Cadman, 11, Ia, 226.

semblablement une carrière différente de celle de leur père et que, même, s'ils prennent la même, il y a mille probabilités pour qu'ils veuillent aller la poursuivre dans une autre ville ou dans un autre Etat. Il n'a donc pas à se préoccuper de la stabilité et de la permanence de son foyer, et ne s'inquiète pas d'en assurer la transmission intégrale ou non à ses enfants. Un Américain ne connaît pas de telles préoccupations, et la Société d'Economie sociale a peu de chance de recruter des adhérents de l'autre côté de l'Atlantique. La pensée des auteurs des lois de homestead est tout autrement simple et s'il est permis de s'exprimer ainsi, tout autrement terre à terre ; le législateur sait fort bien que les petits qu'il protège ainsi *dans leur nid* seront les premiers à s'en échapper, quand leurs ailes seront poussées, et cela est tellement vrai qu'il n'hésite pas à *déclarer saisissable le foyer du père veuf dont tous les enfants sont mariés au dehors* (1).

Une seconde conclusion importante se dégage de cette interprétation. On a prétendu que les lois de homestead encouragent au mariage par la protection qu'elles accordent à l'homme marié, à l'homme qui est à la tête d'une famille. J'ai démontré que cette assertion n'a d'autre fondement que la confusion, très naturelle d'ailleurs entre la pensée de la loi et le résultat fréquent de cette loi. C'est gratuitement qu'on a prêté une telle intention au législateur américain qui sait, mieux que personne, que ni le mariage, ni la procréation des enfants ne se peuvent encourager par le vote d'un parlement et qu'ils échappent à toute action de ce genre. Nous avons vu, au contraire, l'égalité du célibataire et de l'homme marié, affirmée avec une netteté qui

(1) Il est difficile d'insister à l'excès sur l'importance de ce résultat. A lui seul il éclaire d'une vive lumière toute cette législation du homestead puisqu'il montre bien que la stabilité du foyer, au sens allemand du mot, n'est d'aucune considération pour la loi qui laisse ainsi passer l'occasion qui s'offre à elle d'assurer cette stabilité.

n'a pas été peut-être sans blesser le lecteur, et le Chief Justice Fairchild donne la note juste, aux yeux des Américains, lorsqu'il nous dit que le homestead est institué pour « protéger la famille, contre les vicissitudes de la fortune et que, séparé de sa famille, celui qui en est la tête n'a droit à aucune considération (1) ».

Enfin les lois de *homestead*, ainsi interprétées, nous font saisir un des traits les plus rudes des mœurs américaines. Michel Chevalier avait déjà remarqué que cette société active et laborieuse ne professe pour la vieillesse, que l'affaiblissement des forces condamne au repos, qu'une espèce de sauvage dureté qui étonne et qui attriste. Comme tous ceux qui, aux Etats-Unis, ne sont pas mêlés à la production, « les vieux » semblent, en ce pays, se trouver en dehors du cercle de la vie, et ils passent isolés dans leur inutilité et leur improductivité. Aussi, malheur à celui qui n'a pas su, pendant les années de sa jeunesse et de sa virilité, préparer l'aisance de ses vieux jours ; il ne trouvera que peu de pitié auprès de ses concitoyens qui ne manqueront pas de penser que, s'il ne produit plus rien, du moins ne devrait-il pas rester à la charge de la collectivité. Les lois de *homestead* portent la trace de ces idées. Si le législateur français déclarait insaisissable l'habitation du père de famille, il n'hésiterait pas à lui conserver ce privilège après le temps où ses enfants seraient devenus majeurs, et il nous paraîtrait bien dur de supprimer le bénéfice de l'insaisissabilité à un moment où le père âgé peut en avoir le plus besoin pour lui-même. L'Yankee ne raisonne pas ainsi, et voici dans sa crudité, la réponse d'un tribunal américain à ces considérations : sans doute, cet homme avait autrefois une famille et *grâce à elle*, il avait droit à la protection de la loi ; mais

(1) Dans Stanley v. Snyder, 43, Ark, 435 : cf. Mc Kenzie v. Murphy, 24, Ark, 155.

puisque cette famille a cessé d'exister la protection n'est plus nécessaire « *car le privilège et la responsabilité doivent aller ensemble* ». Ces mots n'ont besoin d'aucun commentaire (1).

III. — Occupation « (*Occupancy*) ».

Il ne suffit pas à une personne, pour invoquer la protection des lois de homestead, qu'elle ait un droit sur une propriété immobilière et qu'elle soit « la tête d'une famille »; il faut encore que l'immeuble, dont on prétend faire reconnaître l'immunité, serve à l'habitation, à la résidence de la famille, en un mot, qu'il soit, suivant le sens étymologique du mot, le homestead, l'habitation familiale. C'est précisément l'exigence de cette condition, qui, ainsi que le font ressortir, avec tant d'insistance, de nombreuses décisions judiciaires, sépare cette législation de toutes autres lois qui n'auraient d'autre but que de conserver un certain pécule, une certaine somme d'argent à la famille d'un débiteur insolvable. La loi ne cherche pas à sauver du naufrage une valeur plus ou moins considérable, son but n'est même pas de soustraire à la saisie un lot de propriété immobilière d'un prix plus ou moins élevé, suivant les lois de chaque État, et chaque année un grand nombre de débiteurs, quoiqu'ils soient à la tête d'une famille, voient la *totalité* de leurs propriétés immobilières tomber « sous le marteau des adjudications » (*under the hammer of the executioner*). Le dessein de la loi est tout différent : elle se propose de conserver un foyer « un *home* », « un abri » (*shelter*) à la famille du débiteur, à sa femme et à ses enfants mineurs.

Il faut donc que la famille habite réellement l'immeuble,

____

(1) Au surplus, si la vieillesse dépourvue n'est pas recueillie par la loi, elle l'est par l'initiative privée, ce qui est plus moral pour elle et pour les autres et aussi plus sûr pour son bien-être.

et cette habitation réelle résulte du fait d'y avoir son domicile et sa résidence habituelle.

Si une résidence sérieuse et réelle est nécessaire, pour qu'il y ait occupation (*occupancy*) dans le sens de la loi, cette condition est suffisante : il importera donc peu que cette résidence n'ait duré que peu de temps, voire même un jour, et cela encore, pour le dire en passant, est bien conforme aux habitudes vagabondes, familières aux Américains. Pas davantage n'est-il nécessaire que cette résidence soit manifestée par la construction d'une véritable maison : la tente du *squatter*, la « *hut* » de l'immigrant qui vient d'ajuster ensemble quelques planches pour se mettre à l'abri de la pluie et de la neige, le « *log house* » du bûcheron constituent des homesteads aussi parfaits aux yeux de la loi que la maison en planches avec soubassement de briques qui est le type ordinaire des constructions américaines, pourvu, bien entendu, que ce ne soit pas précisément à raison du peu de temps que doit durer la résidence, que le propriétaire se soit contenté d'une tente ou d'une hutte ; car alors cette résidence manquerait du caractère de fixité qui peut seul la faire considérer comme une habitation.

Si, pour bénéficier du privilège de la loi, un immeuble doit servir à l'habitation de la famille, ce privilège s'étend du moins à tout ce qui est une dépendance du homestead. Le législateur ne pouvait limiter sa faveur à la maison même qui sert d'habitation, il a dû l'étendre à tout ce qui en est un accessoire indispensable ou simplement ordinaire : autrement le débiteur, privé par la saisie du droit de continuer à jouir de cet accessoire, eût été par la même mis dans l'impossibilité pratique de maintenir sa résidence dans l'immeuble protégé. C'est ainsi, par exemple, que le homestead d'un farmer comprend les granges, étables, écuries et autres bâtiments annexes, puisque ces diverses constructions sont indispensables à la jouissance du homestead lui-même. Pour les champs, les tribunaux ont admis qu'il faudrait considérer, dans chaque cas particulier, le rapport qui les unit à l'habitation de la famille ; s'ils en sont une dépendance nécessaire, sans laquelle on ne pourrait plus dire que le *home* du farmer continue d'exister, ils se trouveront, eux aussi, placés sous la protection de la loi ; si le juge pense, au contraire, qu'ils peuvent en être aisément détachés, le droit de poursuite du créancier s'exercera librement sur eux (1). Un motif analogue n'a pas permis de considérer comme faisant partie du homestead des terres incultes ou négligées ; en effet on ne saurait dire qu'il y ait, dans ce cas, occupation dans le sens légal du mot.

On comprend sans peine que cette insaisissabilité des « annexes », des « dépendances » du homestead ait été invoquée par des débiteurs malhonnêtes, désireux de frauder leurs créanciers. Un insolvable succombe facilement à la tentation de soustraire à la saisie sa propriété immobilière, s'il croit trouver dans la loi un biais qui l'y autorise (2), et, d'autre part, il est parfois malaisé de distinguer le lot de terrain qui n'est qu'une dépendance du homestead de celui qui en est indépendant : la limite qui sépare l'un de l'autre ressemble fort à cette ligne sans épaisseur chère aux géomètres. Il faut cependant reconnaître qu'inspirés par ce sentiment de bienveillance pour les débiteurs auquel il a été déjà fait allusion, les magistrats américains n'ont point apporté à la répression de la fraude en cette matière toute la vigilance possible.

(1) Mc Crosky v Walker, Ark. 18 S. W. 160.

(2) Cette troisième condition se distingue sur ce point des deux autres. En effet, il n'est pas facile de se faire passer comme « tête d'une famille », lorsqu'on vit seul. On peut, au contraire, avec un peu d'habileté, donner à un lot de terrain la qualité apparente de dépendance du homestead que l'on habite.

Bien plus, sous prétexte qu'un commencement d'occupation est suffisant pour donner droit à la protection de la loi et que l'intention d'occuper peut équivaloir à l'occupation elle-même, on a vu des tribunaux considérer comme une occupation suffisante le fait de bâtir une maison, alors qu'il était prouvé que le propriétaire se proposait de la louer une fois bâtie, le fait de creuser un puits sur un terrain, celui d'y aller puiser de l'eau, celui d'y planter quelques navets, ou deux ou trois arbres, ou même de « l'alfalfa » ou encore une haie à l'entour (1) ; et, comme pour renchérir toujours sur ces excès de bienveillance, il s'est trouvé des magistrats pour décider que la coupe et la vente d'arbres, ou l'achat de fil de fer pour enclore, pouvaient être considérés comme des manifestations suffisantes de l'intention d'occuper (2).

J'ai tenu à rapporter ces exemples, pour montrer dans quelles dispositions d'esprit les juges américains règlent les rapports entre créanciers et débiteurs. Un de leurs collègues, visant précisément ces décisions judiciaires, n'a pas pu s'empêcher de flétrir une interprétation qui faisait des lois de homestead un « bouclier pour garantir la propriété immobilière contre les légitimes poursuites des créanciers (*a mere cover for shielding property*), et il a montré avec raison comment une législation sage et bienfaisante risque ainsi de devenir un instrument au service de l'injustice et un opprobre dans une société d'hommes honnêtes (*a reproach among honest men*). Il n'en était pas moins intéressant de signaler en passant cet « état d'âme », qui n'est pas sans rapports avec la législation même du homestead.

D'ailleurs ces décisions, inadmissibles en fait, ne sont pas moins erronées en droit, puisqu'il ne suffit pas d'une in-

(1) Ellermann v. Wury Tex, 14 S. W. 388.
(2) White v. Wadlington Tex, 14 S. W. 296.

tention d'occuper dans l'avenir, et qu'il faut une occupation actuelle et effective (1).

Nous savons qu'une occupation quelconque ne suffit pas davantage et que cette occupation doit exister à *titre d'habitation*. De cette exigence, presque universelle, découle une conséquence importante, c'est que tout immeuble dont la destination n'est pas de servir à la résidence de la famille, reste exposé aux poursuites des créanciers, quelle que soit d'ailleurs son affectation.

Cette formule exclut naturellement du bénéfice de l'insaisissabilité l'immeuble loué à un tiers. Mais, par une particularité remarquable, elle exclut aussi l'immeuble qui sert d'atelier de travail au chef de la famille ou à l'un de ses membres. Le magasin, le bureau (*office*) du commerçant, l'atelier de l'artisan, le champ du fermier (à moins qu'il constitue une dépendance de son habitation) (2) ne sont pas déclarés insaisissables par la loi. Nulle disposition ne manifeste plus clairement que celle-ci quel est le but *unique* du législateur.

Le lecteur sait déjà qu'on ne se propose pas de conserver à la famille d'un insolvable une propriété immobilière quelconque, il voit maintenant qu'on ne fait pas davantage effort pour lui conserver son gagne-pain. Comme le dit, en termes concis, un magistrat américain, *la pensée de la loi n'est pas de nourrir les familles, mais de les abriter, ou plutôt de leur conserver l'abri qu'elles ont déjà (the policy of the laws is not to feed families, but te shelter them, or rather to protect the shelter which they have)*. On dira peut-être que cette lacune risque d'ôter toute efficacité sé-

(1) Emporia v. Watson, Kas, 25. Pac. 586.

(2) Il est sans intérêt de mentionner l'usine de l'industriel, car le régime de la grande industrie moderne exige presque toujours pour l'installation de cette usine un capital considérable pour lequel la protection de la loi serait une simple dérision.

rieuse à la protection du législateur, puisqu'une famille n'a pas besoin seulement d'un toit pour l'abriter, mais aussi de nourriture, de vêtement, etc., toutes choses qu'elle ne peut se procurer que par les gains du mari. Je pourrais me borner à répondre que la loi, dans sa bienveillance pour la femme et les enfants mineurs d'un débiteur, n'a pas cru devoir aller plus loin et qu'elle n'a point voulu étendre outre mesure une protection qui, par son étendue même, risquerait de se retourner contre ceux qu'on désire favoriser ; d'ailleurs les Etats-Unis ont assez de ressources de travail pour s'inquiéter peu de conserver les ateliers ; le travail pousse, dans ce pays, comme spontanément et chacun trouve à sa portée l'emploi de son activité et de ses aptitudes. Mais cette explication est insuffisante et à côté d'elle, il en existe une seconde dont une brève esquisse est seule permise par les limites de cet ouvrage.

Tous ceux qui ont débarqué à New-York savent jusqu'à quel point la société américaine sépare la vie de famille de la vie des affaires et ce n'a pas été certes un de leurs moindres sujets d'étonnement que de voir chaque matin ce flot énorme de commerçants, d'employés, de commis, de négociants, d'avocats, de médecins, etc. etc. qui se déverse dans la partie basse de la ville (1). Tout mari américain divise en quelque sorte son individu en deux parties bien distinctes : de huit heures du matin à cinq heures du soir, il

(1) En Amérique, les avocats, les médecins, les professeurs, les prêtres eux-mêmes ont un « bureau » en dehors de la maison où ils habitent et souvent fort loin. On se ferait une idée inexacte de cet usage, si on l'expliquait par la nécessité de concentrer sur un même point, dans une très grande ville, tous ceux qui sont dans les affaires : ce motif qui est suffisant pour obliger les négociants de Paris à avoir leur maison de commerce loin de leur habitation, ne l'est plus pour rendre compte de l'usage américain *qui est général* et qui peut être observé dans bien des villes où les distances sont courtes et jusque dans de petits villages de deux mille et de quatre mille habitants.

se consacre tout entier à ses affaires et c'est seulement dans les très petites villes qu'il peut prendre chez lui son « *lunch* » ; de cinq heures du soir au lendemain matin, il appartient tout entier à sa famille (1). La législation du homestead ne fait pas autre chose que se conformer sur ce point aux mœurs américaines. L'effet de ces lois consiste à associer la femme et les enfants mineurs à la propriété du mari, à leur en faire une sorte de communication légale ; or une telle pratique se comprend, lorsqu'il s'agit du foyer même de la famille qui est destiné à l'usage de tous ses membres, mais elle n'est plus possible, elle serait même en contradiction flagrante avec les mœurs essentielles des Américains, si on voulait l'étendre aux « affaires » (*business*) du mari. Jamais une femme américaine ne s'associe d'une manière quelconque au travail professionnel de son mari ; elle ignore complètement cette partie de l'individualité de son conjoint qui ne se manifeste que loin du foyer ; il serait donc contraire à toute raison de l'admettre légalement au partage de la propriété commerciale, industrielle ou agricole de celui-ci.

Si j'ai insisté quelque peu sur ce point, c'est qu'un État a, par exception, cru devoir soustraire à la saisie des créanciers « le foyer des affaires » « le home des affaires » (*business homestead*) du mari (2). Le juge Walker, commentant cette disposition de la constitution du Texas de 1876, nous montre le but du législateur qui a voulu protéger à la fois l'habitation et l'atelier de travail. Il prend plaisir à nous indiquer comment l'immunité du home industriel (*indus-*

(1) On sait que Brooklyn dont la population s'élève pourtant à un million d'habitants a été surnommé la chambre à coucher de New-York (*the bedroom of New-York*).

(2) Le rapprochement de ces expressions discordantes ne va pas sans heurter l'esprit ; le langage est ici d'accord avec l'économie politique pour protester contre l'innovation texienne.

trial home), du lieu où le chef de la famille se consacre à ses affaires, est le complément de l'immunité du foyer ; « celui-ci sera la vigne et le figuier (*vine and fig tree*), le refuge de la famille contre la misère et l'épreuve (*desolation*) qui affligent ceux qui sont sans foyer (*homeless*), l'autre une digue élevée contre les flots de la pauvreté et de la ruine, assurant au chef de la famille un coin de terre où lui-même et ses enfants, après lui, pourront peiner (*toil*) et gagner leur pain » ; et le docte magistrat conclut en ajoutant avec une légitime fierté qui semble permise aux citoyens de l'État qui a promulgué la première loi de homestead : « cette législation est en avance sur toutes celles qui ont été empruntées aux constitutions et aux lois de notre État et même sur les lois de tous les peuples du globe (1) ».

Je ne puis partager l'opinion de ce magistrat texien et je crois que loin d'avoir apporté à la législation du homestead un perfectionnement qui doive être adopté par les autres États, le législateur du Texas devra abroger cette innovation de 1876, lorsque, dans un avenir peut-être prochain, le commerce aura pris sur son territoire une extension comparable à celle que prend, en ce moment, dans ce pays la culture du coton. C'est poursuivre un but chimérique que de vouloir soustraire le commerçant ou plutôt la famille du commerçant aux risques et aux hasards inhérents à sa profession, et, si l'enseignement des faits est susceptible de produire quelque impression sur l'esprit du législateur du Texas, on verra à la fin de cette étude du homestead américain (2) que ce « *business homestead* » n'est pas seulement impraticable, mais que l'expérience a montré qu'il est plus nuisible qu'utile à ceux pour lesquels il est établi, parce qu'il porte atteinte à leur crédit. A un autre point de

(1) M. Donald v. Campbell 57. Tex. 614.
(2) Voyez plus loin, chapitre VIII.

vue, l'homme d'affaires (*business man*) aux États-Unis (et par ce terme, on entendrait volontiers tout le monde, puisqu'en ce pays tout le monde est dans les affaires) n'est que trop enclin à tenter les hasards et à « *essayer sa chance* » (*try his luck*) ; du moins, il est salutaire qu'il subisse toutes les conséquences de ses actes et cette absence d'aucun tampon constitue le modérateur le plus efficace des excès de la spéculation. Pour toutes ces raisons, on ne s'étonne pas que, pendant les dix-sept années qui se sont écoulées depuis la date de l'innovation texienne, aucun parlement n'ait encore songé à suivre l'exemple de « l'État pionnier ».

On le voit, sauf cette exception unique du Texas, l'immeuble affecté à l'habitation de la famille est seul protégé et cette protection ne s'étend à aucun autre immeuble séparé, quel que soit l'usage auquel il soit employé. Mais que décider, lorsque le même immeuble sert d'habitation à la famille et est, en outre, partiellement affecté à un autre service (commerce, atelier, partie louée etc.) ? On appréciera laquelle des deux affectations l'emporte sur l'autre et suivant le résultat de cet examen on accordera ou on refusera le bénéfice de l'exemption. On ne saurait, à ce point de vue, hésiter à dire que l'atelier d'un petit artisan ou d'un artiste, le cabinet d'un médecin ou d'un avocat, ou toute autre dépendance (*appendage*) de cette nature jouissent de l'immunité légale, lorsqu'ils se trouvent dans la maison habitée par la famille : dans ces divers cas, en effet, l'appartement où « la tête de la famille » exerce sa profession n'est qu'un accessoire dans cette maison qui a pour destination première et principale de servir de résidence à la famille.

La question devient plus délicate lorsqu'il s'agit d'un établissement commercial ou mécanique. Les tribunaux, dans les diverses hypothèses qui ont été soumises à leur examen, ont sans cesse affirmé que l'exercice de cette profession commerciale ou mécanique ne doit être que l'accessoire de l'affectation principale qui est de procurer à la famille un foyer (*a mechanical or business or other appendage must be merely incidental to the home purpose*) (1).

C'est ainsi que, dans une espèce, où il s'agissait d'un immeuble qui avait incontestablement pour principal usage de recevoir des locataires, un tribunal n'a pas hésité à dire que protéger comme homestead la partie louée serait « pervertir à la fois la lettre, l'esprit et le but de la loi et que ce serait faire de celle-ci une interprétation non pas libérale, mais extravagante » (2).

Il a été jugé de même pour les hôteliers que l'habitation de la famille n'était évidemment que l'accessoire de leur profession, puisque l'immeuble était principalement destiné au logement des voyageurs, et que dès lors ce serait « faire violence aux statuts que de considérer une propriété consacrée à un tel usage comme un homestead, mot qui d'après la langue et le dessein du législateur, ne désigne que le foyer de la famille (3) ». Toutes ces décisions s'inspirent des idées qui ont été exposées plus haut : la législation du homestead ne se propose pas de maintenir en état de gagner de l'argent la « tête d'une famille » insolvable, en déclarant insaisissable une partie de son patrimoine engagé dans une exploitation industrielle, commerciale ou agricole ; elle veut seulement conserver à la famille le foyer où elle vit, le toit qui l'abrite (*shelter*). Remarquons cependant qu'à ce point

(1) Smith v. Quiggam 65. Ia 637 ; Bebb. v. Crosse 39 Kas 342.

(2) Blackburn v. Knight, 16 S. W. 1075 (Texas) :Medleuka v. Downing 59 Tex. 39.

(2) Laughlin v. Wright, 63, Col. 133 ; Green v. Pierce 60 Wis 872 ; Philleo v. Smalley 23. Texas 498 et bien d'autres décisions. Voyez cependant en sens contraire King v. Welborn, 83 Mich. 195. Ce jugement s'appuie surtout sur ce que l'opinion adverse aboutit à supprimer pour la famille des hôteliers les lois de homestead, alors qu'aucun texte ne légitime une telle exclusion.

de vue, il est toute une classe de homesteads singulièrement privilégiée ; ce sont les homesteads agricoles. Le « farmer » a la bonne fortune, à l'égard de cette législation, de tirer son gain de l'exploitation du fonds même qui sert de résidence à sa famille ; les conditions spéciales du travail auquel il se livre font qu'au point de vue économique et social les terres qu'il laboure ne sont que l'accessoire de son habitation, sauf les cas où la distance assez grande qui les sépare ne permettrait plus de les considérer comme une dépendance de celle-ci. Mais ce cas sera relativement exceptionnel et presque toujours son « atelier de travail », quoiqu'il soit très important, bénéficiera de la protection accordée à son homestead même.

J'ajoute, pour être complet, que parfois les tribunaux ont accordé l'exemption de la loi, dans des circonstances où l'établissement commercial ou mécanique n'était plus l'accessoire de l'habitation et devenait, au contraire, la destination, l'utilisation principale de l'immeuble. Ces décisions, d'ailleurs exceptionnelles, sont uniquement inspirées par cet esprit de bienveillance pour les débiteurs dont j'ai déjà plusieurs fois signalé les manifestations non équivoques, et elles sont en contradiction avec le texte et l'esprit des lois.

Au demeurant, puisque la loi se propose seulement de conserver un abri à la famille du débiteur, il faudra, dans le cas où une même famille aurait deux habitations, par exemple une résidence d'été et une résidence d'hiver, que le débiteur fasse un choix entre les deux. La nécessité de cette élection fait bien ressortir la pensée de la loi, qui n'est pas de conserver un pécule à la famille d'un débiteur insolvable, puisque celle des deux habitations ainsi choisie pourra n'avoir qu'une valeur ou une étendue bien inférieure aux maxima fixés par le législateur.

La même raison s'oppose à ce qu'une femme puisse, pendant le mariage, avoir, en son nom personnel, un homestead distinct de celui de son mari, car, ainsi que le dit excellemment la cour suprême de l'Alabama, « le but du législateur a été de sauvegarder le home occupé par la famille, et non pas de protéger contre les créanciers deux habitations pour un seul ménage ».

IV. Une déclaration : *dedication.*

Il est manifeste que l'exemption du homestead d'un débiteur peut, dans certaines circonstances, se résoudre en un préjudice grave pour ses créanciers. Il semble que le seul moyen d'éviter cet écueil soit d'exiger du débiteur une déclaration expresse et publique, attestant qu'il entend invoquer, en cas de besoin, les immunités que la législation du homestead reconnaît à toute tête de famille. Il suffirait ensuite de décider que l'insaisissabilité de l'habitation ne sera opposable qu'aux créanciers dont le titre serait *postérieur* à la date de la publication, pour que personne ne puisse légitimement se prétendre lésé, personne n'étant censé ignorer les actes publiés conformément aux lois et, en tous cas, un créancier, avant de prêter son argent, aurait le moyen de se renseigner sur l'étendue du gage sur lequel il peut compter.

On peut ramener à deux systèmes opposés les règles que les divers États de l'Union américaine ont adoptées sur ce point.

Le premier système, *pratiqué par la majorité des États,* consiste à considérer le fait seul de *l'occupation à titre d'habitation (occupancy)* comme une mesure de publicité suffisante. *L'occupation par la famille (family occupancy)* avertira les tiers, et il n'est besoin d'aucune autre mesure de publicité ; c'est au moment seulement, où un titre exécutoire sera délivré contre lui, que le débiteur arguera du privilège que la loi lui reconnaît. On voit que ce système aboutit à ne requérir aucune publicité spéciale ; aussi ai-je indiqué plus haut que le bénéfice du homestead n'était d'ordinaire subordonné qu'à la réunion de trois conditions.

Le second système exige, au contraire, la publicité comme une condition *distincte* ; la réunion des trois autres n'est plus suffisante, il faut en outre que le débiteur fasse, sur les registres du *registrar of deeds* (1), une déclaration spéciale, destinée à avertir les tiers, et ce n'est qu'après l'accomplissement de cet acte que l'immunité du homestead est reconnue à l'encontre des créanciers dont le titre serait postérieur en date.

Des variations de détail se rencontrent, suivant les États, dans les formes diverses que devra revêtir cette déclaration. Tandis que la Californie et l'Idaho exigent que l'acte transcrit montre que le déclarant remplit les conditions requises par la loi et que cet acte contienne une description de l'immeuble et une évaluation de sa valeur (2), le Colorado se contente de l'inscription du mot « *homestead* » en marge de la transcription, sur les registres, de l'acte d'acquisition (3). L'Iowa et le Maine demandent que les déclarations soient faites sur un registre, spécialement

(1) Le *registrar of deeds* (littéralement celui qui tient les registres des actes) est, aux États-Unis, le fonctionnaire qui transcrit sur les registres publics les actes que les parties *désirent* ou *doivent* rendre publics. Il remplit en matière de mutation de propriété immobilière et d'hypothèques un office analogue à celui de nos conservateurs des hypothèques, mais ses fonctions ne se bornent pas là, puisqu'il transcrit également les jugements d'interdiction, les nominations de *trustees* (administrateurs fidéi-commissaires), les mariages de ceux qui désirent se marier devant lui, etc., etc.

(2) Californie, *Deering's annotated code and Statutes*, §§ 1237 et seq. Idaho, *Revised statutes*, §§ 3035 et seq.

(3) *General laws of Colorado*, ch. 75, § 3.

institué pour les recevoir, et qui porte le nom de livre du homestead (*homestead book*) (1); le New-York et le Nevada décident, au contraire, que l'inscription sera faite sur les registres ordinaires des mutations de propriété, mais qu'elle devra contenir la description de l'immeuble et être signée de la main du déclarant qui, en outre, atteste, sous la foi du serment, l'exactitude de son contenu (2).

Le Dakota méridional, outre l'inscription sur le « *homestead book* », prescrit que des bornes séparent le homestead du reste de la propriété, dans le cas où l'étendue de celle-ci excède les limites de la protection légale. Le Minnesota n'impose aucune publicité spéciale, mais il permet au propriétaire qui doit s'absenter, pour six mois au moins, de conserver son privilège au moyen d'une déclaration (3).

Enfin remarquons que le Missouri et le Vermont ont adopté un système spécial qui atteste l'ingéniosité des législateurs de ces États ; ils décident que le bénéfice de l'insaisissabilité est acquis de plein droit à la famille du débiteur, mais que le propriétaire d'un homestead alors même qu'il est marié, conserve néanmoins le droit de disposer librement de l'habitation de la famille, tant qu'aucune publication n'a été faite ; ils permettent, en conséquence, à la femme, de prendre l'initiative de l'inscription à faire sur les registres publics, et cet acte a pour effet d'enlever au mari le droit de disposer du homestead sans son consentement (4).

Dans presque tous les États où une déclaration spéciale

---

(1) Iowa, *Mc Claim's Code of Iowa*, §§ 3163 et seq. ; Maine, *Revised statutes of Maine*, chap. 81, § 61.

(2) New-York, *Throop's Annotated Code*, §§ 1397-1404 ; Nevada, *General Statutes an.* 1885, § 539.

(3) *General statutes of Minnesota*, ch. 68, § 9.

(4) *R. Statutes of Missouri*, 1889, § 5435 ; *Gen. Stat. of Vermont*, ch. 58, § 7.

est exigée, il faut que celle-ci soit accompagnée de l'occupation, au moment où elle est faite, et on ne pourrait prendre sur les registres publics une inscription relativement à un immeuble que la famille n'habite pas encore (1).

Tels sont les deux systèmes entre lesquels se partagent, d'une manière inégale, les différents États de l'Union américaine. Il est aisé de voir que l'adoption de l'un ou de l'autre n'est pas indifférente au point de vue économique et que l'on peut, tour à tour, signaler les avantages et les inconvénients de chacun.

Les États qui n'exigent aucune publicité spéciale, qui considèrent l'habitation elle-même comme une notification suffisante aux tiers intéressés, atteignent d'une manière sûre le but principal qu'ils se proposent, la protection de la famille du débiteur. L'action des lois de homestead arrive, dans ces pays, à toute son efficacité puisqu'on n'exige aucune formalité qui pourrait être omise par négligence ou incurie. Il y a plus, et, sous cette question de forme, se cache en réalité un débat plus grave. Dans les conversations que j'ai eues aux États-Unis, sur la législation du homestead, avec toutes les personnes qui voulaient bien s'y

(1) Je relève ce détail intéressant pour les colons qui arrivent sur les terres incultes des États de l'Ouest : il n'est pas facile d'habiter immédiatement une propriété sur laquelle on ne trouve que des arbres à abattre et l'herbe des prairies à « briser » (*to break*). Cependant les tribunaux de Californie ont jugé d'une manière persistante que les immigrants ne pouvaient faire la déclaration requise à une époque où ils logeaient encore chez un voisin complaisant : Fromans v. Mahlman, Cal. 27, p. 1095, Prescott v. Prescott 45. Cal. 58. Voyez notamment Babcock v. Gebbs 52, Cal. 629 ; dans cette affaire, il est rapporté que les deux époux, qui employèrent un mois à bâtir leur petite maison, avaient juste couché deux nuits sur leur propriété, en étendant sur leur tête une couverture en guise de toit ; il est probable que ce « home » primitif leur parut insuffisamment confortable, car ils louèrent dans le voisinage une chambre pour les nuits suivantes : cet amour intempestif du luxe les perdit, car le tribunal jugea que l'occupation n'était pas concomitante à la déclaration.

prêter, plusieurs de mes interlocuteurs ont insisté sur la bizarrerie de certains statuts qui laissent au mari le soin de faire les publications requises. Les lois de homestead, me faisait-on remarquer, se résolvent en somme en une atteinte très grave portée au droit de propriété du mari qui ne peut plus aliéner, sans le consentement de sa femme (1). Sans doute le mari prudent et sage n'hésitera pas à prendre l'inscription requise, afin d'assurer contre toute éventualité le sort de sa famille, mais la prudence même qui distingue ce mari prévoyant rend à son égard la protection légale moins nécessaire, et c'est surtout à l'égard du mari téméraire ou spéculateur que la loi du homestead est utile. Or n'est-ce pas tourner dans un cercle vicieux que de s'en remettre précisément à la décision de celui-là pour savoir s'il convient ou non de faire la déclaration exigée ? Il est vrai que l'on permet à la femme de prendre l'initiative de cette mesure, en cas de négligence de son mari, mais, il convient de remarquer que ce remède est inapplicable lorsque la femme n'est plus là et que les intéressés sont des enfants mineurs qui, à raison de leur âge même, ne songeront évidemment pas à prendre l'inscription. Pour toutes ces raisons, il est bien préférable de décider que le fait seul de l'habitation vaut notification aux tiers intéressés, car ce système, s'il est avantageux à plusieurs, n'est nuisible à personne, puisque les créanciers doivent connaître la loi, nul n'étant censé l'ignorer.

Ecoutons maintenant les raisons de ceux qui estiment qu'il est préférable d'exiger une déclaration expresse. Les lois de homestead, toutes bienveillantes qu'elles sont pour

(1) A la vérité, les lois de homestead ne sont pas non plus sans avantage pour le mari et cette considération devrait le porter à faire la déclaration exigée, mais encore cet avantage n'est-il apprécié par lui que le jour où ses affaires tournent mal et où, par suite, il est déjà trop tard, l'inscription n'ayant pas d'effet rétroactif.

la famille d'un débiteur, ne sont pas sans entraîner avec elles
de grands inconvénients. Un homme pauvre, vivant avec sa
famille, sur le seul immeuble qu'il possède, peut *très légitimement* penser que la jouissance de l'immunité légale
serait plus onéreuse que profitable pour les siens. Si ses
affaires prospèrent et que le manque de capital soit la seule
cause qui l'empêche de leur donner toute l'extension qu'elles
pourraient prendre, il est de l'intérêt de tous qu'il conserve
intact tout son crédit et que son petit patrimoine tout entier
soit considéré, par ses créanciers, comme la garantie des
engagements qu'il contracte : en fin de compte, les lois qui
exigent une publicité spéciale, outre la sécurité plus grande
qu'elles procurent aux tiers et sur laquelle il est inutile d'insister, offrent aux familles plus d'avantages. Comme l'observe
avec justesse un magistrat américain, « ces lois disent à
chacun : voyez ce que vous avez à faire ; êtes-vous effrayé
des risques et des hasards des affaires, vous pouvez assurer
votre homestead contre les viscissitudes de la fortune, par
une inscription ; voulez-vous, au contraire, conserver toute
votre propriété comme un moyen de crédit, pour garder
votre pleine liberté dans la conduite de votre entreprise,
vous le pouvez encore et il vous suffit de vous abstenir de
toute déclaration. (1) »

Tels sont les arguments des partisans des deux systèmes opposés. Faut-il donner raison aux premiers ou aux
seconds ? On peut répondre que ni les uns ni les autres
n'ont tort. Cette opinion conciliante n'a pas seulement l'a-
vantage de satisfaire tout le monde, ce qui en vérité ne serait

(1) Succession of Furniss, 34 La. Ann. 1013-1014. Le magistrat dont
je viens de rapporter les paroles conclut par ces mots : « Mais jamais
la loi ne s'est proposée de dire : vous pouvez vous abstenir de toute
publicité, jusqu'à ce que vous ayez obtenu du crédit, et vous pouvez
ensuite vous dispenser de payer vos créanciers, en faisant l'inscription requise. ».

qu'un faible mérite dans une étude de ce genre : elle peut seule expliquer pourquoi certains États ont adopté le premier système, tandis que d'autres ont préféré le second. Ce choix, en effet ne s'est pas fait au hasard, *il a été, au contraire, déterminé par l'exigence des conditions sociales,* ainsi que cela apparaîtra plus tard, lorsque le moment sera venu d'apprécier les *effets* des lois de homestead. Il suffit pour l'instant de remarquer, — en signalant spécialement cette indication à la bienveillante attention du lecteur, — que *tous les États commerçants et industriels de l'Est* (New-York, Connecticut, Massachusetts, New-Hampshire, New-Jersey, etc...) ou du moins tous ceux qui ont inscrit le principe du homestead sur leur *statute Book* ont exigé une déclaration spéciale que le Registrar of Deeds doit transcrire sur ses livres.

Cette rencontre ne doit pas être attribuée au « petit bonheur » ou à la fantaisie.

CHAPITRE CINQUIÈME

II. — *Leurs effets juridiques.*

J'ai déjà eu l'occasion d'indiquer, à plusieurs reprises, que les lois de homestead produisent un double effet juridique : 1° dans le cas où le propriétaire du homestead est marié, l'aliénation du bien qui a cette qualité ne peut avoir lieu sans le concours des deux époux ; 2° les créanciers d'une personne « tête de famille, » mariée ou non, ne peuvent saisir le homestead de leur débiteur. Tels sont les deux effets des lois de homestead et *elles n'en produisent pas d'autres* ; d'où il suit que dans le cas où le propriétaire de l'immeuble n'est pas marié, (veuf ou célibataire), l'unique effet de la loi est d'entraîner l'insaisissabilité du homestead dont l'aliénation reste aussi parfaitement libre que celle de tout autre bien. Pour éviter des complications de phrases et de formules, je supposerai, dans le commentaire de ces deux effets juridiques de la législation du homestead, que le mari est celui des deux conjoints qui est propriétaire de l'habitation familiale ; cette supposition est d'ailleurs conforme à une pratique presque sans exception. Mais il reste entendu que les lois s'appliquent aussi bien à la femme mariée propriétaire d'un homestead qu'à l'homme marié ; l'une, comme l'autre, ne peut aliéner l'habitation de la famille sans le concours de son conjoint (1).

(1) De même je parlerai toujours d'une tête de famille « proprié-

Il est remarquable que les promoteurs du mouvement du homestead, de ce côté de l'Atlantique, ont presque complètement négligé de s'occuper du premier des deux effets des lois de homestead ; ils ont surtout insisté sur le caractère d'insaisissabilité du « *home* » de la famille américaine. La raison de cette manière de procéder est évidente ; la saisie étant le grand ennemi de la propriété foncière, dans l'Occident de l'Europe, c'est pour lutter contre elle que l'agitation du homestead (*Heimstättenrechtbewegung*) a été organisée. Mais, on ne saurait affirmer avec trop de force que cette conception restreinte n'a rien d'américain et qu'au point de vue de l'intelligence *américaine* des lois de homestead le premier effet occupe certainement la place principale.

Le bénéfice de l'insaisissabilité est sans doute théoriquement d'une application plus générale, puisqu'il vise également « la tête de famille » mariée et celle qui ne l'est pas. Mais, d'autre part, il ne s'applique qu'à un débiteur insolvable et, en Amérique comme en France, les débiteurs, dont le passif dépasse l'actif, constituent une très petite minorité. Au contraire, le nombre des maris qui sont propriétaires des immeubles qu'ils habitent est considérable, et, en dehors des Etats de l'Est et des grandes villes, ils constituent même une grosse majorité ; or, *tous* ces maris, parfaitement solvables, dont la fortune est plus ou moins considérable, tombent néanmoins sous l'application des lois de homestead, qu'ils aient ou non des enfants, puisque la réunion du mari et de la femme constitue une famille. On

---

taire » du homestead ; mais le lecteur n'oubliera pas qu'il n'y a là encore qu'une simple *supposition* admise pour les seuls besoins de la clarté. J'ai montré que les lois de homestead ne protègent pas seulement le droit de propriété et que même elles ne protègent pas le droit de propriété plus que les autres droits qu'on peut avoir sur un immeuble (usufruit, possession, jouissance à titre de locataire).

se met en contradiction avec la pratique, laquelle, après tout, est toujours au point de vue économique et social plus intéressante que la théorie des lois, lorsqu'on s'attache de préférence à l'insaisissabilité. Il y a plus : on se met aussi en contradiction théorique avec la loi dont le but n'a pas été seulement, ainsi que nous le verrons plus tard, de favoriser le débiteur tête d'une famille, ou plus exactement la famille d'un débiteur insolvable, mais qui se proposait surtout d'empêcher le mari de disposer du homestead sans le consentement de la femme (1).

Enfin, ce procédé aboutit à mettre, suivant l'expression anglaise, le cheval derrière la voiture, car, au point de vue juridique, le second effet de la loi devient le premier ; c'est ce que je voudrais montrer en quelques lignes.

Lorsqu'on lit les innombrables (2) jugements rendus, en matière de homestead, par les tribunaux américains, on ne tarde pas à reconnaître que les *deux effets* de cette législation sont rattachés, avec raison, par les juges, à un principe premier dont ils ne sont que la conséquence. L'idée fondamentale des lois de homestead, nous disent-ils, est d'associer la femme à la propriété du mari, de la rendre participante, en ce qui concerne le homestead, des droits du mari. Au moment même où l'inscription est prise sur les livres du Registrar of Deeds, dans les Etats qui exigent une publicité spéciale, au moment même où un homme se marie et où il vient habiter l'immeuble dont il est propriétaire, dans les Etats qui considèrent l'occupation (*occupancy*) comme un avertissement suffisant pour les tiers, il se produit, au profit de la femme, une communication des

---

(1) C'est pour n'avoir pas compris cette pensée primordiale et les raisons qui la légitiment que l'on a commis l'inexactitude ici relevée, *Vide infrà*, p. 116 et 117.

(2) On évalue à six mille le nombre des décisions judiciaires rendues depuis 1878.

droits du mari. Celui-ci perd sa qualité de propriétaire exclusif et absolu, la femme entre avec lui en partage de ses droits *ou plutôt le véritable propriétaire du homestead devient une personne à deux têtes et dont l'individualité unique se compose de la réunion du mari et de la femme* (1).

Sans entrer dans des développements que cette conception juridique rendrait, par sa subtilité même, fort ardus, il est aisé de montrer comment d'elle découlent nécessairement et fatalement les deux conséquences qui constituent les deux effets des lois du homestead. Puisque le mari, jusqu'alors seul propriétaire du bien, n'est plus, à partir du moment où ce bien acquiert la qualité de homestead, qu'un copropriétaire, ou plutôt que la moitié de cette troisième personne idéale, qui est le véritable propriétaire, aucun jurisconsulte ne peut hésiter à dire que toute aliénation de l'habitation familiale consentie par le mari seul est inefficace et inopérante. Si Pierre s'avisait de vendre un immeuble qui appartient à Paul, celui-ci n'en conserverait pas moins intact son droit de propriété, et cette prétendue aliénation serait radicalement nulle comme contractée par une personne sans

(1) Cette théorie d'un personnage à deux têtes pourra sembler compliquée et bizarre aux jurisconsultes qui liront ces lignes ; pourquoi, s'écrieront-ils, ne pas dire simplement que désormais la femme devient la co-propriétaire de son mari et que les deux époux doivent être considérés comme les deux titulaires par indivis d'un droit dont un seul d'entre eux avait auparavant l'investiture exclusive ? Ce serait plus simple et plus clair, mais malheureusement insuffisant par la raison que lorsqu'une personne est propriétaire d'une chose, elle peut aliéner librement *sa part* dans la propriété de cette chose. Or, il n'en va pas ainsi en notre matière : *isolément, chaque époux est absolument sans droit,* mais réunis ensemble, les deux conjoints ont la plénitude du droit et la loi du homestead sera pour eux, s'ils le veulent, comme inexistante. La théorie du personnage unique à deux têtes, pour bizarre qu'elle soit, explique seule ces phénomènes juridiques. *Vide infrà*, p. 127.

droit, par un *non dominus*. Les choses se passent exactement de la même manière, au regard du homestead ; le mari doit nécessairement obtenir le concours de sa femme pour aliéner l'habitation de la famille ; s'il contracte seul, l'acte est radicalement nul. Et ce qui vient d'être dit de l'aliénation doit être répété pour l'hypothèque, qui n'est au point de vue juridique, qu'une aliénation anticipée et éventuelle (1), et qui au point de vue économique, est pour les imprévoyants (je ne dis pas pour tout le monde, comme le fait complaisamment M. Rüdolf Meyer), la grande route qui conduit doucement mais sûrement à l'aliénation finale, ou plutôt à ce que le langage du Droit appelle crûment l'expropriation forcée.

Cette théorie rend aussi compte du deuxième effet de la législation du homestead, l'insaisissabilité. Puisque le mari n'est plus que copropriétaire du homestead ou, pour exprimer la véritable pensée de la loi, puisqu'une troisième personne idéale est la seule propriétaire du homestead, il devient impossible d'admettre que ce bien puisse être saisi pour une dette quelconque du mari ou de la femme. Une fois le principe initial admis, il n'y a plus d'exception au droit commun, car c'est le droit commun le plus strict, joint aux exigences les plus rigoureuses de la raison, qui nous enseigne que les créanciers de Pierre n'ont aucun droit à saisir, pour se faire payer, les biens de Paul.

Le *même* obstacle qui s'oppose à ce que le mari puisse aliéner seul le homestead de la famille s'oppose non moins invinciblement à ce qu'il puisse contracter des dettes exécutoires sur ce homestead ; le créancier ne peut acquérir de droit de gage sur ce bien, que si le mari et la femme réu-

____

(1) « Les hypothèques conventionnelles ne peuvent être consenties que par ceux qui ont la capacité d'aliéner les immeubles qu'ils y soumettent », art. 2124 Code Civil français.

nis y consentent, car il a alors, en réalité, obtenu l'adhésion de ce troisième personnage mystérieux qui est le seul à pouvoir disposer de ses droits.

On le voit, c'est s'arrêter à mi-chemin, dans la recherche des causes, que de s'attacher à considérer séparément les deux effets des lois de homestead ; par delà ces effets apparents, il y a le principe générateur caché sur lequel les jurisconsultes américains prennent plaisir à insister. Au surplus, il faut reconnaître qu'il est difficile de ne point admirer cette création légale d'un troisième individu, qui personnifie, dans son essence, la famille et le foyer et qui se distingue à la fois du mari et de la femme, en même temps que, par une mystérieuse contradiction, qui n'est pas une antinomie, il se confond avec eux ; étrange conception qui semble un souvenir lointain de cette grande institution de la famille patriarcale et qui provoque ainsi, par une rencontre doublement ironique, à rapprocher ensemble, précisément sur le point où elles diffèrent le plus, deux sociétés aussi dissemblables que possible (1).

Nous connaissons ainsi l'origine commune des deux effets des lois de homestead ; cherchons maintenant à étudier d'une manière plus précise chacun d'eux.

1° Restriction du droit d'aliénation du mari.

Le mari ne peut aliéner seul l'immeuble dont il est propriétaire et qui réunit les conditions exigées par la loi pour

(1) Il suffit d'indiquer cette comparaison dont les développements risqueraient, s'ils étaient poussés un peu loin, d'aboutir rapidement à l'erreur. Il n'est pas moins intéressant de voir le législateur américain désireux de protéger le *home*, s'approprier, sans le savoir, une partie *bien petite, il est vrai*, des idées qui pendant tant de siècles ont suffi et suffisent encore, dans certains pays, à assurer la stabilité du foyer familial. V. *infrà*, appendice I.

constituer un homestead ; il ne peut davantage consentir seul une hypothèque, sur cet immeuble ; dans l'un et l'autre cas, il doit obtenir le consentement de sa femme.

Mais le concours de la femme, s'il est *nécessaire*, est *aussi suffisant, et il n'est besoin de l'autorisation d'aucune autorité étrangère quelconque.*

Ces quelques lignes résument, d'une manière très complète, l'effet de la législation du homestead, au regard de l'aliénation et de l'hypothèque.

Elles expriment d'abord cette vérité essentielle, à savoir que la loi n'apporte qu'une très modeste restriction à la liberté du mari d'aliéner ou d'hypothéquer l'immeuble qu'il possède à titre de homestead : elle se borne à exiger le consentement de la femme, pour ces deux actes. Faut-il dire cependant qu'aucune des dispositions des lois de homestead n'a été l'objet de plus d'interprétations erronées ? Des écrivains et des publicistes ont répété de tous côtés que les lois de homestead assuraient la stabilité de la petite propriété et en empêchaient la saisie, puisqu'on ne pouvait plus la grever de dettes ; volontiers on comparait les lois de homestead à l'inaliénabilité des biens dotaux de la femme mariée sous le régime dotal. Les auteurs de ces affirmations oubliaient ou connaissaient mal les mœurs économiques américaines. Jamais la terre n'a plus rapidement passé de main en main qu'en Amérique : elle fait l'objet de transactions incessantes et le commerce des propriétés foncières (*real estate business*) a acquis dans ce pays un développement qu'il est malaisé de dépeindre à ceux qui n'ont point vu, dans les rues des grandes villes et des petits villages, les innombrables enseignes des courtiers en propriétés foncières (*real estate brokers*) (1).

(1) Il est incontestable que le courtage en propriétés foncières occupe, aux Etats-Unis, une place beaucoup plus importante que n'im-

Les lois américaines de homestead n'opposent donc aucun obstacle sérieux à l'aliénation ni même à l'hypothèque du homestead. L'hypothèque est, nous le verrons, une ressource trop nécessaire, aux États-Unis, pour qu'aucun législateur ait jamais la pensée d'en prohiber l'emploi ; dans cette société, où tant de citoyens font un si large usage du crédit, où l'emprunt est pour un grand nombre le plus merveilleux instrument que la civilisation moderne mette à leur disposition pour s'élever et pour grandir, personne ne songe à apporter une restriction grave à la liberté des emprunts et des hypothèques ; les lois de homestead n'ont point tenté de le faire, et on pourrait en féliciter leurs auteurs si l'on ne savait qu'il eût été impossible à un député qui eût professé des idées contraires de recueillir même une honorable minorité, en temps d'élection. Les lois de homestead se sont contentées d'exiger pour l'hypothèque, que les jurisconsultes appellent une aliénation indirecte, le concours de la femme, comme pour l'aliénation directe, et cette exigence qui n'est ni bien gênante, ni illégitime, ne peut qu'être approuvée (1), car il ne faut pas oublier qu'elle ne vise jamais que l'immeuble habité par la famille.

porte quelle autre variété de courtage (coton, laines, cafés, céréales, effets publics (*stock brokers*), etc.)

(1) La loi française est bien autrement stricte sur ce point. Notre code civil donne en effet à toute femme mariée, une hypothèque légale *indéfinie et occulte*, sur tous les biens immeubles du mari (art. 2121 et 2135, Code civil), ce qui signifie qu'en pratique le mari se heurte aux complications de procédure les plus coûteuses lorsqu'il veut aliéner l'un quelconque de ses immeubles et que sa femme refuse d'intervenir à l'acte d'aliénation, pour y souscrire sa renonciation à son hypothèque légale. Cela est vrai, qu'on le remarque, même dans les cas où la femme n'a aucun patrimoine, ni aucune dot. Les Français ressemblent donc à M. Jourdain ; ils ont une loi de homestead partielle (1er effet) sans le savoir, et même une loi de homestead aggravée, puisqu'elle s'applique à tout immeuble du mari et non pas seulement à l'habitation de la famille. Cette différence est loin d'être insignifiante, surtout si l'on se rappelle que, depuis la loi du 13 février 1889, la fem-

Les lois de homestead ne font donc aucune différence entre l'aliénation et l'hypothèque de l'habitation de la famille. Deux États cependant ont cru devoir déroger à cette pratique générale : le Texas et l'Arkansas, tout en permettant l'aliénation au mari et à la femme réunis, prohibent absolument l'hypothèque et par suite toute aliénation qui ne serait, en réalité, qu'une hypothèque dissimulée. Cette distinction légale repose évidemment sur l'idée aujourd'hui bien vieillie en vertu de laquelle l'hypothèque était considérée jadis comme plus dangereuse, au point de vue économique et social, que l'aliénation directe. Il n'est pas d'élève de nos écoles de droit qui n'ait entendu le professeur de droit romain et même de droit civil, exposer, à propos de certains textes, les raisons qui ont conduit le législateur à prohiber parfois l'hypothèque d'immeubles dont l'aliénation demeurait permise. L'hypothèque, dit-on, a le grave défaut de cacher la vérité à celui qui la consent ; le débiteur se fait aisément illusion et, tout heureux qu'il est de pouvoir payer ses dettes, sans être obligé de vendre son bien, il se figure aisément que l'acte qu'il signe n'a aucune conséquence ; quel est donc l'emprunteur qui n'est pas persuadé qu'il remplira ses engagements sans la moindre difficulté ? Malheureusement, le débiteur s'apercevra souvent, mais trop tard, de son erreur et il se trouvera ainsi avoir aliéné son bien sans s'en douter.

En vérité, nos anciens auteurs avaient raison quand ils disaient que l'hypothèque a le venin à la queue, *habet venenum in cauda*, car « l'emprunt est un oreiller très doux pour les imprévoyants », sauf à leur ménager de terribles réveils. L'aliénation, au contraire, ne peut être consentie

---

me ne peut renoncer à son hypothèque légale que par acte authentique.

qu'à bon escient, puisqu'elle se traduit en une diminution tangible du patrimoine.

Cette argumentation, pour admissible qu'elle soit dans quelques-unes de ses parties, a le tort de méconnaître les avantages de l'hypothèque, qui, en Amérique plus qu'ailleurs, permet à des débiteurs de conserver leurs biens tout en payant leurs dettes, puisqu'ils amortissent peu à peu l'emprunt contracté. Supposer qu'un Américain qui engage son immeuble ne mesure pas exactement la portée de l'acte qu'il consent serait ne pas tenir compte de l'éducation économique si avancée que possède presque toujours le cousin Jonathan. On peut donc s'étonner que deux États aient cru devoir, à plus de dix-huit siècles de distance, reproduire la célèbre loi Julia, promulguée à Rome sous le règne d'Auguste et qui, au dire de Justinien (1), défendait au mari d'aliéner le fonds dotal sans le consentement de sa femme, bien qu'il fût propriétaire des choses à lui données en dot, et qui prohibait les hypothèques même agréées par la femme (2). J'ajoute d'ailleurs que la constitutionnalité d'une semblable disposition, semble ne pas devoir échapper à toute discussion (3).

L'occasion s'est déjà présentée de montrer que la loi se propose bien moins d'assurer la conservation du patrimoine de la famille que de garder à la famille le foyer qu'elle

---

(1) Les commentateurs modernes inclineraient plutôt à penser que cette prohibition d'hypothéquer le fonds dotal proviendrait, non pas de la loi Julia seule, mais d'une combinaison de cette loi avec le sénatusconsulte Velléien, rendu sous Claude.

(2) Institutes de Justinien, lib. II, tit. VIII : « Nam dotale prædium maritus invita muliere per legem Juliam prohibetur alienare, quamvis ipsius sit, dotis causa ei datum... alienationes inhibebat quæ invita muliere fiebant, hypothecas autem earum rerum, *etiam volente ea* ».

(3) Les tribunaux du Névada n'ont pas hésité à déclarer inconstitutionnelle une disposition de cette nature, contenue cependant dans la Constitution, art. 4, § 30 ; ils ont jugé qu'elle était attentatoire au droit de propriété.

a *actuellement*. On retrouve une manifestation de cette idée, dans le fait d'exiger le consentement de la femme, au cas où le mari veut donner à bail l'immeuble habité par la famille ; en effet, au point de vue où s'est placé le législateur, la location est aussi grave que l'aliénation puisque l'une comme l'autre va obliger la famille à quitter l'immeuble qui l'abrite. Quant aux autres actes d'administration, auxquels le homestead peut donner lieu, le mari les fera *seul* en qualité d'administrateur, de gérant (*trustee*), de cet être fictif qui personnifie la famille.

Les lois de homestead ont eu, sauf deux exceptions, la sagesse de n'exiger rien au delà du consentement de la femme. Elles ont pensé que l'affection de celle-ci et sa clairvoyance feraient d'elle le gardien vigilant du home, et elles n'ont soumis l'aliénation et l'hypothèque à aucune formalité spéciale ni surtout à aucune autorisation de justice. Il faut reconnaître que les Américains ont, sur nous, l'avantage de ne pas partager cette béate confiance que nous mettons volontiers dans la paternelle sollicitude des tribunaux et des notaires, « ces sages conseillers des familles ». On objectera peut-être que la femme peut se trouver indigne de la mission éminente que lui donne la loi et il n'est pas impossible que cette gardienne, présumée vigilante de l'intérêt de la famille, ne soit en réalité que trop disposée, pour assurer sa tranquillité personnelle, à céder aux premières instances de son mari et à donner son concours à l'aliénation ou à l'hypothèque la plus imprudente ; peut-être même fera-t-elle pis encore, si, par sa frivolité ou sa prodigalité, elle provoque son mari à aliéner ou à hypothéquer ce *home* à la conservation duquel elle est chargée de veiller. Justinien exprime cette crainte, lorsqu'à la suite du texte rapporté à la page précédente, il nous dit qu' « il a prohibé l'aliénation du fonds dotal, *etiam consentiente muliere*, même du consentement de la femme, de peur que la faiblesse de leur sexe n'aboutît à la ruine de la fortune des femmes, *ne sexus muliebris fragilitas in perniciem substantiæ earum converteretur* ».

Cette idée est bien éloignée de celle du législateur américain qui, depuis quarante ans surtout, a singulièrement mis de côté la thèse de « la faiblesse du sexe ». Il n'a fait en cela que suivre l'évolution sociale qui développait chaque jour chez la femme plus d'énergie personnelle et d'initiative en même temps que la découverte d'arts usuels nouveaux et le progrès des cultures intellectuelles mettaient à sa portée des moyens de subsistance et par là diminuaient grandement sa dépendance vis-à-vis de l'homme. L'émancipation de droit a été la conséquence de l'émancipation de fait et les modifications profondes apportées à la capacité civile de la femme mariée comptent parmi les réformes les plus intéressantes que les législations anglaise (loi de 1882) et américaine aient apportées au vieux *common law* (1).

On pourrait objecter que si cette moindre dépendance de la femme la garantit mieux contre les concessions imprudentes qu'elle ferait à son mari, désireux d'aliéner le homestead, elle ne la prémunit pas elle-même contre sa propre prodigalité ou son imprévoyance. Cela est exact. Mais l'autorisation de justice ou l'assistance d'un notaire peuvent-elles apporter à ces maux un remède efficace ? On aimerait à

(1) On sait que cette émancipation commence, dans notre pays, son œuvre réformatrice et la loi récente du 6 février 1893, qui, comme toutes les bonnes lois n'a fait que suivre les mœurs, marque un premier pas, bien timide, il est vrai, dans cette voie du progrès. Puisse en cette matière comme en plusieurs autres, un esprit de routine — et qui reste tel, en dépit du qualificatif plus distingué dont on le décore — ne pas conduire à une opposition peu éclairée ceux-là mêmes qui, par leur situation, doivent être les collaborateurs les plus précieux de cette inéluctable évolution sociale.

l'admettre, si l'expérience journalière ne prouvait péremptoirement le contraire. Lorsque le père et la mère sont prodigues et dissipateurs, il ne faut plus songer à protéger avec succès le foyer de la famille.

D'ailleurs la jurisprudence américaine, fidèle à son principe de bienveillance et d'interprétation large des lois de homestead, s'est montrée vigilante pour assurer la liberté du consentement de la femme. Tout d'abord ce consentement doit être donné au moment même où le contrat d'aliénation ou d'hypothèque est consenti par le mari : l'adhésion postérieure de la femme serait insuffisante (1). Certaines lois exigent non seulement le consentement de la femme, mais encore sa signature ; quelques-unes requièrent même qu'elle certifie, devant un *notary public* (2), que c'est bien là sa signature et que cette signature a été donnée par elle en pleine liberté (*voluntarily*) et en connaissance de cause (*knowingly*) (3).

En tous cas, les tribunaux exigent toujours la stricte observation des dispositions de la loi, relatives au consentement de la femme et plusieurs décisions judiciaires récla-

(1) Duncan v. Moore, 67 Miss. 136 ; Miss. Code 1880, § 1258.

(2) Il ne faudrait pas que le mot *notary public* reportât la pensée du lecteur sur les notaires français : on appelle *notary public*, aux Etats-Unis, toute personne qui a reçu du gouvernement de l'Etat le pouvoir de donner l'authenticité aux actes ; comme il suffit, pour obtenir ce pouvoir, de le solliciter et qu'aucune connaissance spéciale n'est exigée, beaucoup d'épiciers, d'hôteliers, de pharmaciens, de banquiers, etc., sont *public notaries* et les avocats et les sollicitors ont dans leurs études trois ou quatre *public notaries*. Les honoraires du notary public s'élèvent environ à deux francs cinquante ou à cinq francs par acte ; il va sans dire qu'il se borne à apposer sa signature et ne conserve aucunes minutes.

(3) Ainsi dans un Etat dont la loi exige la signature de la femme, dans l'acte même d'aliénation ou d'hypothèque, il a été jugé qu'un titre séparé qui indiquait que la femme avait consenti sans crainte, violence ou persuasion de son mari était insuffisant. Smitth v. Pearce 85. Ala, 264.

ment que celle-ci soit interrogée par le *notary public* et renouvelle devant lui son adhésion, *hors de la présence de son mari*. D'autre part, ainsi que le remarque M. Waples, la magistrature américaine prête toujours une oreille complaisante à toute plainte formulée par la femme contre les brutalités, les manœuvres frauduleuses ou la pression dont elle aurait été l'objet de la part de son mari et cette jurisprudence garantit d'une manière très sûre la liberté de la femme (1). Nous retrouvons ici un des multiples effets de ce sentiment de faveur avec lequel les tribunaux américains interprètent toujours les lois de homestead et qui a, au point de vue de l'application pratique de ces lois, une importance qu'il est difficile d'exagérer ; tout au plus conviennent-ils que cette pensée de faveur pour la femme ne doit pas aller jusqu'à l'injustice (*is not to be pressed to the point of injustice*).

Puisque la législation du homestead est essentiellement conçue dans l'intérêt de la femme et des enfants, il est à peine besoin de dire que le mari ne peut, même dans un testament, disposer seul de l'habitation familiale. Le terme du bénéfice accordé à la femme et aux enfants ne doit pas en effet être placé à la mort du mari, car la femme, dans la pensée de la loi, a besoin de conserver un foyer toute sa vie et les enfants jusqu'à l'époque de leur majorité. Par suite toute disposition testamentaire faite par le mari seul devrait être considérée comme nulle et non avenue.

Ce point spécial nous amène à nous demander quel est l'effet d'une aliénation ou d'une hypothèque consentie par le mari seul, dans un acte entre vifs ou dans un testament.

---

(1) First national Bank v. Bryan, 62. Ia.42 ; Westbrook v. Jeffers, 33. Tex. 86 ; Nichols v. Nichols 61, Vt. 426 ; Helm v. Helm, 11. Kas., 19, *they readily lend the ear to her subsequent complaints of duress, fraud and undue influence.*

Le jurisconsulte français à qui cette question serait posée répondrait très probablement que l'acte n'est pas entièrement nul et qu'au regard du mari, il sera maintenu, sauf à permettre à la femme et aux enfants d'en demander la nullité partielle, en tant que, pendant la vie de l'une et la minorité des autres, il attenterait à leurs droits (1). Cependant cette interprétation n'a pas prévalu, et une jurisprudence constante décide qu'un tel acte d'aliénation ou d'hypothèque est radicalement nul et que la nullité peut être invoquée par le mari lui-même (2). Une telle solution qui paraît au premier abord ne pas s'accorder avec l'idée, en vertu de laquelle le mari, isolé de sa famille, ne mérite aucune protection, a été admise afin de ne pas permettre que l'aliénation illégale du homestead devînt pour la famille une cause d'appauvrissement, ce qui serait souvent arrivé puisque le vendeur est soumis à garantie envers l'acheteur évincé.

Lorsque la femme est morte ou que le jugement de divorce, prononcé contre elle, lui a infligé la déchéance de ses droits sur le homestead, le mari recouvre son droit absolu de disposition quant à l'habitation de la famille qu'il peut aliéner ou hypothéquer à son gré. Nous savons en effet, que le premier effet des lois de homestead, la restriction du droit d'aliénation, n'atteint que les têtes de famille mariées, et, ainsi que le dit très justement un magistrat, la loi qui a cru, pendant le mariage, sauvegarder plus sûrement l'intérêt des enfants, en associant la femme au droit de pro-

---

(1) Notre droit français décide, en effet, que ceux-là seuls peuvent se prévaloir d'une nullité, en faveur de qui cette nullité a été édictée : art. 1125, C. civ. ; 1304 et s., C. civ.

(2) Certains jugements se servent d'une formule parfaitement précise : le titre conféré par le mari seul est, nous disent-ils, à considérer comme n'ayant jamais existé : *his deed is as though it was never written*. Crowgill v. Warrington 66. Ia 666 ; Ayres v. Probasco 14. Kas 190; Coker v. Roberts 71. Tex. 598; Gleason v. Spray 81. Cal. 217.

priété du mari, a pensé, au contraire, qu'après la mort de la femme, leur intérêt bien entendu exigeait que le mari pût disposer librement du homestead. Si l'on objecte que le foyer se trouve ainsi abandonné à la discrétion d'un père spéculateur ou prodigue, il faut répéter, comme plus haut, que cela peut être vrai, mais qu'il n'existe aucun remède, puisqu'on ne peut trouver personne en état de défendre efficacement l'intérêt de ces enfants mineurs, contre leur père oublieux de ses devoirs (1).

2° Insaisissabilité du homestead.

Ce second effet de la législation du homestead est sans contredit celui qui a soulevé dans la pratique le plus de contestations et de procès ; on ne saurait s'en étonner, car s'il est injuste de dire, comme plusieurs le répètent, qu'il n'y a pas de mérite à être honnête quand on est riche, il n'en est pas moins vrai que les débiteurs insolvables et sans ressources écoutent plus volontiers les suggestions de la fraude et du dol.

Une première question, très intéressante au point de vue économique, se présente : dans quelle limite de valeur ou d'étendue le homestead est-il protégé ? Ce n'est pas certes un des traits les moins curieux de la législation du homestead, que l'universelle protection qu'elle accorde à *tous* les immeubles qui se trouvent dans les conditions qu'elle requiert. Il semble au premier abord que ce ne soit là qu'une fantaisie de la loi, car on ne saisit guère en quoi le privilège de l'insaisissabilité peut intéresser celui qui possède une somptueuse habitation et qui jouit d'une grande fortune. Cependant cette observation n'a que l'apparence de l'exactitude et méconnaît les conditions de la vie américaine.

(1) *Vide suprà*, p. 124. Il y a longtemps que l'on se plaint en France que la loi ruine les mineurs à force de les protéger.

Les Français, économes par éducation et par tempérament, aimant surtout, lorsqu'ils ont quelque fortune, à ne la point risquer et à embrasser des professions qui n'exigent, pour leur exercice, l'engagement d'aucun capital, sont habitués à conserver toute leur vie le patrimoine minime ou important, qu'ils avaient au moment où ils se sont mariés ; à part des exceptions toujours peu nombreuses, nous ne connaissons guère les ruines subites et les soubresauts de la misère dans l'opulence. La vie américaine est toute différente : de l'autre côté de l'Atlantique, l'homme riche n'a qu'une passion, le désir d'accroître indéfiniment la fortune acquise. Aussi n'embrasse-t-il volontiers que les carrières où il peut obtenir une ample rémunération de son travail et de ses capitaux, mais dans lesquelles aussi la conservation de son patrimoine personnel est exposée à de gros risques. Il serait téméraire de compter sur sa prudence pour diminuer cet aléa et le réduire au minimum possible, car, tout au contraire, l'ardeur qu'il met « à la poursuite du bonheur » (*pursuit of happiness*) et du dollar contribue à l'augmenter. Ces pratiques que je n'ai garde de blâmer, car elles ont de très précieux avantages, exposent ceux qui s'y livrent à des ruines subites, à des effondrements soudains, et de là, cette mobilité incessante des situations, ce continuel va-et-vient de haut en bas et de bas en haut qui est un des caractères les plus frappants de la société américaine.

Le législateur a donc été sage en décidant que tout homestead, *quelle que fût sa valeur*, pouvait invoquer le bénéfice de l'insaisissabilité. J'ajoute d'ailleurs qu'aux yeux des Américains cette universalité d'application s'imposait pour un autre motif, pour une raison de principe qu'il importe de mentionner. Les citoyens de cette véritable démocratie rejettent, comme contraire au principe d'égalité, toute loi qui ne s'appliquerait qu'à une catégorie d'individus et qui ferait entre eux une différence quelconque à raison de leur fortune ou de leur situation.

Or ils donnent à cette formule un sens autrement large que celui que nous y attachons : tandis que, chez nous, elle n'implique que la prohibition de favoriser les plus riches, elle signifie aux États-Unis, que toute loi, qui ne s'appliquerait qu'à la partie la moins aisée de la société, est inadmissible et injuste. Puisque le législateur se préoccupe de conserver un abri à la femme et aux enfants mineurs, le sort de ces dernières personnes n'est pas moins intéressant, parce qu'elles ont à un moment donné goûté les charmes de l'opulence ; on pourrait même soutenir qu'il l'est davantage.

Pour ces diverses raisons, les lois de homestead devaient donc protéger tous les foyers, depuis les plus luxueux jusqu'aux plus modestes ; mais elles ne pouvaient les protéger tous *pour la totalité* ; une telle solution eût été également repoussée par les exigences de l'équité et par le principe même de cette législation, qui doit, comme le dit un magistrat, assurer à la famille non un palais, mais un abri. Il a donc fallu fixer une limite au bénéfice de l'insaisissabilité ; c'est ce que toutes les lois de homestead ont fait, mais en employant des procédés divers.

Un certain nombre d'États ont adopté le principe d'une limitation *unique* en valeur qui a été fixée à 500 dollars par le New-Jersey et le Vermont ; à 1000 dollars, par l'Illinois, l'Ohio, le Kentucky, les deux Carolines, le Tennessee, le New-York et la Virginie ; à 5000 dollars par la Californie, l'Idaho et le Nevada (1).

(1) Illinois, *Ann. Stat.*, p. 1097 et seq. et *Gionque's Rev. Stat.*, § 5438 ; Kentucky, *Gen. Stat.*, 1888, pp. 574-8 ; North Carolina, *Const.*, art. X, secs. 2, 3, 4, 8 ; South Carolina, *Const.*, art. 1, sec. 20 ; Tennessee, *Const.*, art. XI, § 11 ; New-York, *Ann. Code civ. Proc.*,

Ce système présente des avantages évidents, puisqu'il ne permet jamais au débiteur de soustraire au gage de ses créanciers une somme dont l'importance serait exagérée. Mais d'autre part on peut soutenir qu'il ne répond pas toujours pleinement à la pensée essentielle de la législation du homestead, car il rend souvent impossible à un débiteur qui habite une grande ville, ou même une ville de moyenne importance, de conserver intact son home, la valeur de l'habitation de la famille dépassant la limite légale ; sans doute, sur le prix à provenir de la vente, on prélèvera, au profit du débiteur, une somme équivalente au taux maximum de la valeur exemptée, mais la famille aura perdu son *home*. A l'inverse, cette limitation en valeur permettra au débiteur qui habite à la campagne, dans un État où la terre n'a qu'une valeur presque insignifiante, dans le Nevada ou l'Idaho, par exemple, de soustraire au gage de ses créanciers une habitation d'une étendue exagérée. On dira peut-être que cela importe peu, puisque les créanciers ne prennent évidemment en considération que la valeur pécuniaire du homestead, mais on méconnaîtrait encore en raisonnant ainsi la véritable pensée de la loi, qui, uniquement préoccupée d'assurer aux familles un abri, ne cherche pas plus à lui assurer un immense domaine (1), fût-il d'aussi peu de valeur, qu'un palais.

Désireuse d'éviter ce second défaut, les législatures du

§§ 1897-9 ; Virginie Occidentale, *Const.*, art. VI, § 48 ; New-Hampshire, *Gen. laws*, ch. 138 ; Vermont, *General Stat.*, ch. 68 ; Californie, *Code et stat.*, § 1237 et seq. ; Idaho, *Stats.*, 1887, § 3058 ; Nevada, *Gen. Stat.*, § 539.

(1) Une terre de *onze cents acres*, principalement composée de pâturages, a été ainsi considérée comme exempte, Prescott v. Prescott, 45, Cal. 58 ; cf. beaucoup d'autres décisions qui stipulent formellement que dans ces États une étendue quelconque peut être déclarée insaisissable pourvu qu'elle puisse être considérée comme occupée à titre de dépendance du homestead. Cook v. Mc Christen. 4, Cal. 24.

Michigan, de l'Alabama, du Missouri et du Nebraska (1) ont préféré la fixation d'une double limite en étendue et en valeur, estimant qu'un débiteur ne devait jamais préten- dre à un homestead d'une étendue exagérée, quelle que fût la valeur de celui-ci (2). Mais les États, qui viennent d'être mentionnés, n'échappent point encore au premier reproche adressé à ceux qui ont suivi le système de la limi- tation unique en valeur : seul le Missouri a essayé de con- cilier avec les exigences du crédit et de la justice, qui ne permettent pas que la limite en valeur soit fixée à un taux trop élevé, l'application normale de la pensée de la loi et il a fixé pour le homestead urbain une valeur maxima varia- ble suivant le nombre des habitants de la ville.

Un troisième groupe d'États a adopté une limitation en superficie dont le maximum diffère naturellement suivant qu'il s'agit d'habitations rurales ou d'habitations urbaines. Cette solution admise par la Floride, le Kansas, le Minnesota et le Wisconsin (3), a l'avantage d'atteindre dans tous les cas le but que s'est proposé la loi et, lorsque l'étendue est fixée avec modération, le législateur a la certitude de con-

______

(1) Alabama, *Const.*, art. 10, sec. 9 ; Michigan, *Const.*, art. 16, § 1-4 ; *Acts of Mississipi*, 1882, p. 140 ; Nebraska, *Stat.* 1889, ch. 36, § 1-16.

(2) Cette limite en étendue, jointe à une limite en valeur, ne va point sans inconvénients économiques ; si, dans un pays, on peut se procu- rer un grand nombre d'acres pour une somme relativement modique, en un mot si la terre a très peu de valeur, cela tient évidemment à la productivité insuffisante ou au manque de débouchés ; dès lors n'y aurait-il pas lieu de permettre au *farmer* de compenser, par l'étendue de la superficie cultivée, l'insuffisance du rendement. On répond que le législateur ne se propose que de conserver l'habitation de la famille, sans chercher à lui ménager l'occasion de s'enrichir, mais il est pos- sible que cette extension soit nécessaire à l'indépendance, à l'intégrité du *home*, puisqu'un homestead rural n'est rien, s'il ne fournit pas des moyens de subsistance à peu près suffisants.

(3) *Mac Clellans, Dig. of laws of Florida*, pp. 528-9; *Taylor's general statutes of Kansas*, 1889, §§ 2593-7 ; *Samborn and Berryman's Ann. Stat. of Wisconsin*, p. 1717, § 2983.

server le foyer lui-même et non pas seulement une somme d'argent d'une quotité déterminée, et de ne jamais rendre insaisissables des homesteads d'une superficie exagérée. Malheureusement ce système a le grave inconvénient de favoriser la fraude ; le débiteur insolvable pourra accumuler sur son homestead toute une fortune, parfois considérable, représentée par des améliorations de toute sorte, voire même par des constructions luxueuses, et les recueils judiciaires montrent que ce n'est pas là seulement une hypothèse. A la faveur de cette législation, on a vu des créanciers frustrés de la manière la plus dolosive (1) et il n'est pas douteux, s'il faut croire les avis répétés que j'ai recueillis, que ces lois ne doivent être modifiées dans un avenir prochain, lorsque l'augmentation de la valeur des terres multipliera de plus en plus les abus qu'autorise ce procédé de limitation du homestead.

Enfin plusieurs Etats ont combiné ensemble les systèmes suivis par les parlements voisins. Ainsi l'Iowa et le Dakota (2), désireux d'éviter que la fixation en étendue ne tourne au préjudice du propriétaire, dans le cas où la terre n'a qu'une valeur très minime, élèvent le maximum dans l'hypothèse où le prix du homestead n'atteindrait pas 500 dollars ; l'Arkansas (3), au contraire, a eu l'ingénieuse idée, après avoir posé une double limitation en valeur et en étendue, de supprimer le maximum pécuniaire, dans le cas où le homestead n'atteindrait pas un minimum superficiel qu'il fixe : le législateur de cet Etat a voulu éviter ainsi que la loi de homestead, par suite de la hausse constante du prix des

(1) Un jugement d'un tribunal du Minnesota a reconnu l'exemption d'un homestead de 14,000 dollars ; Jacoby v. Distilling Company 41. Minn. 227.

(2) Iowa, *Code*, § 3171 ; Dakota septentrional, *Statutes* 1887, §§ 2449-2468.

(3) Arkansas, *Dig. of State of Ark.*, § 3590 et seq.

terrains dans les centres importants et dans les campagnes qui les avoisinent, se réduisit en pratique à la réserve pour les familles d'une certaine somme d'argent en cas de saisie et n'assurât plus la conservation du home.

Superbe dans son isolement, l'Etat pionnier, le Texas se distingue par l'adoption d'un système spécial : il a admis pour les immeubles ruraux une limite unique en superficie fixée à deux cents acres, et pour les immeubles urbains, il n'a envisagé que la valeur pécuniaire, dont il a fixé le maximum insaisissable à cinq mille dollars. Si d'ailleurs cette disposition n'était pas contenue dans la Constitution même du Texas (art. 16, §§ 50 et 52), sa légitimité constitutionnelle n'eût été rien moins que certaine ; elle aboutit, en effet, à exempter de la saisie un homestead rural d'une valeur double ou triple d'un homestead urbain et par suite à protéger davantage ceux qui se consacrent à une profession déterminée, celle de farmer. En tous cas, il est intéressant de voir dans cette législation un reflet des conditions économiques : le Texas dont le territoire est immense et très peu exploité ne prévoit pas encore la plus-value excessive des campagnes et il ne craint pas, au besoin, de favoriser les ruraux, qu'il apprécie plus que les citadins.

Propriété.

ÉTATS	RURALE acres	URBAINE	RURALE et URBAINE dollars	MOBILIÈRE à défaut de homestead ou au choix du débiteur (1).
Alabama	80	A city lot.	»	»
Arizona	»	»	4.000	»
Arkansas	(2) 160 ou 80	(2) 1 acre ou 1/2 acre	2.500	»
Caroline du Nord	»	»	1.000	»
Caroline du Sud	»	»	1.000	»
Californie	»	»	5.000	»
Colorado	»	»	2.000	»
Dakota méridional	»	1 acre.	5.000	»
Dakota septentrional	160	1 acre.	5.000	»
Floride	160	1/2 acre.	»	»
Géorgie	»	»	»	1.600
Illinois	»	»	1.000	»
Idaho	»	»	5.000	»
Indiana	»	»	»	600
Iowa	40	1/2 acre.	»	»
Kansas	160	1 acre.	»	»
Kentucky	»	»	1.000	»
Louisiane	160	»	2.000	»
Massachusetts	»	»	800	»
Michigan	40	A city lot.	»	»
Mississipi (sans publicité spéciale)	160	»	2.000	»
Mississipi (avec publicité)	160	»	3.000	»
Missouri : dans une ville de moins de 10.000 habitants.	160	5 acres.	1.500	»
Missouri : dans une ville de 10.000 à 40.000 habitants.	»	30 perches carrées (3).	1.500	»
Missouri : dans une ville de 40.000 habitants et au-dessus.	»	18 perches carrées.	3.000	»
Montana	160	1/4 acre.	2.500	»
Nébraska	160	2 city lots.	2.000	»
Névada	»	»	5.000	»
New Hampshire	»	»	500	»
Maine	»	»	500	»
Minnesota	80	A city lot.	»	»
New Jersey	»	»	1.000	»
New Mexico	»	»	1.000	»
Ohio	»	»	1.000	500
Oklahoma	160	A city lot.	»	»
Tennessee	»	»	1.000	»

(1) Les chiffres mentionnés dans cette colonne ne se cumulent jamais avec ceux indiqués dans les autres.

(2) Les chiffres de 80 et 1/2 acre signifient que dans le cas même où la valeur du homestead excéderait 2.500 dollars, le débiteur a toujours droit à un home de 80 acres à la campagne, et de 1/2 acre à la ville.

(3) Une perche vaut 16 pieds et demi.

Propriété.

ÉTATS	RURALE acres	URBAINE	RURALE et URBAINE dollars	MOBILIÈRE à défaut de homes- tead ou au choix du débiteur (1).
Texas..........................	200	5.000	»	»
Utah (*tête de famille*)........	»	»	1.000	»
Utah (*femme*)................	»	»	500	»
Utah (*chaque enfant*)........	»	»	250	»
Washington	»	»	1.000	»
Vermont.....................	»	»	500	»
Virginie.....................	»	»	»	2.000
Virginie occidentale	»	»	1.000	200
Wisconsin...................	40	1/4 acre.	»	»
Wyoming	160	»	1.500	»
New-York...................	»	»	1.000	»

A la question de l'étendue de l'insaisissabilité légale, s'en rattache une autre, dont la solution est, au point de vue pratique, d'une importance considérable. Dans les Etats qui fixent un maximum en valeur, convient-il de tenir compte, pour le calcul de ce maximum, de la plus-value dont l'immeuble a bénéficié depuis l'époque où il a acquis cette qualification légale de *homestead*, ou faut-il négliger cette plus-value, pour ne tenir compte que de la valeur du homestead au moment où il a commencé à être tel ?

Sur ce point spécial, les Etats de l'Union se divisent en trois groupes différents ; les uns décident que la valeur de l'immeuble devra être appréciée au jour où les créanciers procèdent à la saisie et que par suite, toute plus-value, quelle qu'en soit la cause, doit entrer en ligne de compte. D'autres, au contraire, font entrer dans l'évaluation la seule plus-value qui provient des travaux d'amélioration ou de construction exécutés par le propriétaire, sans s'attacher à la plus-value qui résulte de l'accroissement de population et de ces phénomènes de rente de la terre insuffisamment analysés par

(1) Les chiffres mentionnés dans cette colonne ne se cumulent jamais avec ceux indiqués dans les autres.

Ricardo. Enfin, un certain nombre d'Etats décident que la valeur du homestead demeure légalement invariable, en ce qui concerne le droit de saisie du créancier, depuis le jour où il est devenu tel par l'occupation (*occupancy*) ou l'inscription, et que par suite, il n'y a pas lieu de prendre en considération la plus-value dont il a pu bénéficier, alors même qu'elle aurait pour cause les travaux d'amélioration et de construction exécutés par le débiteur.

Cette dernière solution a le très grave défaut d'encourager un insolvable à incorporer à son habitation des capitaux considérables, au grand préjudice de ses créanciers. Sans doute, la vigilance des magistrats devrait empêcher qu'un malhonnête homme puisse convertir l'argent qu'il a emprunté en une valeur insaisissable et se bâtir une demeure confortable d'où il défiera les poursuites et les saisies. Mais nous savons déjà que les tribunaux américains ont pour les débiteurs une bienveillance toute paternelle ; l'accusation de fraude ne les touche que dans des cas exceptionnels et j'ai, en ce moment, sous les yeux plusieurs décisions judiciaires qui attestent ce sentiment avec énergie. Que dire, par exemple, de ce jugement où le magistrat, après avoir reconnu que le débiteur avait employé, à embellir son homestead, l'argent de son prêteur et que cette intention frauduleuse existait déjà au moment de l'emprunt, se contente d'affirmer avec un flegme tout britannique que l'intention de la loi a été d'assurer aux débiteurs et à leurs familles un foyer dans la possession duquel ils ne pussent être troublés ni inquiétés « alors même que par leur industrie (*industry*), ils auraient fait acquérir à l'immeuble une valeur plus grande (*made it more valuable*) que celle qu'il avait à l'époque où ils avaient commencé à jouir de la sauvegarde de la loi (1) ».

(1) Hardy v. Lane, 6 Lea 380. Tenn Code, 2116 et 2118.

Ces euphémismes peuvent être mis en parallèle de la décision d'un tribunal de l'Iowa qui, dans un procès où le débiteur insolvable invoquait le bénéfice de l'insaisissabilité pour son homestead de quarante acres, évalué à dix mille dollars et agrémenté d'une terrasse et d'allées carrossières, se borne à constater « qu'il n'y avait aucune preuve de dol ou de dessein frauduleux, au moment où les dépenses avaient été faites (1) ».

En ce qui concerne l'accroissement de valeur du homestead par le seul fait de la plus-value du sol, il faut reconnaître que la question est délicate. Si, d'une part, il n'est pas légitime de priver un créancier de son droit de saisie, lorsqu'un immeuble a une valeur considérable, il convient de se placer au point de vue où le législateur américain s'est mis lui-même, lorsqu'il a voté les lois de homestead. Or, à ce point de vue, quand on sait avec quelle vertigineuse rapidité le prix des terrains s'élève parfois en Amérique, quand on se souvient, par exemple, que Chicago n'était il y a soixante ans qu'une très modeste bourgade et que l'année dernière, à l'Exposition Colombienne, on a exhibé en spectacle, le jour de la fête de Chicago (*Chicago day*), l'Indien qui vendit, il y a quarante ans, pour quelque menue bimbeloterie les terrains qui occupent aujourd'hui le centre de la « Grande Ville de Viande et de Blé », on ne peut se dissimuler que, dans un certain nombre de cas, ceux qui jouissent à un moment de l'insaisissabilité légale sont exposés à se voir un jour dépouillés de ce bénéfice, ou plutôt ce qui revient sensiblement au même, à ne plus pouvoir abriter, grâce à lui, leur foyer tout entier. Or, un foyer n'étant pas une chose susceptible de division, le débiteur sera obligé

(1) First national Bank v. Hollinsworth. Le tribunal ajouta : *we have no greater discretion in the application of the law in a case like this, than in a case where the homestead, as to value, would be at the other extreme.*

de le vendre sur saisie, et s'il reçoit une somme équivalente à la valeur couverte par la loi, ce résultat, pour appréciable qu'il soit, ne correspond en aucune façon, ainsi que je l'ai déjà dit, à la pensée du législateur qui était de conserver le home lui-même.

La question de la plus-value ne se pose jamais sous cette forme, dans les États dont les lois ont fixé un maximum en superficie ; cependant on est surpris de constater que le mode de limitation, par eux préconisé, n'a point suffi à éviter toute difficulté ; il semblerait pourtant que la plus-value des terres ne peut influencer l'application des lois de homestead qui ne s'attachent jamais à la *valeur* de l'habitation, et ne considèrent que son *étendue*. Cependant la forme du problème s'est trouvée seule modifiée. Que dire, en effet, lorsqu'un homestead primitivement rural, est progressivement envahi par la ville voisine, que son développement rapide force sans cesse à reculer les limites de son territoire ? Depuis le jour où il est compris dans l'enceinte doit-on le considérer comme urbain ou au contraire son caractère originel persiste-t-il ?

Les États n'ont point tous adopté une solution unique, et cela, bien moins à raison de la différence de leurs statuts, qui d'ordinaire sont muets, que de la dissemblance des dispositions de leurs magistrats. Les juges des États de l'Ouest, répondant d'ailleurs en cela à la pensée de la grande majorité de leurs concitoyens qui sont aussi, il ne faut pas l'oublier, leurs électeurs, professent pour les débiteurs malheureux des sentiments charitables qui se donnent naturellement libre carrière dans l'application de lois, qui, on le sait, doivent être interprétées largement. Aussi a-t-on vu des tribunaux décider que le seul fait pour le homestead de se trouver englobé dans l'enceinte d'une ville ne suffisait pas à lui faire perdre sa qualité d'habitation rurale (1) et c'est tout au plus s'ils ont admis l'opinion contraire dans le cas où le terrain se trouvait entouré de toutes parts de propriétés bâties et où il n'était plus possible, sans l'injustice la plus criante, de reconnaître l'immunité de quarante ou de quatre-vingts acres, et même plus, d'un terrain dont chaque pied carré représentait une valeur importante (2).

Sans qu'il soit nécessaire d'insister plus longuement sur toutes ces questions de plus-value, on comprend que les lois de homestead, appliquées dans un tel esprit par les tribunaux américains, aient pu autoriser les fraudes les plus odieuses. « On a vu, dit M. Waples, et le cas n'est pas rare, des demeures coûteuses de débiteurs insolvables défier la poursuite des créanciers et des maisons ou des fermes, originairement estimées quelques centaines de dollars, acquérir une valeur d'autant de milliers de dollars et cependant demeurer toujours indemnes et exemptes (3) ».

Il est aisé maintenant de comprendre pourquoi les lois de homestead sont devenues aux Etats-Unis une source si féconde de procès et de contestations. Cette législation soulève bien des questions délicates : il faut d'abord examiner si celui qui l'invoque remplit les conditions requises et on doit ensuite rechercher dans quelle mesure l'immunité légale est susceptible d'être appliquée. Apprécier la valeur d'un im-

____

(1) Finley v. Dietrick, 12, Ia, 516 ; Pasey v. Bass, 77, Tex. 512 ; Bassett v. Messner, 30, Tex. 604.

(2) Il faut d'ailleurs reconnaître que le jeu naturel des forces économiques est venu au secours de l'équité, car bien souvent le propriétaire d'un vaste terrain de quatre-vingts acres, par exemple, ne continue plus à l'exploiter en culture ; il lui est bien autrement avantageux de découper sa terre en *city lots* et de chercher à la vendre à ceux qui désirent bâtir. Il sera donc très rare, s'il en reste propriétaire, qu'on puisse le considérer encore comme « occupant » l'immeuble dont il s'agit.

(3) Waples, *op. cit.*, p. 214.

meuble n'est pas chose aisée, surtout lorsqu'il faut se re-
porter à plusieurs années en arrière, et la nomination des
experts entraîne en tous cas bien des lenteurs et bien des
complications. Je n'ai parlé ni des unes ni des autres, car
ces détails fastidieux fatigueraient vite le lecteur et seraient
superflus : mais du moins convient-il de ne pas en oublier
l'existence. De ce côté de l'Atlantique, plusieurs semblent
croire qu'il suffirait de promulguer une loi de homestead :
l'expérience pourrait leur ménager de désagréables surprises et leur montrer que l'application est plus délicate et plus
complexe qu'ils ne le supposent.

CHAPITRE SIXIÈME

L'insaisissabilité (suite) ; *le droit de homestead de la femme et des enfants mineurs après la mort du mari.*

Puisque nous connaissons les conditions auxquelles est soumis le bénéfice de l'insaisissabilité (ch. IV) et l'étendue de cette insaisissabilité (ch. V), le moment est venu de rechercher contre quels créanciers le débiteur pourra se prévaloir de l'immunité légale.

Nous avons vu que la loi ne défend, en aucune façon, à un débiteur d'aliéner son habitation pour payer ses créanciers, non plus que de l'hypothéquer pour garantir une dette préexistante ou un emprunt qu'il contracte ; avec le concours de sa femme, le mari peut faire librement ces actes et si « la tête de famille » n'est pas mariée, elle le peut sans même avoir à demander ou à obtenir le consentement ou l'autorisation de personne. Aucune équivoque ne doit subsister sur ce point ; les lois de homestead ne défendent pas à un débiteur de payer ses dettes, dans le cas même où ce payement ne se peut effectuer qu'en enlevant à la famille dont il est la tête, l'habitation où elle réside ; elles permettent, *ce qui est tout différent*, à un débiteur « tête de famille » de se prévaloir de l'insaisissabilité de son homestead, et cela, nous répètent les décisions judiciaires, *pour conserver les foyers des familles dans l'intérêt de l'Etat.* Cette liberté de mouvement est conforme aux habitudes sociales de l'Américain : la sollicitude de l'Etat ne s'impose pas au particulier qui reste toujours le maître de ses destinées et ne permet à personne de se prétendre plus clairvoyant que lui-même dans la direction de ses propres affaires.

Supposons donc qu'un débiteur qui satisfait d'ailleurs aux conditions requises, désire se placer sous la protection de la loi de homestead ; le peut-il toujours ? Le peut-il contre tout créancier ?

Il existe d'abord une catégorie de créanciers à l'égard desquels aucune hésitation ne semble permise : ce sont ceux qui ont acquis des droits réels sur l'immeuble, soit avant la promulgation de la loi de homestead, soit à une époque où l'immeuble n'avait pas encore acquis la qualification légale de homestead. « Il semble inouï, dit un magistrat américain, que les tribunaux et les législatures de plusieurs États aient jamais pensé qu'il fût possible de priver un créancier du droit de poursuivre son payement sur des biens qu'une hypothèque avait spécialement affectés à sa garantie, alors que le préteur n'avait manifestement consenti à se dessaisir de son argent qu'en considération des sûretés qui lui étaient offertes. » Pour inouïe que la chose puisse paraître, elle n'est pourtant que trop réelle et « les tribunaux n'ont vu aucune injustice dans le fait de revêtir de l'immunité légale la propriété du débiteur et de laisser, la bourse vide, le créancier surpris » (1).

Heureusement la plus haute autorité judiciaire des États-Unis, la Cour suprême de Washington, gardienne fidèle du pacte fédéral dont les lois et les constitutions des États oublient parfois les principes, a déclaré qu'une telle législation était inconstitutionnelle ; en conséquence certains parle-

____

(1) « They have seen no injustice in cloaking the property of debtors with exemption and in leaving unnotified creditors in the lurch » Le mot *lurch* signifie proprement bredouille, en matière de jeu, et l'expression anglaise « *to leave one in the lurch* » est synonyme de « planter là quelqu'un ».

ments ont dû modifier leur loi de homestead et surtout certaines cours leur interprétation erronée (1). A défaut d'arguments tirés de l'équité, la Cour suprême a trouvé dans l'article 1ᵉʳ § 10 de la Constitution fédérale qui défend aux États de « restreindre par aucune loi les effets des obligations nées de contrats » (*to impair the obligations of contracts*) le moyen de couper court à une doctrine qui menaçait de se généraliser. On ne peut que se féliciter de ce résultat, tout en regrettant peut-être que des considérations de justice, pourtant bien élémentaires, n'aient point paru suffisantes à la Cour suprême pour motiver sa décision (2).

Dans les lignes qui précèdent, j'ai dû supposer qu'il s'agissait d'un créancier hypothécaire, c'est-à-dire d'un créancier ayant acquis un droit réel de gage sur l'immeuble, à une date où celui-ci n'avait pas encore acquis la qualification de homestead, soit que la loi n'eût point été encore promulguée, soit plutôt que les conditions exigées par le législateur n'eussent point été remplies (3). On va voir qu'il est important de ne pas confondre ces créanciers

(1) L'injustice était en effet plus imputable aux cours qu'aux pouvoirs législatifs et ce qui rend ces erreurs plus surprenantes encore, c'est qu'elles n'étaient point isolées mais pouvaient, au contraire, se placer sous l'autorité des tribunaux d'un certain nombre d'États. On peut citer des décisions en ce sens rendues par des juges de la Californie, du Texas, du Minnesota, du Kansas, du Mississipi, de la Géorgie, de la Pensylvanie, du New-York, de l'Alabama, des deux Carolines, etc.

(2) J'ajouterai que ce regret se mêle à un sentiment d'admiration, car cette décision célèbre de la Cour de Washington 96, U. S. 591, sur l'appel d'un jugement de la Caroline du Nord, montre quel respect le pouvoir fédéral professe aux États-Unis pour l'indépendance législative des parlements de chaque État.

(3) Dans la suite de ce chapitre, je supposerai toujours que c'est cette seconde raison seule qui empêchait de considérer, au moment du contrat, l'immeuble comme un homestead. La première devient en effet d'une application de plus en plus rare, à mesure que les années s'écoulent, puisque l'on sait qu'à l'heure actuelle, cinq États seulement n'ont pas de loi de homestead.

hypothécaires avec de simples créanciers ordinaires, avec des créanciers chirographaires.

Cette hypothèse mise à part, et encore une fois on s'étonne qu'elle ait soulevé des controverses, le principe de l'insaisissabilité peut être renfermé dans la formule suivante qui me paraît résumer d'une manière complète les conclusions variées admises par les tribunaux et par les commentateurs : *le bénéfice de l'insaisissabilité du homestead peut être invoqué contre tout créancier chirographaire, sans égard à la date de son titre, à moins que la dette n'ait précisément pour cause* directe *l'acquisition du homestead ou d'une de ses parties.*

Cette formule montre dès l'abord que l'insaisissabilité ne prévaut jamais contre un créancier hypothécaire, et cette simple phrase implique aussitôt pour l'économiste que la législation du homestead n'a jamais eu et ne peut avoir l'effet qu'on lui attribue si gratuitement, de mettre un obstacle à la fréquence des saisies. Puisque le propriétaire peut hypothéquer, — seul s'il n'est pas marié, avec le concours de son conjoint s'il est marié, — l'habitation de la famille, (et nous verrons plus loin que les Américains se font peu faute d'user de ce droit) et puisque le créancier hypothécaire non payé conserve intact son droit de poursuite, il est manifeste que les lois de homestead n'apportent aucun remède au mal terrible qui décime chaque année tant de petites propriétés rurales en France, en Allemagne et surtout en Autriche, à la saisie pratiquée par les créanciers hypothécaires. Je ne saurais trop insister sur cette idée, car ce point essentiel de la législation du homestead a été l'objet, de la part de plusieurs publicistes, propagateurs principaux du mouvement du homestead (*Heimstättenrechtbewegung*), de commentaires erronés dans le détail desquels il est préférable de ne pas entrer.

Quant aux créanciers chirographaires, en principe tous sont exposés à se voir opposer l'insaisissabilité du homestead. La loi ne fait d'une manière générale aucune distinction entre les créanciers, d'après la qualité de leur créance ; cependant les domestiques et les ouvriers pour leurs salaires pendant un certain temps (six mois habituellement), les fournisseurs de denrées ou d'aliments, le médecin pour les soins donnés, sont d'ordinaire spécialement visés par les statuts, qui décident que l'immunité légale ne pourra prévaloir contre eux. En tous cas, le bénéfice de l'insaisissabilité peut être invoqué contre tout créancier chirographaire, *à moins que la loi n'en ait disposé autrement, par une disposition expresse.*

L'application de ce principe a conduit les tribunaux américains à décider que l'Etat, le comté ou la commune ne pouvaient saisir le homestead des contribuables (*taxpayers*) pour le recouvrement des impôts, car « l'État, en tant que créancier, est comme les autres créanciers enchaîné par ses propres lois », *et « son droit n'est pas plus sacré que celui des autres* (1) ». Cette conséquence inattendue n'a pas été sans causer quelque surprise aux législateurs de plusieurs États. Aussi les parlements se sont-ils hâtés d'arrêter, par le vote d'une disposition contraire, la diffusion d'une jurisprudence aussi dommageable pour les deniers publics et aujourd'hui toutes les lois de homestead stipulent le droit de saisie de l'État *créancier d'impôts*, car, suivant la parole d'un député, « il est juste que les homesteads, profitant comme les autres des services publics qu'assurent les impôts, supportent leur part proportionnelle des charges ».

Il n'est pas sans intérêt de noter au passage cette disposition, car nous avons vu qu'en Italie les saisies pratiquées

(1) Loomis v. Gerson, 62, Ill. 13 ; Green v. United States, 9, Wall. 655 ; Commonwealth v. Lay, 12, Bush. 283.

par le fisc conduisent chaque année à l'expropriation de plusieurs milliers de petits propriétaires. Décidément, les lois *américaines* de homestead, qui n'empêchent ni les saisies hypothécaires, ni les saisies du fisc, seraient d'une efficacité douteuse dans des pays où la petite propriété succombe sous le poids de la dette hypothécaire ou des impôts.

Si les lois de homestead n'ont, à moins de dérogation formelle, aucun égard à la qualité de la créance, elles ne s'inquiètent pas davantage de la date à laquelle cette créance est née (1). Cette disposition semble blesser l'équité, lorsque la dette a été contractée antérieurement à l'acquisition du droit de homestead, puisqu'elle permet à un débiteur de convertir son patrimoine, qui dans sa composition originaire était soumis aux poursuites de ses créanciers, en un immeuble désormais soustrait à toute saisie de leur part.

Cependant, ce raisonnement ne serait point exact ; nous avons vu en effet que la législation du homestead se ramène à une donation faite ou supposée faite, par la force seule de la loi, à la femme ou plutôt à cette troisième personne imaginaire qui personnifie la famille. Or aucun jurisconsulte, dans aucun pays, n'a jamais soutenu que le fait seul d'avoir des dettes au moment où l'on fait une donation, rend cette donation nulle ou inefficace ; le droit civil français, suivant en cela l'exemple du préteur romain Paulus, se borne à donner aux créanciers que cette donation pourrait léser, une action en nullité, s'ils rapportent la double preuve du des-

---

(1) Les questions délicates qui sont examinées dans les pages qui suivent se ramènent toutes à la conciliation de ces deux idées : d'une part l'immunité du homestead prévant contre les dettes antérieures ; d'autre part elle n'existe pas à l'égard des dettes qui ont un rapport direct avec l'acquisition ou l'amélioration du homestead. Ne violer ni l'un, ni l'autre de ces deux principes et néanmoins réprimer la fraude, tel est le problème ; les magistrats américains ne seraient certes pas les derniers à attester qu'il est des plus difficiles à résoudre.

sein frauduleux (*consilium fraudis*) de leur débiteur *et* du préjudice (*damnum*) que cette donation leur fait éprouver (1). Il n'y a donc qu'à appliquer ici les principes ordinaires et à déduire qu'un débiteur peut acquérir un homestead dont l'insaisissabilité sera opposable même aux créanciers antérieurs, sauf à autoriser les créanciers, en cas de fraude, à intenter l'action paulienne.

Des créanciers avaient voulu prétendre qu'il y avait fraude par le fait seul que leur débiteur convertissait une partie de son patrimoine saisissable en un bien insaisissable ; les juges ont répondu avec raison qu'il ne pouvait y avoir fraude dans le seul exercice d'un droit reconnu par la loi. Ils ont affirmé qu'un débiteur est toujours libre de vendre une partie de ses biens, afin de se procurer une habitation pour sa famille, et on ne peut que partager leur opinion : la théorie inverse aboutissait à cette conséquence bizarre qu'un célibataire qui, depuis quelque temps, habitait seul une de ses propriétés commettait une fraude en se mariant, puisque devenant ainsi tête d'une famille, il allait pouvoir désormais invoquer l'immunité de la loi. On aurait pu de même critiquer le fait, pourtant bien légitime, d'un débiteur allant avec sa famille habiter une de ses propriétés. On a objecté que les créanciers se trouvaient ainsi exposés à de fâcheuses surprises, car, au moment où ils avaient consenti à faire crédit à leur débiteur, ils avaient naturellement envisagé l'importance et la composition du patrimoine de celui à qui ils prêtaient leur argent ; mais les cours ont répondu sagement que les créanciers doivent prévoir, au moment où ils contractent, l'éventualité de cette modification dans la composition du patrimoine de leur obligé et

____

(1) Art. 1167, C. civ. La preuve du préjudice ne suffit pas, il faut démontrer aussi l'existence d'une intention frauduleuse.

que notamment ils doivent escompter d'avance le mariage toujours possible de celui-ci.

Parmi les dettes antérieures, il en est cependant une catégorie qui doit être mise à part, ce sont celles qui ont une relation directe avec l'acquisition ou l'amélioration du homestead.

Parmi ces dettes, la première et la plus importante est celle du prix d'achat. Le prix d'une chose représente, en droit comme en économie politique, cette chose même et il est manifeste que l'acheteur ne peut opposer l'insaisissabilité de l'immeuble acquis au vendeur dont il la tient ; autrement, la législation du homestead serait le moyen le plus commode, que les escrocs aient jamais eu à leur disposition, de se procurer gratuitement une maison d'habitation : ainsi que le dit l'aphorisme américain, on ne peut garder le pudding et le manger en même temps (*you can't have the pudding and eat it too*).

Les mêmes principes doivent s'appliquer aux dépenses d'amélioration (*improvement*). Par amélioration, il faut entendre la construction d'une maison d'habitation ou de bâtiments annexes, leur réparation et leur entretien, en un mot tout ce qui s'ajoute au homestead (*whatever is made a fixture of a homestead*) (1). D'ailleurs il y avait à cette solution, si l'on veut se placer au point de vue du législateur américain, une raison nouvelle, c'est que le créancier dont il s'agit a accompli un certain *travail* ; or, autant le droit américain se montre volontiers dédaigneux des droits des créanciers ordinaires dont le titre indique une fortune acquise, un capital amassé, autant il se montre vigilant dans la protection des droits du travailleur ; l'ouvrier (*mechanic*), le manouvrier (*laborer*) et le vendeur de matériaux

(1) Greenwood v. Maddock, 27, Ark., 660.

(*material furnisher*) ont un recours sur le homestead qu'ils ont amélioré et la plupart des États leur reconnaissent même sur ce bien une hypothèque légale.

On le voit, les tribunaux américains se trouvent en présence de deux principes dont la conciliation est parfois singulièrement difficile. Puisque, d'une part, le *homestead right* est opposable aux créanciers antérieurs et que, d'autre part, le débiteur ne peut jamais se prévaloir de ce bénéfice à l'encontre de ceux de qui il tient son homestead, que convient-il de décider dans les cas où le débiteur, sans avoir pour créancier la personne même de qui il tient son homestead, a employé l'argent qu'il a emprunté à acquérir ou à améliorer son homestead ?

Nous retrouvons ici, une fois de plus, la manifestation de cet esprit de bienveillance pour les débiteurs, dont il a été plus d'une fois parlé et qui, joint au principe d'interprétation large, a abouti aux décisions les plus étranges. Si on laisse de côté le cas spécial où le créancier prêteur de deniers a été expressément subrogé aux droits du vendeur, hypothèse dans laquelle le prêteur jouit évidemment du même privilège que le vendeur lui-même (1), on peut dire, d'une manière générale, que tout créancier, dont l'argent a été employé par le propriétaire du homestead à l'acquisition ou à l'amélioration de sa maison d'habitation, est sujet à se voir opposer, en cas de poursuites, l'insaisissabilité de l'immeuble même que ses deniers ont, à son insu ou à sa connaissance, contribué à améliorer ou à acquérir ; tout au plus, cette formule cesse-t-elle d'être exacte dans le cas où la fraude du débiteur serait *particulièrement grossière*.

Partant de ce principe, juste en soi, que l'emploi fait des deniers d'un prêteur, pour payer le prix d'achat d'un ho-

(1) Cf. art. 1250, 1° Code civil français.

mestead, alors même que cet emploi aurait été indiqué dans l'acte de prêt, ne modifie en rien la situation de ce prêteur et n'empêche pas qu'il doive être considéré comme un créancier chirographaire ordinaire, la jurisprudence américaine a, dans mainte hypothèse, reconnu à un débiteur « tête de famille » le droit de se prévaloir de l'insaisissabilité de son homestead contre le prêteur avec les deniers duquel il se l'était procuré (1). Je ne rapporterai que deux exemples des excès auxquels les tribunaux américains ont été entraînés, à propos de la distinction infiniment délicate entre le prix d'achat (*purchase money*) et l'argent emprunté pour payer le prix d'achat (*borrowed money to pay purchase money*).

Des marchandises achetées à crédit avaient été plus tard échangées contre quarante acres de terre ; le débiteur invoqua, contre les vendeurs des marchandises, l'insaisissabilité de son homestead et triompha. Bien qu'il ait été prouvé qu'au moment où il faisait cet échange, le débiteur connaissait son état d'insolvabilité et avait, par suite, une intention frauduleuse, la Cour décida qu'il suffisait qu'il n'y eût point eu fraude au moment de l'achat, le débiteur n'ayant pas acheté les marchandises pour les échanger contre un homestead ; en effet, ajoutait-elle, le fait de modifier la composition de son patrimoine, en substituant des biens insaisissables à des biens saisissables, ne saurait constituer une fraude (2).

De même un mari avait acheté une maison et souscrit un billet en payement du prix : *sur la demande* du mari lui-même, un tiers devient cessionnaire du billet. Le tribu-

(1) Gray v. Baird, 4 Lea 212 ; Durand v. Davis, 10, Heisk, 522 ; White's administrator v. Curd, 86 Ky, 191.

(2) Meigs v. Dibble, 73. Mich. 101. La Cour invoque d'ailleurs l'autorité d'une autre décision dans le même sens : O'Donnell v. Segar 25, Mich. 367.

nal déclare que l'exemption du homestead prévaudra contre ce créancier (1). On a peine à comprendre comment pareille décision a pu être rendue. N'est-ce pas, suivant l'expression pittoresque du chief justice Jackson, « plonger la loi et l'équité dans un marais d'iniquité et de pourriture dont l'odeur nauséabonde répugne à tout sentiment de propreté morale » (*to sink law and equity into a slough of iniquity and putridity, nauseating to every sense of moral purity* ? (2) Une telle jurisprudence aboutit en réalité à favoriser toutes les escroqueries. Il y a dans chaque législation un principe salutaire qui punit toutes les fraudes, en dépit des subtilités du droit, et que nos anciens auteurs exprimaient ainsi : *fraus omnia corrumpit*, la fraude vicie tout. A cela les cours américaines répondent qu'il convient d'interpréter dans un esprit large les lois de homestead et que ces lois ayant voulu soustraire le foyer de la famille à la libre disposition du mari seul, ce serait aller contre leur pensée la plus certaine que de consacrer une aliénation faite par le mari seul, sous prétexte qu'elle a été accompagnée d'une fraude dirigée contre un tiers. Mais, ce raisonnement semble confondre deux idées bien différentes, l'*acquisition* et la *conservation* du homestead. Avant de soumettre un immeuble à la législation du homestead, il faut s'assurer que ce bien constitue effectivement un homestead ; or nous avons vu que, sur ce point, les lois ne se proposent pas de fortifier le droit vicié et imparfait,

---

(1) Gruhn v. Richardson, 128. Ill. 178. Ces décisions sont plus étranges encore et touchent, qu'on me passe le mot, au scandale, quand on connaît le texte de la loi sur ce point. Voici, en effet, la formule *large et générale* employée par plusieurs statuts : The homestead will be liable to all debts, *incurred in its purchase or acquisition ;* whether they are due to the vendor on were incurred by borrowing money of others.

(2) Bugg v. Russell, 75. Ga. 887.

mais uniquement de protéger le droit que l'on a et tel qu'on l'a. C'est ce que mettent en lumière plusieurs décisions judiciaires, et notamment un jugement rendu par *Justice* Miller qui, dans une affaire de tous points semblable au premier exemple ci-dessus rapporté, affirme que le simple énoncé des faits « dicte la solution dans la conscience de tout honnête homme et que le défendeur ne saurait compter sur la complicité de la cour pour consommer la fraude projetée » ; si une autre décision pouvait prévaloir « autant vaudrait, ajoutait-il, intituler la loi un « *Act* » pour empêcher le payement des dettes honnêtes et pour encourager la fraude des débiteurs contre leurs créanciers (1) ». Il convient d'autre part de ne pas oublier que le créancier est peut-être dans une situation pécuniaire aussi intéressante que celle du débiteur, et ainsi que le remarque avec finesse un jugement du Texas « de même qu'autrefois *l'Act* pour réprimer la fraude et les faux serments était interprété de manière à encourager la fraude et à la rendre plus facile, de même les dispositions des lois de homestead sont susceptibles d'être interprétées de manière à arriver à détruire le homestead des créanciers honnêtes (2) ».

J'ai ainsi, terminé aussi brièvement que possible, l'étude des deux effets juridiques des lois de homestead. Il est inutile d'ajouter que ces effets ne se produisent qu'aussi

---

(1) Pratt v. Burr, 5 Biss 36 : « *An act for preventing the payment of honest debts and for the promotion of frauds upon creditors.* Dans le même sens Hewes v. Parkmann, 20 Pick (Mass.) 90 ; Mc Kinney v. Reader, 6, Watts (Pa.) 34 ; Hutchinson v. Campbell, 1 Casey Pa 273 ; Lauck's Appeal, 12 Harris, (Pa.), 426 ; Hammer v. Freese, 7 Harris (Pa.), 255 ; Bowyer's Appeal. 9 Harris,(Pa.) 93 ; Brackett v. Watkins, 21 Wend. N. Y. 68. On remarquera que toutes ces décisions émanent des tribunaux de l'Est.

(2) Walker v. Darst, 31 Tex. 682. Ce jugement ajoute qu'il faut en évitant le Scylla de l'oppression ne pas tomber dans le Charybde de la malhonnêteté.

longtemps que le bien conserve la qualité d'habitation familiale, en d'autres termes aussi longtemps que les conditions exigées par la loi sont remplies. L'immeuble occupé par la famille perdrait donc son caractère de homestead, dans le cas de changement de résidence, dans le cas de renonciation expresse, émanée du mari *et* de la femme, au droit d'invoquer l'immunité légale (1), dans le cas aussi de la mort de la femme ou de divorce, s'il n'existe pas d'enfants mineurs, et dans toute autre circonstance qui enlèverait à une personne sa qualité de « tête de famille », telle que la majorité des enfants d'un mari veuf.

Le cas d'aliénation mérite de retenir un instant l'attention, car il nous donne le spectacle intéressant d'une lutte engagée entre les principes du droit et les exigences des mœurs économiques américaines, lutte qui d'ailleurs se termine, comme d'usage, par la victoire de l'économie politique.

Puisqu'un immeuble ne constitue un homestead, au point de vue juridique, qu'autant que la « tête de famille » a un droit sur cet immeuble et l'habite, il faut, semble-t-il, en conclure qu'aussitôt que l'immeuble est vendu, les créanciers recouvrent sur la créance du prix de vente leur droit de poursuite et de saisie. La solution paraît d'autant plus logique que le but de la loi ne peut plus être atteint désormais, puisqu'elle se proposait de protéger le foyer, le *home* et non pas de conserver à une famille une valeur plus ou moins importante.

Cependant, cette opinion n'a pas triomphé dans la prati-

---

(1) En pratique cette renonciation se produit toujours sous la forme d'une constitution d'hypothèque ; une renonciation pure et simple au bénéfice de l'insaisissabilité ne donnerait qu'une sûreté insuffisante au créancier, exposé à se voir primé par une hypothèque consentie ultérieurement.

que et une jurisprudence unanime, appuyée sur un grand nombre de décisions, soutient que le prix de vente du homestead reste insaisissable au profit du débiteur. Les tribunaux ont parfaitement vu que les lois de homestead « *n'assureraient qu'une protection dérisoire* », si, aussitôt après la vente de l'habitation de la famille, le prix devenait saisissable pour les créanciers. Ici encore il a fallu plier l'application des lois de homestead aux exigences de la vie américaine ; or, il est certain qu'à ce point de vue la décision de la jurisprudence était seule acceptable. Avec la solution contraire, on eût pratiquement interdit à un débiteur de vendre son homestead, puisqu'au moment même où il eût consommé cette aliénation, ses créanciers auraient pu saisir le prix de vente. Or on sait que la propriété immobilière, tant urbaine que rurale, est, aux Etats-Unis, l'objet de transactions incessantes, qu'un farmer n'hésite pas à vendre sa ferme, lorsqu'il pense qu'il lui est plus avantageux de devenir avocat, commerçant ou Registrar of deeds ; dès lors si les lois du homestead n'avaient élevé une forteresse au profit du débiteur qu'à la condition que celui-ci n'en pourrait sortir, elles auraient été en complète contradiction avec les besoins les plus essentiels de ceux qu'elles prétendent protéger.

Il serait superflu de développer ici les graves objections qui peuvent être élevées par les jurisconsultes contre cette solution *nécessaire* (1) ; qu'il suffise d'ajouter qu'elle n'a

______

(1) Cette solution a été, en effet, vivement attaquée par les créanciers qui affirmaient, non sans raison, que les lois de homestead ne faisaient que suspendre leur droit de poursuite sur le homestead, sans l'anéantir en aucune façon ; ils soutenaient que l'aliénation définitive de l'immeuble leur causait un préjudice illégitime puisque, si elle n'avait pas lieu, ils pourraient, à la mort de la femme et après la majorité des enfants, exercer utilement leur droit de poursuite. Ce raisonnement est irréfutable au point de vue juridique, et s'accorde parfaitement avec

constitué qu'une première étape dans une voie où il n'était plus possible de s'arrêter. L'aliénation à titre gratuit par testament ou par donation entre vifs a été également reconnue valable, à l'égard des créanciers ; cela revient à permettre à une personne de faire des libéralités au moment même où elle refuse de payer ses dettes, résultat bizarre qui semble contredire l'équité la plus évidente. On peut penser que les créanciers ont fait entendre maintes protestations indignées, mais ils n'ont jamais triomphé et je répète que leur défaite était fatale aux yeux de ceux qui connaissent le goût inné de l'Américain pour la mobilité et le changement, toutes les fois qu'il croit par là « pousser plus avant sa trouée » (push his way) dans le monde. Les lois de homestead, loin d'être une faveur, auraient été une dérision et une moquerie si, en les invoquant, l'Américain devait abdiquer toute pensée de disposer de son home, *avec le concours de son conjoint, s'il est marié*, quand il lui plaira et aux conditions qui lui plairont (1).

la pensée des lois de homestead. Au contraire l'opinion de la jurisprudence américaine aboutit à reconnaître à l'acquéreur de l'immeuble plus de droits que n'en avait son vendeur, puisque l'immeuble, s'il fût resté entre les mains de celui-ci, eût été certainement soumis dans l'avenir aux poursuites des créanciers, tandis que l'acheteur va acquérir un droit définitif et à jamais insaisissable par les créanciers de son vendeur ; ceux-ci pourtant sont des créanciers *actuels* puisque la mort de la femme et la majorité des enfants ne sont que des termes d'exigibilité d'une dette qui existe *hic et nunc*. Le droit romain aurait qualifié d'*inelegantia juris* un tel résultat, qui viole cette règle essentielle de raison et de droit : *nemo dat quod non habet*. Un jugement de la cour d'Alabama atteste que la valeur de ce raisonnement juridique n'a pas été ignorée ; mais une fois de plus, le droit a dû céder devant les exigences de la pratique.

(1) Les tribunaux ont multiplié sur ce point les formules les plus nettes et les plus précises ; « un débiteur peut », aux termes d'un jugement d'une cour du Michigan, « en aliénant son homestead même à titre gratuit en *disposer de telle sorte qu'il ne servira jamais à payer ses créanciers* » (*so that it can never go to pay his debts*) ; en effet, ajoute un tribunal de l'Arkansas, en ce qui concerne le homestead, *il n'y a pas*

Les tribunaux américains ont donc eu raison de proclamer, comme ils l'ont fait, que l'aliénation du homestead devient une question de for intérieur qui ne relève plus que de la conscience du débiteur.

Le droit de homestead, après la mort de la « tête de famille ».

Lorsqu'un débiteur cesse d'être la tête d'une famille, quelle que soit la cause de cet événement (mort de la femme et divorce, s'il n'existe pas d'enfants, majorité des enfants ou des pupilles pour le veuf ou le célibataire, etc.), nous savons qu'il perd le droit d'invoquer le bénéfice de la législation du homestead, qui n'a été organisée *que dans l'intérêt de la famille du débiteur* (1). Mais ce serait évidemment interpréter à contre-sens les lois de homestead que de penser que la réciproque doive être également vraie.

---

de créanciers, *as to exempt property there are within the meaning of the statute no creditors* ; et la cour du Colorado répète la même pensée sous une forme différente lorsqu'elle dit qu'il faut considérer « le créancier comme n'ayant aucun droit de se mêler du homestead » (*the creditors is held to have no business to meddle*). Stanley v. Snyder 43, Ark. 429; Barnett v. Knight, 7, Colo. 365 ; Smith v. Rumsey, 33, Mich. 151 ; Martel v. Somers, 26, Tex. 551 ; Smith v. Allen 39, Miss. 469 ; Shawana Bank v. Koeppen, 78, Wis. 533 ; Baldwin v. Rogers 28, Minn. 544 et bien d'autres décisions. On remarquera que toutes ces formules de la jurisprudence sont en harmonie parfaite avec la fiction légale qui a été précédemment exposée. S'il est vrai que le homestead appartient à une troisième personne fictive qui synthétise la famille, il est clair que les dettes du mari sont sans effet à l'égard de cette personne et il est exact de dire, avec le tribunal de l'Alabama, qu'elle n'a pas de créanciers : *there are no creditors*. — Si maintenant des considérations juridiques, nous passons aux considérations sociales toujours plus intéressantes, il nous est impossible de ne pas être frappé de la vigueur avec laquelle les magistrats américains affirment ici l'indépendance du *home*. Leurs formules sont l'expression parfaite de l'idée anglo-saxonne : « Personne n'a aucun droit de se mêler du *home* » : pas même l'Etat que les deux époux peuvent renvoyer avec sa protection. Eux seuls sont omnipotents en cette matière.

(1) Vide *Suprà*, p. 91.

Au contraire, la protection légale demeure, tant que la famille subsiste, vînt-elle à perdre celui qui était à sa tête ; on peut même soutenir que la faveur du législateur ne lui a jamais été aussi nécessaire qu'à ce moment, puisque la mort du père se traduira, le plus souvent, en une diminution notable, parfois en une disparition complète des ressources pécuniaires de ceux qui vivaient avec lui. Bien plus, si l'on pénètre dans la pensée intime du législateur il faut ajouter que ce n'est qu'à la mort du mari que l'institution du homestead *atteint pleinement son but et n'en atteint pas d'autre*. Nous avons vu en effet que le débiteur, fût-il la tête d'une famille, n'avait en lui-même et par lui-même aucun titre à la protection légale. L'association nécessaire d'intérêts, qui pendant sa vie l'unit à sa famille, ne permettait pas de protéger celle-ci sans qu'il en retirât du même coup un bénéfice ; mais cette conséquence, pour fatale qu'elle soit, n'est pas dans la pensée du législateur, elle est même contraire à son intention, et par suite il est vrai de dire que la mort du mari va, pour la première fois, permettre à la législation du homestead de n'avoir que l'effet qui correspond à l'idée qui l'inspire, la protection *de la famille* d'un débiteur.

Raisonnant sur l'hypothèse la plus fréquente et la plus normale, nous devons envisager brièvement la situation de la veuve et des enfants mineurs (1).

---

(1) Je rappelle au lecteur le pacte tacite que j'ai fait avec lui à la page 113. La clarté de l'exposition exige que nous supposions toujours le mari propriétaire du homestead, hypothèse qui est d'ailleurs seule conforme à la pratique ; mais ce n'est toujours là *qu'une supposition* et les mêmes principes s'appliqueraient au cas où le mari survivrait à sa femme *et* aurait des enfants mineurs, si c'était la femme qui était propriétaire du homestead. Les textes s'expriment clairement sur ce point, soit qu'ils emploient l'expression générale de *survivors*, soit qu'ils visent à la fois la veuve et le veuf : *« the survivor shall be entitled to the homestead »* ; *« The exemption shall continue to the survivor »*, *« the home shall be for the use of the widow and in the like*

Pour la veuve, il suffit de dire qu'elle conserve après la mort de son mari les avantages dont elle jouissait pendant le mariage. Les créanciers du mari ne pourront donc pas saisir le homestead qu'elle habite, après la mort de leur débiteur, plus qu'ils ne le pouvaient auparavant. Le pourront-ils, du moins, après la mort de la femme ? Il est impossible de donner à cette question une réponse unique. Tantôt, en effet, les statuts décident que la femme hérite de la propriété même du homestead, lorsqu'il n'y a pas d'enfants issus du mariage ; dans ce cas, le bien échappe définitivement, à la mort du mari, aux créanciers de ce dernier, et, à la mort de la femme, le homestead ne retournera pas aux héritiers du mari, mais sera transmis, avec l'ensemble du patrimoine de la défunte, aux héritiers de celle-ci. Tantôt, au contraire, les statuts n'accordent à la veuve qu'un droit d'usufruit sur le homestead et, par suite, l'immeuble retournera à sa mort aux héritiers du mari, entre les mains desquels il pourra être saisi par les créanciers du défunt, car « il n'y a pas de doute que la législation du homestead n'apporte aucun obstacle à la saisie de *tous* les biens d'un débiteur, lorsque les droits de ceux en faveur de qui cette législation a été établie ont été respectés ; *les lois de homestead ne modifient en aucune façon l'obligation qui impose aux héritiers (qui n'ont que cette qualité) d'employer l'intégrité de l'actif d'une succession au payement des créanciers héréditaires* ».

Il serait inutile d'attirer sur cette formule l'attention du lecteur, si on n'avait pas répété à satiété que les lois américaines de homestead assuraient la fixité de la petite pro-

<hr>

manner for the use of the surviving husband », Colorado, *Stat,* § 1634 ; Wyoming. § 2783 ; Kentucky, § 577 ; Oklahoma, § 1575 ; Arizona, § 2077, etc. etc.

priété. Nous allons voir dans un instant ce qu'il faut penser de cette affirmation.

Quel que soit le droit de la veuve sur le homestead du mari, que ce soit un droit d'usufruit (*life estate*) ou un droit de propriété absolue (*fee simple title*), dans le premier cas comme dans le second, il lui est loisible de conserver sa demeure dans l'immeuble de la famille. Ajoutons qu'elle peut renoncer à ce droit, qu'elle peut le céder à titre gratuit ou onéreux et qu'à cet effet elle n'a besoin du consentement de personne, même s'il existe des enfants mineurs ; en effet, cet acte n'affecte que son droit propre et ne modifie d'aucune manière le droit *distinct* et *séparé* des enfants.

Si la veuve a toujours droit, au moins à la jouissance du homestead de son mari, les enfants sont très loin d'avoir toujours le droit d'invoquer le bénéfice de la loi, à l'égard de l'immeuble habité par leur père défunt. Le législateur américain n'a en effet d'autre intention que celle-ci : *conserver un foyer à des enfants mineurs*. Ces mots expriment deux idées importantes. D'une part, les enfants mineurs seuls auront le droit de continuer à habiter le homestead de leur père ; leur âge est, en effet, leur seul titre à la bienveillance du législateur qui estime qu'il y a lieu de conserver temporairement un « abri » à ceux qui ne peuvent encore ou qui ne peuvent que partiellement subvenir à leur entretien et à leurs besoins. D'autre part le législateur ne se propose pas de conserver à ces mineurs une propriété immobilière, d'une valeur plus ou moins importante, mais un foyer : si donc en fait ces mineurs n'ont pas attendu l'époque de leur majorité pour se créer, *au dehors*, une situation indépendante, s'ils ont abrégé cette période d'inaptitude « à se procurer un abri », que la loi, par bienveillance pour les retardataires, a volontairement allongée au delà des limites ordinaires, l'enfant, même mineur, ne pourra prétendre au bénéfice du homestead. Dans ce cas, qu'on aurait tort de regarder comme exceptionnel, les créanciers recouvrent le plein exercice de leur droit de poursuite. Il est inutile, en effet, de conserver l'habitation de leur père à des enfants qui ont montré qu'ils pouvaient, qu'ils savaient s'en passer et la loi ne se propose pas d'offrir à une personne le luxe de deux résidences.

Les enfants doivent donc être mineurs et ne pas démentir, par leurs actes, la présomption que la loi pose en leur faveur. Si ces deux conditions ne sont pas réunies, ils ne pourront pas invoquer le *homestead right*. Tel est le cas des enfants majeurs qu'une infirmité physique ou mentale priverait des moyens de pourvoir à leur subsistance. Leur situation est sans doute digne d'intérêt, cependant on ne doit pas hésiter à dire qu'il y aurait à les admettre à participer à la protection légale une des fautes les plus grossières d'interprétation (1). L'institution du homestead n'a pas pour but, ainsi que nous l'avons vu, de donner un secours charitable à ceux qui sont dans le besoin (2), mais de conserver un home à la femme mariée ou veuve et aux enfants mineurs. Aussi tandis qu'un enfant majeur infirme n'a pas droit à la protection de la loi, un enfant mineur, tant qu'il habite le homestead de son père, pourra l'invoquer, *quelle que soit sa situation personnelle de fortune*. Cette protection s'étend aussi bien à l'enfant riche qu'à l'enfant pau-

(1) La jurisprudence n'a jamais varié sur ce point et a toujours décidé que les lois de homestead ne peuvent s'appliquer aux enfants majeurs fous, infirmes ou atteints d'une maladie contractée pendant leur minorité : Cf. Neal v. Brockan, 87 Ga. 130 ; Vanberg v. Owens. Ga. 14, S. E. 562.

(2) En quoi d'ailleurs la situation de ces enfants infirmes est-elle plus triste que celle des vieillards indigents ou des familles des débiteurs dont tout le patrimoine est composé de biens mobiliers, ou qui n'habitent aucun des immeubles qui leur appartiennent ?

vre ; *la minorité, non le besoin, est la condition du bénéfice légal* (1).

Il y a lieu de remarquer qu'en ce qui concerne l'habitation de la famille, la mort du père apporte à la situation juridique des enfants une modification importante. Tant que le père et la mère étaient vivants, le droit des enfants sur le homestead s'absorbait en quelque sorte dans celui de leurs parents ; il n'en était pas distinct, et la loi estimait avec raison que l'affection des deux seuls ayants droit constituait pour les enfants une garantie suffisante ; cette solution si sage était la seule conciliable avec le but du législateur ; car, ainsi que le font observer plusieurs décisions judiciaires, si on reconnaissait aux enfants un droit opposé qui puisse s'affirmer (*adverse interest to be asserted*) contre leurs parents, la loi tendrait plutôt à la division des familles (*disruption*) qu'à leur conservation.

Mais, à la mort du père, les enfants acquièrent un droit distinct et séparé de celui de leur mère ; et, par suite, tout acte d'aliénation, d'hypothèque ou de renonciation consenti par la veuve n'aura aucun effet à l'égard des enfants.

Les créanciers du père recouvreront-ils leur droit de poursuite et de saisie à la majorité des enfants ? sur ce point, nous retrouvons la même divergence que celle relevée plus haut dans le règlement des rapports de la veuve et des créanciers. Certains statuts décident que le bien passe aux enfants, affranchi de toutes dettes et par suite soustrait à tout recours ultérieur de la part des créanciers. Cette solution n'est pas sans causer quelque surprise et on n'aperçoit guère la raison qui interdit aux créanciers de saisir

____

(1) En Louisiane, cependant, les enfants doivent ne pas avoir de ressources personnelles pour bénéficier de l'exemption du homestead. *Constitution de la Louisiane*, art. 219, Woods v. Perkins 43, La Ann, 447.

le homestead de leur débiteur défunt, lorsque tous ses enfants sont parvenus à l'âge de la majorité. J'ai souvent demandé des éclaircissements sur ce point ; on s'est toujours borné à me répondre que le créancier n'ignorait pas autrefois l'existence du droit de homestead, qu'il savait, au moment où il avait accordé confiance à son débiteur, que l'habitation de celui-ci était à considérer comme n'existant pas vis-à-vis de lui : dès qu'il était averti, il ne pouvait se plaindre et il lui eût été loisible de mieux veiller à ses intérêts (*to look after himself*).

Lorsque les statuts sont muets, et tel est le cas dans la *grande majorité* des Etats, la solution inverse prévaut, et après que les enfants ont tous atteint leur majorité et que la veuve est morte ou a renoncé à son droit, l'ancien homestead peut être saisi et vendu pour payer les dettes du père (*the late homestead may be sold to pay their father's debts*).

Il ne servirait de rien de protéger les enfants mineurs contre l'éviction qui résulterait d'une saisie pratiquée par les créanciers, si on les laissait exposés à l'éviction qu'amènerait le plus souvent l'exercice de l'action en partage. Dans l'hypothèse assez fréquente où les enfants mineurs ont des frères et sœurs majeurs, les lois américaines ont, ici encore, adopté deux procédés différents : les unes ont résolu la difficulté en reculant, *quant au homestead*, l'exercice de l'action en partage jusqu'à la majorité du dernier enfant ; d'autres, au contraire, ont laissé la faculté d'exercer cette action, comme de droit commun, sauf à attribuer aux mineurs un droit d'usufruit à terme extinctif (*estate for years*) dont la durée se prolonge jusqu'à l'époque de leur majorité. Il serait sans intérêt d'insister sur les différences plus apparentes que réelles de ces deux solutions. Ce qu'il importe de remarquer (et je ne saurais trop insister sur ce point), c'est que le partage du homestead, à quelque époque qu'il y soit procédé, se fait, sauf ce droit d'usufruit temporaire, d'après les règles du droit commun, c'est-à-dire *d'après les principes du partage égal entre tous les enfants*, sans aucun égard à leur sexe ou à leur âge.

De ce côté de l'Atlantique les publicistes, qui se sont faits les apôtres de la réforme du homestead, en ont volontiers associé le principe à celui de la réforme des lois successorales, et l'Ecole qui, depuis plusieurs années, multiplie ses efforts pour convaincre le Parlement de l'utilité et même de la nécessité de la transmission intégrale a été aussi la première à attirer l'attention des économistes et du public sur l'institution du homestead ; elle a montré, en plusieurs occasions, le lien soi-disant intime qui unit l'une à l'autre ces deux idées et indiqué que les deux réformes se complétaient réciproquement.

Nous venons de voir que les lois de homestead ne s'occupent en aucune façon du partage de l'immeuble habité par la famille ; cet immeuble reste de tous points soumis au droit commun.

Les enfants procéderont suivant leur convenance, soit à une licitation, soit à un partage, mais, dans tous les cas. « le droit de propriété sur l'habitation familiale échoit à la veuve et aux enfants précisément de la même manière que les droits de propriété sur les autres immeubles, si ce n'est qu'il leur échoit grevé du droit de homestead (usufruit pendant la vie pour la femme, à temps pour les enfants mineurs) dont sont investis la veuve et ceux des enfants (mineurs) qui occupent « ce home », à la mort du père » (1). Il n'y a donc, dans

(1) When a man dies intestate, leaving a widow and children, the ultimate title to his homestead descends to his widow and children, *just the same* as the title to his other real estate does, except that it descends to them subject to a homestead interest vested in the widow

l'institution du homestead américain, *rien qui rappelle le hof allemand et qui puisse être comparé à l'introduction du « hofrolle » et à la réforme des lois successorales* inaugurée dans la Westphalie en 1873 et, depuis lors, adoptée par plusieurs Etats de l'Empire d'Allemagne (1). Il est important de le constater et de ne laisser sur ce point aucune équivoque (2).

Je suis arrivé au terme du commentaire des dispositions des lois américaines de homestead. Je l'ai, à dessein, limité aux questions principales et à celles dont l'étude pouvait aider à connaître, d'une manière plus précise, le but et la pensée du législateur. Mais on se gardera de croire qu'en

and such of the minor children, as occupy the homestead at the time of the intestate's death. Dayton v. Donart 22. Kas. 256.

(1) Le principe du *Hofrecht* a été adopté par la majorité des provinces prussiennes. Il consiste, moyennant l'inscription sur un livre foncier, *Hofrolle*, à permettre au père de famille de transmettre son domaine rural à l'un de ses enfants, désigné soit par son testament, soit par la coutume locale ; les soultes dues aux frères et sœurs sont calculées et atermoyées de manière à ne pas écraser l'héritier. Le *Hofrecht* a été introduit en Autriche par une loi du 1er juillet 1889.

(2) Je dois signaler dans la loi fédérale de 1862, sur les terres publiques, une disposition qui rappelle *de loin* les principes de la législation du homestead. Cette loi qui, dans l'esprit de ses auteurs, devait mettre fin à la spéculation sur les terres publiques décide, dans son article 7, que l'étendue de terre occupée par le colon ne peut être saisie pour une dette contractée à une date antérieure à celle de la remise des titres de propriété (*patent*). Comme le gouvernement fédéral reste juridiquement propriétaire de la terre concédée gratuitement au colon, pendant les cinq premières années qui suivent son établissement, l'insaisissabilité *pendant* ce délai n'est qu'une application du droit commun qui défend à un créancier de saisir d'autres biens que ceux du débiteur. Mais, lorsque les titres de propriété ont été remis au colon, à l'expiration de la cinquième année, le créancier devrait pouvoir exercer ses poursuites sur ce nouveau bien de son débiteur. L'article 7 lui enlève ce droit et ne permet la saisie que pour les dettes nées *postérieurement* à la délivrance du *patent*. Cette exemption partielle n'a qu'un rapport lointain avec celle que prononcent les lois de homestead, car elle n'est soumise à *aucune* condition spéciale (tête d'une famille, habitation).

dehors des difficultés qui ont été examinées, l'accord existe entre toutes les décisions judiciaires, et que surtout le débiteur et le créancier admettent toujours la même interprétation des textes. Sans parler des complications de la procédure, des conflits nombreux se sont élevés, à propos de la continuité de la résidence, du choix à faire par un débiteur qui habite en même temps plusieurs immeubles, du retranchement à opérer dans le cas où l'immeuble excède en valeur et en étendue les limites légales, etc. etc. La législation du homestead se distingue par le grand nombre de procès auxquels elle a donné naissance, et elle occupe une place des plus honorables dans les recueils de la jurisprudence de certains Etats de l'Ouest et tout spécialement du Texas ; c'est là une constatation qui, rapprochée de la facilité étrange que les lois de homestead donnent à un débiteur déshonnête de frustrer ses créanciers, fait apparaître cette institution sous un jour quelque peu différent de celui sous lequel on aime souvent à la contempler.

Quoi qu'il en soit, il nous faut maintenant franchir une étape nouvelle : puisque nous connaissons l'idée fondamentale qui a inspiré les lois de homestead, le moment est venu de rechercher pourquoi cette idée a spécialement préoccupé le législateur américain, quelles raisons ont amené la promulgation des lois de homestead en Amérique, et surtout quelles raisons n'ont amené cette promulgation *qu*'en Amérique. J'ai déjà tenté de retrouver, dans l'histoire des origines de la première loi de homestead, quelques-unes des causes qui ont favorisé son apparition ; le moment est venu de pousser plus avant cette analyse et de déterminer d'une manière précise les raisons économiques ou autres qui ont fait de la législation du homestead une institution restée jusqu'ici spéciale à la grande fédération de l'Amérique du Nord.

CHAPITRE SEPTIÈME

BUT POLITIQUE, ÉCONOMIQUE ET SOCIAL DES LOIS DE HOMESTEAD. — COMMENT ELLES S'HARMONISENT DANS L'ENSEMBLE DES LOIS AMÉRICAINES.

L'étude des conditions auxquelles est soumis le bénéfice des lois de homestead et de leurs effets juridiques nous a permis de faire plusieurs constatations dont il n'est peut-être pas inutile de résumer ici le résultat. En premier lieu les lois de homestead ne se proposent pas de favoriser les débiteurs, mais leur famille. Nous savons en effet qu'elles ne s'appliquent pas aux débiteurs qui ne sont pas « head of a family » et que ceux-là mêmes qui se trouvent dans cette situation n'ont droit, personnellement et abstraction faite de ceux qui les entourent, à aucune bienveillance spéciale. En second lieu, nous savons que les lois de homestead n'ont pas pour but de conserver aux familles un patrimoine quelconque composé de biens quelconques, mais un foyer, et par suite toutes les familles à l'égard desquelles un tel résultat ne peut être atteint, soit qu'elles ne possèdent aucun immeuble, soit qu'elles n'habitent pas celui ou ceux qu'elles possèdent, n'ont aucun titre à la bienveillance de la loi. Nous avons constaté en troisième lieu que les lois de homestead, en protégeant les foyers, ne s'inspirent pas d'une pensée de charité et ne tendent pas à faire œuvre d'assistance. Ainsi que me le disait un avocat de St-Paul (Minnesota), ce ne sont pas les pauvres gens que la loi a voulu protéger, car elle laisse en dehors de son action la très grande majorité des pauvres, qui, à raison même de leur condition, n'auront jamais été propriétaires d'un homestead et d'autre part il arrive chaque jour qu'un débiteur voie tous ses biens immobiliers saisis et vendus et soit laissé sans un seul *cent* (*penniless*). « En vérité, s'écrie un magistrat américain, si la loi de homestead était une loi des pauvres, il faudrait avouer qu'elle serait exposée aux reproches les plus fondés, puisqu'elle étend sa protection au riche et la refuse à ceux qui n'ont pas de maison. S'inquiéter des propriétaires d'immeubles et ne point s'inquiéter de celui qui n'a ni sou, ni foyer, ni terre, ce serait vraiment une singulière charité (1) ». Mais s'il est certain qu'on ne saurait expliquer par un but charitable les lois de homestead, quel est donc le but de ces lois?

Lorsqu'on lit les décisions judiciaires ou les comptes rendus des débats qui ont précédé le vote des différentes lois de homestead, on voit qu'une ou deux formules reviennent sans cesse dans la bouche du magistrat ou du député, aussitôt qu'ils commencent à parler du but de la législation du homestead. *La loi*, nous disent-ils, *se propose de conserver les foyers des familles dans l'intérêt de l'Etat : The conservation of family homes for the good of the State, such is the purpose of the law : to conserve the homes of families and thus promote the welfare of the State.*

Ces formules nous fournissent un renseignement précieux, elles nous apprennent, ainsi que nous le répètent les voix

___

(1) *To favor the freeholder and withhold from the landless, the homeless and the penniless, would be queer charity.* D'autres juges nous disent que l'effet charitable des lois de homestead est purement accidentel, *the charitable effect of homestead laws is merely incidental.* Tant mieux pour la tête de famille qui, poursuivie par ses créanciers, se trouve avoir un homestead dont la valeur légale atteint les limites légales, tant pis pour celui qui n'en a pas ou n'en a qu'un de peu de valeur ; tout cela n'est qu'un accident sans importance aux yeux de la loi.

les plus diverses, que, si l'on protège les familles, ce n'est pas seulement dans leur propre intérêt mais aussi dans l'intérêt de l'Etat, *and thus promote the welfare of the State.* Malheureusement, ces phrases laconiques ne vont pas plus loin et elles ne nous disent pas quel est cet intérêt spécial de l'Etat et de la famille qu'on veut protéger et en quoi l'un et l'autre sont intéressés à la conservation du foyer.

Peut-être le lecteur pense-t-il que si ce point n'est pas expressément indiqué, c'est à raison même de l'évidence de l'intérêt que les familles et l'État ont à la conservation des foyers. Qui ne voit en quoi les familles sont intéressées à la conservation de la maison qui les loge ? Quant à l'Etat, puisqu' il n'est que la réunion des familles, il est manifeste qu'il est intéressé à la prospérité de celles-ci comme toute collectivité a intérêt à la prospérité des membres qui la composent et qui la constituent.

Toutes ces réponses, pour naturellement qu'elles viennent à l'esprit, ne peuvent être considérées comme pleinement satisfaisantes, car elles se heurtent à une objection très grave : s'il est vrai que ces truïsmes suffisent à expliquer les lois de homestead, comment tous les peuples de la terre ne se sont-ils pas empressés d'imiter l'innovation du Texas, aussitôt qu'elle leur a été connue ou plutôt comment a-t-on attendu pour promulguer la première loi de ce genre que des débiteurs insolvables, associés à quelques voleurs, en aient eu l'idée ? La grande République de l'Amérique du Nord est-elle donc le seul pays où l'on se préoccupe de l'intérêt des familles et de l'Etat. Je ne pense pas que personne soutienne cette dernière opinion, et il paraît, au contraire, certain que les Américains se préoccupent moins que les Français, les Allemands ou les Anglais de sauvegarder ces deux grandes institutions de toute société civilisée.

Quelle est donc la raison spéciale qui a déterminé le législateur à prendre, aux Etats-Unis, des mesures légales pour assurer, par la conservation des foyers, d'abord la prospérité des familles et ensuite la prospérité de l'Etat ? Telle est la double question à laquelle il nous faut maintenant chercher une réponse (1).

§ 1. — En quoi la législation du homestead intéresse la famille.

Ici encore l'étude qui a été précédemment faite des dispositions des lois de homestead nous a démontré qu'il faut écarter immédiatement quelques explications que l'on pourrait être tenté de reproduire. Nous avons vu que la loi ne se propose pas d'encourager au mariage puisqu'elle ne tend à protéger que la famille du débiteur et non pas le débiteur lui-même qui, séparé de sa famille, n'a pas plus de titre à la bienveillance du législateur que l'individu qui vit seul. Nous avons constaté également que la loi, en conservant les foyers, ne cherche pas à en assurer la fixité pour l'avenir : elle protège le foyer actuel et n'a pas d'autre visée.

(1) Il est à peine besoin de faire remarquer l'importance de l'étude que nous allons aborder. Nous sommes arrivés au point culminant de ce travail. Il est manifeste, en effet, que des réponses que nous donnerons à ces deux questions dépend le parti que nous aurons à prendre sur l'opportunité ou l'inopportunité de l'admission du homestead dans nos lois. Si en effet il est démontré que les lois de homestead ont eu, aux Etats-Unis, les effets les plus satisfaisants et ont remédié à un danger et à un mal qui existent également dans l'Europe occidentale, il faudra, sans hésiter, conclure à leur adoption dans notre pays; si, au contraire, l'une ou l'autre de ces conditions fait défaut, il n'y aura pas lieu d'implanter, en France, l'institution américaine ou tout au moins l'exemple des Etats-Unis ne pourra être invoqué; peut-être même prouvera-t-il que cette institution serait, dans notre société, inefficace ou dangereuse.

Personne en effet n'a moins que l'Américain le goût de continuer la profession de son père et de s'attacher à l'endroit où il est né. Voici à ce sujet ce qu'écrivait, il y a bientôt soixante ans, Michel Chevalier. « L'Yankee n'est pas seulement travailleur, c'est un travailleur ambulant. Il n'a point de racine dans le sol, il est étranger au culte de la terre natale et de la maison paternelle ; il est toujours en humeur d'émigrer, toujours prêt à partir avec le premier bateau à vapeur qui passera, des lieux mêmes où il est installé à peine » (1) et l'éminent économiste ajoutait dans une autre lettre : « Le clocher de son village ne lui est rien de plus qu'un autre clocher, et en fait de clocher, le plus beau, c'est le plus fraîchement peint en blanc ou en vert. L'Yankee vendra la maison de son père comme de vieux habits, de vieux galons. Il est dans sa destinée de pionnier de ne s'attacher à aucun lieu, à aucun édifice, à aucun objet (2). « Parler de fixité dans un pays où tout le monde ne rêve que mouvement, c'est exprimer des idées que personne ne comprend », m'écrivait récemment un autre observateur pénétrant de la vie américaine. Il faut donc chercher ailleurs le but des dispositions des lois de homestead.

Ce n'est pas un des moindres sujets d'étonnement pour

---

(1) Michel Chevalier, *op. cit.*, lettre XXIII, t. 2, p. 121.

(2) Michel Chevalier, lettre du 31 juillet 1835. Sunbury Pensylvanie. On lit encore dans cette lettre : « L'Américain est toujours en marché, il en a toujours un qu'il vient d'entamer, un autre qu'il vient de conclure et deux ou trois qu'il prépare. Tout ce qu'il voit est, dans son esprit, marchandises........ Dès qu'ils ont achevé leur croissance, les Yankees quittent tout naturellement et sans émotion leurs parents, pour ne plus les revoir, comme les petits des oiseaux qui prennent leur volée pour ne plus rentrer au nid dès qu'ils ont toutes leurs plumes ». Je cite de préférence Michel Chevalier, dont les écrits, outre qu'ils émanent d'un éminent économiste, se rapportent à l'époque de l'apparition des lois de homestead ; mais on trouverait dans les œuvres de M. Dureau, de Laboulaye, de M. Max Leclerc, et surtout dans le beau livre de M. Paul de Rousiers mille traits semblables.

ceux qui étudient la législation du homestead, *en se plaçant au point de vue américain*, que de voir les jurisconsultes des Etats-Unis traiter de l'assurance sur la vie contractée par le mari au profit de sa femme et de ses enfants *comme de quelque chose d'analogue à la protection du homestead*. A plusieurs reprises, ils comparent l'une à l'autre et montrent leurs rapports multiples. Si cette assimilation est exacte, comme nous devons le croire, la législation américaine du homestead doit être rattachée aux mêmes causes qui ont, aux Etats-Unis, généralisé, d'une manière remarquable, la pratique de l'assurance sur la vie. De même que celle-ci est une institution américaine par excellence, de même il va être possible d'expliquer pourquoi la législation du homestead est essentiellement américaine. Quelle est donc cette cause commune à deux institutions si dissemblables ?

Pour répondre à cette question, il est nécessaire de rappeler quelques traits, d'ailleurs bien connus, du caractère du cousin Jonathan.

Doué d'une puissance de travail singulière, goûtant par dessus toutes choses cette mâle jouissance que trouvent dans la production et dans l'activité les natures entreprenantes, toujours assuré de trouver dans les innombrables « occasions » que la Providence a semées à profusion sur son chemin, un emploi rémunérateur de ses énergies, l'Américain n'a pas, comme le Français, le goût de l'épargne et de l'économie. Ce n'est que lorsque son grand âge lui interdit *absolument* de se mêler à la production économique, qu'il consent à se condamner à une oisiveté qui lui pèse; « se retirer des affaires », loin de représenter pour lui la récompense d'une vie de labeur, n'évoque que l'idée d'une des tristesses les plus amères dans un pays où chacun n'éprouve de bonheur qu'à « produire » et ne se réjouit de ses gains que parce qu'ils lui permettent d'agrandir indéfiniment le champ de son activité. S'il n'a pas, pour lui-même, le souci d'amasser une fortune, il ne l'a pas davantage pour ses enfants , qui auront naturellement les mêmes goûts que lui.

Dans une telle conception de la vie, l'épargne ne peut être qu'un fait accidentel, car elle suppose un effort, une lutte contre les tendances les plus naturelles à l'homme et, en réalité, il n'est personne qui consente à s'imposer régulièrement une privation pour se procurer un bien dont il n'apprécie que fort peu la valeur. Aussi l'Américain se montre-t-il, en général, dépensier et même prodigue et la facilité avec laquelle l'Yankee « fait rouler les dollars » est certainement le trait de son caractère le plus connu du public européen (1).

Si l'on veut comprendre la véritable raison des lois de homestead, il ne suffit pas de se rappeler que l'Américain n'est pas économe, il faut encore savoir que ses habitudes de travail l'exposent à tous les hasards et à toutes les vicissitudes de la fortune. « Ne demandez pas à un jeune homme dans quelle carrière il va entrer, il ne vous répondrait pas ; car il n'y a pas ici de carrière à proprement parler. On ne sait pas, à vingt ans, qu'à trente ans on aura 4,000 fr. d'appointements ; qu'entre quarante et cinquante, on sera décoré ; qu'à soixante on prendra sa retraite (2) ».

(1) « Accoutumé à vivre en travaillant et ayant toujours à sa portée et à la portée des siens un travail rémunérateur, aguerri pour son propre compte aux changements de fortune et *ne songeant guère à en préserver sa famille*, ne se tenant point pour obligé de transmettre à ses fils un patrimoine que, le plus souvent, il n'a pas reçu de ses pères, l'Américain n'a pas comme l'Européen, comme le Français surtout, le besoin, le goût, l'habitude de l'épargne ». *L'Eglise catholique et la liberté aux Etats-Unis* par le Vicomte de Meaux. Paris, Lecoffre, 1893. Je montrerai dans quelques instants que les mots soulignés expriment une idée inexacte.

(2) Paul de Rousiers, *la Vie Américaine*, p. 414.

L'Américain se lance dans les affaires (*starts in busi-ness*) et essaie successivement sa chance (*tries his luck*) dans les professions les plus diverses. J'ai rencontré, aux Etats-Unis, un farmer qui avait été tour à tour, employé de chemin de fer, conservateur des hypothèques (*Registrar of Deeds*) et journaliste ; un autre m'a raconté comment après avoir fait ses débuts comme *clerk* dans un bureau, il avait ensuite « évolué » vers l'épicerie et s'était établi, plus tard, courtier en propriétés foncières (*real estate broker*) ; il est actuellement à la tête du service des annonces dans un journal, mais il a eu soin de ne s'engager que pour trois mois. M. Dureau, qui voyageait aux Etats-Unis en 1850, a relevé les mêmes traits. « Il n'est pas d'Américain », écrit-il, « qui n'ait exercé un certain nombre de professions dans sa vie. Tel d'entre eux commence par abattre des arbres dans la forêt, se fait ensuite journaliste, avocat, épicier, marchand de whisky, aborde avec assurance la médecine pour devenir représentant au Congrès et finir sa carrière accidentée comme planteur de coton ou raffineur de su-cre (1) ».

Désireux avant tout de gagner de l'argent, l'Yankee n'a que peu de goût pour les carrières libérales, et l'instabilité des fonctions publiques ne permet à personne d'entrer dans

---

(1) Dureau, *les Etats-Unis en 1850*, p. 376. L'auteur poursuit ainsi : « Le président actuel des Etats-Unis, Filmore, fils d'un simple fermier, d'abord apprenti tailleur, puis avocat, est un des exemples de cette facilité que possède l'Américain à changer de profession. Nous avons connu un cordonnier qui, trouvant son industrie peu lucrative, se fit médecin. Tel avocat sans clientèle devient marchand de poulets Un charcutier mécontent se fait capitaine de bateau à vapeur. » Cet ou-vrage, publié par son auteur en 1890, à une époque où les événements avaient si merveilleusement démontré la justesse de ses observations, est une des contributions les plus précieuses à l'histoire économique des Etats-Unis en 1850.

l'administration autrement que pour quelques années (1). Il se fait donc farmer, commerçant ou industriel, et comme il est certain qu'une entreprise donne d'autant plus de bénéfices qu'elle est plus importante et qu'elle est conduite sur une plus large échelle, il cherche par tous les moyens à étendre le champ de ses opérations. Non seulement il n'hésite pas à engager dans ses affaires la totalité de son patrimoine, mais encore il recourt largement au crédit. Rien ne serait plus faux que de se représenter l'Américain qui gagne de l'argent, comme mettant chaque année de côté une partie de ses bénéfices, qu'il emploierait à « un placement de père de famille « (2). Il fait, au contraire, servir tous ses gains à étendre ses opérations, à multiplier ses achats et ses ventes. Sauf l'emploi, qui va être signalé dans un instant, jamais il ne songe à soustraire une partie de sa fortune aux hasards inhérents à la profession qu'il a embrassée. *Tout son patrimoine est engagé dans la production, et par suite exposé aux vicissitudes qui en sont l'accompagnement nécessaire.*

Cependant il convient d'apporter une réserve *unique*, mais importante, à la généralité des termes que j'ai em-

(1) « O mon fils, pensai-je, j'avais rêvé pour toi un autre avenir ! Peut-être celui-ci vaut-il mieux pour toi . Peut-être n'as-tu ni le génie politique, ni la souplesse nécessaires pour t'élever au rang d'un chef de bureau. Le sort en est jeté, tu ne seras qu'un millionnaire ». *Paris en Amérique,* par le docteur René Lefebvre (pseudonyme de Laboulaye), Paris, 1863, p. 97.

(2) Il n'existe pas d'ailleurs de placement de père de famille en Amérique, car la dette publique diminue chaque année et quant aux valeurs de chemins de fer elles sont soumises à des fluctuations incessantes d'une amplitude parfois considérable, dont les années 1893 et 1894 viennent de fournir de nouveaux exemples. C'est même, pour le dire en passant, une des difficultés les plus grandes que rencontrent les fondations d'intérêt public pour assurer la stabilité de leur patrimoine. Je pourrais citer telle riche université américaine qui, il y a cinq ans, faillit se trouver complètement ruinée par la baisse soudaine des actions d'une des meilleures compagnies de chemins de fer.

ployés. Je n'ai pas à montrer ici les avantages de cette conception américaine de la vie ; moins que tout autre je serais disposé à les méconnaître. Mais il est certain qu'elle a un inconvénient grave, elle place la femme et les enfants mineurs sous la menace perpétuelle du dénûment.

Il est fort bien de mener une vie large et de se répéter que les gains de chaque jour suffiront sans cesse aux besoins de chaque jour ; mais il est un premier événement sur lequel la volonté de l'homme n'exerce aucune influence et qui risque de démontrer brusquement l'imprévoyance et la fausseté d'un pareil calcul : c'est la mort, qui peut surprendre le chef de la famille en pleine vigueur et dans la période de sa plus grande productivité. Cette calamité n'est pas la seule qui menace de faire passer, en un instant, la femme et les enfants, de l'aisance et de la fortune à la gêne et à la pauvreté ; il en est une autre, bien connue des Américains et plus redoutable pour les petites gens que la première, je veux parler de la crise économique. « Nous autres Américains, me disait un directeur d'une importante compagnie de chemins de fer, nous sommes une race de gens entreprenants et aventureux (*we are a kind of speculative people*). Nous risquons beaucoup et nous tentons la fortune de mille manières à la fois. Chacun en temps de prospérité n'a pas assez de capitaux pour les diverses entreprises qu'il dirige, on fait un large appel au crédit et la production augmente dans des proportions auxquelles ne correspond pas l'accroissement de la consommation. Nous nous dépassons nous-mêmes (*we overreach ourselves*) et c'est alors que survient inévitablement ce que vous appelez la crise et ce que, dans le langage courant, nous appelons simplement « les temps durs » (*hard times*).

J'ai essayé de retracer plus haut le tableau d'une crise américaine ; il eût été possible de le compléter par des traits empruntés à la crise du crédit de 1893 à 1894, qui, pendant plusieurs mois, a amené aux États-Unis une cessation presque complète de la production (1).

Ce serait supposer gratuitement que les Américains sont à la fois de bien mauvais maris et des pères pires encore, que de croire qu'ils ne se préoccupent pas de cette menace perpétuelle, qui expose ceux qui les entourent à la ruine soudaine succédant sans transition à la vie opulente ou aisée. La menace est d'autant plus terrible, qu'il ne dépend pas de la « tête de la famille » de la détourner, nul n'ayant le pouvoir d'empêcher une crise économique, ni de prolonger la durée de sa vie. Pour les enfants, nous savons qu'il n'est besoin de se préoccuper d'eux que pendant la durée de leur enfance et de leur minorité, car chacun a l'ambition de se « faire soi-même » et on ne fait pas de plus bel éloge d'un homme que lorsqu'on dit de lui qu'il s'est fait lui-même, qu'il est un *selfmade man* (2). Mais l'enfance et l'adolescence ont forcément une durée de plusieurs années, et, de si bonne heure que l'on puisse commencer à gagner sa vie, on ne peut abréger cette période au delà de certaines limites (3).

(1) Pour ne citer qu'un exemple, la ville du fer par excellence, Pittsburg n'avait plus en activité, à un moment, que deux fonderies où les ouvriers ne travaillaient que la moitié du nombre d'heures ordinaire (*half-time*).

(2) N'y a-t-il pas toute une philosophie et toute une économie politique dans ce mot *selfmade man*, comparé à l'expression française de « parvenu ». — « L'enfant habitué, dès son plus jeune âge, à compter sur lui-même, habitué à voir autour de lui des gens qui sont arrivés par leur propre énergie aux sommets de la fortune, aspire tout naturellement à faire de même et c'est plaisir de voir comment il cherche à se débrouiller quand vient l'heure de donner sa mesure » (Paul de Rousiers, *op. et loc. cit.*).

(3) Il serait intéressant de montrer les efforts multiples des Américains pour mettre leurs enfants en état de se suffire à eux-mêmes le plus tôt possible. On sait, à ce point de vue, que le nombre des jeunes enfants employés dans les magasins ou les manufactures est, aux

Pour la femme, le danger est plus grand encore. En vertu même des causes qui ont été indiquées, elle s'est mariée sans apporter aucune dot à son mari (1) et ne peut par conséquent compter sur son patrimoine personnel pour subvenir elle-même à son entretien ; quant à chercher dans son travail les ressources qui lui manquent, sans insister sur ce qu'il y aurait d'odieux de la part d'un mari qui gagne de l'argent à admettre une telle éventualité pour le cas où il viendrait à mourir soudainement, celui-ci n'ignore pas que les soins du ménage et des enfants interdisent le plus souvent à sa femme de recourir à ce moyen (2).

Etats-Unis, très considérable. « Nous naissons à la hâte, nous faisons notre éducation à la course, nous nous marions à la fortune, nous gagnons une fortune d'un coup de baguette et nous la perdons de même pour la refaire et la défaire dix fois, toujours en un clin d'œil. Notre vie ressemble à une étoile qui file, et la mort nous surprend comme un éclair. » Citation d'un écrivain américain, faite par Michel Chevalier, *op. cit.*, tome II, p. 122.

(1) Je pense n'avoir pas besoin d'insister sur ce fait notoire. La presse annonce de temps à autre le mariage d'une riche héritière américaine à des princes allemands ou italiens ou à des baronnets anglais, mais le cas de ces chercheurs de fortune (*fortune seekers*) est tout exceptionnel et il sert de thème inépuisable aux gravures des journaux amusants.

(2) Autant les mœurs américaines se montrent libérales pour admettre la femme non mariée, la jeune fille, dans toutes les professions et lui ouvrir toutes les carrières (avocat, médecin, employé de bureau, etc. etc.), autant elles voient avec défaveur une femme mariée ne pas rester à son foyer et être obligée de travailler au dehors. Dans aucun pays, le mari n'a une notion aussi complète de son obligation stricte de pourvoir aux besoins de sa femme. Jamais, en Amérique, on ne voit une femme travailler dans les champs, et le nombre des femmes *mariées employées dans les manufactures* est très restreint. D'après le dernier bulletin statistique, pour l'Etat de Massachusetts, le nombre des femmes employées dans les manufactures s'élève à 115.504 parmi lesquelles 18.520 seulement sont mariées. Le nombre des ouvriers mariés s'élève au contraire à 85.538. *Registration Reports of the State of Massachusetts.* Le *super-intendant* de toutes les écoles publiques (*public schools*) de St-Paul me disait qu'aussitôt qu'une des institutrices de la ville se mariait, il lui exprimait son désir de la voir le plus tôt possible quitter l'enseignement, car l'école et la famille ne pouvaient

On voit en présence de quel problème les pères de famille américains se trouvent placés ; il s'agit pour eux, *sans modifier leurs habitudes de dépense et tout en continuant à engager dans leurs entreprises la plus grande somme de capital*, de soustraire leur femme, pour toujours, et leurs enfants, pour la durée de leur minorité, à l'aléa que fait courir la double éventualité de la mort et des mauvaises affaires du mari et du père. Sans doute, il est possible que ni l'un ni l'autre de ces deux événements ne se produise, mais en une matière aussi grave, il est interdit à tout homme sensé de s'en remettre exclusivement à la chance. De là pour les pères de famille américains une préoccupation constante bien différente, *dans la forme*, de celle que les pères de famille français connaissent (1) et qui est un des traits les plus intéressants des mœurs de ce pays anglo-saxon.

Lorsqu'on réfléchit sur les données du problème auquel le père de famille yankee *doit nécessairement* trouver une solution, on ne tarde pas à reconnaître que le moyen, quel qu'il soit, qu'il emploiera, devra fatalement se distinguer par un caractère essentiel, consistant en

que souffrir toutes deux d'une telle situation. D'ailleurs il ajoutait que le plus souvent l'institutrice n'attendait pas l'expression de ce désir.

(1) La prévoyance du père de famille français va bien au delà de celle du père de famille américain. Il ne considère pas qu'il a accompli tout son devoir vis-à-vis de ses enfants, lorsqu'il a mis à leur portée les divers moyens d'éducation et d'instruction et, de fait, la formation qu'il leur donne les dispose aussi peu que possible à se suffire à eux-mêmes ; il veut encore, s'il le peut, leur transmettre un patrimoine petit ou important suivant les circonstances et désire que leur point de départ, dans la vie, soit, au *point de vue des conditions pécuniaires*, son point d'arrivée. Cette différence considérable dans le but à atteindre se traduit en une différence non moins grande dans les moyens. On donnerait une idée assez juste de la prévoyance du père de famille américain, en la définissant la réserve indispensable d'une personne qui veut garder la liberté de dépenser tout ce qu'elle gagne.

ce que la réserve constituée par lui, au profit de sa famille, « sa vigne et son figuier » pour employer le langage du juge du Texas, devra être rendue *insaisissable*. Autant il suffit à un homme prévoyant dont la vie n'est soumise à aucun risque sérieux, et que sa profession n'expose point à une ruine soudaine, d'économiser chaque année, suivant ses moyens, une somme plus ou moins élevée et qui, par l'accumulation du temps finira par former une fortune grande ou petite, autant ce procédé est insuffisant et inefficace aux yeux d'un père de famille américain. Il ne lui suffit pas d'économiser, il faut que son économie soit insaisissable, car on ne peut douter, qu'aux « jours durs », si par malheur il doit en traverser, ses créanciers ne saisiraient, au milieu de ses autres biens, le pécule qu'il aurait amassé pour sa famille. Vainement allèguerait-il que ce patrimoine est sacré, qu'il représente la nourriture, l'abri et le vêtement de sa femme et de ses enfants, et que, pour un Américain, ces droits ne peuvent être primés par aucun autre ; il n'est que trop certain que les créanciers, — peu convaincus d'ailleurs que cette prétendue réserve ait en réalité cette affectation, puisqu'aucun signe extérieur ne la distinguait des autres biens de leur débiteur — n'hésiteraient pas à exercer sur elle la plénitude de leurs droits et à s'en attribuer le montant pour le paiement de leurs créances.

De là, un caractère très curieux de l'économie américaine toujours réalisée en un placement insaisissable et qui échappe aux poursuites des créanciers du mari.

Ce caractère est essentiel et se rencontre presque infailliblement dans toute épargne de la grande majorité des pères de famille. Ceux-ci se rendent parfaitement compte qu'il ne leur servirait de rien d'amasser, pendant quinze années par exemple, un patrimoine modeste ou considérable, qui, la seizième année, serait, avec le reste, emporté par la saisie des créanciers.

Envisagée sous ce nouvel aspect, la législation du homestead me semble apparaître avec des traits également nouveaux. Il n'est plus besoin, pour l'expliquer, de faire appel à des idées absolument étrangères aux conceptions américaines. Elle n'est plus qu'un des chapitres d'une œuvre importante que l'on pourrait intituler : les mesures de prévoyance en faveur des femmes mariées aux Etats-Unis (1) ; et il s'en faut de beaucoup que ce soit le chapitre le plus important au point de vue pratique et économique. Il y a plus, cette manière de considérer les lois de homestead n'a pas seulement l'avantage de les rattacher à l'ensemble des institutions sociales et économiques de l'Amérique (2), elle explique aussi le caractère d'insaisissabilité du homestead, puisque cette *insaisissabilité, loin d'être une exception en faveur de l'habitation de la famille*, ne constitue au contraire qu'un de ses

(1) Cette œuvre pourrait porter en sous-titre : ou des moyens par lesquels le mari essaie, aux Etats-Unis, de prémunir sa famille contre les risques de mort et de ruine qui la menacent. M. Dureau qui voyageait aux Etats-Unis, en 1850, à une époque où plusieurs Parlements locaux venaient d'adopter simultanément le principe de la législation du homestead a bien vu qu'il ne fallait pas se laisser abuser par le caractère immobilier de la propriété déclarée insaisissable pour chercher à cette législation un but autre que la protection de la femme. Parlant des lois de homestead, il a écrit ces lignes : « Les lois américaines sont, à l'égard des intérêts privés de la femme, plus libérales qu'en aucun autre pays et il y a été apporté l'année dernière une amélioration que nous nous plaisons à signaler. Les Etats de New-York, Maine, Ohio, Géorgie, Texas, Michigan, Wisconsin, Iowa, Californie, Indiana ont promulgué une loi sous le nom de *homestead exemption bill*, qui a principalement pour but de protéger les droits de la femme et les intérêts sacrés de la famille. » *Les Etats-Unis en 1850*, p. 887.

(2) Ce point me paraît d'une importance capitale ; rien dans les institutions sociales des peuples, pas plus que dans la nature, ne procède *per saltum* et on ne connaît pas un phénomène économique, quel qu'il soit, tant qu'on ne peut pas montrer les liens étroits qui l'unissent aux autres phénomènes économiques de la même société.

attributs nécessaires, l'acquisition d'une maison destinée au logement de la famille n'étant, pour celui qui en est la tête, qu'une manière de garantir les siens contre les risques qui les menacent et que j'ai indiqués plus haut.

Je ne puis écrire ici les différents chapitres de l'ouvrage dont il vient d'être parlé, ni même en esquisser le plan. Il convient cependant de passer brièvement en revue trois procédés différents employés concurremment, aux États-Unis, suivant le choix et la condition de chacun, par les « têtes de famille » pour préserver du risque de leur mort ou de leur ruine ceux qui les entourent ; ils se distinguent tous par le caractère d'insaisissabilité et d'indisponibilité sans le consentement du conjoint de la réserve ainsi mise de côté au profit de la femme et des enfants.

Le premier de tous, par l'importance et par la perfection merveilleuse de son mécanisme, est sans contredit l'assurance sur la vie. On sait quel développement extraordinaire cette institution, ingénieusement adaptée aux exigences de la vie américaine, a pris aux États-Unis ; en 1892 le nombre des assurances sur la vie était évalué dans ce pays à 4.582,821 pour un capital de 1.657.427.629 dollars, soit environ huit milliards et demi de francs, et ces chiffres ne comprennent que les assurances contractées auprès des grandes sociétés à l'exclusion de celles qui ne manquent jamais de s'établir entre les membres de toute association quelque peu stable et fixe et où se forme un lien sérieux (1).

______

(1) Si l'on excepte les clubs, les cercles, etc. dont les membres se renouvellent et changent incessamment, on peut avancer qu'aux Etats-Unis, toute association, quel que soit son but principal, établit accessoirement une assurance sur la vie au profit de ses membres. Les syndicats ouvriers (*trade's unions*) organisent presque toujours une caisse d'assurance au profit de leurs membres, sans parler de l'indemnité spéciale qu'elles accordent en cas de mort de la femme, de la mère ou du membre lui-même, pour subvenir aux dépenses des fu-

Or, et je ne saurai trop insister sur ce point, ces assurances sur la vie, lorsqu'elles sont contractées par un chef de famille, sont très généralement *insaisissables par les créanciers du mari, et celui-ci ne peut en disposer sans le consentement de sa femme.*

L'Américain ne s'assure pas seulement dans le but de constituer à sa mort un capital suffisant pour subvenir aux besoins de sa femme, il se propose encore de soustraire aux hasards et aux risques de sa profession, un pécule qui sera, pour les jours d'infortune, le refuge suprême de tous (1) ; aussi l'assurance, pour réaliser pleinement ce des-

nérailles. Ce « *death and funeral benefit* », qu'il ne faut pas confondre avec l'assurance sur la vie proprement dite, se résume en une allocation de 15 dollars au minimum, le plus souvent de 60 à 80, en cas de mort d'une des personnes dont il vient d'être parlé. Quant aux assurances sur la vie proprement dites, annexées à des *trade's unions*, voici le tableau des sommes payées par l'union des *cigar makers* en cas de mort de l'un de ses membres.

Après 6 mois d'affiliation.	50 dollars	
» 5 ans »	200	»
» 10 » »	350	»
» 15 » »	500	»

La substitution de l'organisation nationale à l'organisation locale des syndicats a été, à ce point de vue, éminemment bienfaisante ; elle seule permet à l'ouvrier américain, qui incessamment va de ville en ville, suivant les fluctuations des salaires et de la demande de travail, de rester toujours membre de la même « Union », en quelque endroit qu'il se rende.

(1) Ce n'est certes pas un des faits économiques les moins curieux de notre époque que la transformation de plus en plus complète subie par l'assurance sur la vie. Dans sa conception primitive, celle-ci n'avait d'autre but que de garantir la famille contre la mort prématurée de son chef, mais bientôt, par une transition naturelle, on remarqua que, puisqu'elle servait à constituer au profit de la famille une réserve insaisissable en cas de mort du chef, il n'y avait aucune raison pour ne pas la faire servir au même but alors même que l'assuré serait encore vivant. De là sont nées les combinaisons les plus variées et les plus ingénieuses qui ont fait de l'assurance sur la vie la forme la plus parfaite de la prévoyance. Mais on voit combien il est inexact de croire que le père de famille, qui signe ce contrat, ne songe qu'à l'éventualité de sa mort prématurée : l'expression ancienne est restée, mais l'institution s'est profondément modifiée.

sein, doit-elle être contractée au bénéfice de la femme, *expressément désignée dans la police.* Il existe, en effet, au point de vue juridique, deux modes bien différents pour un mari d'assurer *sa propre vie.* Tantôt il ne nomme dans la police aucun bénéficiaire, et celle-ci reste son bien personnel ; il peut donc en disposer librement à titre gratuit ou onéreux, entre vifs ou par testament, et notamment l'affecter au paiement de ses créanciers, de même que ceux-ci peuvent la saisir et la faire vendre dans le cas où il deviendrait insolvable. Tantôt, au contraire, il désigne, dans la police, sa femme comme bénéficiaire et cette désignation rend la mère de famille propriétaire du montant de l'assurance qui n'a jamais appartenu au souscripteur ; le mari, dans ce cas, *ne peut disposer de la police et ses créanciers ne peuvent, pour la même raison, exercer sur elle un droit de poursuite et de saisie* (1).

Or ce second mode d'assurance sur la vie jouit de la préférence très marquée des pères de famille en Amérique et le nombre des maris, qui, soit au moment du contrat, soit par un avenant, transfèrent expressément à leur femme le bénéfice de l'assurance contractée, *est beaucoup plus considérable* que celui des maris qui tiennent à conserver la propriété de la police. Sans doute ils perdent, par là, le droit d'en disposer à l'avenir, mais cet inconvénient est pour eux insignifiant, puisqu'ils n'assurent leur vie que dans

---

(1) La même solution est admise par notre droit français. La femme bénéficiaire, nommément désignée dans la police, acquiert un droit *direct, exclusif et personnel*, sur le capital assuré, à quelque époque que se manifeste son acceptation, qui toujours rétroagit au jour du contrat : Cour de cassation, Civ. rej. 15 décembre 1873, *Dalloz*, 74.1.213 ; Civ. rej. 5 juillet 1881, *Dalloz*, 85. 1. 150. Civ. Cass., 8 février 1888, *Sirey*, 88. 1. 121 et la note. Les créanciers du mari n'ont donc aucun droit sur ce capital, qui n'a jamais fait partie du patrimoine de leur débiteur et celui-ci ne peut davantage en disposer à titre gratuit ou onéreux, entre-vifs ou par testament : mêmes arrêts.

l'intérêt de leur femme et de leurs enfants, et, d'autre part, ils acquièrent l'immense avantage d'atteindre sûrement le but qu'ils visent : ils n'ont plus à craindre, si plus tard ils deviennent insolvables, que leurs créanciers affectent à leur paiement un capital qui, dans leur pensée, doit rester le patrimoine exclusif de la famille (1).

La même combinaison se retrouve dans les assurances sur la vie qui existent au profit des membres d'une association.

C'est ainsi qu'à New-York les membres du *Produce-exchange* (Bourse des céréales, saindoux, viandes, etc.) et du *Stock-exchange* (bourse des valeurs mobilières) sont assurés mutuellement pour un capital dont le montant varie suivant le nombre d'années pendant lequel le défunt a fait partie de l'*exchange* : or les choses ont été disposées de telle sorte que le capital de l'assurance appartient exclusivement à la femme, aux enfants et aux autres héritiers du défunt ; *celui-ci n'a jamais eu aucun droit* sur ce capital et par suite il ne peut, durant sa vie en disposer par donation ou par legs (*will it away*), ni ses créanciers le saisir (2). On le voit, nous retrouvons là l'insaisissabilité et

(1) Il est malaisé d'insister comme il convient sur ce point : il est certain que le premier système de police ne réalise que très imparfaitement le but américain de l'assurance sur la vie, puisqu'au cas de faillite ou de mauvaises affaires les créanciers ne manqueront pas de s'emparer d'un capital qui est leur gage au même titre que les autres biens de leur débiteur ; on voit que dans ce système, l'assuré insolvable (et je répète que ceux qui, aux Etats-Unis, peuvent prétendre ne pas être exposés à un tel danger sont une infime minorité) se trouve en réalité *n'avoir rien assuré*. En France, on considère communément l'assurance sur la vie comme n'ayant d'autre but que de garantir contre le risque de mort ; cette conception exacte, chez nous, le plus souvent, *ne renferme que la moitié de la conception américaine* de l'assurance sur la vie qui a *aussi* pour but de garantir la famille contre la ruine et la banqueroute.

(2) Section 57 du règlement (*Bye laws*) du *Produce exchange* de New-York : « Chaque membre *devra* souscrire à la caisse établie en faveur *des familles* des membres, de la manière indiquée ci-après :

l'indisponibilité sans le consentement de la femme qui sont les deux effets de la législation du homestead et la section 57 du règlement du *Produce-exchange*, qui est reproduite en note, paraît copiée, mot pour mot, sur le texte d'une des lois de homestead dans lequel on aurait remplacé le mot homestead par celui de « capital de la police » (*money*).

A la mort d'un des membres souscripteurs, il sera perçu de chacun des autres souscripteurs la somme de trois dollars, qui constituera une dette à l'égard du *Produce-exchange*, pour la sûreté de laquelle cet établissement aura hypothèque sur la part (l'action) du membre débiteur.... Le capital ainsi assuré sera payé aux personnes désignées ci-après (veuve, enfants, héritiers) *exempt de toutes dettes, charges ou droits quelconques*.... Aucune expression, contenue dans le présent règlement, ne pourra être interprétée de manière à faire considérer la somme assurée comme un capital susceptible d'hypothèque ou de nantissement pour la garantie d'aucune dette, mais ce règlement devra être interprété comme formulant *l'engagement solennel de tous les membres souscripteurs du Produce-exchange de New-York de faire une libéralité à la famille de chaque membre défunt* et comme l'engagement de l'*Exchange* lui-même de se charger des souscriptions à cette libéralité et d'en transmettre le montant à la famille ». Ces dernières lignes indiquent à quel subterfuge légal le *Produce-exchange* recourt pour arriver à son but : elles contiennent toute la théorie juridique de ces assurances sur la vie insaisissables et indisponibles au regard du mari. Voici d'ailleurs le texte original dont on vient de lire la traduction : « Every member shall subscribe to the plan for providing for the families of members, as hereinafter set forth ; upon the death of any subscribing member there shall be assessed against each subscribing membership the sum of three dollars, which shall thereupon become due to the New-York produce exchange and shall be a lien on such membership...which money shall be paid to the person hereinafter designated, free from all debts, charges or demands whatever... *Nothing herein centained shall be construed as constituting any estate in esse, which can be mortgaged or pledged for the payment of any debts ; but it shall be construed as the solemn agreement of every subscribing member of the New-York produce-exchange to make a gift to the family of each deceased member, and of the exchange to collect and pay over to such family the said gift* ». Le capital payé à la mort d'un membre du *Produce-exchange* est fixé ainsi qu'il suit : si le défunt n'a été membre de la bourse que pendant un an, ce capital est de mille dollars, et chaque année qui suit emporte une augmentation de mille dollars, jusqu'à concurrence de dix mille dollars, chiffre maximum. Le nombre des membres de cette Bourse est de trois mille.

Il y a même eu, en matière d'assurance, de la part du législateur d'un État, un surcroît de bienveillance dont l'expression laisse bien loin derrière elle tous les privilèges qui peuvent résulter des lois de homestead, même interprétées libéralement. La section 15 de « l'Act de la femme mariée » (*Married woman's Act*) voté par la législature du Missouri, décide en effet qu'une femme mariée peut faire contracter à son avantage exclusif une police d'assurance sur la vie de son mari et qu'en cas de saisie, le capital de l'assurance lui sera payé, soustrait à tout recours de la part des créanciers du mari, si les primes annuelles n'ont pas dépassé 300 dollars. Cette loi du Missouri, telle qu'elle a été interprétée, avec raison, semble-t-il, par les tribunaux de cet Etat, signifie qu'un mari dont la situation est embarrassée ou qui est insolvable (*in an embarrassed or even in an insolvent condition*) peut soustraire chaque année une somme de trois cents dollars pour contracter, dans l'intérêt de sa femme, une assurance sur la vie dont le capital échappera complètement aux poursuites de ses créanciers (1).

Rien ne saurait mieux montrer combien est vive la préoccupation des Américains de soustraire la femme mariée aux risques inhérents à sa situation, et, au point de vue du législateur du Missouri, on peut trouver que les lois de homestead se sont maintenues dans des limites fort modérées, puisqu'aucune disposition n'autorise expressément un

---

(1) We think that it was the purpose of the statute to allow a husband, who might be in an embarrassed or even in an insolvent condition, to secure to the wife the benefit of an insurance on *his* life, free from the claims of the creditors, when the annual premium does not exceed the sum of 300 dollars, or in other words, that he might annually withdraw for such a purpose that sum, without subjecting the amount insured to the payment of creditors. Missouri, Supreme Court, Octobre 1880, Pullis et alii v. Robison 73 Mo, 209 : Paroles de Justice Norton, auxquelles tous les autres juges adhérèrent.

débiteur à acheter une maison pour sa famille au moment même où il est insolvable.

Un second procédé, employé par les pères de famille américains pour soustraire leur femme et leurs enfants aux risques qui les menacent dans leurs intérêts matériels, consiste dans l'emploi très large de la société anonyme. En France ce type de société, quand il ne sert pas aux escrocs à soutirer habilement l'argent des personnes que les financiers de *Wall street* appellent des agneaux (*lambs*), a surtout pour avantage de grouper des capitaux considérables et de les engager dans des entreprises dont l'importance dépasse de beaucoup les moyens d'un capitaliste, quelque riche qu'il soit. Aux États-Unis, à côté de ce rôle économique, la société anonyme a une seconde fonction que je considérerais volontiers comme presque aussi importante, tant est fréquent l'emploi qui en est fait. Elle sert à des hommes qui ont un petit patrimoine et dont le caractère aventureux s'accommode mal des risques perpétuels que court la fortune acquise de ceux qui sont dans les affaires. Ainsi très souvent des maisons de commerce, que leur raison sociale conduirait à rapprocher des grandes sociétés anonymes, ne sont en réalité que de bien modestes entreprises et ce n'est pas l'importance des capitaux qu'elles exigent qui les a obligées à recourir à cette forme d'association. Si vous demandez quels sont les actionnaires (*shareholders*), vous n'êtes pas médiocrement surpris de voir que les actions appartiennent presque toutes à une seule et même personne, qui naturellement s'est nommée elle-même *manager* (directeur) (1). J'ai plusieurs

(1) C'est précisément cet emploi fréquent de la société anonyme par des entreprises peu importantes qui a porté les lois américaines et anglaises à exiger que la raison sociale de ces maisons fût suivie du

fois rencontré de telles sociétés anonymes à très petit capital et je prie le lecteur de ne pas croire qu'elles avaient
pour but de frauder les tiers, soit en écoulant dans le public
les actions d'une entreprise fictive, soit en les déterminant
à accorder un large crédit à une mauvaise maison désignée
par un titre ronflant. Pareil jugement serait presque toujours inexact : j'ai pu constater que les *managers* de ces
Joint-stock Companies étaient de fort honnêtes commerçants, et, lorsque je leur demandais la raison qui les déterminait à recourir à un procédé en apparence aussi compli-
qué, leur réponse consistait invariablement à m'expliquer
les avantages remarquables que ces petites *companies*
présentent au point de vue de la sécurité de la famille.
En effet, les créanciers ne peuvent évidemment avoir de
recours que sur l'actif de la société, et par suite le *manager*
est assuré de limiter ses obligations au montant du capital
engagé dans son affaire. Il échappe à l'application du
principe d'équité et de raison qui exige que tous les biens
d'un débiteur soient affectés à l'exécution de ses engagements et il partage son patrimoine en deux parties, séparées
entre elles par une cloison étanche. L'une, égale au montant d'actions qu'il possède, est exposée à tous les risques
et à tous les hasards des affaires, l'autre est *insaisissable*
par les créanciers commerciaux, et, si le père de famille le

qualificatif « *limited* ». On ne voit pas au premier abord l'utilité de
cette adjonction puisque chacun sait bien que la responsabilité d'une
société anonyme se limite au montant du capital souscrit. Cette réflexion, fort juste pour les grandes sociétés anonymes, cesse de l'être
pour cette multitude de petites affaires qui recourent à la même forme
commerciale. En effet les tiers, habitués, pendant de longues années,
à voir M. X. ou M. Z. diriger une affaire avec la même liberté d'initiative et d'action que les commerçants isolés, confondraient aisément la
maison, avec laquelle ils traitent, avec son directeur et calculeraient le
crédit qu'ils doivent lui accorder d'après la fortune personnelle du
manager. Le qualificatif *limited* vient les rappeler à la vérité.

veut, elle s'accroît chaque année des bénéfices retirés de l'entreprise anonyme. Par ce nouveau moyen se trouve encore réalisé le grand desideratum du père de famille américain ; il a mis de côté une réserve pécuniaire qui *ne peut être saisie* par ses créanciers personnels.

Enfin il est un troisième procédé *d'une pratique journalière*, qui, comme les deux précédents, met la femme et les enfants à l'abri de la mauvaise fortune du mari et qui se rapproche tellement dans la forme des homestead exemption laws qu'il semble qu'on n'ait eu qu'à prendre modèle sur lui pour les promulguer.

Lorsqu'on parcourt les livres d'un *registrar of deeds* américain, on est frappé de voir le nombre d'inscriptions dans lesquelles l'aliénateur et l'acquéreur portent le même nom, comme s'il s'agissait d'une personne se transférant à elle-même une propriété qu'elle a déjà ; mais il suffit de lire le texte que l'on a sous les yeux pour constater que cette similitude de noms vient simplement de ce que l'aliénateur est le mari de la personne au profit de laquelle est opéré le transfert. Rien n'est effectivement plus fréquent que de voir un mari dont *les affaires sont parfaitement prospères* transporter tout ou partie de ses biens immobiliers sur la tête de sa femme. Si cet acte n'est pas inconnu en France, il y est d'abord beaucoup moins fréquent et en second lieu, il diffère de son similaire américain par un caractère essentiel. Lorsqu'en France un mari transporte sur la tête de sa femme une partie de ses biens, presque toujours cet acte est une indication du mauvais état de ses affaires : le mari n'a d'ordinaire d'autre but que de soustraire au gage de ses créanciers un bien dont il prévoit la saisie à une date plus ou moins rapprochée ; tout au plus espère-t-il que cette saisie n'est pas à ce point imminente que le simple rapprochement des

dates le convainque publiquement d'une fraude grossière
et maladroite.

Lorsqu'aux États-Unis on voit la fréquence de ces transports de propriété immobilière consentis par des maris en
faveur de leur femme, on est naturellement porté à les juger de cette manière, sauf à s'étonner que les Américains
pratiquent couramment une fraude qui, chez nous, n'est
qu'exceptionnelle. Telle a été ma première impression, mais
j'ai été forcé de reconnaître qu'elle est de tous points inexacte
et fausse. C'est, en effet, en pleine période de prospérité,
au moment où son actif, plus ou moins considérable, dépasse de beaucoup son passif presque nul, que l'Américain
fait cette opération, et, je ne saurais trop le répéter, *elle
est extrêmement fréquente en matière de propriété immobilière.*

Si l'on demande quel en est le but, je répondrai que c'est
précisément celui des lois de homestead et des assurances
sur la vie. Ainsi que me le disait un commerçant qui venait de faire donation à sa femme d'un de ses immeubles, il
faut bien se convaincre de cette idée essentielle — sans laquelle on ne peut rien comprendre (*without which you can
understand nothing*) aux combinaisons pécuniaires que les
maris emploient dans l'intérêt de leur famille — que la vie
américaine est exposée à de grands hasards et que, d'autre
part, les femmes n'ont pas de dot. Or le seul moyen pour
un mari de soustraire sa famille aux risques auxquels sont
exposées ses propres affaires, c'est évidemment de constituer à sa femme, *pendant qu'il a quelque chose*, un certain
capital dont elle devient propriétaire exclusive (1).

____

(1) Ainsi les Germains constituaient une dot à leur femme et certaines de nos anciennes coutumes, qui n'exigeaient pas que la femme
apportât une dot, par contre obligeaient le mari à lui en constituer une.
Aux États-Unis, les mœurs remplacent la volonté contraignante de la
loi.

Il est inutile d'insister pour montrer comment ce troisième procédé réalise parfaitement le but du père de famille américain. L'immeuble, ainsi acquis à la femme, échappe désormais au droit de disposition du mari seul ; celui-ci ne peut davantage l'hypothéquer ou l'affecter au paiement de ses dettes et ses créanciers ne devront évidemment pas songer à saisir un bien qui n'appartient en aucune façon à leur débiteur.

Le bénéfice du homestead au profit de la « tête d'une famille » qui habite l'immeuble dont elle est propriétaire constitue un quatrième et dernier procédé destiné à mettre la femme et les enfants à l'abri des mauvaises affaires du mari.

L'acquisition d'un immeuble destiné à la résidence de la famille remplit la même fonction que l'assurance sur la vie, la petite société anonyme ou la donation d'immeuble par le mari à la femme ; ces quatre opérations ne sont que les *formes diverses* que revêt, suivant les circonstances, la *satisfaction d'une même préoccupation,* impérieuse entre toutes, celle du père de famille dont l'actif, relativement peu considérable, est exposé à de grands risques et qui veut éviter que les siens soient un jour plongés soudainement dans la gêne et l'indigence.

Il serait superflu de développer les traits multiples de ressemblance qui existent entre ces quatre formes de la prévoyance du père de famille américain et par suite, entre les trois premières et celle qui fait l'objet exclusif de cette étude. La troisième est évidemment celle qui se rapproche le plus des homesteads laws qui n'ont guère fait que les copier, puisque nous avons vu que le principe essentiel d'où découlent les deux effets de la législation du homestead consiste précisément dans un transfert de propriété opéré au profit de la femme par la seule force de la loi ; en d'autres termes, le législateur se borne à présumer *toujours* accomplie relativement à un immeuble déterminé, que son affectation désigne tout spécialement, à cet égard, une donation qui est *fréquente en pratique*.

Dans toutes ces modalités de la prévoyance du père de famille américain, celui-ci ne fait qu'adapter au but qu'il se propose les principes généraux ou spéciaux du droit. Les lois de homestead lui ont seulement offert une modalité nouvelle, et nous verrons que les États étaient intéressés à le faire, en l'invitant à acheter pour sa famille une habitation dont il pourra conserver partiellement la propriété. Quant aux assurances sur la vie, on n'a pas eu besoin de décider d'une manière générale qu'elles seraient insaisissables par les créanciers du mari, puisque les compagnies d'assurances n'ont pas manqué d'offrir à leurs clients cet avantage, mais là où l'éducation économique est moins avancée et où il est à craindre que les pères de famille n'aient pas la précaution de désigner dans la police un bénéficiaire, *les législateurs n'ont pas hésité à déclarer insaisissables les assurances sur la vie contractées par un débiteur tête d'une famille*. La Californie, la Floride, l'Idaho, le Minnesota, le Mississipi, le Dakota méridional, le Wisconsin ont promulgué des lois en ce sens, et dans *tous* les États, la jurisprudence reconnaît l'insaisissabilité des capitaux des assurances contractées par les ouvriers dans les *Trade's Unions* ou *Brotherhoods* dont ils font partie, parce qu'il est évident que ce n'est que par ignorance du Droit et de ses distinctions que ces syndicats ouvriers ne recourent pas à la combinaison parfaitement légale adoptée par le *Produce exchange* de New-York (1).

(1) Il conviendrait d'ailleurs de montrer que les lois de homestead n'ont fait que développer une des plus anciennes institutions du *common law* anglais, le douaire, *dower*. En vertu de son droit de douaire,

Au surplus, le législateur, par cela même qu'il posait un principe général, a dû maintenir son innovation dans des limites étroites et, à ce point de vue, les lois de homestead ont, sur ces transports de propriété, dont il vient d'être parlé, une infériorité marquée : elles ne s'appliquent qu'à l'immeuble habité par la famille et elles ne le soustraient aux poursuites des créanciers que jusqu'à concurrence d'une valeur qui d'ordinaire est assez minime.

Il importe de remarquer que plusieurs des questions, qui ont été examinées au cours du commentaire des lois de homestead, se posent exactement dans les mêmes termes,

right of dower, qui subsiste encore aujourd'hui dans son intégrité, dans le *common law* anglais et américain, un mari ne peut aliéner ni hypothéquer aucun de ses immeubles sans le concours de sa femme, ou plutôt cet acte est sans effet à l'égard de celle-ci qui pourra, *si elle survit*, invoquer son droit d'usufruit sur le tiers de tous les immeubles dont son mari a été propriétaire, à un moment quelconque, pendant la durée du mariage. Ce droit de douaire est opposable même aux créanciers du mari et, en cas de survie, l'adjudicataire n'acquiert l'immeuble vendu sur saisie que sous l'obligation de respecter le droit éventuel de la femme. Ces conditions causent évidemment un préjudice grave aux créanciers, mais on estime que cet inconvénient est compensé par un avantage plus grand : « Nos lois, me disait un avocat de Boston, protègent très énergiquement la femme et nous estimons qu'il vaut mieux infliger une perte aux créanciers que de ne pas assurer efficacement le sort de la veuve ».

Ce droit de douaire existe également au profit du mari, en cas de survie, sur les immeubles de sa femme ; mais, il change de nom et s'appelle « *interest* ». Si l'on compare ces droits de douaire et d'*interest* avec les lois de homestead qui ont avec elles plusieurs traits communs, on voit qu'ils sont à la fois plus larges et plus étroits, plus larges en ce sens qu'ils s'appliquent à *tous* les immeubles du mari et de la femme, plus étroits en ce qu'ils ne visent que le conjoint survivant et pendant la durée du mariage laissent la famille sans foyer ni habitation. La conception du douaire est donc toute différente de celle des lois de homestead qui ont considéré qu'il ne suffisait pas de garantir à une femme une habitation pendant la durée de son veuvage, mais aussi pendant la durée du mariage ; elles ont aussi innové en ce qu'elles étendent leur bénéfice aux enfants mineurs. J'ajoute que le *right of dower* et le *right of interest* peuvent, comme le right of homestead, faire l'objet d'une renonciation (*release*).

à propos de chacun des trois procédés précités. Je n'en relèverai qu'une, à titre d'exemple. Nous avons vu que les lois de homestead risquaient de devenir aisément complices des calculs frauduleux d'un débiteur qui peut, avec un peu d'habileté, *acquérir* un home aux dépens de ses créanciers. Sans parler des facilités trop connues que les sociétés anonymes offrent à la fraude, il est également certain que l'assurance sur la vie peut devenir un moyen commode, pour un débiteur malhonnête, de constituer à sa famille un capital insaisissable (1). Sans doute, en cas de fraude *manifeste*, les tribunaux américains refusent de tenir compte de la clause qui transporte à la femme le bénéfice de la police ; mais, comme il s'agit de protéger les intérêts pécuniaires de la femme mariée et que les mœurs et les lois s'unissent pour sauvegarder le plus possible ces intérêts, les magistrats ont montré, ici encore, le même défaut de vigilance à réprimer la fraude et la même sympathie pour la famille du débiteur, que nous avons relevés dans l'application des lois de homestead.

En ce qui concerne les transferts de propriétés immobilières, consentis par un mari au profit de sa femme, on peut considérer comme l'expression exacte de l'opinion de la jurisprudence américaine la décision d'un tribunal de l'Illi-

---

(1) L'assurance sur la vie présente même, à ce point de vue, une complication qui lui est spéciale. Il arrive souvent que de riches négociants, dont les affaires sont très prospères, contractent au profit de leur femme, une assurance pour un gros capital, qui les oblige, par suite, au payement annuel de primes élevées. Si, plus tard, ils ont subi des revers de fortune ils désirent néanmoins continuer le paiement des primes : dans ce cas, la lutte entre l'honnêteté et l'intérêt peut devenir assez redoutable et la tentation pourra faire succomber bien des hommes qui n'auraient jamais la pensée de *contracter* une assurance pour faire supporter les primes à leurs créanciers. Un avocat de New-York m'a affirmé que la plupart des fraudes, dont les assurances sur la vie fournissent le moyen, se réalisent dans des hypothèses de cette espèce, à une époque où la police a déjà plusieurs années de date.

nois, en vertu de laquelle, « le seul fait de l'existence de dettes, à la date du transfert, ne suffit pas pour rendre nulle la donation faite par un mari à sa femme, même à l'égard des créanciers actuels, à moins que les autres circonstances de la cause ne créent une présomption légitime de fraude fondée sur la condition, l'état et le rang des parties, *et qu'on ne démontre que le but direct du transfert était de diminuer le droit des créanciers* (1) ».

Ceux qui sont au courant de ce qu'est la jurisprudence américaine, dans toutes les affaires où les intérêts d'une femme mariée sont impliqués, savent ce que veulent dire ces formules irréprochables dans leur rédaction (2).

On peut voir maintenant combien il est inexact de croire, que les lois de homestead aient pour but de soustraire à la saisie la petite propriété rurale de ceux qui sont insolvables d'une manière *permanente* et *continue*. Le législateur américain n'a jamais conçu un tel dessein ; il a voulu simplement conserver le home aux familles exposées aux crises *passagères* et *soudaines* résultant de la mort

(1) « Mere indebtedness, at the time, will not, *per se*, establish that a voluntary conveyance was void even as to existing creditors, unless the others circumstances of the case justly create a presumption of fraud, actual or constructive, from the condition, state and rank of the parties, and the direct tendency of the conveyance to impair the right of the creditors... 77, Ill. 555, Patrick v. Patrick.

(2) « Relativement au droit du mari, qui se trouve dans une situation voisine de la faillite (*when in failing circumtances*), d'opérer un transfert au profit de sa femme, la loi est bien fixée (*the law is well settled*) : il peut l'opérer s'il le fait pour un motif pleinement honnête (*upon full fair consideration*), et de tels transferts ainsi faits de bonne foi, seront maintenus dans les limites de la valeur réelle du motif allégué » Delia L. Pagne et alii v. Valentine L. Miller et alii Juin 1882, 102. Ill. 442. Cet énoncé de principe semble irréprochable, mais on n'aura garde de s'y fier, car les magistrats américains se font de la bonne foi, *en ces matières*, une idée singulièrement large ; ils exprimeraient peut-être leur pensée, en termes plus brefs et plus clairs, s'ils disaient qu'il n'y a jamais de fraude à sauvegarder sa famille.

ou des mauvaises affaires du mari. Dans des pays comme l'Ouest des États-Unis, où il n'y a pas deux personnes sur cent qui possèdent autre chose que ce qu'elles ont acquis elles-mêmes, les lois de homestead ne protègent que celui qui a amassé une petite fortune et qui l'a employée à constituer au profit des siens cette réserve *insaisissable* qui est le caractère essentiel de toute épargne du père de famille yankee ; mais supposez que, pendant un laps de temps plus ou moins long, cette « tête de famille » soit exposée à des revers, que, pendant *plusieurs années de suite*, le mari perde de l'argent, n'est-il pas manifeste qu'il sera forcé d'hypothéquer son homestead et que sa femme n'hésitera pas à lui donner son concours, car il n'est personne qui consente à mourir de faim tant qu'il n'a pas épuisé toutes les ressources dont il peut disposer. De même que l'assurance sur la vie ne peut rendre de service qu'à ceux qui disposent d'un certain avoir, et que seuls les maris qui ont une propriété immobilière peuvent en transférer le titre à leur femme, de même les lois de homestead ne profitent qu'à ceux qui ont amassé un petit patrimoine. Par ses procédés propres, la loi ne protège que les capables ; pour les autres, pour les vaincus de la lutte pour la vie, l'initiative privée des *très capables*, que leur capacité suréminente élève à l'opulence, multipliera les institutions d'assistance.

Enfin le rapprochement entre le homestead et les autres moyens employés aux Etats-Unis, par le mari pour soustraire sa femme au risque d'une ruine soudaine met en lumière un trait curieux des mœurs américaines. Tandis qu'en France la femme trouve dans sa dot une garantie contre les éventualités de l'avenir et que, pour la mieux protéger, on enchaîne parfois sa liberté en adoptant le régime dotal, la femme, aux Etats-Unis, n'apportant aucun avoir ne peut évidemment trouver de sécurité que si son

mari retire une certaine somme de son patrimoine personnel, pour lui constituer, en quelque sorte, une dot au cours
du mariage. Donner à la femme une hypothèque légale sur
les biens de son mari serait un non-sens, puisque l'hypothèque ne peut servir qu'à garantir la créance que l'on a,
et que la femme américaine n'ayant rien apporté au début
du mariage n'a aucune restitution à demander. A ce point
de vue on pourrait définir assez exactement l'assurance sur
la vie et le bénéfice des lois de homestead : une constitution de dot faite, pendant le mariage par un mari à sa femme, dans un pays où les femmes en se mariant n'apportent
aucune dot.

§ 2. — En quoi les lois de homestead intéressent l'État.

Le lecteur n'a pas oublié que les lois de homestead n'ont
pas été édictées seulement dans l'intérêt de la famille, mais
aussi dans l'intérêt de l'Etat. Aucun doute n'est possible
sur l'existence de ce second but, car, de tous côtés, on nous
répète que l'on veut conserver les foyers par faveur pour la
famille et pour l'Etat.

Quel est donc cet intérêt de l'Etat ?

Que l'on réponde *partiellement* à cette question, en montrant que les foyers des familles sont les cellules élémentaires qui composent le corps politique (*family homes are
the cells that compose the body politic*) et que, par suite,
l'État bénéficie de la prospérité même de ces familles, je
me garderai d'en disconvenir et je laisserai au lecteur le
soin de développer ces idées, évidentes par elles-mêmes,
puisque personne ne doute que « la famille ne reconstruise
continuellement la constitution de la société (1) ».

______

(1) The family continually reconstructs the constitution of society.
Prof. Henry B. Adams, of John Hopkins University.

Mais ces conceptions, pour élevées qu'elles soient, sont certainement insuffisantes pour légitimer en notre matière l'intervention de l'État et l'Américain s'attache d'ordinaire à des idées plus précises et plus tangibles, ayant avec les intérêts matériels une relation plus étroite. A ce point de vue, on se rapprocherait davantage des motifs réels de la faveur accordée par l'État à la législation du homestead, si l'on rapportait cette législation à l'amour de la terre inné chez les Anglo-Saxons et si l'on faisait remarquer que l'Américain est proche parent de l'Anglais qu'on a pu appeler « un animal rural jusqu'à la moelle des os » (1). Mais il conviendrait de ne pas trop insister sur cet ordre d'idées, le Yankee étant aussi celui qui a poussé le plus loin l'assimilation de l'agriculture au commerce ou à l'industrie, et un farmer, aux États-Unis, n'étant, ainsi qu'il se dénomme parfois lui-même, qu'un manufacturier de blé, de viande, de coton ou de maïs.

On pourrait encore dire que l'État, en promulguant les lois de homestead, a voulu favoriser la petite propriété, considérant à juste titre que les sentiments qu'elle développe sont éminemment précieux pour la bonne organisation d'une grande démocratie. Il se serait, sur ce point, inspiré des pensées qu'exprimait en 1829 l'illustre sénateur Benton, lorsqu'il demandait que les terres publiques, au lieu d'être un objet de spéculation, devinssent décidément la propriété du farmer. « La condition de locataire n'est pas favorable à la liberté. Elle contribue à développer dans une société des ordres séparés, annihile l'amour du pays et affaiblit l'esprit d'indépendance. Le locataire n'a en fait ni pays, ni foyer, ni autel domestique, ni dieu lare. Le propriétaire, au contraire, est le soutien naturel d'un gouvernement libre et il

(1) A rural animal to the very marrow of his bones. Arthur Gilman, *History of the American people*, p. 207.

doit rentrer dans la politique d'une république de multiplier les propriétaires, comme c'est la politique des monar-
chies de multiplier les locataires ».

Les lois de homestead portent évidemment la trace de
toutes ces idées, mais ces lois me paraissent avoir un rapport autrement direct et autrement précis avec la prospérité
de l'État.

Je dois ici demander au lecteur la permission de limiter
les explications qui vont suivre aux États de l'Ouest. Bien
que la législation du homestead ait été successivement adoptée par presque tous les parlements de l'Union, il est certain
que cette législation est essentiellement un produit de l'Ouest,
une institution des États de l'Ouest. C'est à ce titre qu'elle
a été citée comme exemple par les publicistes français et
allemands qui attribuent à son action le développement de
la petite propriété rurale dans toute la région occidentale
des États-Unis. Je ne négligerai pas d'ailleurs d'indiquer
ultérieurement l'intérêt très spécial que les États de l'Est
et du Sud avaient à l'adoption des lois de homestead.

Pour comprendre l'intérêt immédiat de l'État, il importe
de ne pas oublier que les lois de homestead ne sont pas des
lois fédérales, mais qu'au contraire elles ont été promulguées par chaque État isolément. Il faut en outre se souvenir que si chacun des États de l'Union américaine professe
pour la grande fédération dont il fait partie des sentiments
de loyalisme généralement très sincères, il les associe à la
conscience la plus précise de son individualité, de son autonomie et de ses *intérêts particuliers* (1).

Cela posé, il me paraît démontré que les lois de homestead

____

(1) On ne peut, en aucune façon, comparer les États de l'Union américaine à des départements français, ni aux provinces de notre ancienne monarchie, ni même aux différents États de la confédération
germanique ou de l'empire d'Allemagne actuel. Cf. James Bryce, *The
American Commonwealth.*

ont été considérées par les États de l'Ouest de l'Union comme un moyen de favoriser le défrichement de leurs terres, *en attirant du dehors les colons et les travailleurs manuels et en les protégeant contre les crises économiques. Cette idée de réclame* ne m'a pas seulement été attestée à plusieurs reprises par les personnes à qui je demandais quelle était la raison politique qui avait poussé, dans un mouvement général, les États de l'Ouest, elle ressort manifestement de la lecture de plusieurs « pamphlets » publiés par ces États dans les premières années qui ont suivi leur naissance à la vie économique et politique.

On sait que les États de l'Ouest votent chaque année un crédit affecté aux dépenses nécessaires pour faire connaître, par une large publicité, les avantages incomparables du sol, des eaux, de l'atmosphère, etc., les conditions exceptionnelles de « *comfort* », tout spécialement de l'instruction et du culte, offertes à l'immigrant désireux de se tailler un domaine dans l'immense prairie de l'oncle Sam. Je ne reproduirai pas ici les qualificatifs élogieux qui abondent dans ces petites brochures et les font ressembler à tous les prospectus vantant leur marchandise. Je signalerai pourtant un *tract*-réclame, publié en 1867 par le gouvernement du Minnesota et distribué gratuitement à cette époque. Il est intitulé : le Minnesota, ses avantages pour les colons (1).

Après avoir retracé l'historique de l'Etat, la brochure poursuit ainsi, sous le titre *Homestead Exemption laws* :

« Dispositions humanitaires et justes. On ne saurait faire » trop d'honneur aux membres de notre législature pour » les dispositions sages et libérales de notre loi d'exemption » du homestead. Quand nous évoquons, pour un instant, » le souvenir des anciens Etats dans cet âge barbare où la

____

(1) *Minnesota, advantages to settlers* : Girard Hewitt publisher, Saint-Paul, Minnesota, 1867. Sans nom d'auteur.

» limitation des exemptions à une valeur de 100 dollars
» et l'emprisonnement pour dettes déshonoraient les re-
» cueils des lois, et *que nous contemplons la succession
» de secousses* (revulsions) *que nous avons vues balayant
» les terres, ruinant presque en une nuit les affaires et
» ceux qui les dirigeaient, ces hommes énergiques et
» actifs de notre pays*, eux-mêmes et ceux dont ils étaient
» le soutien, dites-nous si nous honorons trop les auteurs
» d'une législation s'inspirant de l'esprit du temps dans le-
» quel nous vivons, qui ont placé sur le *Statute Book* du
» Minnesota une loi d'exemption du homestead plus libé-
» rale que celle d'aucun autre Etat ». Et la brochure
ajoute habilement, après avoir donné le texte de la loi : « On
» a vu qu'il n'y a pas de limitation à la valeur de la ferme
» ou de la résidence ainsi assurée à la famille. Celle-ci peut
» valoir 1000 ou 10.000 dollars, quelle que soit cette va-
» leur, elle reste l'abri, le château-fort (*castle*), le *home*
» de la famille qui pourra s'assembler autour du foyer
» (*hearthstone*) à l'heure de la tristesse (*gloom*) aussi
» tranquillement qu'elle avait coutume de le faire à l'heure
» de la prospérité ».

Dans une autre brochure de réclame, publiée en 1871,
par le même État, les mêmes passages sont reproduits ;
mais, pour accentuer un peu la note et allécher les amateurs,
en leur montrant toute l'étendue du privilège, on ajoute ces
quelques mots : « Ainsi, sans égard au prix, que ce soit
un cottage ou un palais, le sanctuaire du home est gardé
par la main protectrice (*protecting arm*) de la loi » (1).
Enfin dans le « pamphlet » de 1873, publié par le bureau
d'immigration, on lit : « Si un habitant du Minnesota a l'in-
» fortune de ne pouvoir payer ses dettes, ses créanciers ne

____

(1) *Minnesota, its resources and progress.* Saint-Paul, 1871.

» seront pas autorisés à le dépouiller de tout ce qu'il a et à
» le réduire ainsi, lui et sa famille, à la mendicité, mais,
» grâce à la disposition de la loi, une portion considérable
» de sa propriété échappe à la saisie ..... *bref, la loi est
si libérale qu'en ce qui concerne la grande majorité des
débiteurs le paiement des dettes devient une affaire d'honnêteté* (integrity) *personnelle* (1) ».

Ces extraits indiquent très nettement la pensée de leurs auteurs. La grande question pour les Etats *neufs* de l'Ouest, celle qui prime en importance toutes les autres, c'est d'attirer sur leur territoire le plus d'immigrants possible. Si les colons viennent nombreux, la prospérité de l'État est assurée ; les terres vont être défrichées, la plaine déserte va se transformer en *farms*, la production agricole va augmenter. Bientôt des villes sortiront de terre pour centraliser les échanges de blé, de viande ou de coton suivant les cas, et l'industrie se développera certainement, trouvant dans la préparation des produits de l'agriculture (minoteries, *packing houses*) et dans les besoins d'une nombreuse clientèle agricole, un double aliment à son activité (2).

Pousser rapidement le défrichement, augmenter chaque année le plus possible la surface des terres cultivées, accroître le nombre des « *farms* », telle est la préoccupation

(1) *The agricultural, manufacturing and commercial resources and capabilities of Minnesota*, published by the board of immigration. Ce document porte les signatures de MM. John S. Pillsbury, gouverneur de l'État, président, Frederick von Baumbach, secrétaire d'État, Charles Kittelson, trésorier d'État, Samuel H. Nichols, greffier de la cour suprême et Dillon O'Brien.

(2) Ce point a été admirablement mis en lumière par M. Paul de Rousiers, qui a commencé par la description de l'Ouest agricole son étude des États-Unis. On sait qu'à mesure que le défrichement recule plus à l'Ouest, des « villes de viande et de blé » suivent cette marche de la culture : le développement de Saint-Louis, Minneapolis, Kansas city, Omaha, etc. n'a pas d'autre cause.

constante de tous les hommes politiques des Etats de l'Ouest, celle autour de laquelle se concentrent toutes les autres. On voit donc quel service signalé les lois de homestead ont rendu, il y a quelque trente ans, aux Etats de l'Ouest ; elles leur servaient de réclame à sensation, et on peut deviner la satisfaction du rédacteur de la brochure de 1867, lorsqu'il écrivait que le Minnesota avait une loi d'exemption du homestead *plus libérale que celle d'aucun autre État.* Malheureusement les moyens de réclame s'usent vite à notre époque, et les concurrents ne tardent pas à imiter le procédé qui réussit à leur voisin ; ainsi en fut-il des lois de homestead, qui furent successivement adoptées par presque tous les États, ET LA BROCHURE DE 1893 NE MENTIONNE PLUS CETTE INSTITUTION DONT ON NE POUVAIT FAIRE ASSEZ L'ÉLOGE EN 1867.

Heureusement, les lois de homestead avaient un autre titre à l'attention des législateurs de l'Ouest. L'entreprise de défrichement, à laquelle la prospérité publique est si intimement associée, a en effet un ennemi redoutable qui en arrête trop souvent le progrès et qui, parfois même, fait revenir à l'état de nature sauvage les farms que le travail de l'homme avait constituées ; je veux parler de la saisie. Or, la législation du homestead vient précisément mettre obstacle aux poursuites du créancier et maintenir sur sa terre le farmer qui l'a défrichée.

Il importe ici d'éviter toute confusion. Il y a, au point de vue économique (et cette distinction est particulièrement exacte aux Etats-Unis), deux espèces bien différentes de saisie. Il y a celle qui n'est que le terme fatal d'une évolution plus ou moins longue, lorsqu'un débiteur depuis longtemps insolvable éprouve chaque année de nouvelles pertes : à cette saisie-là, nous verrons bientôt que la loi de homestead n'apporte point d'obstacle, qu'elle n'en préserve aucune famille. Le législateur américain n'a jamais cherché aucun remède à ce mal, son sens pratique lui montrant bien qu'un homme, dont les pertes s'accroissent chaque année, doit nécessairement arriver à la liquidation finale. On perd sa peine à vouloir sauver ce qui doit fatalement périr et autant l'Américain compatit au sort de celui qui a été ruiné soudainement, en pleine prospérité, autant il se montre dur et sans pitié pour l'incapable qui s'achemine *lentement* vers la faillite, sans savoir se retourner. « Dans ce pays, si l'on n'est point un sot et que l'on ait ses deux bras et ses deux jambes, on peut toujours se tirer d'affaire ».

Ce n'est pas cette première sorte de saisie que vise la brochure dont j'ai rapporté un extrait ; elle nous parle uniquement, ce qui est bien différent, *de cette succession de secousses* (REVULSIONS) *qu'on a vues balayant les terres et ruinant,* PRESQUE EN UNE NUIT, *ces hommes énergiques, ces hommes de progrès, ces hommes actifs*. Un législateur, soucieux de sa mission, peut et doit chercher à arrêter le développement de cette seconde variété de saisie.

Les désastres qu'elle cause et les ruines qu'elle accumule ne sauraient être trop vivement regrettés, car elle s'attaque aux citoyens *les plus capables et les plus laborieux* et se traduit ainsi en une déperdition irréparable de forces sociales : c'est elle qui ruine brusquement les individus mêmes dont le patrimoine se solde en un excédent d'actif important, c'est elle qui se précipite comme une trombe sur un pays tout entier, lorsque la crise commerciale resserre subitement le crédit et fait réclamer le paiement de toutes les dettes. Pour ces périodes de secousses, que Michel Chevalier comparaît aux tremblements de terre les plus terribles, les lois de homestead ont été promulguées et ce n'est que pour porter un remède à ces saisies, *et non pas aux au-*

tres, qu'elles ont été successivement adoptées dans les différents États de l'Ouest.

Je ne puis revenir ici sur la description, déjà esquissée dans un autre chapitre, d'une crise commerciale aux États-Unis. Constatons seulement que ces crises sont particulièrement redoutables dans les États agricoles de l'Ouest et que, pendant ces deux années mêmes, 1893-1894, c'est surtout dans l'Ouest que les banques ont été obligées de suspendre leurs paiements. Ce phénomène n'a rien que de naturel, puisque l'Ouest a sans cesse besoin de capitaux pour le défrichement, la constitution de l'outillage industriel, des chemins de fer, des divers services publics, etc., et emprunte abondamment à l'Est. Tant que l'ère de prospérité dure, cette situation ne présente aucun danger, elle est même bienfaisante pour tous, prêteurs et emprunteurs, puisque les premiers touchent de gros intérêts, et que les seconds, après les avoir payés, réalisent encore souvent un profit. Mais, quand vient la crise, les ruines s'amoncellent, et, comme dit le rédacteur de la brochure de 1867, *presque en une nuit, les débiteurs et leurs familles sont emportés dans un commun désastre.* Dans un tel moment, une loi qui déclare les foyers des familles insaisissables n'est pas seulement utile, elle est nécessaire, personne, pas même le créancier, ne peut légitimement la critiquer (1) et

(1) Si l'on veut se faire une idée exacte de la conception américaine des lois de homestead et de leur but, il convient de les rapprocher des nombreux décrets ou lois (13 août, 3 oct., 2 nov., 5 nov., 10 nov., 9 déc. 1870, 12 janvier, 27 janvier, 9 février, 10 mars, 21 avril, 4 juillet 1871) qui, pendant la guerre franco-allemande, ont suspendu le droit de poursuite des créanciers. On objectera peut-être que la comparaison est inexacte, puisque les lois de homestead soustraient indéfiniment l'habitation de la famille à la saisie des créanciers. Mais cette différence avec les décrets précités est plus apparente que réelle et l'on verra bientôt qu'en dépit des apparences, la pratique comme la théorie démontre que ces lois ne sont faites que pour des périodes de crises *soudaines et passagères.*

on ne s'étonne pas de voir en 1864, année qui est précisément celle d'une crise économique aux États-Unis, un membre de la convention du Névada proclamer que « la législation du homestead est une des plus sublimes idées de notre temps. C'est un principe qui a pris corps pour venir, comme un ange de miséricorde, protéger et bénir la famille dans notre pays ».

L'intérêt de l'Etat, dans la législation du homestead, est donc tangible et il obtient vite la primauté sur les autres, puisqu'il faut éviter à tout prix que la multiplication soudaine des saisies n'amène la désertion totale d'un territoire et par suite sa dépréciation et sa disqualification pour l'avenir. A ce point de vue, on ne peut qu'admirer l'habileté tout yankee avec laquelle le législateur a su, en favorisant la famille, « promouvoir la prospérité de l'Etat ». Il s'est bien gardé d'étendre sa protection à une partie quelconque du patrimoine de la famille, ce qui eût été plus logique, s'il n'avait eu pour but que de protéger la famille ; il ne l'a accordée qu'au foyer, qu'au « home », afin de ne protéger que des résidents, des travailleurs effectifs qui contribuent réellement au développement général des ressources matérielles et morales. Aux Etats-Unis, on n'oublie jamais que c'est l'homme qui fait toute la valeur des choses.

Il me paraît impossible de terminer ce chapitre, sans dire au moins quelques mots d'une personne qui semble bien, en un tel sujet, avoir le droit d'être entendue : le créancier. Les magistrats américains nous montrent bien comment les lois de homestead sont éminemment favorables à la conservation des foyers et contribuent par là à « promouvoir la prospérité de l'Etat », puisque le défrichement des terres incultes pourrait, sans ces lois, se trouver compromis ; mais que devient l'intérêt du créancier ?

Cette question est certainement une des plus intéressantes que des recherches sur la législation du homestead puissent amener à poser à des Américains. Quant à la réponse obtenue, elle varie suivant le degré de longitude et, commençant à New-York par l'expression d'une grande sympathie pour le **créancier**, elle prend un sens de plus en plus favorable au débiteur à mesure que l'on s'avance vers l'Ouest par Chicago et Minneapolis, pour devenir nettement hostile au créancier dans les environs d'Omaha. Je me bornerai à retracer la manière dont les farmers de l'Ouest envisagent leurs rapports avec leurs créanciers, en tant qu'il s'agit de la législation du homestead.

Tout d'abord on ne manque pas de faire observer que les lois de homestead, loin d'être dommageables au créancier, lui sont avantageuses, en ce qu'elles lui garantissent qu'un *autre* créancier ne viendra pas faire vendre à vil prix les biens de son débiteur. Sans doute, le prêteur perd lui-même son droit de saisie sur l'habitation de la famille. Mais, il ne lui eût servi à rien de l'exercer, en temps de crise, à un moment où personne ne veut acheter et où tout le monde cherche à vendre ; mis aux enchères à un pareil moment, l'immeuble du débiteur ne rapporterait qu'un prix dérisoire, de telle sorte que le créancier non payé aurait inutilement ruiné son débiteur. Ne faut-il pas admirer même la prévoyance du législateur qui, en arrêtant un créancier aveugle dans sa poursuite inopportune, prend en réalité son intérêt (1), puisque le débiteur, n'ayant point été obligé de laisser adjuger son homestead pour quelques dollars, pourra très promptement revenir à meilleure fortune, ainsi qu'il arrive d'ordinaire à ceux qui ont un petit capital pour dé-

(1) Il n'est pas contestable que les décrets et les lois qui, pendant 1870 et 1871, ont arrêté les poursuites des créanciers n'aient été bienfaisants aux créanciers eux-mêmes.

buter (*to start with*). On ajoute enfin que le créancier est averti, qu'il doit connaître la loi et, comme tout le monde, veiller à ses intérêts.

Si le lecteur, mal impressionné par le souvenir des décisions judiciaires que j'ai eu l'occasion de citer, n'adoptait pas entièrement cette manière de voir, qui me semble d'ailleurs en grande partie exacte, je ne ferais aucune difficulté de reconnaître que les États de l'Ouest, dont les électeurs sont ou ont été en grande majorité débiteurs des capitalistes de l'Est, se montrent volontiers malveillants pour les créanciers, qui représentent à leurs yeux la fortune acquise opposée au travail manuel qui défriche les forêts et les champs. Cette pensée se retrouve au fond d'un grand nombre de lois américaines. Michel Chevalier, dont l'analyse subtile ne laissait échapper aucun détail, la signale dans ses lettres sur l'Amérique du Nord : « *Les lois, dit-il, tendent par dessus tout à favoriser le travail, le travail matériel, le travail du moment, et elles s'inquiètent généralement beaucoup moins qu'en Europe de ce qui est droit acquis... Le droit qui précède ici les autres, qui les efface tous, est celui du travail : le repos n'a aucun droit de cité. C'est ainsi qu'excepté en matière de crédit public, où les États et les villes se piquent du plus grand scrupule à remplir leurs engagements, dans tout débat entre le capitaliste et le producteur, c'est ordinairement le premier qui a tort* » (1).

(1) Lettre écrite de Lancaster, Pensylvanie, 20 juillet 1835. Cette idée qui mériterait de recevoir des développements étendus, se rattache à ce que l'on pourrait appeler le « droit du travail » aux États-Unis, lequel se manifeste spécialement dans les contestations élevées entre colons et capitalistes sur la propriété des terres publiques. Or, par un concours remarquable, Michel Chevalier en 1834, M. Dureau en 1850, et M. de Rousiers en 1892 constatent chacun de leur côté que, dans toute contestation de ce genre, on donne toujours raison au colon sérieux contre le capitaliste. Voir, dans la *Vie Américaine* de M. de Rousiers, p. 28, l'exemple de ces colons de l'Oklahoma qui construisent des mai-

Ces paroles, qui mettent si bien en lumière le principe d'où la législation du homestead tire sa source, indiquent la place importante qu'assignent et reconnaissent au travail les tribunaux et les parlements de l'Ouest. Les épithètes de dur, de cruel, de sans cœur (*heartless*) sont sans cesse accolées au mot créancier.

Dans une société jeune qui se trouve en face d'un immense territoire à défricher et à mettre en valeur, les bras de l'homme représentent la richesse par excellence. Sans doute, le capital est l'auxiliaire nécessaire de l'effort musculaire, et chacun sait qu'on ne néglige pas en Amérique de faire appel au crédit, mais les hommes d'Etat de l'Ouest voient clairement que si les colons viennent à eux, les capitaux les suivront infailliblement, peut-être même les déborderont par les excès de la spéculation effrénée qui ruine et stérilise le travail.

Enfin il convient de remarquer avec Tocqueville, « qu'en Amérique, ce sont les pauvres qui font la loi, et ils réservent habituellement pour eux-mêmes les plus grands avantages de la société (1) ».

« Quand le « petit homme » est maître, c'est pour le petit homme qu'est toute la sollicitude. Wenn der kleine Mann herscht, wird für den kleinen Mann gesorgt (2). »

sons en pierre sur des lots de terrain dont la propriété n'est pas fixée : cependant ils sont absolument certains de voir leur droit de propriété reconnu.

(1) *La Démocratie en Amérique*, t. I, p. 71.

(2) Comme il est possible que ces dernières lignes fassent écho aux dispositions préférées de certains lecteurs que hanterait l'espoir d'assurer le bonheur du plus grand nombre par la conquête des pouvoirs publics, je prends la liberté de remarquer que ces « petits » et ces « pauvres » sont en réalité, dans les États de l'Ouest de l'Union américaine, des travailleurs et des progressistes : ces pionniers ont mis en eux-mêmes et en eux seuls toute leur confiance. D'ailleurs les créanciers, les capitalistes ont tout autant et plus que les prétendus « petits » leur mode de suffrage péremptoire ; il consisterait dans la fermeture de leur caisse. Puisqu'ils continuent à prêter leurs fonds, il faut croire que la condition ne leur paraît pas mauvaise.

CHAPITRE HUITIÈME

Il ne suffit pas pour apprécier une législation d'en connaître le but et la conception théorique, il faut encore rechercher si son application pratique correspond à la pensée qui l'inspire. Chacun sait, bien que parfois on désire l'oublier, qu'en matière de législation plus qu'en toute autre, il y a loin de la théorie à la pratique et que trop souvent les réformes les plus belles, enregistrées par les recueils de lois, aboutissent à de misérables échecs (1). Aussi devons-nous rechercher quels résultats a produits aux Etats-Unis la législation du homestead.

Pour répondre à cette question, il est nécessaire de diviser l'immense territoire de l'Union américaine en trois groupes : le premier comprendra les États agricoles de l'Ouest, le second les États manufacturiers et commerçants de l'Est, le troisième les États du Sud, désignés autrefois sous le nom d'États esclavagistes.

---

(1) La loi sur le travail des femmes dans les manufactures, dont tout le monde s'accorde à demander la modification, est une des dernières « illustrations » de cette vérité. — On sait aussi que le nombre des défenseurs de la loi sur « le régime douanier » diminue sensiblement depuis quelques mois.

Vérité chérie, que tu es cruelle ! !

I. — Effets pratiques des lois de homestead dans les États de l'Ouest.

On invoque sans cesse, spécialement en Allemagne, les lois américaines de homestead (*nordamerikanischen Heimstættengesetze*), qui auraient contribué plus que toute autre institution au développement de la petite propriété rurale dans les États de l'Ouest. Ce sont elles, dit-on, qui, en rendant impossibles les saisies et en empêchant le développement de la dette hypothécaire, ont amené la constitution et assuré la fixité et la conservation de ces innombrables petites farms de 80 ou de 160 acres que « l'Europe envie ».

J'ai dit, à plusieurs reprises, ce qu'il fallait penser de cette fixité ; s'il importait d'ajouter un témoignage à ceux qui ont été produits, une monographie récente nous en fournirait un nouveau : « La plupart des occupants actuels du Texas Ouest ont vendu le home qu'ils avaient autrefois à l'Est ; il n'en est pas un seul qui, pour un bénéfice de quelques dollars par acre, au-dessus du prix courant, ne soit prêt à vendre sa farm, pour aller s'établir plus loin. C'est le trait caractéristique de l'Américain, et c'est par là qu'il pousse toujours sa fortune plus en avant (1) ».

La législation du homestead a associé la femme au droit du mari sur l'habitation de la famille. Mais on se tromperait étrangement si l'on croyait que cette association fait prévaloir, à l'égard du foyer tout au moins, un esprit de « conservation » et de stabilité qui serait singulièrement peu en

____

(1) *Métayer de l'Ouest du Texas*, par M. Claudio Jannet, Paris, Firmin Didot, 1893. Les tendances bien connues de ce très savant économiste donnent à son témoignage une valeur spéciale, d'autant plus que le Texas est un des États qui ont poussé le plus loin le principe du homestead.

harmonie avec les préférences américaines ; la femme, aux États-Unis, partage le goût de son mari pour la mobilité et le changement ; les mêmes causes économiques et sociales qui développent chez celui-ci cet *unsettled spirit*, auquel les Américains attribuent la prospérité de leur pays, le développent également chez elle. L'exigence du consentement de la femme est loin d'apporter un obstacle sérieux aux aliénations fréquentes de l'habitation et, si l'on excepte le cas où le mari est ivrogne ou paresseux (et on va voir à l'instant combien il est rare qu'un tel mari soit propriétaire de son habitation), cette exigence se traduit d'ordinaire en une formalité.

Quant à l'insaisissabilité, sur laquelle l'attention des publicistes s'est portée d'une manière plus spéciale, il convient de se souvenir d'une vérité élémentaire et pourtant trop généralement oubliée, à savoir que les lois de homestead ne protègent que le droit que l'on a et tel qu'on l'a. Or, dans les États de l'Ouest, ceux qui sont propriétaires de leur « farm » ne le sont que parce qu'ils l'ont acquise *eux-mêmes par leur travail et leur économie* (1) : par conséquent, les lois de homestead n'ont aucune action sur cette *acquisition*, sur cette *naissance* de la petite propriété rurale, puisqu'elles ne protègent que le droit acquis et *existant* et n'arrêtent point les poursuites du vendeur.

(1) La loi fédérale de 1862 accorde sans doute gratuitement une certaine étendue de terre, 80 ou 160 acres, au colon sérieux qui la défriche effectivement, au moins en partie, dans le délai de cinq ans. Mais de nombreux et récents travaux ont montré que le farmer qui s'établit a néanmoins besoin d'un capital, car, si la terre est gratuite, la construction de l'habitation, l'achat des bestiaux et des instruments aratoires ne le sont pas, sans compter la nécessité de vivre en attendant la première récolte. D'ailleurs les terres que l'on peut obtenir, sans bourse délier, coûtent souvent aussi cher que celles que l'on paie, car elles sont d'ordinaire éloignées des voies de communication ou de moins bonne qualité et en général les colons ont avantage à acheter leur terre, au prix de quelques dollars l'acre.

Je n'ai pas à redire comment se forme cette petite propriété rurale et comment, chaque année, des millions d'immigrants, venus avec leur bonne volonté pour tout capital, sortent du prolétariat et s'élèvent à la propriété. Qu'il me suffise de remarquer que cette formation est loin de s'accomplir sans heurt et sans secousse. M. Devas qui, il y a quelques années, a fondé à Londres une *homestead exemption law association*, écrit que « chaque année, soixante mille homes heureux sont fondés dans les États de l'Ouest : chaque home est protégé pour une somme se montant en moyenne à cinq cents livres sterling (12. 500 francs). Le fermier construit sa maison, défriche son champ, acquiert des biens sans s'endetter..... ».

Cette assertion est manifestement exacte, mais elle le devient plus encore si on la complète, comme on doit le faire, en ajoutant que, pendant que soixante mille colons s'élèvent ainsi à une situation indépendante, il y en a *plus* de soixante mille autres qui cherchent à les imiter et qui ne peuvent y réussir ; ils ont trop présumé de leurs forces : après trois ou quatre années, ils sont obligés d'abandonner à leurs créanciers les terres qu'ils ont défrichées et ils quittent leurs champs plus pauvres qu'ils n'y étaient venus. Les beaux travaux, publiés par la librairie John Hopkins, ont montré au milieu de quelles difficultés les immigrants avaient parfois à se débattre. La monographie la plus récente de cette collection, pour ne citer que celle-là, montre que dans la commune de Harrison, Nébraska, sur 190 colons, venus en 1872, 84 seulement sont restés et 106 ont vendu ou sont partis. Sur ces 106, 7 sont morts, 25 se sont ruinés, 18 ont été vivre en ville, 23 ont voulu changer de terre, 19 ont vendu, 14 ont renoncé à la culture. Quant aux 84 colons de 1872 et aux autres qui depuis sont venus s'adjoindre à eux, leur existence n'a rien qui rappelle les Bucoliques de

Virgile et la plupart des farmers de cette commune qui compte 24.040 acres « vivent assez durement d'un travail pénible (1) ». M. de Rousiers a de même, dans un chapitre de son bel ouvrage, consacré à la petite culture, montré les facilités apparentes de l'installation et les risques de l'entreprise (2).

Mais il y a plus : les colons qui réussissent ne parviennent au succès que par le recours le plus large au crédit et l'endettement à outrance. J'ai rencontré dans l'Ouest du Minnesota des farmers qui avaient hypothéqué leurs terres, leurs bestiaux, leurs instruments aratoires et qui payaient de gros intérêts de 7, 8 et 9 0/0 à leurs prêteurs. C'est bien à tort que M. Rüdolf Meyer conclut de l'inexistence d'une grande banque hypothécaire à l'absence de dettes hypothécaires, car il suffit de rester quelques jours dans les campagnes de l'Ouest pour remarquer le grand nombre des fermes hypothéquées (3).

D'après les chiffres du recensement général de 1890, 84,75 0/0 des farmers sont propriétaires de la terre qu'ils cultivent et 15.25 0/0 sont locataires : or 46.39 0/0 des familles propriétaires sont grevées de dettes hypothécaires et 53.61 0/0 en sont exemptes. Dans l'Iowa, sur 100 familles, 29.57 0/0 sont locataires, 70.43 0/0 sont propriétaires des terres qu'elles cultivent ; parmi ces dernières, 53.24

---

(1) L'*Economiste français*, 8 juillet 1893, p. 40 ; article de M. Fournier de Flaix à l'occasion de la monographie de M. Arthur Bentley, intitulée : *the condition of the western farmer.*

(2) Paul de Rousiers, *La Vie Américaine*, p. 159 et suiv.

(3) Au 1er janvier 1890, la dette hypothécaire s'élevait, aux Etats-Unis, à la somme de 6.019.679.985 dollars, répartie en 4.777.698 inscriptions : les hypothèques sur propriétés rurales sont au nombre de 2.303.061, pour une valeur de 2.209.148.431 dollars ; celles sur propriétés urbaines sont au nombre de 2.474.637, pour une valeur de 3.810.531.554 dollars. *Extra Census Bulletin*, n° 71, 30 juin 1894 : Statistics of Farms, Homes and Mortgages.

ont affecté hypothécairement leurs terres à la garantie de leurs dettes. Dans le Wisconsin, 42.85 0/0 des familles propriétaires (1) de leur farm sont chargées de dettes hypothécaires et 57.15 en sont exemptes.

Les économistes américains ne s'y trompent pas. Ils savent fort bien que l'importance des dettes hypothécaires, loin d'être, comme elle l'est trop souvent dans les vieux pays (*old countries*) d'Europe, un signe de malaise et d'appauvrissement, est le témoignage le plus certain de la prospérité. L'hypothèque est la grande route qui, aux Etats-Unis, mène chaque année des milliers de familles à la propriété. L'office du recensement à Washington, désireux de rechercher les causes des dettes hypothécaires, a dirigé une enquête spéciale sur plusieurs comtés, pris au hasard dans chaque État ; voici les beaux résultats qu'il a constatés : dans le Minnesota, 69.14 0/0 des dettes hypothécaires avaient été contractées pour l'achat de la terre ou les dépenses d'amélioration ; la proportion de ces deux catégories de dettes atteint 79.22 0/0 de l'ensemble des dettes hypothécaires dans l'Iowa, et elle s'élève à 80.47 0/0 dans le Wisconsin.

En présence de pareils chiffres, il est impossible de nier les effets bienfaisants du crédit, car il est évident que ces Danois, ces Norvégiens, ces Suédois, ces Bohèmes, ces Polonais, ces Allemands du Nord, qui chaque année deviennent par milliers propriétaires d'une *farm* dans l'Ouest, n'auraient pu, sans crédit, sortir de la condition misérable et du prolétariat dans lesquels ils étaient nés (2). L'impor-

(1) Dans le Wisconsin, la proportion des farmers propriétaires de la farm qu'ils cultivent est de 86,90 0/0, celle des farmers locataires de 13,10 0/0. On sait que le mot *farmer* désigne indifféremment les uns et les autres.

(2) Voici à titre d'exemple comment on s'établit farmer dans l'Ouest. Il s'agit d'un Danois que j'ai rencontré dans l'Ouest du Minnesota,

tance de la masse des dettes hypothécaires donne, aux États-Unis, la mesure du degré de prospérité d'un Etat ; c'est ainsi que le Minnesota, dont la richesse agricole et le

comté de Pipestone. Il venait d'arriver avec sa femme et son beau-frère. Je n'exagère rien en disant que l'ensemble de son actif mobilier ne pouvait être estimé à plus de trois cents francs, y compris un misérable cheval qui, par la saillie de ses côtes, rappelait ceux des colporteurs de nos campagnes. Sa hutte, en planches, construite deux mois auparavant, mesurait à peu près trois mètres de largeur sur quatre de longueur et ne renfermait qu'une seule pièce. Il avait acheté sa terre de 160 acres dix dollars l'acre, soit environ 125 francs l'hectare, il n'avait payé qu'un dollar comptant et avait donné une hypothèque pour le reste, payable en huit annuités inégales, puisque le capital dû avait été divisé en huit parties égales auxquelles s'ajoutaient les intérêts dont le montant diminuait à mesure que la dette s'amortissait ; ces intérêts étaient fixés à 8 0/0 l'an. Il avait aussi acheté à crédit une charrue et quelques autres instruments aratoires, dont le prix, payable en trois années, portait intérêt à 8 0/0. Cet homme réussira-t-il ? Sans rien affirmer, on peut dire que cela est probable, car il ne semble pas être moins laborieux ni moins sobre que ces milliers d'autres Scandinaves qui, depuis quarante années, ont répondu à l'appel de la chanson de l'oncle Sam et dont on dit partout dans les Etats de l'Ouest : « ah Monsieur, ces Scandinaves! en voilà de beaux citoyens (*they make splendid citizens, they are fine citizens*). »

A côté de ce colon qui est au début de son entreprise, en voici un autre arrivé au terme de sa carrière. C'est un Norvégien, venu il y a 26 ans ; pendant une année, il commença par louer ses services dans une ferme du Wisconsin (*farm hand*), puis travailla pendant deux ans à la construction d'un chemin de fer dans l'Iowa. Alors, se sentant comme ses compatriotes affamé de terre (*hungry for land*), il acheta une ferme de 120 acres dans l'Iowa au prix de 5 dollars l'acre ; il n'avait pas un seul « *cent* » à lui et emprunta à un banquier les 100 dollars qu'il paya comptant à son vendeur : sa dette de 500 dollars portait intérêt à 10 0/0 et il paya un intérêt qui variait de 15 à 35 0/0 sur les autres dettes qu'il contracta pour la construction de sa maison et l'achat de ses instruments aratoires. En 15 ans il a libéré sa ferme, qu'il a même agrandie par l'achat de 40 acres payés 9 dollars l'acre. Comme sa femme est morte, il y a 3 ans, et qu'aucun de ses fils (il a huit enfants) ne voulait lui succéder, il a vendu sa farm 4.000 dollars et aujourd'hui il tient une petite auberge dans le village naissant de Ruthton, afin de ne pas s'ennuyer dans l'oisiveté. Sa maison est confortable et bien aménagée ; il a un petit salon, où avec ses filles, dont l'une l'accompagne sur un harmonium, il chante des hymnes le dimanche et des chansons du « vieux pays » les soirs de la semaine.

merveilleux développement sont au-dessus de toute contestation, a vu pendant la période décennale 1880-1889,
le montant total des hypothèques *annuellement constituées* (*the annual incurred real estate debt*) augmenter
de 296 0/0, tandis que, pendant le même temps, la population n'a augmenté que de 66.74 0/0.

M. de Bismarck avait peut-être tort d'affirmer, en 1868,
que l'hypothèque était, dans son pays, la bénédiction (*Se-
gen*) de la petite propriété ; en tous cas cette assertion, qu'un
publiciste allemand considère comme une des plus profondes erreurs que l'on puisse commettre en économie politique, est rigoureusement exacte pour les petits farmers de
l'Ouest.

Si la petite propriété rurale, dans les Etats de l'Ouest, se
constitue sans l'aide de la législation du homestead *et
même par des procédés qui en excluent l'application,*
cette législation n'a-t-elle, du moins, aucune influence sur
la *conservation* de cette petite propriété, une fois constituée ? Sans nier absolument cette influence, il nous paraît
certain qu'elle est TRES MODESTE, et on va voir pour quelle
raison fort simple les lois de homestead ne présentent pour
les fermiers de l'Ouest qu'un intérêt extrêmement restreint.

En Europe, les familles de paysans propriétaires se trans-
mettent de génération en génération la petite propriété qu'elles habitent : sans doute, il y a beaucoup de paysans, qui ont
acquis par leur travail et leur économie « le lopin de terre »
qu'ils possèdent ou qui ont agrandi celui qu'ils ont reçu
par héritage, mais il y en a plus encore qui ne sont propriétaires d'un petit champ ou de leur chaumière que parce
qu'ils les ont reçus de leur père ou que leur femme les leur
a apportés, soit en mariage, soit à la mort de ses parents ;
le fait d'être propriétaire n'indique pas nécessairement

que l'on est capable de l'être et même un trop grand nombre de propriétaires ont d'autant moins les qualités requises qu'ils apprécient moins la difficulté de l'acquisition, n'ayant point eu à épargner eux-mêmes, sou à sou, les deniers que cette acquisition aurait exigés.

Au contraire, dans l'Ouest de l'Union américaine, dans ces Etats qui, il y a trente ans, naissaient à la vie économique, il n'y a pas deux farmers sur cent qui doivent la farm de 160 ou 200 acres qu'ils possèdent à une donation ou à un héritage ; *tous l'ont acquise, achetée, construite*, suivant l'énergique expression américaine (*built up*), *par leur travail, leur sobriété et leur économie*. Ces hommes sont sûrement capables d'être propriétaires, car ils ont passé par la plus probante des épreuves, « puisqu'ils ont bâti eux-mêmes leur propre fortune ». Celui qui a eu l'énergie de sortir du prolétariat par l'effort laborieux qui produit et la prévoyance qui épargne, à moins de circonstances très exceptionnelles, ne retombe pas dans sa condition première ; suivant le mot d'un professeur d'économie politique de l'Université du Minnesota, il est autrement difficile de grimper (*climb up*) le long des parois d'un puits que de n'y pas retomber, lorsqu'on en est sorti. Que les saisies immobilières de farmers propriétaires soient rares dans l'Ouest, cela est certain, mais ce qui n'est pas moins vrai c'est qu'il est impossible qu'il en soit autrement, puisque la classe des propriétaires ne comprend qu'une élite triée sur le volet par les multiples épreuves qui traversent la vie du farmer immigrant (1). On abuse donc étrangement des mots

(1) Il est certain que dans les contrées dont le développement est avancé et dont la population a acquis une certaine stabilité, le nombre des saisies hypothécaires (*foreclosures*) est *absolument insignifiant.* En voici quelques exemples que j'ai recueillis des Registrars of Deeds de plusieurs comtés du Minnesota.

Dans le comté de Winona qui est cultivé depuis 25 ans, le nombre

lorsqu'on affirme que très peu de farmers propriétaires sont rejetés dans le prolétariat par la saisie de leurs créanciers, car, si l'on veut se rendre un compte exact des choses, ce n'est pas à cette période de leur vie qu'il faut les observer, mais à la *période précédente*, à celle où ils ont acquis et « construit » leur ferme. Dans cette phase de transition, beaucoup sont obligés d'abandonner leur tentative présomptueuse de devenir propriétaires, et l'évolution naturelle des choses leur montre bientôt qu'ils n'auraient jamais dû chercher à sortir du prolétariat, puisqu'ils n'ont pas la

des saisies a été de 5, de septembre 1892 à septembre 1893, pour une population de 25.787 habitants. Les personnes que j'interrogeais sur la situation générale étaient unanimes dans leur réponse : « les farmers de Winona *font bien* et les immigrants ne cessent d'affluer » (*the farmers of Winona are doing well and immigrants are constantly coming in*). Les terres dans ce comté valent de 15 à 40 dollars l'acre.

Dans le comté de Mower, qui compte 18.019 habitants, il n'y a eu, dans les deux années 1891 et 1892, que 9 saisies immobilières, dont 5 seulement portaient sur des propriétés rurales et 4 de ces saisies ont été annulées, dans l'année, par le remboursement de la dette pour laquelle elles avaient été pratiquées. Le Registrar of Deeds de ce comté a insisté tout spécialement sur la grande prospérité des farmers de cet endroit ; il a ajouté qu'à l'automne dernier, il enregistrait jusqu'à huit et neuf radiations d'hypothèque par jour. Il n'en avait pas toujours été ainsi, car en 1886, année de sécheresse, pendant laquelle un grand nombre d'immigrants d'un Etat voisin, le Dakota, furent obligés d'abandonner leur farm, on releva dans le comté de Mower 98 saisies immobilières.

Dans le comté de Steele, le Registrar of Deeds et plusieurs farmers m'ont attesté la prospérité générale. Il y a 25 ans, les fermes étaient lourdement hypothéquées et on payait couramment 24 0/0 d'intérêt *sur bonne garantie* ; l'intérêt est tombé graduellement au taux de 10 0/0 qui était celui d'il y a 10 ans, puis à 8 0/0 il y a 5 ans, enfin à 7 0/0 qui est le taux actuel. Il n'y a eu dans ce comté, qui compte 14.000 habitants, qu'une seule saisie immobilière pendant l'année 1892, et le nombre de ces saisies a tellement diminué dans les quinze dernières années qu'il est devenu négligeable. Les paiements des prix d'achat et les dépenses d'amélioration sont les sources uniques des hypothèques, et le Registrar of Deeds conclut sa réponse en me disant : vous pouvez affirmer en toute sécurité que jamais, chez nous, un farmer n'a besoin de consentir une hypothèque pour se maintenir à flot (*to keep himself up*).

capacité requise pour réussir dans cette entreprise ardue .

Je ne puis insister ici sur les débuts des farmers de l'Ouest. Il importe seulement de retenir deux choses, c'est que le succès est loin d'être garanti à tous, et, en second lieu, que ceux qui réussissent ne parviennent au succès que grâce au crédit, à l'emprunt, à l'endettement hypothécaire qui mettent à leur disposition le capital premier sans lequel ils n'auraient pas même pu « essayer leur chance » (*try their luck*).

« Les grandes facilités de crédit en usage dans les contrées de l'Ouest ruinent promptement les émigrants de rebut, tandis qu'elles font monter très vite ceux qui possèdent les qualités nécessaires pour réussir. L'accès facile de la propriété agit dans le même sens ; autant il est funeste au colon né pour vivre dans une situation dépendante, autant il favorise les autres. En somme ces conditions particulières produisent une sélection presque immédiate entre les capables et les incapables (1) ».

Voilà comment j'arrive à conclure que les lois de homestead exemption n'ont dans les Etats de l'Ouest qu'une utilité très secondaire : conclusion pénible pour un auteur qui aimerait plutôt à signaler l'importance de l'institution qu'il étudie.

J'ai dit, au début de cet ouvrage, qu'aucun économiste américain n'a jamais eu la pensée d'étudier la fonction économique des lois de homestead et lorsqu'on aborde ce sujet auprès d'un farmer de l'Ouest, il répond d'ordinaire de la manière évasive et indifférente dont un Français répondrait volontiers, si on l'interrogeait sur le terrible fléau de la

____

(1) Paul de Rousiers, *op. cit.*, p. 160. « Dans une société où tout le monde trouve à sa portée l'échelle nécessaire pour atteindre la fortune, on voit de suite quels sont ceux qui peuvent la gravir, ceux qui demeurent au pied, et ceux qui se cassent les reins en tombant. »

fièvre jaune (1). « En quoi voulez-vous que ces lois nous intéressent, me disait un farmer ; pendant les années où nous amortissons les dettes que nous avons contractées pour l'achat de la terre et des instruments et pour la construction de notre maison, les lois de homestead ne nous protègent pas, puisqu'elles ne limitent d'aucune manière le droit de poursuite du vendeur ; et cependant ce n'est pas la menace de la saisie qui nous fait défaut pendant cette période où nous sommes à la merci d'une mauvaise récolte ou de la moindre légèreté dans le règlement de nos dépenses : parfois nous versons comptant une partie du prix d'achat, mais cela ne change pas la situation, puisque nous avons dû, pour faire ce versement, emprunter sur hypothèque une somme correspondante : nous serions saisis par le prêteur hypothécaire au lieu de l'être par le vendeur et cela fait six d'un côté et une demi douzaine de l'autre (2) ».

Résulte-t-il de tout ce qui précède que les lois de homestead n'aient dans l'Ouest aucun effet pratique ? Il ne me semble pas que ce soit une conclusion conforme à la vérité,

---

(1) Il me serait difficile de dépeindre l'étonnement de plusieurs des personnes que j'ai interrogées lorsqu'elles s'apercevaient, par mes questions, de l'intérêt que je paraissais attacher à l'étude détaillée de la législation américaine du homestead. Je dois avouer que cette situation n'allait pas sans inconvénients, car quelles que fussent les bonnes dispositions des interlocuteurs, leur premier sentiment était presque un sentiment de commisération pour un étranger venu de si loin afin d'étudier une institution dont eux-mêmes s'inquiétaient si peu. Tout le monde, dans l'Ouest, sait que lorsqu'un débiteur est à la tête d'une famille, on ne peut saisir son habitation, mais cette connaissance *purement cérébrale* n'a pas plus d'importance aux yeux des farmers de ces contrées que n'en a l'article 592 du Code français de procédure civile, qui prohibe la saisie « du coucher nécessaire des saisis et des habits dont ils sont vêtus et couverts » ; jamais, semble-t-il, aucun économiste n'a prétendu que si les Français portaient des vêtements et couchaient sur des lits, cela était dû à l'insaisissabilité édictée par l'article 592 du Code de procédure civile.

(2) *Six to one, half a dozen to the other*, expression familière qui correspond à notre locution : bonnet blanc, blanc bonnet.

et on ne comprendrait pas pourquoi en 1864, dans une phrase déjà citée, un député du Névada célébrait, en termes dithyrambiques, les bienfaits de la loi de homestead de son pays. Si l'on néglige le lyrisme de la forme pour ne s'attacher qu'à la pensée exprimée, on peut croire que ce député constatait, en définitive, un fait exact.

Il faut en effet se rappeler que les lois de homestead jouent un *rôle important dans les temps de crise commerciale*. Si l'on objectait que cette fonction doit être fort minime, puisque ces crises ne durent que peu de temps et ne surviennent qu'à des intervalles périodiques dont la durée moyenne est de dix années environ, je répondrais qu'il ne faut pas mesurer l'importance d'une institution économique à la fréquence de l'usage qui en est fait, mais à l'efficacité de son action. Or, autant les lois de homestead sont impuissantes à protéger celui qui est en train de devenir propriétaire ou le petit propriétaire qui se ruine *chaque année* et qui, pour faire face à son excédent de dépenses, n'hésitera pas à hypothéquer l'habitation de la famille, autant elles protègent énergiquement cette multitude de farmers qui, en dehors de leurs dettes vis-à-vis de leur vendeur ou de leurs créanciers hypothécaires, ont des créanciers chirographaires, notamment leurs fournisseurs et leur banquier. Je ne répéterai jamais assez que les crises commerciales ont, en Amérique, une gravité toute spéciale, parce qu'elles amènent soudainement la demande de paiement de toutes les dettes, sans terme exprès, *et que la masse de ces dettes est considérable*, chacun usant largement du crédit. Il suffit qu'à ces époques un fermier ait une dette quelque peu importante, si inférieure soit-elle à son actif, pour qu'il soit exposé à la ruine complète, puisqu'une saisie, en un pareil moment, ne conduit qu'à une vente à vil prix de toutes les choses qui, vendues un an plus tôt ou un an plus tard, auraient fait ou feraient l'objet d'enchères élevées.

Ce rôle économique des lois de homestead est important, surtout à l'égard d'un créancier spécial, qui à certaines époques de l'année a pour débiteurs la grande majorité des farmers de l'Ouest : je veux parler du banquier. On sait que dans les plus petits villages de l'Amérique on rencontre une ou deux banques (1) avec lesquelles tous les farmers des environs sont en compte courant ; à certains mois de l'année, ces comptes courants sont pour la plupart débiteurs. Dans les temps ordinaires, le banquier accorde aisément des délais, tant qu'il est assuré de la solvabilité de son débiteur. Mais vienne la crise, vienne à se produire de toutes parts un assaut (*rush*) semblable à celui que les banquiers américains ont eu à soutenir en 1893, alors l'attitude du banquier est différente. Obligé lui-même de faire face à des demandes de remboursement multipliées, il requiert de tous côtés à la fois le paiement des prêts qu'il a faits, et cette requête se transformerait vite en une poursuite judiciaire et en une saisie, puisque les raisons mêmes qui le contraignent à formuler sa demande privent le débiteur des moyens de le satisfaire. A ce moment les lois de homestead sont éminemment bienfaisantes, car elles s'opposent à ces rigueurs extrêmes, d'autant plus fâcheuses qu'elles ne visent que des débiteurs incontestablement solvables et toujours habitués à tenir exactement leurs engagements (2).

---

(1) Il n'est pas rare qu'un village de 5000 à 6000 habitants possède jusqu'à trois banques.

(2) On peut se demander quel sera, dans ces conditions, le sort du banquier qui reste lui-même exposé aux poursuites des déposants. La réponse est simple : il ferme ses guichets et pendant que la procédure de liquidation avance lentement et péniblement, la crise passe et le banquier est de nouveau capable de donner dollar pour dollar. La

Il importe de voir que cette insaisissabilité du homestead est avantageuse même aux farmers qui ne sont point encore libérés de leurs dettes vis-à-vis de leur vendeur ou de leurs créanciers hypothécaires. Au premier abord, il semble, au contraire, que le débiteur n'échappera à la poursuite de ses créanciers chirographaires que pour être soumis à celle du créancier privilégié (vendeur) ou hypothécaire, dont les droits n'ont pas été atteints par la loi de homestead. Cependant la pratique ne justifie pas cette induction. En premier lieu, la créance du vendeur ou du prêteur hypothécaire est toujours une dette à terme, et, par suite, il ne peut être question de poursuites actuelles pour une dette qui n'est point encore exigible ; en outre, si la mauvaise chance veut que l'échéance de la dette survienne précisément pendant la période de crise, ou que le terme soit déjà échu lorsqu'elle survient, l'observation des faits atteste que le créancier hypothécaire ou privilégié se montre d'ordinaire beaucoup plus conciliant que le créancier chirographaire, dans sa demande de remboursement, et incline généralement à attendre « des temps meilleurs », dans la crainte qu'une saisie pendant les « temps durs » ne conduise à une adjudication aussi dommageable pour lui-même que ruineuse pour son débiteur (1).

fermeture des guichets constitue pour les banquiers une loi de homestead très efficace et pendant la crise de 1893 elle a rendu des services incontestables à eux-mêmes et à leurs créanciers.

(1) Les détails qu'exigerait le développement de cette affirmation en apparence paradoxale ne peuvent trouver place ici. Qu'il suffise de dire que l'explication de ce fait me paraît se trouver dans deux considérations. D'une part, le créancier hypothécaire est un capitaliste, qui sait qu'il a fait un placement de son argent pour un temps plus ou moins long (trois à quatre ans en général, pour les prêts hypothécaires, sept ans pour l'amortissement du prix de vente) ; au contraire, le banquier, le marchand ont sans cesse besoin de leur argent, qui représente leur fonds de roulement, puisqu'une opération doit toujours en pousser une autre et que les prêts des banquiers sont nécessaire-

Vis-à-vis des créanciers chirographaires, la loi de homestead offre au débiteur surpris par la crise, et soudainement devenu insolvable par la dépréciation de son actif, un secours précieux. Mais là se borne son action, et de tous les cas que j'ai observés, je ne pourrais en citer un seul où un débiteur insolvable d'une manière *permanente et réelle* ait été protégé contre la saisie par la législation du homestead.

Le farmer qui, pendant plusieurs années de suite, fait de mauvaises récoltes, est vite obligé, pour vivre, d'hypothéquer l'immeuble habité par la famille ou d'accroître le montant des hypothèques déjà existantes, et, si la fortune contraire persiste, il ne tarde pas à être exproprié. Pour les raisons qui ont été indiquées précédemment, il est rare que cette extrémité frappe le fermier propriétaire de son homestead, mais elle est, au contraire, extrêmement fréquente en ce qui concerne les farmers qui sont dans la période d'acquisition et d'amortissement de leurs dettes ; et « il suffit d'ouvrir les journaux de l'Ouest pour y voir annoncées les ventes sur saisie (1) ». J'ai rencontré dans le Minnesota plusieurs farmers scandinaves qui avaient été obligés d'abandonner leurs terres dans le Dakota où deux années successives de sécheresse les avaient empêchés de poursuivre l'amortissement annuel de leurs dettes : ils recommençaient sur nouveaux frais à essayer leur chance.

A côté de cet effet bienfaisant, les lois de homestead produisent des résultats fâcheux. On a dit que parfois elles ap-

---

ment des prêts à court terme. D'autre part, les créanciers chirographaires, étant plus nombreux, sont d'autant plus portés à poursuivre qu'ils craignent qu'un autre ne les devance, ou que leur débiteur ne diminue la valeur de leur gage, tandis que les créanciers hypothécaires, toujours peu nombreux, ont la certitude que leur gage ne leur échappera pas, et cette sécurité les invite à attendre : en effet après la liquidation de la crise le bien hypothéqué recouvrera toute sa valeur.

(1) Paul de Rousiers, *op. cit.*, p. 100.

portaient à la sécurité des transactions une atteinte regrettable, en permettant à un débiteur de refuser le paiement de ses dettes. C'est le sentiment exprimé par M. Walter Lyall, consul anglais à Galveston, dans le rapport qu'il adressait à son gouvernement au mois de juin 1886, sur le fonctionnement des lois de homestead au Texas ; il remarque que ces lois contribuent, « en apparence » à rendre ceux qui s'endettent « plutôt indifférents et insensibles à leurs obligations (*rather indifferent and callous to their obligations*) et il ajoute même : « C'est une chose fréquente au Texas d'entendre un homme dire : « un tel me doit 200 dollars, ou 100 dollars, depuis huit ans, depuis dix ans », et la personne dont il s'agit est dans une situation aisée et parfaitement en état de payer (1) ». Sans nier les fraudes nombreuses accomplies sous le couvert des lois de homestead, je ne crois pas que ce jugement puisse être ratifié d'une manière générale, et les entretiens que j'ai eus avec des banquiers et des commerçants de campagne qui vendent fréquemment à crédit ne me permettent pas d'admettre l'opinion exprimée par le consul anglais. Il faut, en effet, ne pas oublier qu'un farmer isolé au milieu des immenses plaines du Nebraska, du Dakota, du Minnesota ou du Texas se trouve sans cesse en relations d'affaires avec le même banquier et les mêmes fournisseurs ; s'il voulait profiter de l'insaisissabilité de son homestead pour ne pas payer ses dettes, cette fraude lui serait plus nuisible qu'avantageuse, car il n'en bénéficierait qu'une fois, tandis que par la suite il ne trouverait plus personne pour lui prêter de l'argent ou lui faire crédit. S'il est facile à un rastaquouère de Paris de se faire habiller successivement chez tous les

____

(1) It is very common in Texas to hear a man say: « So and so owes me 200 or 100 dollars, for the last eight or ten years », the individual named being in good circumstances and quite able to pay the money.

tailleurs de la capitale, sans payer aucun d'eux, il n'en est
plus de même dans l'Ouest des Etats-Unis où la population
est très clairsemée et où chacun apprécie exactement la
mesure de la confiance qu'il doit accorder à ses clients (1).

II. — Effets pratiques des lois de homestead dans les Etats de l'Est.

S'il est quelque peu délicat d'apprécier exactement l'effet
des lois de homestead dans les Etats de l'Ouest, la même
difficulté ne se rencontre plus pour les Etats de l'Est ; ici
la situation se dégage avec toute la netteté désirable, et aucune hésitation n'est possible : L'EFFET PRATIQUE DES LOIS
DE HOMESTEAD DANS LES ÉTATS DE L'EST EST ABSOLU-
MENT NUL ET NÉGATIF.

Il est extrèmement rare qu'un avocat de New-York ou de
New-Jersey sache qu'il existe, dans le *statute Book* de son
État, une loi qu'on appelle le *homestead exemption Act* (2),
et plusieurs avocats de New-York et de Boston qui se consa-

______

(1) On a dit encore que les lois de homestead, en diminuant le crédit ordinaire des farmers poussaient à l'accroissement exagéré des
dettes hypothécaires. Ce reproche, adressé par des publicistes allemands à la législation américaine, ne semble pas fondé, et rien n'autorise à croire que les lois de homestead produisent cet effet, du moins
d'une manière appréciable. J'ajoute d'ailleurs, qu'on ne devrait pas s'a-
larmer de ce résultat, à supposer qu'il fût démontré, dans un pays où
la concession d'hypothèque ne coûte que cinq ou six dollars, tous frais
compris.

(2) Le caractère de cet ouvrage ne me permet pas de redire ici les
aventures comiques ou désagréables dont mes questions sur les homestead laws ont été l'origine : à plusieurs reprises, j'ai dû apprendre
à des avocats de New-York et de New-Jersey qu'il existait dans leur
Etat une loi de homestead et je pourrais citer tels professeurs éminents d'économie politique qui ont manifesté la surprise la plus vive
en apprenant que l'institution du homestead était une des actualités
scientifiques et parlementaires de l'Europe.

crent exclusivement aux mutations de propriétés immobilières nous ont dit n'avoir jamais rencontré dans leur vie
un seul cas où la loi de homestead ait été invoquée (1). Que
si, par une malheureuse inspiration, on se risque dans l'office
d'un Registrar of Deeds, pour demander à ce fonctionnaire
le nombre des déclarations de homestead publiées sur ses
« records » dans ces dernières années, on ne peut réussir à
lui faire saisir l'objet de cette question qu'après les préli-
minaires les plus détaillés sur le fonctionnement et le but
de l'institution sur laquelle on sollicite des éclaircissements.
Au surplus, des documents authentiques fournissent sur ce
point les renseignements les plus précis ; en effet, par une
circonstance qui n'est pas fortuite, tous les Etats de l'Est,
ainsi que nous l'avons vu, exigent une déclaration formelle,
rendue publique par la transcription sur les « records » du
Registrar of Deeds ; il est donc extrêmement facile de savoir l'étendue d'application des lois de homestead dans ces
Etats. Or tous les Registrars of Deeds s'accordent à constater le nombre insignifiant des déclarations faites, et le lecteur trouvera en appendice des tableaux pour les Etats de
New-York, de New-Jersey, de Connecticut et de Massachu-

(1) « Je ne crois pas qu'à Boston, il y ait chaque année plus d'une
déclaration faite sur les « *records* » publics au sujet du *Homestead
Exemption law.* Personne ne paraît s'en soucier ; on n'y pense pas
(*nobody seems to care about it ; they don't think of it.*). Voici plusieurs années que je m'occupe exclusivement de propriétés immobilières (*real estate property*) et je n'en ai jamais trouvé un exemple
dans les actes qui m'ont passé sous les yeux » (Réponse d'un avocat
de Boston, *Massachusetts*).

« Je n'ai jamais rencontré, dans l'exercice de ma profession, un seul
cas où la législation du homestead fût impliquée, ni aucun de mes
confrères non plus. En ce qui concerne le Connecticut, cette législation
n'a absolument aucune importance (*as far as the Connecticut is
concerned, this law is of no importance whatever*) et nos tribunaux
n'ont jamais à décider aucun cas de ce genre ». (Réponse d'un avocat
de Birmingham, *Connecticut*).

setts, que j'emprunte aux rapports rédigés par les consuls anglais aux Etats-Unis, à la suite d'une demande d'enquête qui leur fut adressée en 1886 sur le fonctionnement des lois de homestead dans ce pays (1). On y voit que très peu de personnes invoquent le bénéfice des lois de homestead et que parfois, dans certains comtés, il n'est fait aucune déclaration : pour citer des exemples empruntés à l'Etat du Massachusetts, dans le comté de Suffolk, sur une population de 421.109 habitants, il a été fait trois déclarations dans les seize dernières années, chiffre à peine inférieur à celui fourni par le comté d'Essex qui, sur une population de 363.727 habitants, compte en moyenne une publication chaque année (1). Le consul anglais de New-York atteste « qu'il est évident qu'on n'a jamais pleinement profité de la loi et *qu'on en a profité moins encore dans les dix dernières années* » et poursuivant son rapport il continue ainsi : « Plusieurs avocats de cette ville (New-York) à qui j'en ai parlé, et des fonctionnaires avec qui je me suis trouvé en rapport m'ont répondu *qu'ils ignoraient l'existence d'une pareille loi,* (have not been aware of the existence of such a law). S'il en est ainsi dans les grands centres et dans les villes, (*cities and towns*), il n'est pas étonnant que les lois de homestead soient inconnues dans les campagnes (2) ».

Voici maintenant le rapport du consul anglais de Boston,

(1) Dans le tableau relatif au Massachusetts, rédigé par le savant Commissionner of Labor de Washington, M. Carroll D. Wright, on remarquera les deux lignes qui concernent le comté de Duke ; elles mettent bien en lumière l'équivalence qui existe entre l'insertion de la clause de homestead dans l'acte de mutation enregistré et le transfert de propriété consenti par le mari au profit de sa femme. *Vide suprà,* chap. VII, p. 190.

(2) Report by Consul General Booker, dans *Further Reports from her Majesty's minister at Washington on the homestead and Exemption laws of the United States,* chez Harison and Sons. Londres, 1887.

M. Henderson, dans le ressort duquel se trouvent les quatre États de Massachusetts, de Vermont, de New Hampshire et de Maine qui tous ont promulgué une loi de homestead : « En ce qui concerne la mesure dans laquelle on profite des lois de homestead exemption et leur effet, bienfaisant ou non, à l'égard de la collectivité (*community*), j'ai le regret de dire que, malgré les nombreuses recherches que j'ai faites auprès de fonctionnaires et d'autres personnes, spécialement auprès de propriétaires et d'avocats ayant une clientèle importante pour les mutations de propriété immobilière (*extensively engaged in the transfer of real estate*), je n'ai pas réussi à obtenir des informations précises. Tous cependant sont unanimes dans leur opinion (*they are unanimously of opinion however*) *que c'est seulement dans des circonstances rares et exceptionnelles que l'on profite de ces lois, et qu'elles ne sont pas généralement considérées comme bienfaisantes en pratique* ; les propriétaires préfèrent d'ordinaire être libres d'hypothéquer leurs immeubles, ce qu'ils ne pourraient faire (sans le concours de leur femme) s'ils étaient exempts de saisie (1) ».

(1) And are not generally considered to be pratically beneficial, property holders prefering, as a rule, to be free to mortgage their estate, which they could not do, if they were exempt from attachment ». Report by consul Henderson, *op. cit.*, p. 21. — L'auteur de ce rapport ajoute ces mots significatifs pour quiconque connaît « l'intérêt éveillé » (*wideawake interest*) que prend à toutes les questions économiques et sociales M. Carroll D. Wright, qui est à la fois directeur du bureau fédéral du travail de Washington et du bureau du travail du Massachusetts : « Au bureau de statistique du travail, j'ai appris que le sujet n'avait pas été considéré comme présentant un intérêt suffisant pour mériter d'être l'objet d'une enquête. Cependant le directeur de ce bureau a bien voulu me promettre de faire faire des recherches sur ce point ». Cette promesse fut tenue, et elle aboutit au tableau que l'on trouvera à l'appendice II. On voit qu'avant que des étrangers eussent appelé leur attention, les Américains méconnaissaient l'intérêt d'une des institutions de leur pays, que l'on est habitué, en Europe, à ranger parmi les plus importantes.

Il serait superflu d'insister plus longuement, et on peut affirmer que les lois du homestead n'ont, dans les Etats de l'Est, qu'une application pratique insignifiante, qui ne mérite même pas d'être mentionnée (*is not worth mentioning*). Mais cette connaissance du fait, tout intéressante qu'elle soit, serait insuffisante si nous ne pouvions y joindre celle des causes qui concourent à le produire. Il nous faut donc rechercher ces causes, et la recherche présente un intérêt de premier ordre, parce que l'Est des Etats-Unis n'est point sans ressembler quelque peu aux nations de l'Europe occidentale, à l'Angleterre, à la France et à l'Allemagne : comme elles, il est le théâtre d'une grande activité industrielle et commerciale, et comme elles on peut l'appeler, suivant l'irrespectueuse expression américaine, « le vieux pays » (*the old country*), puisque les Etats de la Nouvelle Angleterre représentent, au moins au point de vue agricole, la partie vieillie de la jeune république américaine, en face des pays neufs de l'Ouest.

Le consul anglais de New-York rapporte que les raisons données pour expliquer l'usage très limité qui est fait des lois de homestead dans les Etats de New-York, de New-Jersey et de Connecticut, sont « le peu d'importance de la valeur protégée, la nécessité de faire inscrire sur les registres une déclaration, enfin l'ignorance où l'on est de l'existence d'une telle loi, particulièrement dans les districts agricoles ». Dans son rapport déjà cité, il s'exprime ainsi : « le secrétaire d'Etat du Connecticut m'écrit que l'exemption des meubles a un effet pratique, parce qu'elle ne requiert aucune formalité pour permettre de s'en prévaloir, et qu'au contraire, l'exemption du homestead n'est point utilisée, parce qu'elle exige l'inscription d'une déclaration ». Laissant de côté l'explication qui, manifestement n'explique rien, tirée de l'ignorance de l'existence de la loi (1), essayons de trouver les motifs économiques qui invitent à l'abstention les habitants des Etats de l'Est : manifestement le bénéfice de la législation du homestead leur paraît bien minime, puisqu'il ne mérite même pas, à leurs yeux, une démarche auprès du *Registrar of Deeds* ; à moins qu'ils n'aillent plus loin encore et ne considèrent comme nuisible et dommageable ce qui, dans la pensée du législateur, constitue une faveur et un bénéfice.

Pour comprendre la manière de se comporter des citoyens de l'Est, il est nécessaire de distinguer, pour les étudier successivement, les trois catégories d'individus propriétaires de leur foyer, de leur « *home* », que nous rencontrons dans ces États : les commerçants (et par commerçants j'entends également les industriels) les ouvriers et les farmers (2).

(1) On aperçoit comment il est impossible qu'une loi, dont les dispositions présenteraient un intérêt sérieux, reste ignorée de ceux qui n'ont, en quelque sorte, qu'à tendre la main pour en bénéficier ; on n'ignore une loi promulguée depuis quarante-trois ans que parce que on n'a pas d'intérêt à la connaître. L'exemple du comté de Chemung est topique à cet égard. Le même consul de New-York indique que, dans ce comté, où de 1850 à 1881 il y avait eu seulement 65 déclarations publiées, il y a eu, depuis et particulièrement en 1882, 490 déclarations sur l'affirmation erronée d'une des principales maisons d'avocats (*firm of lawyers*) que la loi non seulement exemptait la propriété de saisie et d'exécution, mais encore, dispensait le propriétaire du paiement de tous impôts, jusqu'à concurrence d'une évaluation de 1000 dollars » (*Report by Consul General Booker, op. et loc. cit.*).

(2) On me pardonnera de dire que cette partie de mes recherches a été celle pour laquelle j'ai rencontré les plus grandes difficultés d'investigation. Si une personne demandait à un homme d'étude pourquoi il ne consacre pas deux heures chaque matin à creuser une conduite de gaz dans son jardin, ou à un marchand de nouveautés pourquoi il ne se tient pas au courant des procédés les plus perfectionnés de fabrication du beurre, il est douteux qu'elle obtint sans difficulté une réponse satisfaisante, ou plutôt l'absurdité même de la question empêcherait de la poser. Au fond la question que j'adressais à des commerçants et à des farmers de l'Est, lorsque je leur demandais pourquoi

Lorsqu'on connaît les besoins les plus essentiels du commerce, on ne tarde pas à voir que les lois de homestead, loin de pouvoir être favorables à un commerçant, ne peuvent que lui être dommageables.

Tout d'abord, il est évident qu'un riche négociant ou un grand industriel n'aura jamais la pensée de faire sur les « *records* » du Registrar la déclaration prescrite ; ce n'est pas qu'il ne soit pas exposé, dans une certaine mesure, aux revers de fortune et à la ruine ; mais la modicité de la valeur protégée, — trois cents, cinq cents ou mille dollars, suivant les États — rend, pour lui, purement dérisoire la protection de la loi de homestead et il est clair que ce n'est pas la préservation d'une somme aussi absurdement insignifiante (*absurdly insignificant*) qui l'empêcherait de se considérer comme complètement ruiné.

La loi de homestead ne pourrait donc intéresser que cette catégorie, à la vérité très nombreuse, de commerçants qui s'étend depuis ceux qui sont déjà parvenus à l'aisance jusqu'à ceux qui débutent dans les affaires. Mais ceux-là aussi se garderont avec soin de faire la déclaration exigée par la loi. Le crédit et la confiance des tiers ne sont-ils pas en effet pour tout commerçant et surtout pour le commerçant américain le premier de tous les biens, la plus précieuse de toutes les richesses : que le doute effleure son cré-

ils ne faisaient pas la déclaration requise n'était pas sans ressemblance avec les exemples qui viennent d'être cités. Malheureusement, la complication extrême des problèmes économiques, leur enchaînement inextricable ne permettent pas de voir avec la même évidence le caractère déraisonnable de certaines assertions et, à la faveur de cet enchevêtrement universel, les conceptions les plus fantastiques se font jour. Si un individu avait jamais dit : la lumière, c'est l'obscurité, personne n'eût hésité à le considérer comme un mauvais plaisant ou un fou. Proudhon a dit : la propriété, c'est le vol, et la formule a 'fait fortune, à tel point qu'il n'est pas un cours d'économie politique dans lequel le professeur ne s'arrête pour en démontrer la fausseté.

dit, que sa parfaite solvabilité puisse être l'objet du soupçon le plus vague et aussitôt tous ceux qui étaient en relations d'affaires avec lui refusent de lui vendre, les banquiers mettent son papier en interdit, et il est bien vite obligé de renoncer à son entreprise. Dans ces conditions, on peut apprécier combien serait désastreux l'effet d'une déclaration de homestead publiée sur les *records* du Registrar. Voit-on cet homme qui doit garder intact le bon renom qu'il mérite d'avoir et qui aurait plutôt besoin de « jeter un peu de poudre aux yeux » et de se faire passer pour plus riche qu'il ne l'est en réalité, allant volontairement tarir la source de sa fortune en publiant, dans les formes légales, qu'il entend se prévaloir du bénéfice de la loi de homestead, dans le cas où il viendrait à faire faillite. Vainement dira-t-il qu'il n'est qu'un père de famille prudent, que ses enfants sont jeunes et qu'il est toujours sage de prévoir, « puisqu'on ne sait pas ce qui peut arriver ». Personne n'aura la naïveté de le croire, car il est évident que c'est faire preuve d'une prudence bien extraordinaire pour un Yankee qui se prétend riche, de prendre tant de précautions pour sauvegarder éventuellement une misérable somme de 300, de 500, de 1.000 dollars ! On n'imaginerait jamais pareille maladresse, à tel point que, selon la spirituelle remarque d'un négociant de New-York, l'homme qui serait assez sot pour faire un tel acte, alors même qu'il serait réellement riche, ne pourrait manquer de faire promptement faillite, car il aurait donné une preuve irréfragable de son inintelligence et de son impéritie (1). Aussi, la déclaration de homestead est-elle un

(1) Ce commerçant ajoutait : « Ce n'est pas certes que nous ne nous préoccupions vivement de prémunir notre femme et nos enfants mineurs contre le risque de notre mort ou de notre insolvabilité, mais nous employons dans ce but des procédés meilleurs et plus efficaces ; nous contractons une assurance sur la vie, ou nous faisons donation à notre femme d'une propriété foncière que nous possédons ; ces

signe certain que le commerçant qui l'a faite se trouve dans une situation voisine de la banqueroute.

En présence de cette situation, on se prend volontiers à regretter que les Etats de l'Est n'aient pas, comme ceux de l'Ouest, considéré le fait seul de l'habitation comme une notification suffisante aux tiers, et qu'ils aient exigé une déclaration spéciale, à défaut de laquelle les créanciers conservent entier leur droit de poursuite ; on est tenté de croire que, sans cette malencontreuse exigence, les lois de homestead auraient pu devenir de quelque utilité pour les commerçants. Mais ce sentiment, que j'ai formulé moi-même auprès de plusieurs personnes de New-York n'est pas fondé, et, si les lois de homestead des Etats de l'Est imposent une déclaration spéciale, en même temps qu'elles se distinguent par la fixation d'un chiffre très peu élevé pour la valeur exemptée (1), on aurait tort de voir là un effet de la fantaisie bizarre du législateur. La sécurité des transactions commerciales demandait impérieusement qu'il en fût ainsi. Le créancier commerçant doit avoir des moyens rapides et énergiques pour assurer le recouvrement de sa créance, il faut qu'il sache exactement sur quel gage il peut compter, qu'il ne soit exposé à aucune surprise ni à aucune complication de procédure et ce serait soumettre les affaires à de singulières conditions que d'obliger une des parties à se renseigner sur la qualité de « tête d'une famille » de la personne avec laquelle elle contracte. A tous ces points de vue, il y a une antinomie irréductible entre le

moyens nous permettent d'amasser, pour notre famille, une réserve aussi considérable que nous le voulons, sans nous soumettre aux restrictions gênantes de la loi de homestead ».

(1) Il y a loin de l'exemption de 300, 500 et 1000 dollars des Etats de l'Est aux 5000 dollars des Etats de l'Ouest et surtout aux 160 ou 200 acres des Etats du Wisconsin, du Minnesota et du Texas, quelle que soit la valeur des constructions et des améliorations.

principe des lois de homestead et les besoins essentiels du commerce. Dès lors, puisque, dans les Etats de l'Est, l'élément commercial et industriel domine sans conteste, on pouvait être certain *a priori* que les lois de homestead exigeraient que, par un acte spécial, celui qui entend en invoquer le bénéfice, indiquât bien nettement son intention à cet égard et qu'en outre la valeur exemptée serait très minime.

Au-dessous des commerçants, il y a, dans les villes manufacturières de l'Est, une classe nombreuse de propriétaires de leur home : ce sont les ouvriers. Tout le monde connaît l'action bienfaisante de ces *loan and building societies* qui ont contribué si puissamment au développement de la petite propriété ouvrière dans les grandes cités industrielles et on sait que le nombre des *mechanics* et des *workingmen* américains propriétaires de leur habitation est considérable. On s'attendrait à voir ces ouvriers de choix placer leur foyer sous la protection d'une loi qui devrait, semble-t-il, intéresser tous les petits propriétaires ; cependant les renseignements les plus précis ne permettent aucune hésitation : *les ouvriers américains ne recherchent pas la protection de la législation du homestead.*

On peut signaler deux raisons de ce fait : en premier lieu, l'ouvrier américain qui est propriétaire de son habitation appartient évidemment à un type supérieur d'ouvrier, et sa prévoyance personnelle suffira à lui conserver un bien dont il estime tout le prix, puisque, presque toujours, il ne le doit qu'à son travail et à son économie (1). Il est à lui-

(1) Il est rare que les enfants d'un ouvrier américain viennent habiter, à la mort du père, la maison de celui-ci : s'ils sont capables et énergiques, ils continuent à grimper (*to climb*) à l'échelle sociale dont leur père avait gravi les premiers échelons ; s'ils sont incapables de

même sa propre loi de homestead (*he is the law to him-self*), suivant la belle expression d'un économiste améri-cain. D'ailleurs, puisque sa profession n'exige aucune avance de capital, son inconduite et sa paresse pourraient seules le ruiner, et on vient de voir que ces défauts sont extrê-mement rares chez l'ouvrier propriétaire de la maison qui abrite sa famille. Mais il parait y avoir une seconde rai-son à la répugnance de l'ouvrier américain à faire la décla-ration de homestead : le consul anglais de Boston atteste que le propriétaire aime mieux conserver la liberté d'hypo-théquer, à son gré, son immeuble. Le home peut devenir, en effet, pour celui qui est « capable de pousser toujours plus avant sa fortune » une source précieuse de crédit, et il serait maladroit de donner volontairement une cause d'inquiétude à ceux à qui il peut être très utile d'avoir su inspirer confiance. On retrouve donc ici une considération analogue à celle qui vient d'être indiquée pour les commer-çants.

Si les lois de homestead ne protègent pas contre la saisie les ouvriers propriétaires de leur habitation, *parce que cette protection est inutile*, elles ne protègent pas davantage les farmers des campagnes, *parce qu'elles sont impuissan-tes à le faire*. De fait, les saisies n'ont pas manqué, dans les campagnes de l'Est, depuis trente ans et, de tous côtés, on ne voit, lorsqu'on les traverse, que de vastes espaces de

---

s'élever à une situation indépendante, ils vont d'ordinaire travailler successivement de ville en ville et presque toujours la maison du père sera vendue à sa mort. Puisque je parle d'ouvriers qui s'élèvent, on me permettra de rapporter ce bel exemple qui m'a été cité par M. Car-roll Wright. En 1872, dix ouvriers de l'importante manufacture de fil de fer, Washburn, Moen et C° (Worcester, Massachusetts) dési-reux de s'instruire, s'associèrent pour fonder une école de dessin et d'enseignement de la mécanique théorique. A l'heure actuelle six d'en-tre eux sont propriétaires d'usine et les quatre autres sont directeurs d'établissements manufacturiers. L'école de Worcester existe encoro.

terrains, soit en bois, soit en pâturages, que personne ne cultive, et des maisons de ferme abandonnées, souvent en ruine, qui attestent à la fois l'ancienne prospérité et la déchéance actuelle.

L'abandon des fermes de l'Est est devenu un des sujets classiques de l'économie politique américaine (1), et il n'est pas un voyageur qui, se trouvant dans ces contrées, n'ait entendu cette courte phrase qui est pour un Américain une sentence de condamnation sans appel : « *Farming does not pay in the East* : la culture ne paie pas dans l'Est ».

Sans rechercher ici les causes, d'ailleurs bien connues (2) de cette décadence agricole, il suffit de prendre acte de la ruine complète de l'agriculture dans l'Est : elle est à ce point notoire, qu'il serait superflu de vouloir la prouver. La culture du blé y a très sensiblement diminué, elle continue de décroître chaque jour et les Etats où l'activité industrielle est le plus développée n'en produisent plus du tout. L'élevage du bétail n'a pu davantage soutenir la concurrence de l'Ouest et les *packing-houses* d'Armour, de Swift et de leurs concurrents augmentent chaque année leurs envois de viandes de bœuf, de porc et de mouton, en wagons réfrigérants. Bref, partout où les usines n'ont pas aggloméré autour d'elles une population plus ou moins dense, les campagnes sont dépeuplées, et les farmers, avec cette aptitude à se « retourner » et « à flairer d'où vient le vent » (where the wind blows) qui distingue l'Américain, s'en sont allés

----

(1) Cf. *Abandoned farms of Massachusetts* par Horace G. Wodlin, Chief of the bureau of statistics of labor, Boston 1891.

(2) Si l'Europe a souffert de la concurrence du Dakota et du Minnesota, il est manifeste que les terres épuisées et rocailleuses de l'Est devaient en souffrir plus encore : elles étaient plus voisines et en outre les farmers de l'Est employaient, pour la culture, une main d'œuvre quatre ou cinq fois plus dispendieuse.

dans l'Ouest exercer une profession qui ne pouvait plus « payer » que là (1).

Et cependant les Etats de l'Est avaient aussi une loi de homestead : mais ici, pas plus qu'ailleurs, il ne dépend du législateur de lutter contre la force irrésistible des choses et contre les « lois éternelles » qui président aux combinaisons des éléments économiques. On a eu beau promettre aux farmers du New-York, du Massachusetts et de la Pensylvanie, de les protéger contre la saisie, s'ils consentaient à faire transcrire leur déclaration sur les « *records* » du Registrar, les farmers plus avisés ont vu que c'était là prendre un engagement qu'on ne pouvait tenir et ils ont émigré à l'Ouest ou sont devenus ouvriers d'industrie. Ils n'ont pas même pris l'inscription qui devait suffire à les sauver, et ils ont eu raison, car elle ne leur eût servi de rien. Autant l'insaisissabilité légale peut être une mesure bienfaisante, en temps de crise économique soudaine et de peu de durée, autant elle est inutile pour celui qui glisse lentement vers la banqueroute. Lorsqu'une personne ne gagne pas assez d'argent pour subvenir à ses besoins, elle ne peut que choisir entre deux partis : contracter des dettes, si elle a du crédit et qu'elle trouve à emprunter de l'argent, ou bien, s'adonner à un travail plus lucratif, à moins qu'elle ne soit réduite à mourir de faim, si par suite de circonstances spéciales, il ne lui est loisible de prendre ni l'un ni l'autre de ces deux partis. Les farmers de l'Est, voyant que l'emprunt ne pouvait être une solution, ont eu l'énergie d'aller ailleurs « reconstruire leur fortune ». On ne saurait trop répéter que la législation du homestead ne leur a été d'aucun secours,

---

(1) Les seuls établissements agricoles qui subsistent sont ceux qui subviennent à l'approvisionnement journalier de villes voisines, c'est-à-dire ceux qui sont consacrés à la culture maraîchère ou à l'industrie laitière. Cf. Paul de Rousiers, *op. cit.*, p. 292.

parce que, d'une part, elle n'interdit pas l'hypothèque, mais en soumet seulement la constitution à l'agrément de la femme (1), et que jamais un propriétaire ne consent à mourir de faim avant d'avoir fait usage de tous ses moyens de crédit ; puis parce que, d'autre part, lorsqu'un homme ne gagne pas assez pour vivre, il sert peu de le protéger contre la saisie, il faudrait accroître ses ressources matérielles, et cela, ni les lois de homestead, ni aucune mesure législative ne le peuvent faire.

Les lois de homestead n'ont eu dans les Etats de l'Est aucun effet appréciable, et ainsi s'explique comment sur les cinq Etats de l'Union qui n'ont pas adopté le principe de l'exemption du homestead, il y en a quatre : le Maryland, la Pensylvanie, le Delaware et le district de Colombie qui sont situés à l'Est (2). Je puis attester qu'il n'existe dans ces Etats aucune agitation en faveur de l'adoption d'une loi de cette nature, et il est même piquant de remarquer que la ville américaine qui se distingue entre toutes par le pourcentage élevé de ses ouvriers propriétaires de leur foyer, celle qui a mérité le beau titre de Ville des foyers, *City of Homes*, Philadelphie, se trouve appartenir à l'Etat de Pensylvanie, qui n'a jusqu'ici inscrit aucune loi de homestead sur son *Statute Book*.

---

(1) Il ne faut jamais oublier que les lois américaines de homestead, sauf deux exceptions, ne prohibent pas l'hypothèque de l'habitation de la famille, et que le créancier, au profit duquel une hypothèque a été consentie, peut exercer librement son droit de poursuite et de saisie.

(2) Le cinquième est l'Orégon.

III. — Effets pratiques des lois de homestead
dans les États du Sud.

Si les lois de homestead ne reçoivent dans les États de l'Est qu'une application presque nulle, leur application pratique est, dans les États du Sud, plus insignifiante encore. Pour le prouver, il suffit d'indiquer, en quelques traits, la situation lamentable des farmers du Sud, au sujet de laquelle prévalent d'ailleurs trop souvent, en Europe, les plus étranges méprises. Celles-ci tiennent à deux causes : on a volontiers conclu de l'accroissement énorme des récoltes annuelles du coton à l'amélioration du sort de ceux qui le cultivent ; de plus, l'excès même de la misère des « péons » a éloigné des lieux qui étaient le théâtre de cette misère les hommes d'étude, les publicistes et les économistes qui auraient seuls pu la décrire (1).

On sait quels événements amenèrent, il y a trente années, la ruine des Etats esclavagistes du Sud. La guerre dévastatrice et épuisante (*devastating and exhausting war*), qui se termina pour le Nord en une victoire et se résolut en une bonne affaire, fut pour le Sud bien autre chose qu'une défaite ; ce fut un changement radical et soudain du système

---

(1) Cette seconde explication de la rareté des documents sur la situation des farmers du Sud et des illusions étranges qu'on nourrit généralement sur cette situation m'a été donnée par un professeur d'économie politique du *Columbia College* de New-York ; elle paraît très exacte, et il est permis de croire que, si la misère des petits planteurs de coton n'avait pas été aussi excessive, elle serait beaucoup plus connue. — Plusieurs des détails que l'on va lire m'ont été fournis par M. Georges K. Holmes, le distingué collaborateur du Census Office de Washington, qui a fait de la culture dans le Sud une étude spéciale et qui a publié un résumé du résultat de ses investigations dans la livraison de septembre 1893 des *Annals of the American Academy of the political and social science*.

agraire, un bouleversement complet des institutions essentielles, la ruine irrémédiable pour tous : les planteurs, les « pauvres blancs » (*poor whites*), comme on les appelait, revinrent minés, découragés, désespérant de l'avenir et abîmés dans l'universel effondrement du passé. Il n'y eut plus de degrés dans la richesse : tous ressentaient les angoisses de la misère et les tortures de la faim.

Lorsqu'il fallut se procurer la nourriture et le vêtement, on s'adressa naturellement à ceux qui vendaient l'une et l'autre, au marchand, et à partir de ce jour, le petit commerçant, le *general merchandiser* fut le patron dirigeant de la société nouvelle.

Comme personne n'avait d'argent pour payer les fournitures achetées, les marchands acceptèrent en garantie la récolte *future* de coton, sur laquelle ils prirent hypothèque, et ces emprunts onéreux furent la seule ressource de tous les farmers, grands ou petits, puisque tous traversaient la même crise. C'est alors que ces emprunteurs se trouvèrent, sans s'en douter, placés à ce que l'on pourrait appeler une bifurcation : autant le crédit est bienfaisant aux individus prévoyants et capables, autant il est néfaste pour les prodigues et les faibles, qu'il mène promptement à la ruine, s'ils ont un petit patrimoine, à la servitude et à l'esclavage de fait ou de droit, s'ils n'en ont pas (1).

La race des planteurs du Sud, qui avait fourni autrefois à la république naissante ses premiers hommes d'Etat, les Washington, les Jefferson, les Adams, fut impuissante à

(1) Il est incontestable que l'usage du crédit produit toujours pour les imprévoyants l'une ou l'autre de ces deux conséquences ; il semblerait que ceux qui n'ont rien ne peuvent rien perdre, mais l'exemple du colonat romain, du servage en Russie, des péons du Mexique et des farmers du Sud des Etats-Unis démontre que l'homme qui n'a plus aucune richesse possède encore un dernier bien sur lequel il peut concéder une hypothèque de fait ou de droit : sa liberté.

s'élever à la hauteur de la tâche à laquelle les événements l'appelaient soudainement : habitué à une vie facile, se reposant sur le travail esclave et se contentant de la direction supérieure, le blanc du Sud n'eut pas l'énergie de « rebâtir » (*build up again*), par le labeur manuel, sa fortune détruite ; incapable d'effort prolongé, ne connaissant, en fait de fatigue physique, que celle que procurent agréablement la chasse et l'équitation (1), il ne sut ni produire par son travail, ni économiser sur ses gains. Il s'habitua à vivre au jour le jour, à manger au printemps le produit de la récolte de l'automne suivant. A l'heure actuelle, ces pratiques déplorables, aggravées par l'accoutumance chez ceux qui les ont suivies depuis longtemps, comme un mode régulier de culture de leur terre, adoptées de plus en plus par ceux qui jusqu'ici s'y étaient montrés réfractaires, ont fait, de la culture du coton, dans les anciens Etats esclavagistes, le signe de la misère la plus profonde et de l'abaissement le plus odieux, à telle enseigne que les économistes américains n'ont plus qu'un mot pour désigner les farmers du Sud, celui de Péons, *The Peons of the South* (2).

(1) Michel Chevalier, dans ses *Lettres sur l'Amérique du Nord*, trace un portrait admirable du Virginien, opposé au Yankee : « Le Virginien de race pure est ouvert, cordial, expansif ; il a de la courtoisie dans les manières, de la noblesse dans les sentiments, de la grandeur dans les idées... Il est généreux et prodigue : autour de lui, et dans les nouveaux Etats plus que dans la Virginie appauvrie, règne la profusion. Quand la récolte de coton a été bonne et que les prix sont fermes, il appelle tous et chacun à jouir de son opulence, sans beaucoup s'inquiéter de ce que sera la récolte prochaine. Il n'y a nulle place au monde où il ne soit digne de figurer avec avantage, il n'y a pas de destinée à la hauteur de laquelle il ne soit en mesure de s'élever. Il est du bois dont on fait les grands orateurs. *Il s'entend mieux à commander aux hommes qu'à dompter la nature et à maîtriser le sol* ». Charleston, 28 mai 1834. — Malheureusement les événements allaient l'appeler à faire la seule chose dont il fût incapable, à travailler de ses mains, et cet homme qui pouvait s'élever très haut ne sut pas descendre, si c'était là descendre.

(2) Le mot Péon désigne, au Mexique, le manouvrier agricole qu'em-

Le marchand remplit vis-à-vis de ces péons, le rôle du propriétaire de l'hacienda mexicaine. C'est lui qui *donne l'ordre* de produire telle ou telle récolte suivant la convenance de *son* marché, sans se soucier de l'intérêt de son débiteur. Suivant les cas, il impose la culture du coton ou du maïs en quantités proportionnées au montant de la dette qu'il a laissée s'accumuler. C'est par son intermédiaire que se fait la vente. Ses exigences en coton ont évidemment marché de pair avec l'endettement du farmer et de là vient l'accroissement si considérable, dans la production de ce

ploient les propriétaires des *haciendas*, immenses exploitations qui s'étendent parfois sur plus de 20.000 hectares. L'éloignement de tout marché oblige le manouvrier à se procurer toutes les provisions et en général toutes les choses dont il peut avoir besoin à la *tienda*, sorte de magasin établi sur la résidence domaniale. Chaque semaine, en payant les péons, l'intendant de l'hacienda leur retient le prix des provisions fournies. Quand on connaît l'imprévoyance de ces péons et leurs habitudes d'ivrognerie, de paresse et d'immoralité, on voit aussitôt à quels abus une pareille organisation économique peut donner naissance : la plupart du temps, les provisions sont vendues à des prix exorbitants et, tandis que la *tienda* devient pour le propriétaire une source abondante de profits, elle mène rapidement le péon à un endettement indéfini et, par suite, à l'asservissement de fait de sa personne. On a vu parfois les autorités administratives obliger un péon à rester au service d'un propriétaire jusqu'à ce qu'il se fût acquitté du montant des avances qu'il avait reçues de lui : dans ce cas, le servage de fait est illégalement transformé en un véritable esclavage de droit. « Dans » plusieurs localités, il n'est pas possible d'engager un domestique ou » un manouvrier agricole sans avoir auparavant payé les dettes qu'il » a contractées vis-à-vis de son employeur précédent : elles montent » souvent de 100 à 500 piastres.... Avec le temps la dette des ouvriers » augmente au lieu de diminuer ; car généralement, chaque semaine, » le travailleur demande plus d'argent ou de fournitures qu'il n'a ga- » gné.... Le nouveau propriétaire, chez qui les ouvriers veulent s'en- » gager, paie volontiers leur dette pour s'assurer des travailleurs, » car personne n'en a jamais assez ». *North American Review*, janvier 1892, article de M. Romero, cité par M. Claudio Jannet dans : La société au Mexique et l'avenir économique du pays, *Revue des Deux Mondes*, 15 juillet 1893, p. 328. — Le *peonage system* rappelle, en les centuplant, les abus du trop fameux *Truck system* anglais ou américain.

textile, que les écrivains des Etats du Nord et de l'Europe citent comme une démonstration de la supériorité du travail libre des nègres sur le travail esclave (1).

Chaque récolte de coton est dévorée d'avance et à peine est-elle achevée que le farmer doit donner une hypothèque sur la récolte de l'année *suivante,* avant même que la semence ait été déposée dans la terre (*before the seed goes into the ground*). Les dettes de ce vrai péon portent intérêt à un taux exorbitant et les nombreuses lois anti-usuraires des Etats du Sud ont été, cela va sans dire, impuissantes à arrêter l'usure, car le commerçant peut toujours élever à sa guise le prix des fournitures faites. De toutes les enquêtes dirigées sur ce point, il ressort que le taux le plus bas de l'intérêt est de 25 0/0 par an, que 40 à 80 0/0 constitue le taux ordinaire et que, dans quelques endroits, le taux de 200 0/0 est pratiqué. Les informations personnelles que j'ai pu recueillir ne font d'ailleurs que confirmer les indications d'un publiciste très exactement renseigné, M. Georges K. Holmes.

Voici d'autre part un extrait d'un document publié, en 1887, par M. Daniel Dennett, un des hommes qui connaissent le mieux l'agriculture et les farmers du Sud :

« Les farmers du Mississipi sont, pour la plupart, pauvres et ignorants et les marchands profitent de leur pauvreté et de leur ignorance. Les prix au comptant des denrées sont d'ordinaire plutôt élevés, mais, à crédit, c'est généralement de 40 0/0 au moins qu'ils sont majorés, souvent de 70 et même de 100 0/0. Par exemple, un baril de farine est vendu en août et septembre 10 dollars payables en *coton* en novembre. Or ce baril se vend avec bénéfice au

---

(1) Quelque douloureuse que soit cette constatation, il est malheureusement trop certain que la progression énorme de coton est due surtout à cette cause. Cf. *The Peons of the South, loc. cit.*

prix de 6 dollars ; c'est donc un intérêt de 4 dollars pour 6 dollars prêtés pendant trois ou quatre mois, soit au moins 200 0/0 par an, et naturellement les mêmes conditions usuraires se retrouvent pour le lard, les effets d'habillement, les ustensiles de ménage, etc. » (1).

Sans doute, un coefficient extraordinaire de risques légitime une certaine hausse de l'intérêt (2), mais il est certain que ces procédés usuraires aboutissent à faire passer le profit du fermier dans la poche des marchands (*to transfer the farmer's profit to the pocket of the merchant*). Aussi est-ce un dicton courant dans le Sud que le petit commerce de détail (*merchandising*) est la voie qui mène à la fortune (*is the road to wealth*). Dans le Misssissipi, pour ne citer qu'un exemple, des statisticiens bien informés estiment que les *merchandisers* possèdent plus de la moitié des fermes de cet Etat, et M. Dennett cite un marchand de Summit qui, à lui seul, possède une centaine de fermes.

A la vérité, ces propriétés foncières sont loin de représenter une fortune, car la terre a peu de valeur, ou pour mieux dire, elle n'en a aucune, puisqu'elle ne peut trouver d'acheteurs. Ce fait donne même l'explication d'une mystérieuse contradiction qui, au premier abord, déroute l'observateur

(1) Lettre de M. Daniel Dennett au consul anglais de la Nouvelle-Orléans, M. A. de Fonblanque, reproduite dans : *Further Reports on the homestead and exemption laws*, p. 23. — L'incurie de ces farmers ne se peut imaginer. Rien ne serait plus facile pour eux que de récolter sur leur terre les divers produits dont ils ont besoin et cependant ils achètent des choux 0 fr. 75 la pièce, des pommes de terre d'Irlande, 7 fr. 50 le boisseau, du foin 100 francs la tonne et ils paient cinq francs un boisseau de maïs qui en coûte deux.

(2) Le nègre surtout fausse volontiers compagnie à son créancier ; peu désireux d'accomplir un travail qui ne lui profitera pas, puisque la récolte de coton sera tout entière absorbée par les avances de l'année écoulée, il disparaît souvent au moment de cette récolte et emporte même parfois subrepticement, la nuit, le coton de sa culture, sans donner un seul *cent* au fournisseur.

et le porte à considérer, comme une marque de prospérité, le signe le plus certain de l'indigence des « pauvres blancs » du Sud : *la dette hypothécaire des États du Sud est absolument insignifiante.*

En 1890, il n'y avait en Géorgie que 3.38 0/0 des fermes cultivées par leurs propriétaires qui fussent hypothéquées, 8 0/0 dans la Caroline du Sud et 3.21 0/0 seulement dans le Tennessee. Si on compare ces chiffres avec ceux que fournissent les Etats dont la prospérité agricole est notoire et incontestée, et qui s'élèvent respectivement à 46.39 0/0, à 42.85 0/0, et à 53.29 0/0 pour le Minnesota, le Wisconsin et l'Iowa, ce rapprochement dit éloquemment la misère de ces contrées pour ceux qui n'ignorent pas les raisons du caractère infinitésimal des premiers chiffres (1).

(1) En Géorgie, la somme totale des hypothèques sur IMMEUBLES s'élevait, au 1ᵉʳ janvier 1890, à 27.387.590 dollars, chiffre qui, comparativement à la population de cet Etat, donne une dette hypothécaire (sur immeubles) de 15 dollars par tête. Voici, au surplus, le tableau très instructif de la dette hypothécaire (sur immeubles), par tête, des quarante-huit Etats ou territoires de l'Union :

	dollars		dollars		dollars
Alabama. . . .	26	Louisiane . . .	25	North Dakota.	141
Arizona	39	Maine	49	Ohio	17
Arkansas . . .	13	Maryland . . .	62	Oregon	78
Californie . . .	200	Massachuselts .	144	Pensylvanie . .	117
Colorado. . . .	206	Michigan . . .	72	Rhode Island. .	106
Connecticut . .	107	Minnesota. . .	152	South Caroline.	12
Delaware . . .	96				
District de Colombie. . . .	226	Mississipi . . .	15	South Dakota .	110
		Missouri. . . .	80	Tennessee . . .	23
Floride	40	Montana. . . .	66	Texas	42
Géorgie	15	Nebraska . . .	126	Utah.	39
Idaho	38	Nevada	48	Vermont. . . .	84
Illinois.	100	New Hampshire	50	Virginie. . . .	17
Indiana	51	New Jersey . .	161	Washington . .	126
Iowa.	104	New Mexico. .	43	West-Virginia .	26
Kansas	170	New-York. . .	268	Wisconsin. . .	72
Kentucky . . .	25	North Carolina.	13	Wyoming . . .	82

Les chiffres de l'Alabama, de l'Arkansas, de la Floride, de la Géor-

Dans les Etats du Sud une hypothèque sur une « farm » est considérée comme de nulle valeur pour le créancier qui ne l'accepte que comme ressource extrême et *après* que la récolte *future*, les mulets, le bétail et tous les meubles lui ont été hypothéqués. Il y a plus : les chiffres précités ne prennent toute leur signification que si on y joint l'indication des causes pour lesquelles les dettes hypothécaires ont été contractées. Or, tandis que dans l'Ouest, le prix d'achat (*real estate purchase*) et les dépenses d'amélioration (*improvement*) représentent environ les quatre cinquièmes du montant de la dette hypothécaire (1), cette source d'endettement ne représente plus, en Géorgie, que 46,98 0/0 dans le comté de Houston et 20,93 dans celui de Twiggs (2).

Enfin, comme si l'excessive misère de ces pays avait

gie, du Tennessee, des deux Carolines, de la Virginie comparés à ceux du Minnesota, du Nébraska, et surtout des trois États de beaucoup les plus riches de l'Union, la Pensylvanie, le Massachusetts et le New-York démontrent éloquemment combien il importe de ne pas juger de la richesse d'un pays d'après l'importance de sa dette hypothécaire. L'accroissement de la charge hypothécaire, qui est en Allemagne et en Autriche un signe de malaise, est, dans le Minnesota et le Nébraska, un indice de prospérité, et les seuls États de l'Union américaine, qui n'ont point participé au mouvement général d'expansion et de progrès matériel et scientifique, sont aussi ceux dans lesquels le montant de la dette hypothécaire, par tête, est le plus faible. A l'inverse, Kansas-city, une des villes des États-Unis qui s'est le plus signalée par l'extraordinaire rapidité de son développement et qui comptait en 1890 182.716 habitants, soit une augmentation de 37 0/0 en dix ans, a une dette hypothécaire de 445 dollars par tête d'habitant.

(1) Les résultats du recensement de 1890 attestent que cette proportion s'élève, pour citer un exemple emprunté à un État de l'Est, à 81.74 et à 88.20 0/0 dans deux comtés du Massachusetts (Franklin et Hampden).

(2) Tous les renseignements de la statistique, avec une unanimité qui atteste la précision rigoureuse des résultats fournis par elle aux États-Unis, s'accordent à témoigner en faveur de la déplorable situation économique des farmers du Sud. Cf. *Album of agricultural Graphics*, publié en 1890, sous la direction du *Statisticien* de Washington : Values per acre of crops of the United States.

voulu apporter un démenti aux formules les plus courantes, voici un dernier trait qui, ajouté à ceux qui précèdent, achève le tableau de la triste situation des farmers du Sud. Dans ces contrées où la terre est sans valeur, où pour quelques dollars on peut acheter une ferme et se bâtir une maison de bois (*dwelling of logs*), plus de la moitié des fermes sont exploitées par des locataires, et la proportion des farmers locataires, relativement au nombre des farmers propriétaires, a, dans ces dernières années, considérablement augmenté. Le recensement de 1890 a démontré qu'en Géorgie 58,10 0/0 des fermes étaient exploitées par des locataires, et ce chiffre indique la progression énorme de 13,25 0/0 sur celui de 1880. Dans la Caroline du Sud cette proportion s'est élevée de 50,31 0/0 à 61,49 0/0, soit une progression de 11,18 0/0 en dix années (1). De pareils chiffres rapprochés de ceux qui ont été rapportés plus haut, pour le Minnesota et le Wisconsin, attestent d'une manière certaine l'état de dénûment et l'abaissement constant des populations agricoles des Etats du Sud.

Après cet exposé raccourci de la situation des farmers du Sud (2), il n'est pas besoin d'ajouter que les lois de homes-

----

(1) Dans le Tennessee, la proportion des farmers locataires est de 41.88 0/0.

(2) Tout ce qui précède s'applique également au farmer blanc et au farmer nègre ; si nous envisagions spécialement ce dernier, le tableau serait plus sombre encore. Son incurie et son incapacité dépassent toute conception, et M. Holmes rapporte que c'est le marchand qui doit se charger de lui acheter un mulet, s'il lui en faut un pour la culture, d'enterrer sa femme ou son enfant, de payer ses impôts, de lui dispenser, à lui-même ainsi qu'à sa famille, la nourriture et le vêtement. « Le nègre est aussi incapable qu'un enfant de pourvoir lui-même à ses besoins et il n'est pas moins que lui insouciant du lendemain. Le système actuel de tenure, tel qu'il est pratiqué, est inférieur, au point de vue économique, au système d'esclavage antérieur, et si l'esclave d'autrefois n'obtenait pas une part légitime du produit de son travail, le nègre d'aujourd'hui obtient moins encore, parce qu'il n'échappe pas à l'incidence de la perte économique. Comme esclave, il

tead n'ont reçu dans ces contrées aucune application pratique. Tous les Etats de cette partie de l'Union ont adopté
successivement les principes de la législation du homestead
et, chaque année, l'innombrable armée des péons du Sud
s'augmente de nouvelles recrues, tandis que l'endettement
des vétérans suit une progression ininterrompue. La petite
propriété est journellement la proie de la saisie et l'impossibilité où l'on est de vendre une chose sans valeur empêche seule des poursuites plus nombreuses encore. D'ailleurs
il n'y a plus dans le Sud de petits propriétaires, à proprement parler ; tous les farmers, qu'ils soient propriétaires ou
locataires, sont profondément endettés envers le marchand
et c'est une cruelle dérision d'appeler petits propriétaires
des gens qui ont hypothéqué leur récolte future de coton
avant d'en avoir semé la graine, des gens dont les bestiaux
et les instruments aratoires sont hypothéqués pour des
sommes bien supérieures à leur valeur marchande.

Après toutes ces constatations, on sera moins surpris de
la remarque d'un jurisconsulte américain qui observe que,
d'après les calculs faits pour la Géorgie où le homestead est
protégé jusqu'à concurrence de 2000 dollars, si chaque
« tête de famille » pouvait traduire en une réalité pratique
la conception chimérique de la loi, la somme à laquelle on
arriverait représenterait plus de trois fois la valeur de toutes les terres de cet Etat. Ce qui est surprenant c'est qu'un
des propagateurs du mouvement européen, du homestead
ait écrit que « l'introduction des lois de Homestead Exemp-

était mieux nourri et mieux logé et il était au nombre des malades les
mieux soignés du comté ». Parlant à la fois des blancs et des nègres,
M. Holmes ajoute : « le farmer ne lèvera pas le doigt pour retarder la
destruction de ses bâtiments. La charrue est laissée à l'extrémité du
dernier sillon, jusqu'à l'année suivante ; quelques clous ou quelques
vis épargneraient souvent des dollars. Que dire des farmers qui n'ont
pas de jardin potager » !

tion fut un moyen de restaurer la constitution ébranlée des anciens Etats esclavagistes et une des principales causes du merveilleux progrès de la prospérité matérielle des Etats du Sud (1) » ! !

En présence de cette impuissance complète des lois de homestead à produire, dans les Etats de l'Est et du Sud, aucun résultat appréciable, on se demande pourquoi ces Etats ont adopté, eux aussi, la législation du homestead, pourquoi ils ne sont pas restés fidèles au principe général qui autorise un créancier à saisir tous les biens de son débiteur. Le lecteur n'a pas oublié que, lorsque j'ai, au chapitre précédent recherché le but que les Etats de l'Union américaine avaient poursuivi, en adoptant les lois de homestead, j'ai eu soin de limiter aux Etats de l'Ouest les éclaircissements donnés. Ici se pose donc de nouveau la question, laissée alors sans réponse : pourquoi les Etats de l'Est et du Sud ont-ils promulgué des lois de homestead ?

On me permettra de répondre à cette question en posant

(1) Il ne peut y avoir de doute que le *peonage system* ne soit responsable des maux dont souffrent les farmers du Sud. Mais à quoi faut-il attribuer ce *peonage system* ? Les uns toujours empressés à voir, dans le prêteur, un spéculateur qui exploite odieusement les besoins des emprunteurs, s'en prennent aux marchands. Je me garde de faire ici leur éloge, mais aussi convient-il de reconnaître que de tels débiteurs ne peuvent guère trouver que de tels créanciers. On se plaint que les banques de la Nouvelle-Orléans soient hermétiquement fermées (*hermetically sealed*) à ces emprunteurs ; mais, en vérité qui peut s'en étonner ? Au fond, la question se ramène à celle-ci : Est-il possible de modifier la formation sociale des populations agricoles du Sud ? Beaucoup en doutent et je crois qu'ils ont raison. Une solution toute différente apparaît depuis quelques années ; des hommes de l'Est, patrons et ouvriers, descendent avec leurs capitaux dans le Sud : les immenses richesses houillières de l'Alabama et de la Virginie commencent à être exploitées. Cette arrivée d'hommes énergiques et entreprenants marque, à n'en pas douter, le début d'une période nouvelle de régénération sociale.

la question inverse : pourquoi ne les auraient-ils pas promulguées ? Il est certain qu'elles n'ont été nuisibles à personne. Sans doute, cet effet négatif paraît un titre bien modeste pour recommander une mesure à l'attention d'un législateur, et il semble que les lois ne doivent pas seulement ne pas être funestes dans leurs effets, qu'elles doivent être bienfaisantes. Mais un pareil raisonnement ne repose-t-il pas sur une intelligence *trop étroite* de ce qu'il faut entendre par les effets utiles d'une loi ?

Lorsque, par exemple une loi flatte les désirs ou les idées, même les moins raisonnables, des électeurs, qu'elle semble, par sa conception théorique, devoir être une bénédiction pour « les petits et les faibles », qui sont le nombre au jour du vote, peut-on dire que cette loi n'a aucune utilité aux yeux d'un politicien américain ? « Il faut bien vous persuader, me disait M. Carroll D. Wright, que, dans ce pays, les parlements votent beaucoup de lois qu'ils savent être parfaitement inefficaces. Dans une grande démocratie comme la nôtre, on ne peut espérer que le corps électoral sera toujours sage dans ses demandes. Mais, si la loi n'est pas nuisible, ce qui malheureusement n'arrive pas toujours, pourquoi ne pas contenter de braves électeurs qui sans cela continueraient leurs protestations. Ainsi le congrès fédéral a adopté, il y a quelque temps, un *Act* qui frappe de nullité les contrats d'embauchement ou de louage de services, conclus avec un immigrant, avant qu'il n'ait débarqué aux Etats-Unis : en fait, cette loi est absolument lettre morte, et cependant on n'a peut-être pas eu tort de la voter, car elle a satisfait un grand nombre d'ouvriers toujours hostiles au *foreign labor.*

« Ainsi en allait-il des lois de homestead ; en 1849 et en 1850, les *mechanics* et les *farmers* de l'Est étaient très excités contre les capitalistes ; ils ont cru voir un remède dans la législation du homestead, et on l'a adoptée « pour leur faire plaisir » ; de même, dans les États du Sud, après la guerre de Sécession tous les blancs étaient ruinés et lourdement endettés : comme la législation du homestead semblait venir au secours des débiteurs malheureux, immédiatement on l'adopta (1). Vous vous trompez étrangement si vous pensez qu'on n'a pas voté et qu'on n'est pas prêt à voter bien d'autres mesures utiles en apparence, insignifiantes en fait ».

Cette explication, qui paraît très exacte, montre l'intérêt tout *spécial* que les États du Sud et de l'Est avaient à adopter les lois de homestead. Il serait facile d'en appuyer la valeur, par de nombreux exemples empruntés aux parlements américains, et il est même probable que l'on pourrait, sans traverser l'Atlantique, trouver plus d'un argument en sa faveur. Les esprits simplistes, comme l'on dit aujourd'hui, s'alarment, parfois à l'excès, des concessions de ce genre : peut-être conviendrait-il de réserver ses doléances pour les hypothèses où les lois votées sont malfaisantes ou injustes, et il n'apparaît pas que la législation du homestead puisse être rangée dans cette catégorie.

(1) On a vu plus haut (chapitres V et VI) que les magistrats américains s'étaient rendus complices de ces flatteries, à l'égard des gros bataillons d'électeurs, en émettant, en matière de fraude aux droits des créanciers, des théories singulièrement indulgentes pour la classe des débiteurs.

CHAPITRE NEUVIÈME

LES LOIS DE HOMESTEAD AU CANADA (1).

Nous devons maintenant quitter les États-Unis et, franchissant le « *border* », aller au Canada étudier le fonctionnement de la législation du homestead. Mais, avant d'aborder cette étude, il n'est pas inutile d'entrer dans quelques détails sur l'organisation constitutionnelle du Dominion Canadien.

Le Canada, au point de vue politique, est une confédération de sept colonies ou provinces. Cette confédération s'est établie en 1867 par l'union de la province française de Québec et des provinces, en tout ou en partie anglaises, de la Nouvelle-Écosse, du nouveau Brunswick et d'Ontario ; plus tard l'île du prince Edouard, sur la côte Atlantique, la Colombie anglaise, sur la côte Pacifique, et la province nouvelle du Manitoba se sont adjointes au groupe primitif. Ces diverses provinces ont conservé leur autonomie ; chacune règle à sa guise son économie interne, et seules, les questions d'intérêt commun sont décidées par le gouvernement central, siégeant à Ottawa.

En dehors des limites des provinces régulièrement organisées, il y a, dans le Canada, au centre même du Domi-

---

(1) Je dois à M. Léon Gerin, attaché depuis plusieurs années au ministère de l'agriculture du Canada, la plus grande partie des renseignements contenus dans ce chapitre. Je lui exprime ici mes remerciements les plus sincères.

nion, de vastes étendues encore très peu peuplées et sans gouvernement autonome ; ce sont les *territoires*. Ces territoires sont ouverts à la colonisation et, dès que la population y devient stable, le pouvoir central, suivant le procédé anglais, leur concède l'autonomie, *le self-government* qu'ils réclament et les achemine vers la condition de *province*.

Gouvernés directement d'abord par les bureaux d'Ottawa ou par quelque fonctionnaire fédéral résidant sur les lieux, ils reçoivent, par degrés, le privilège de gérer eux-mêmes leurs propres affaires. C'est ainsi qu'aujourd'hui les colons du Nord-Ouest, bien qu'ils n'aient pas encore obtenu un ministère responsable, ont une législature où siègent leurs représentants élus et qui transmet au lieutenant-gouverneur les lois qu'elle a votées.

Ceci expliqué, on comprendra que la loi *fédérale* de homestead, votée en 1878, refondue en 1886 et amendée le 1er avril 1893, ne s'applique pas et ne saurait s'appliquer aux sept provinces régulièrement organisées. La même raison constitutionnelle, qui nous a empêchés de trouver, aux États-Unis, aucune loi fédérale de homestead, se retrouve ici, les provinces ayant seules le droit de réglementer le régime des biens meubles et immeubles dans leurs limites respectives.

La loi fédérale de 1886 ne s'applique donc *qu'aux Territoires*. Mais, suivant ce qui vient d'être dit, ceux-ci jouissent, à l'époque actuelle, d'une certaine autonomie législative et ils en ont usé pour édicter une ordonnance destinée à compléter la *homestead exemption law* fédérale (1).

---

(1) Cette ordonnance, chapitre 45, des *Revised Ordinances of the West Territories*, 1888, a étendu notablement l'exemption de saisie des meubles et a porté de 80 à 160 acres la superficie insaisissable du homestead rural. Mais la Cour suprême du Nord-Ouest a déclaré, à l'occasion d'une poursuite, que cette modification était inconstitutionnelle, puisque l'augmentation de superficie était en contradiction avec la loi

Enfin les deux provinces du Manitoba et de la Colombie ont chacune, pour leur compte, promulgué une loi de homestead, presque de tous points copiée sur la loi fédérale de 1886, si ce n'est qu'elle a porté à 2500 dollars, au lieu de 2000 la limite de la valeur de l'habitation exemptée.

Nous nous trouvons ainsi en présence d'une triple série de lois canadiennes de homestead, ce qui prouve en passant — et cela ne prouve pas autre chose, ainsi qu'on pourra s'en convaincre bientôt — que les politiciens des parlements locaux ne sont pas moins désireux que leurs collègues du parlement fédéral de se concilier la bienveillance de leurs électeurs, même par les procédés les plus vulgaires.

Voici les dispositions principales de la loi de 1886, amendée en 1893, qui peut être considérée comme le type des différentes lois canadiennes de homestead, puisqu'elle a servi de modèle aux autres (1) :

fédérale. Le gouvernement central, mis au courant des faits, s'est alors hâté de modifier sa propre loi, de manière à la rendre conforme au desideratum de la législature du Nord-Ouest, et a promulgué l'amendement du 1er avril 1893 dont l'article unique substitue les mots « cent soixante » aux mots « quatre-vingts », à la quatrième ligne de la section trois du *homestead Exemption Act* de 1886. Il n'est pas improbable qu'à la prochaine session le gouvernement fédéral, allant encore plus loin, abroge *sa* loi de homestead exemption, afin de laisser la législature des territoires régler elle-même la question, complètement à sa guise.

(1) Sect. 3. Any man who is the owner of an estate in fee simple, or for life, in land situate in the Territories, with a dwelling house thereon occupied by him, may register as a homestead an extent of such land not exceeding one hundred and sixty acres, if in a rural locality, or the lot on which such dwelling house stands, if in an incorporated city, town or village, in the office for the registry of titles to land for the place in which the land lies, clearly describing the property in the instrument for effecting such registration.

Sect. 4. The homestead so registered shall, while the homestead registration continues under the provisions of this act, be wholly exempt from seizure or sale under execution, or under any Act respecting insolvency for any debt of such owner contracted after such regis-

Art. 3. Tout homme qui a un droit de propriété ou d'usufruit sur un immeuble situé dans les limites des Territoires, comprenant une maison d'habitation occupée par lui, peut faire enregistrer comme homestead toute portion de ce bien foncier qui n'excède pas cent soixante acres, s'il s'agit d'une résidence rurale, ou le terrain sur lequel son habitation est située, s'il s'agit d'une résidence urbaine, au bureau d'enregistrement des titres de propriétés foncières, dans la circonscription duquel se trouve l'immeuble : la déclaration écrite, par laquelle l'enregistrement est réclamé, doit contenir une description claire de l'immeuble visé.

Art. 4. Le homestead ainsi enregistré sera, tant que l'enregistrement subsistera, exempt de saisie et de vente forcée à l'égard de toute dette contractée postérieurement à la date de l'enregistrement, si du moins la valeur du homestead n'excède pas, à l'époque de l'enregistrement, deux mille dollars, et, si elle excède ce montant, il ne sera exempt que jusqu'à concurrence de ce chiffre. L'insaisissabilité n'existe pas à l'égard de toute hypothèque consentie pour sureté du prix d'achat ou de toute dette contractée envers la Couronne, lors de l'acquisition, non plus qu'à l'encontre des créances privilégiées ou des impôts.

Art. 7. Le homestead ne pourra être aliéné par le propriétaire, s'il est marié, à moins que l'aliénation ne soit agréée par sa femme, ou, si la femme est morte et que le propriétaire ait un enfant mineur, le homestead ne pourra être aliéné par lui sans l'approbation expresse et écrite de cette aliénation, donnée par un magistrat des Territoires ou par un juge du tribunal du ressort (1).

Art. 8, § 2. A la mort du propriétaire de l'immeuble enregistré, le homestead peut être vendu à la requête des créanciers du défunt, sous l'obligation de respecter les droits de la veuve ou des enfants mineurs.

Si l'on rapproche ces dispositions de la loi canadienne de homestead de celles qui, sauf exception, forment le fond commun des lois américaines, on peut relever plusieurs différences.

En premier lieu la loi canadienne accorde le bénéfice de l'insaisissabilité à tout propriétaire ou usufruitier, sans exiger en aucune manière qu'il soit la tête d'une famille. Ce trait nouveau est important, parce qu'il montre que le législateur canadien ne s'est pas proposé de conserver les

(1) Sect. 7. The homestead shall not be alienated by such owner, if he is a married man, unless the transfer is executed by his wife, joining with him; or if the wife is dead and there is a minor child of such owner, the homestead shall not be alienated by such owner without the express approval in writing of a stipendiary magistrate for the Territories, or of a judge of some court of record for the place where the homestead is situate, of the transfer thereof.

Sect. 8, § 2. Upon the death of the registered owner, the homestead, if held in fee simple, may be sold in satisfaction of his debts as aforesaid, subject to the rigths of his widow and minor children or child therein.

Voici la formule de la déclaration que doit faire le propriétaire qui requiert l'enregistrement,

To the Registrar of.....

Take notice that I hereby require you to register, as homestead, under « the homestead exemption Act », the property hereinafter mentioned, of which I am the owner in fee simple (or for life) that is to say (here describe the property clearly, its location, boundaries, extent, etc.) now occupied by me, and on which there is a dwelling house in which I (or I and my wife) now reside, and I solemnly declare that the value of the said property (or my life estate) therein does not, to the best of my knowledge and belief, exceed two thousand dollars.

In faith whereof I have signed this notice and have declared solemnly to the truth of the statements made therein, at...in...this...day of 189.

A... B...

homes des familles, *the homes of families* ; il a exclusivement visé à promouvoir la prospérité de l'Etat : *to promote the welfare of the State*, en assurant contre la saisie le travailleur manuel qui défriche. Des deux buts qui·inspiraient les efforts du législateur aux Etats-Unis, l'intérêt de la famille et l'intérêt de l'Etat, il n'a guère poursuivi que le second. Si d'ailleurs, il considère comme méritant de bénéficier de l'insaisissabilité tout débiteur qui habite la maison dont il est propriétaire ou usufruitier, ce n'est pas que sa sympathie aille à toute personne que menace la saisie, puisque sa protection ne s'étend qu'au débiteur qui habite l'immeuble dont il est propriétaire, et que tout autre débiteur pourra voir tous ses biens saisis et vendus jusqu'au dernier « *cent* ». On se tromperait donc si, confiant dans les apparences, on regardait comme volontairement étendue à tous, au Canada, une protection dont les lois des Etats-Unis excluaient quelques-uns.

Que tel soit le résultat pratique de la loi canadienne, cela est incontestable, mais tel n'a pas été le but de cette loi, qui, loin de se montrer plus charitable, ne s'inspire que d'un égoïsme plus savant : elle a compris que le colon qui habite, qui défriche, non pas de loin, par le concours de ses capitaux ou l'intermédiaire de ses intendants, mais lui-même, par son labeur manuel, contribue au développement général d'une manière aussi effective que la tête d'une famille, et elle protège également l'un et l'autre (1).

---

(1) Si l'on veut rechercher la cause sociale de cette différence, on peut la trouver dans la dissemblance même des populations pour qui les lois canadiennes ont été édictées. Le Canada s'est montré moins difficile sur la qualité (tête de famille) de l'immigrant parce qu'il a beaucoup moins de colons et que ceux-ci sont naturellement sélectionnés par la difficulté de viser à s'établir profitablement dans un pays qui est incomparablement moins attractif que l'Ouest des États-Unis. — Par contre, la loi canadienne également soucieuse des intérêts des enfants mineurs, à moins de confiance dans le père.

On peut encore relever une seconde différence entre la législation des Etats-Unis et celle du Canada : la loi canadienne de homestead ne permet l'aliénation de l'habitation familiale, dont le propriétaire est veuf et a un enfant mineur, qu'avec l'autorisation de la justice ; l'agrément du tribunal n'est pas nécessaire pendant la vie de la mère, mais il le devient après sa mort. Enfin je remarque que la loi stipule que la valeur de l'immeuble insaisissable devra être appréciée non pas au moment des poursuites, mais à l'époque de la déclaration.

Si l'on néglige ces différences secondaires pour ne s'attacher qu'à la pensée primordiale de l'institution, on remarque de suite la similitude du but poursuivi par les parlements américains et canadiens ; d'un côté comme de l'autre de la frontière, on a voulu empêcher que le défrichement et la colonisation ne fussent arrêtés par les crises périodiques qui ne manquent jamais de se produire dans les pays où une race de colons entreprenants et énergiques recourt largement au crédit et à l'emprunt.

La preuve en est que la région de l'Ouest et du Pacifique canadien, composée du Manitoba, de la Colombie anglaise et des Territoires du Nord-Ouest, est la seule où des lois de homestead, statuts locaux ou statut fédéral, aient été promulguées. Or, cette vaste région est loin de présenter des caractères uniformes. Tandis que le Manitoba et le Nord-Ouest forment une vaste plaine basse, très facile à défricher, très favorable à la production du blé et, dans certaines parties, à l'élevage des animaux, la Colombie, au contraire, est une énorme forêt assise sur des montagnes et dominant le Pacifique, contrée d'un défrichement pénible, mais riche en bois, en métaux, en poisson. Ce que toutes les parties de la région de l'Ouest et du Pacifique Canadien ont de commun, c'est qu'elles se prêtent toutes admirablement aux grandes opérations, aux entreprises aléatoires. Ajoutez à cela que, dans la région entière on trouve une population d'origine assez diverse, mais au sein de laquelle l'esprit anglo-saxon domine incontestablement (1). Ces colons très entreprenants n'ont jamais assez de capitaux en mains, pour satisfaire leur esprit d'initiative. Ils font donc sans cesse appel aux capitaux de l'Est, et les capitaux de l'Est s'empressent de répondre à l'appel. Tant que les choses suivent leur cours normal, tout est pour le mieux ; le farmer, l'industriel « rencontrent leurs obligations » (*meet their obligations*), remboursent leurs créanciers et même parviennent à la fortune. Mais qu'une crise se produise dans le monde, affectant telle denrée ou telle industrie, et aussitôt ces *spécialistes*, ces *spéculateurs, se trouvent ruinés, expropriés, dépouillés.* En somme l'instabilité naturelle à une population nouvelle, en pays nouveau, aggravée par la tendance générale de cette population à s'endetter et à risquer les forts capitaux qu'elle emprunte, dans des entreprises aléatoires de culture ou d'industrie, tel est le trait le plus frappant dans l'Ouest, le fait caractéristique qui paraît avoir engagé le législateur dans ce pays, à édicter les *homestead exemption laws.*

Telles étant, dans leurs grandes lignes, les lois canadiennes de homestead, quel est le champ de leur application pratique ?

Les législateurs du Dominion ont suivi l'exemple de plusieurs États de la grande Fédération voisine, et notamment des États de l'Est : ils n'ont pas pensé que le seul fait de l'habitation fût pour les tiers un avertissement suffisant ;

---

(1) Cette population très bigarrée se compose de cinq ou six nationalités. Dans le Manitoba, il y a de forts groupes de Mennonites allemands et un contingent important de Franco-Canadiens ; mais l'influence anglo-canadienne, ou anglo-américaine, ou simplement anglaise est partout prédominante.

ils ont voulu que, par une déclaration spéciale et enregistrée
sur les « *records* » publics, le propriétaire manifestât son
intention d'invoquer le bénéfice de l'insaisissabilité, afin que
les tiers qui contracteraient ultérieurement avec lui n'igno-
rassent pas qu'ils ne devaient point considérer comme affecté à leur sûreté le homestead de leur débiteur. Cette combinaison, sur les avantages de laquelle des explications ont
été précédemment fournies, rend à l'économiste un service
auquel il est loin de rester insensible ; elle simplifie ses recherches lorsqu'il lui faut étudier l'application pratique de
la législation du homestead, puisqu'il lui suffit de consulter
les livres (*records*) des Registrars pour connaître cette étendue d'application. Or, sur ce point, une conclusion très
précise, s'impose, sans laisser place au moindre doute :
*l'application pratique des lois de homestead au Canada
est absolument insignifiante et nulle.*

Voici ce que m'écrit, à ce sujet, M. Léon Gérin qui a bien
voulu faire, à ma demande, les recherches les plus minu-
tieuses sur ce point capital : « Autant le législateur de toutes les provinces nouvelles a paru attacher d'importance
à cette mesure, autant le colon de toutes les provinces a
paru peu s'en soucier. Pour ce qui est de la loi *fédérale* de
homestead exemption, je puis répondre en parfaite connaissance de cause, car je me trouve à la source des renseignements. Le sous-ministre de l'intérieur, très versé dans la
matière, m'assure que rien n'égale l'indifférence des colons
pour le *homestead exemption* : Il n'y a peut-être pas une
terre, me dit-il, qui ait été inscrite ici pour le homestead
exemption. Il ne peut parler, avec autant d'assurance, de
l'effet des lois du Manitoba et de la Colombie, mais il est
persuadé que leur application n'est guère plus étendue.
Moi-même j'ai écrit à Winnipeg et à Victoria pour avoir des

chiffres, le nombre des inscriptions, etc. ; on n'a pas pu m'en fournir (1) ».

C'est donc vainement que le législateur offre de protéger l'immigrant contre le grand danger qui résulte pour lui de l'abus du crédit : le colon voit dans l'emprunt une nécessité impérieuse qui l'emporte à ses yeux sur la considération de ce danger. Il sait bien, lorsqu'il commence à gravir la pente escarpée qui sépare le prolétariat de la situation indépendante du propriétaire, que l'entreprise est aléatoire, qu'elle exige l'emploi de procédés qui peuvent, en cas d'insuccès, le faire redescendre plus bas que le point d'où il est parti : mais, il sait aussi que l'emprunt et l'emploi abondant du crédit sont pour lui les seuls moyens de s'élever et il se garde bien de se mettre sous l'égide d'une loi qui éloignerait le prêteur. Sans doute, en essayant de monter à l'échelle, on risque de se casser les reins, mais aussi ceux qui n'essaient pas de monter ne parviendront jamais au sommet. Les colons de l'Ouest des Etats-Unis et du Canada veulent essayer, et pour ce faire, ils rejettent comme inutile ou même nuisible la prétendue faveur des pouvoirs publics.

Cette indifférence générale, à l'égard d'un « bienfait », gratuitement offert par la prévoyance paternelle du législateur, explique parfaitement un fait dont n'ont pu rendre compte les publicistes qui ont prôné avec insistance les effets heureux de la législation du homestead, au Canada et aux Etats Unis ; de même qu'il n'existe dans les quatre Etats de l'Est de l'Union américaine qui n'ont point admis le principe du homestead, aucun « mouvement » en faveur de l'adoption d'une loi de cette nature, de même, dans les

---

(1) Ces derniers mots ne laissent place à aucune hésitation, car vu la haute situation de notre correspondant au ministère de l'agriculture d'Ottawa, le caractère négatif des réponses ne saurait s'expliquer par l'indifférence des personnes interrogées.

cinq provinces canadiennes qui n'ont pas suivi l'exemple de leurs *deux* voisines, il n'y a dans l'opinion publique aucun mouvement pour réclamer l'insaisissabilité du homestead.

M. Léon Gérin a confirmé péremptoirement à cet égard les informations que j'avais pu recueillir, lorsqu'à la question que je lui avais ainsi posée : Quel est le sentiment public à l'égard de la législation du homestead ? Y a-t-il un mouvement en faveur de leur extension ? il a répondu : « Dans la partie du pays que j'habite (Ottawa), on les ignore profondément. C'est là le sentiment qui existe à leur égard (1). »

(1) Je dois d'ailleurs ajouter qu'il est fort possible que, dans un temps plus ou moins prochain, quelqu'une des cinq provinces canadiennes promulgue à son tour une loi de homestead. Cette hypothèse paraît même vraisemblable. Dans une société qui souffre périodiquement des excès du crédit et des commotions qui en résultent, il suffit qu'un politicien, en quête de popularité, présente un remède apparent pour que sa motion obtienne aussitôt de nombreux suffrages. Beaucoup sont dupes et ceux qui ne le sont pas se gardent de le dire, par crainte de passer pour des ennemis des travailleurs.

CHAPITRE DIXIÈME

DE QUELQUES MESURES LÉGISLATIVES, PRISES DANS L'INDE,
EN SERBIE, EN ROUMANIE ET EN RUSSIE, QUI PEUVENT
ÊTRE RAPPROCHÉES DE LA LÉGISLATION DU HOMESTEAD.

Nous devons maintenant quitter le sol de l'Amérique du
Nord pour étudier en Europe quelques dispositions légales
qui ont avec la législation américaine du homestead un
rapport lointain ; ces mesures législatives marquent en
quelque sorte la transition entre les deux institutions qui
ont été distinguées au début de ce mémoire et qui ont alors
été désignées, l'une sous le nom de homestead américain,
l'autre sous la dénomination de homestead européen.

En traversant l'Atlantique, le mot homestead change de
signification et désigne une institution qui est en réalité
toute différente de son homonyme américain. Il ne s'agit
plus de protéger, pendant les crises périodiques qu'amènent infailliblement les excès du crédit, les familles des
colons qui défrichent le sol et d'empêcher que l'intérêt personnel du créancier ne prime l'intérêt général et supérieur
de l'Etat (*Commonwealth*) dont la prospérité est liée à la
progression rapide du peuplement et de la colonisation ; il
s'agit de retenir sur le sol une multitude de petits paysans
propriétaires que les transformations économiques ou leur
imprévoyance menacent de faire retomber dans le prolétariat. Pour la première fois, nous avons à parler du
« paysan », c'est-à-dire de la classe innombrable des petits

cultivateurs dont on veut assurer la conservation, dans l'intérêt même de la société, qui les considère comme l'élément le plus stable de son organisation.

Aux Etats-Unis ceux qui cultivent la terre ne peuvent, en aucune manière, être considérés comme des paysans, et ils ne sont que les membres d'une immense société, qui ne comprend guère que des commerçants, et dans laquelle ils sont employés à la production des céréales, du coton ou de la viande, comme les industriels produisent de la chaussure ou du drap. En Europe, il en va autrement : les traditions du passé, maintenues par les vestiges encore existant d'une organisation sociale en train de disparaître, nous ont habitués à des idées différentes et nous nous laissons aisément glisser à considérer le petit cultivateur comme investi d'une fonction sociale ; nous le séparons de l'ouvrier des villes, de l'industriel et de l'avocat et comme sa fonction est plus nécessaire, il ne manque pas de publicistes pour proclamer qu'il faut veiller par dessus tout à la stabilité de celui qui la remplit.

Lorsqu'il s'agit d'une agglomération agricole comme celle de l'Inde, il faut reconnaître que des considérations de cette nature ne sont pas sans valeur ; aussi ne faut-il pas s'étonner qu'elles aient fait impression sur l'esprit du législateur anglais et que la loi du Dekhan du 29 octobre 1879 (*Agriculturist relief Act*) ait tenté de remédier aux maux du paysan hindou. L'état normal du paysan hindou est l'endettement plus ou moins grand, vis-à-vis de l'usurier du village, du *Ryot et du Sowkar* qui le ruinent par les intérêts qu'ils perçoivent (24 0/0 en moyenne). Cet état fort ancien a été aggravé par la législation agraire, adoptée en 1836. Avant cette loi, cet endettement ne pouvait conduire à l'expropriation finale du débiteur : la propriété appartenait à la « fraternité », vis-à-vis de laquelle le cultivateur n'était qu'un détenteur précaire (*tenant at will*) qui ne pouvait pas plus grever de dettes la terre qu'il cultivait que le locataire ne peut, en France, affecter à la sûreté de ses créanciers l'immeuble de son bailleur. Malheureusement la loi de 1836 est venue modifier, pour le Dekhan, l'antique organisation des fraternités agricoles ; elle a rendu le paysan propriétaire réel de la terre, et cette modification a eu aussitôt des conséquences dont ses auteurs n'avaient pas prévu la gravité : puisque la terre appartenait désormais au paysan, elle devenait, au même titre que ses autres biens, le gage de ses créanciers et ceux-ci ne manquèrent pas de la saisir.

La loi du 29 octobre 1879 a essayé, sans y réussir, d'améliorer le sort du paysan du Dekhan ; elle ne permet plus que l'on saisisse, pour l'emprisonner ensuite, tous les biens du paysan, les bijoux de sa femme, les animaux et les instruments de sa culture, les poutres de sa hutte ; mais comme elle n'a prononcé aucune insaisissabilité immobilière, se bornant à soumettre les saisies d'immeubles à quelques formalités en apparence protectrices, je ne puis que la signaler, sans y insister plus longtemps. J'ajoute seulement que la situation du petit paysan hindou est à bon droit l'objet des préoccupations les plus vives du gouvernement anglais. Le ministre des Indes s'alarme de voir à Madras le nombre des saisies immobilières augmenter chaque année, par suite du défaut de payement des impôts, et la métropole se rend compte de la lourde mission qui lui incombe de mesurer et en quelque sorte de doser les transformations économiques, que peut graduellement supporter l'agglomération de 180 millions d'agriculteurs à la tête desquels elle se trouve.

La loi serbe du 24 décembre 1873 (loi sur l'exécution des jugements dans les procès civils, Section 4 du § 471) s'est inspirée d'une pensée analogue, lorsqu'elle a exempté de saisie, en faveur de toute personne qui, habitant la ville ou la campagne, fait de la culture son occupation principale, une charrue, un chariot, deux bœufs ou une paire de chevaux et divers instruments agricoles, la nourriture pour la famille et pour le bétail jusqu'à la prochaine récolte, enfin la terre du paysan jusqu'à concurrence de cinq *morgen*, ainsi que la maison et les bâtiments accessoires, avec une étendue de terrain d'un *morgen* à l'entour.

Ces divers biens immobiliers ne peuvent être vendus par le paysan de quelque manière que ce soit. Dans le cas où, par suite de circonstances extraordinaires, telles qu'inondation, incendie, mauvaise récolte, épizootie, ou pour achat de semences, le propriétaire serait obligé de recourir à un emprunt, il ne peut le faire qu'à une caisse publique, et encore le créancier doit-il laisser en dehors de ses poursuites, même dans ce cas, deux *morgen* de terre arable, ainsi que la maison et un *morgen* de terrain à l'entour. Une décision ministérielle du 4 février 1874, qui a étendu ces dispositions à la *Zadruga*, a stipulé que, dans aucun cas, l'insaisissabilité ne pourrait être invoquée pour dispenser de payer les impôts ou les dommages-intérêts dus pour réparation d'un délit.

Plus intéressante, au point de vue économique, est la situation actuelle de la Roumanie. Le 14-26 août 1864, le prince Jean Conza, s'appuyant sur les termes de la convention de Paris du 19 août 1858 (1), affronta les hasards d'une révolution, en octroyant, contre la volonté des corps législa-

---

(1) Article de la convention de Paris du 19 août 1858 : les Moldaves et les Valaques sont tous égaux devant les lois ; tous les privilèges, exemptions et monopoles dont jouissent encore certaines classes seront abolis et il sera procédé sans retard à la révision de la loi qui règle les rapports des propriétaires du sol avec les cultivateurs, en vue d'améliorer l'état des paysans.

tifs, une grande loi rurale (*lege rurale*) qui supprimait le servage et les corvées et élevait du même coup à la propriété presque tous ceux qu'elle émancipait. A l'heure actuelle, sur 650.000 familles rurales, il y en a 570.000 qui sont propriétaires et, parmi ces dernières, on évalue à 455.000 le nombre de celles qui doivent leur propriété immobilière à la loi rurale de 1864 complétée par les décrets-lois de 1881 et de 1886.

D'ailleurs, dans ce pays où la terre abonde (1), le gouvernement a pu se montrer relativement généreux et il a concédé à chaque chef de famille agricole, les conditions une fois remplies, une superficie variant de 3 à 27 hectares.

Le prince Conza, justement convaincu qu'un décret peut suffire à affranchir des serfs et à abolir des corvées, mais non pas à donner à ceux que l'on rend propriétaires les qualités requises par leur condition nouvelle, prit des mesures pour empêcher que l'endettement ou des aliénations imprudentes ne rejetassent promptement dans le prolétariat ceux qu'il essayait d'élever à une situation indépendante. Les articles 7 et 57 de la loi de 1864 décident que, dans le délai de trente ans, à partir de la promulgation de ladite loi ou de l'acquisition ultérieure qui pourrait être faite, en vertu d'une concession gratuite consentie par l'Etat, ni le paysan (l'habitant du village), ni ses héritiers ne peuvent aliéner, ni hypothéquer les terres qui lui ont été assignées, si ce n'est au profit du village lui-même ou d'un autre habitant de ce village. A l'expiration du délai de trente années, le paysan pourra disposer librement de sa propriété, sauf la réserve d'un droit de préemption au profit du village.

La petite propriété rurale a ainsi reçu les témoignages les moins équivoques de la bienveillance du gouvernement rou-

____

(1) Dans cet État d'une superficie de 131.000 kilomètres carrés, on ne compte que 5.600.000 habitants, soit 11 habitants par kilomètre carré.

main, qui l'a constituée de toutes pièces et, une fois constituée, a veillé à sa conservation ; il semble donc qu'on ait,
dans la mesure du possible, réalisé là le grand desideratum
économique de certains publicistes généreux, puisqu'on a
mis et conservé la terre en la possession directe de celui
qui la cultive ; et cependant, comme si les phénomènes économiques se chargeaient eux-mêmes de faire éclater l'inanité de réformes semblables, projetées en d'autres pays, *la
situation du paysan roumain est plus misérable qu'on ne
peut l'imaginer.*

On n'a pas oublié la terrible révolte de paysans qui a
éclaté au mois de mars 1888, dans plusieurs communes du
département Jalomiza et qui s'est étendue dans les districts
voisins avec une extraordinaire rapidité : « Des excès de
tous genres furent commis sur les personnes et sur les
propriétés ; on maltraita, on assomma les représentants des
autorités communales, les propriétaires, les grands fermiers
et leurs intendants : on détruisit leurs maisons, les magasins de provisions et les instruments agricoles (1) ».

Quelque déplorables que fussent ces violences, tous les
publicistes ont été unanimes à reconnaître que les plaintes
des paysans, qui demandaient une nouvelle répartition des
terres, n'étaient que trop fondées. La même phrase revient
sous la plume de tous les écrivains qui déclarent que « la
misère dant laquelle vit le paysan roumain est indescriptible ». Sa nourriture est absolument insuffisante et consiste,
pour la plupart, en une bouillie de maïs souvent gâté (*mamaliga, polenta*), avec du fromage ou des légumes. Épuisé
déjà par les cent quatre-vingt-cinq jours de jeûne par an,

____

(1) *Revue d'économie politique*, année 1889, p. 161 et s. et p. 365
et s. : La question agraire en Roumanie par le Dr Carl Grünberg. —
Cf. aussi du même auteur : Die rumanische Agrargesetzgebung in Hinblicke ihre Reform, dans *Archiv für soziale Gesetzgebung und Statistik*, II, 1889, p. 73-106.

il ne mange presque jamais de bœuf, assez rarement de la viande salée : la choucroute, les lentilles, les haricots sont regardés comme des objets de luxe. Son logement est presque partout horriblement malpropre, humide, sans air ni lumière, essentiellement malsain. Enfin paresseux, ivrogne, imprévoyant, le paysan roumain est en même temps ignorant et, sur l'ensemble de la population roumaine, 6 0/0 seulement savent lire et écrire.

On devine ce que peut être, dans ces conditions, la culture de la terre. Le rendement à l'hectare est des plus minimes (1). Pour le blé, il a été, pendant les années 1888 à 1891, de 11,43 hectolitres à l'hectare en moyenne, tandis que le rendement correspondant atteint en France 15,67, en Belgique 24,70 et en Angleterre 27,54 ; pour l'avoine, il a été de 14.84 hectolitres à l'hectare, tandis que la France en récolte 24,40 hectolitres, les États-Unis 25,50, l'Angleterre 37,31 et la Belgique 39,57.

Des études publiées par M. Stéfen Mikaïlesco, il ressort qu'un paysan roumain qui a, en général, à cultiver trois hectares et demi, retire de son travail un revenu annuel de 282 francs en or, soit 320 francs valeur courante, par suite de l'agio : aussi est-il obligé de louer des terres dans le voisinage. Les grands domaines de 1000, 2000, 5000, 10.000, 15.000 hectares sont nombreux : pour les exploiter, il faudrait pouvoir disposer de capitaux énormes, qui font absolument défaut ; aussi les propriétaires louent-ils ces domaines à des fermiers grecs ou juifs, qui les sous-louent aux paysans et l'intervention d'un intermédiaire se traduit naturellement en une élévation du loyer que paye le petit cultivateur.

Sans doute la triste situation qui vient d'être relatée sem-

(1) *Journal des Économistes*, année 1893, t. 3, p. 244 et s., article de M. Daniel Bellet.

ble devoir être attribuée exclusivement à l'abaissement, à la dégradation morale et à l'incapacité du paysan roumain, et on ne voit pas comment le législateur aurait pu apporter un remède efficace à tous ces maux. Mais voici en quoi la malencontreuse disposition d'insaisissabilité et d'indisponibilité, édictée par les articles 7 et 57 de la loi de 1864, semble avoir aggravé la situation. Le paysan ne pouvant émigrer, puisqu'il lui est interdit de vendre sa terre, et ne pouvant davantage tirer de la seule culture de son domaine des ressources suffisantes, a été obligé, ainsi qu'on vient de le voir, de louer quelque champ à proximité ; comme tous ses voisins se trouvent dans la même nécessité, le prix du fermage des parcelles situées à peu de distance des centres habités est très élevé, tandis qu'à quelques kilomètres plus loin il devient insignifiant. Aussi les terres incultivées restent-elles en abondance, malgré leur fertilité et les conditions avantageuses de leur exploitation (1). Il est inutile d'insister sur ce que cet état de choses a de fâcheux. On voit quel enseignement précieux se dégage de ces faits et comment le cantonnement du paysan roumain dans un petit domaine, dont on lui a défendu de sortir pour empêcher qu'il n'en fût dépossédé, est devenu une cause de ruine pour ceux-là mêmes que l'on voulait protéger.

Si l'indisponibilité de la petite propriété n'a pas toujours été un bienfait, son insaisissabilité ne semble pas avoir été plus avantageuse ; car, en enlevant tout crédit au paysan, elle ne lui a permis d'emprunter qu'aux conditions les plus onéreuses. « L'endettement des populations agricoles va sans cesse en croissant, et elles sont épuisées par l'usure ». Le gouvernement roumain, qui semble disposé à dévelop-

(1) En dehors des terres qui, pour les raisons indiquées au texte, ne trouvent pas de locataires, le loyer varie de 5 à 30 francs l'hectare.

per toutes les conséquences de la maxime de l'Etat Providence, a cherché à remédier à ce mal en créant des établissements de crédit agricole (*case de credite agricole*). Le taux de l'intérêt demandé par ces caisses était de 7 0/0 jusqu'en 1886 ; il a été depuis élevé à 10 0/0, plus 1 0/0 pour frais de régie et 2 0/0 pour indemnité de retard, dans tous les cas où l'emprunteur ne se trouve pas en mesure de rembourser au terme fixé, ce qui ne manque presque jamais d'arriver. Il paraît même que ce taux de 13 0/0 est loin de représenter le taux réel : en effet ces prêts ne sont consentis que pour neuf mois et, comme il faut transcrire les billets des obligations tous les trois mois, M. Carl Grünberg estime que les nombreuses difficultés et dépenses provoquées par ces prescriptions élèvent au double le taux de l'intérêt et le portent au taux effectif de 25 à 30 0/0 par an.

A l'heure actuelle, le gouvernement roumain étudie le moyen de constituer une banque de crédit agricole dont les prêts seraient faits contre constitution de gage en céréales, en bétail, en machines et outils agricoles : ceux qui connaissent l'état d'abaissement et l'imprévoyance des populations n'ont qu'une confiance très limitée dans l'efficacité des mesures gouvernementales projetées. La seule réforme à accomplir et la seule pour laquelle le gouvernement soit impuissant, ce serait la réforme des mœurs et des habitudes morales et économiques de ces populations rurales, tombées si bas, à ce double point de vue, que, tant que cette œuvre n'aura pas été accomplie, les lois les meilleures ne pourront avoir qu'une action très peu efficace. En réalité, le paysan roumain peut être très justement appelé suivant l'expression du Dr Carl Grünberg un *propriétaire prolétaire*, et on pourrait répéter à son sujet ce qui a été dit des « Péons du Sud » des Etats-Unis. Des 570,000 petits propriétaires de la Roumanie, plus de 95 0/0 sont au dernier degré du prolétariat, et on voit, comme leurs frères d'outre-mer, ces Péons moldaves, poussés par la misère, se louer pendant l'hiver, pour la saison *prochaine* et se faire payer *d'avance* leur salaire. Nulle part les paysans ne sont plus misérables que dans cette société où ce qu'on appelle d'ordinaire le prolétariat agricole ne constitue pourtant que 12, 3 0/0 de la population rurale entière !

Le grave problème économique dont l'Angleterre, pour l'Inde, les gouvernements serbe et roumain, pour leurs propres sujets, cherchent la solution avec une bonne volonté qui n'a d'égale que leur impuissance, préoccupe, depuis longtemps, et spécialement depuis l'ukase célèbre d'émancipation du 19 février 1864, le père commun de tous les Russes. Il y a quarante-cinq ans, Rohrbacher écrivait : « La population russe est de plus de 50 millions d'habitants dont 40 millions d'esclaves, quatre pour un homme libre ou noble. Et ces esclaves le sont dans toute la force du terme : un serf ou esclave russe n'est pas une personne, mais une chose qu'on achète et qu'on vend (1). » Faire en un jour, de quarante millions de ces « choses » des hommes et des propriétaires, voilà certes une des œuvres les plus nobles qu'un gouvernement puisse tenter. Mais combien difficile est la tâche et combien lents sont les résultats, si en apparence une signature au bas de quelques lignes semble suffire !

La propriété du paysan existe en Russie sous deux formes différentes : comme propriété collective du mir avec allottements aux familles, dans la grande Russie et la Russie méridionale ; comme propriété individuelle dans les provinces

____

(1) Rohrbacher, t. XIV, p. 683, 7ᵉ édition.

Baltiques, la Pologne, la Lithuanie, la petite Russie. Ce n'est que sous cette seconde forme que nous devons la considérer d'abord, car c'est uniquement, sous cette forme, qu'elle a été l'objet de mesures diverses, susceptibles de rentrer dans le homestead *européen*.

Il était évident que ces nouveaux propriétaires, avec l'imprévoyance naturelle à une race maintenue, pendant une longue suite de générations, dans la situation dépendante du servage, n'hésiteraient pas à aliéner au profit de plus habiles ou de plus capables, le lot de terre dont la bienveillance du Père leur attribuait la propriété. Pour obvier à ce danger, des mesures furent prises, diverses suivant les provinces, mais toutes inspirées du même esprit qui a dicté la loi du 11 juin 1891, applicable à l'ancien royaume de Pologne et sur laquelle je voudrais insister, parce qu'elle a marqué, d'une manière décisive, la résolution du gouvernement russe de prendre en faveur de la petite propriété différentes mesures protectrices qui ont été depuis complétées et étendues à d'autres parties de l'Empire.

La loi du 11 juin 1891 ne permet l'aliénation, le louage ou l'hypothèque d'une terre *paysanne* (1) qu'au profit 1° des paysans et des cultivateurs de l'ancien royaume de Pologne, dont les noms sont inscrits sur les livres et documents relatifs à la liquidation des droits de chacun, en exécution de l'Ukase du 19 février 1864, et de leurs descendants directs ; 2° de tous autres habitants du même royaume qu'on doit considérer comme paysans ou cultivateurs, dont les travaux sont directement consacrés à la culture de la terre et qui, inscrits à ce titre, sur les listes des sujets russes, devraient être considérés comme paysans ou cultiva-

____

(1) Ce qualificatif a pour objet de distinguer les biens des paysans des terres domaniales, seigneuriales, ecclésiastiques et de celles qui appartiennent à diverses institutions de bien public.

teurs ; 3° de toute autre personne d'origine nationale qui aurait dans une partie quelconque de l'empire la qualité de paysan.

On a voulu, par ces dispositions, empêcher l'introduction de l'élément juif dans la propriété foncière ; nulle personne d'origine israélite ne peut acquérir, ni affermer aucune terre paysanne, ni devenir titulaire d'aucun droit hypothécaire sur elle.

Les individus qui, aux termes de la loi, ne doivent pas être considérés comme des paysans, ne peuvent devenir propriétaires de terres paysannes, qu'à titre d'héritiers *ab intestat* : aucune donation entre vifs ne peut leur en être faite. Si un legs ou une donation à cause de mort faisait passer sur leur tête la propriété d'un de ces biens, ils devraient, dans le délai d'un an, les vendre à un tiers quelconque, qui, par sa qualité, pourrait légalement en devenir propriétaire, et, faute par eux de se soumettre à cette obligation, la terre dont il s'agit serait d'office vendue aux enchères publiques, pour le compte de l'ayant droit.

On vient de voir que le propriétaire peut hypothéquer son fonds aux personnes à qui la loi permet d'être propriétaires : mais, si l'immeuble affecté à la garantie d'un créancier vient à être saisi et vendu aux enchères publiques, ceux-là seuls pourront se porter adjudicataires que leur qualité autorise aussi à devenir propriétaires.

Enfin le morcellement des propriétés rurales est interdit en tant que, par ce morcellement, le propriétaire ne conserverait qu'une étendue de terre inférieure à trois *déciatines* (3 hectares 29 centiares), ou que la portion détachée serait acquise par une personne, qui, en la joignant aux champs *contigus* qu'elle possédait déjà, ne parviendrait pas à former une étendue de trois déciatines *d'un seul tenant.*

Le ministre de l'intérieur peut soustraire à l'application

de toutes les règles prescrites par cette loi les banlieues des villes et des bourgs (1).

Il est impossible de nier que cette loi du 11 juin 1891 protège, dans une certaine mesure, les populations imprévoyantes de la Pologne russe contre les dangers du crédit, de l'emprunt et de l'aliénation inconsidérée : malheureusement, on n'a peut-être évité un péril que pour s'exposer à un plus grand et il est à craindre que la situation nouvelle ne soit encore pire que l'ancienne. Il est certain qu'à l'avenir la propriété paysanne ne passera plus entre les mains du cabaretier, ni du prêteur israélite et que le fléau de l'usure ne la consumera plus, mais il n'est pas moins certain que les paysans polonais doivent renoncer désormais à tout progrès agricole, parce que les capitaux, dont ils ont un besoin si pressant, se refuseront à venir féconder leur travail. Au fond, le législateur n'ignore pas que les seules personnes qu'il autorise à obtenir une hypothèque, comme garantie de leurs prêts, sont précisément celles qui n'ont point de capitaux à prêter ; au surplus, il est probable que la disproportion entre la demande d'emprunts à contracter et l'offre de capitaux à prêter ne tardera pas à élever très haut le taux de l'intérêt et que l'usure des prêteurs israélites sera simplement remplacée par l'usure des prêteurs non-israélites. Quant aux difficultés apportées à la réalisation du gage par l'exigence de certaines qualités chez l'adjudicataire, elles risquent de se retourner contre ceux que l'on veut protéger : on éloigne des enchères ceux qui ont des capitaux, on expose le paysan saisi à voir adjuger son bien à vil prix, au profit du seul adjudicataire capable légalement et pécuniairement de l'a-

---

(1) Une disposition transitoire décide que les locataires des terres paysannes, dont le titre serait antérieur à la date de la promulgation de la présente loi, pourront continuer à en jouir pendant vingt ans au plus, à compter de cette date.

cheter. Je ne puis que répéter ici ce qui déjà a été dit ailleurs : sans doute le crédit est un instrument dangereux pour les imprévoyants, mais se priver du secours du capital, n'est-ce pas, à notre époque, se condamner dans bien des cas à l'impuissance et à l'inaction (1) ?

D'ailleurs, pour se convaincre de cette vérité, il n'est pas nécessaire de sortir de la Russie, il suffit d'aller dans ces régions, où existe encore la propriété du mir. Dans ces contrées, la terre n'a pas échappé au paysan, puisqu'elle appartient juridiquement à une collectivité qui peut seule en disposer ; et, même dans les parties, chaque jour plus nombreuses, où les progrès de la culture ont obligé à procéder à un partage définitif, le domaine éminent du *mir* est encore aujourd'hui assez fort pour apporter un obstacle à toute aliénation consentie par le paysan *seul*. Bien plus, la loi de 1864 et divers ukases ultérieurs, pénétrés, à juste titre, de l'idée qu'il ne sert à rien d'assurer à un paysan la propriété du sol, s'il n'a pas les moyens de le cultiver, ont rendu insaisissables sa maison, son cheval, sa vache et divers ustensiles aratoires,

Il semblait que, dans cet état, le paysan fût protégé contre toutes les causes de ruine qui pouvaient le menacer.

(1) Cette loi du 19 juin 1891 est d'ailleurs loin de satisfaire les vœux de plusieurs publicistes russes, qui demandent des mesures plus restrictives encore. M. le Dr Keussler, dans la *Russische Revue*, 1891, 8e cahier, p. 867 et suiv. (Schutz des Bauerlandes), se plaint que la limite de trois déciatines, au-dessous de laquelle le morcellement ne peut aller, soit trop basse ; il voudrait que le paysan fût toujours propriétaire d'une terre suffisamment étendue, non seulement pour le faire vivre, mais aussi pour l'occuper lui et sa famille. D'autre part, il remarque que la loi, si elle prévoit le morcellement extrême, ne se préoccupe pas d'un autre péril non moins grand, celui de l'agglomération de la propriété foncière dans un petit nombre de mains. Il rappelle à ce sujet les dispositions, plus prévoyantes, à son sens, de la loi du 4 octobre 1835, spéciale aux terres domaniales et aux majorats, qui ne permet pas un morcellement inférieur à 15 déciatines, ni une agglomération supérieure à 45 déciatines.

Mais, ici encore, les résultats n'ont pas été aussi favorables qu'on pouvait l'espérer. « La commune, dont on avait voulu faire la gardienne vigilante des intérêts de chacun, a surtout multiplié les tracasseries et les restrictions à la liberté des habitants, et la solidarité des paysans est devenue pour eux plutôt une charge qu'un soulagement » (1).

L'inaliénabilité de la propriété a été pour beaucoup de gens une cause de ruine : à mesure que la population a augmenté, ce principe est devenu plus funeste, car il a eu pour effet de retenir, sur une surface trop petite pour les occuper, un trop grand nombre de laboureurs, qu'une émigration définitive eût seule pu préserver de la misère. Par une coïncidence qu'on aurait tort d'attribuer au hasard, nous retrouvons ici le phénomène déjà signalé en Roumanie ; nous voyons les petits paysans obligés de louer les terres des grands domaines voisins et réduits à la merci des propriétaires qui surélèvent à leur guise le prix des fermages, alors que, s'il était permis au paysan de vendre sa propriété, il trouverait à quelques centaines de mètres des champs en abondance à cultiver. Ici, la terre fait défaut et ne suffit pas à l'activité des bras qui offrent de s'employer ; là, elle reste improductive faute de travail pour la féconder.

Aussi, les paysans de certaines contrées sont-ils dans une situation très précaire. « Pressés par la misère et inoccupés, même l'été, ils s'en vont au loin par grandes masses, la faulx sur l'épaule, cherchant à gagner quelque chose ». On a calculé que les campagnes de Moscou fournissent annuellement 100.000 hommes à cette ville : les gouvernements de Wladimir et de Grodno « répandent, chaque année, dans les campagnes les affamés par dizaines de mille, et celui de Kostroma fournit plus de 15.000 ouvriers aux

(1) L'économie rurale de la Russie par Inostranietz. *Journal des Economistes,* 1893, p. 181.

capitales et plus de 100.000 faucheurs aux steppes du sud-est, c'est-à-dire le dixième de sa population totale. Or tous ces travailleurs errants sont propriétaires, ils ont une famille, une chaumière, des champs ; s'ils quittent tout cela, c'est assurément que la faim les y pousse ».

On le voit , la petite propriété n'assure pas nécessairement la prospérité de celui qui la possède, et, quand on contemple le spectacle de telles misères, on se prend à envier pour ces propriétaires le sort de bien des prolétaires de l'Occident de l'Europe. Est-il possible, cependant, de demander raisonnablement un développement plus considérable de la petite propriété rurale, alors que les recherches statistiques établissent qu'en Russie, si l'on néglige les domaines de l'Etat dont la plus grande partie est couverte de forêts ou de terres incultes, cette petite propriété occupe plus de la moitié des terres cultivées (55.8 0/0), soit 120.200.000 déciatines et, dans les gouvernements les plus peuplés ou les plus productifs, tels que ceux de Kazan, d'Orenbourg, de Voronéj et de Viatka, elle atteint même 70 et 90 0/0 de ces terres (1) ?

En dépit des résultats fàcheux qui viennent d'être signalés, M. Durnowo, ministre de l'intérieur, a pensé qu'il y avait lieu d'étendre encore les mesures restrictives des lois précédentes. Au mois de décembre 1893, il a soumis au conseil de l'empire, *qui l'a voté*, un projet de loi tendant à assurer l'inaliénabilité des terres des paysans (2).

Il est impossible d'indiquer avec précision les détails de cette nouvelle loi qui n'a pas encore été promulguée ; mais la connaissance de son but principal permet difficilement de porter sur elle un jugement favorable. Sans doute, le paysan russe, imprévoyant et ignorant, est une proie facile

(1) Inostranietz, *loc. cit.*
(2) *Le Soleil*, 5 janvier 1894 : Lettre de Russie.

pour les usuriers et la saisie de ses champs le rejette trop souvent dans le prolétariat agricole ou urbain. Mais il serait téméraire d'espérer que le vote d'une mesure législative suffira pour remédier à ce mal. La population de la Russie augmente rapidement et la multiplication des familles ne peut aboutir qu'à l'appauvrissement graduel de la classe rurale, si l'apathie et le manque d'initiative des paysans les empêchent d'étendre progressivement leurs petites propriétés foncières. On se vante de réaliser « la conception idéale du paysan ouvrier et propriétaire » ; encore faut-il ne pas oublier ce que devient, en pratique, la réalisation de cet idéal et nous avons vu que les faits attestent, avec une douloureuse éloquence, la misère de ces petits propriétaires. L'émigration est une des conditions du développement économique de la Russie : y apporter des entraves peut constituer une faute et devenir un péril.

Il est plus facile de promulguer des lois que de pousser dans la voie de l'initiative et du *self-help* le moujick indolent ; cette dernière tâche est très ardue, peut-être impossible, mais encore faut-il bien voir que le reste est inutile, si on ne l'accomplit pas.

Le lecteur peut maintenant juger la valeur des motifs qui me pressaient, au début de mon étude, de le prévenir contre toute confusion entre l'institution américaine du homestead et les législations européennes, qui s'en rapprochent le plus. Quelle comparaison peut-on légitimement établir entre un pays où la terre fait l'objet de transactions incessantes et un pays où le gouvernement considère comme une nécessité sociale d'en interdire l'aliénation, entre un peuple qui ne rêve que mouvement et nouveauté et un peuple où la cristallisation des organismes sociaux semble être l'objectif essentiel ? Tout est dissemblable, le but comme les moyens, l'intérêt à sauvegarder comme le péril à éviter. Aussi bien il convient de reconnaître que le législateur russe ou roumain n'avait pas formellement prétendu jusqu'ici, en édictant les lois que nous venons d'énumérer, s'autoriser de l'exemple de la grande démocratie américaine. Cependant il importait d'esquisser brièvement les dispositions de ces lois, parce qu'elles s'inspirent, *quoique d'une manière vague et lointaine*, d'une des idées qui sont à la base de la législation du homestead, l'idée de protection contre les dangers du crédit et de l'emprunt, et aussi parce que cette ressemblance, toute de surface, a suffi pour autoriser certains esprits à établir entre elles et les lois américaines un rapprochement auquel on ne peut certes reprocher de manquer de hardiesse.

CHAPITRE ONZIÈME

Parmi les nations occidentales de l'Europe, *aucune* n'a
encore inscrit dans ses lois les principes de la législation du
homestead ; mais nous avons eu l'occasion de dire, dans un
autre chapitre, qu'il existait chez plusieurs d'entre elles,
un « mouvement » en faveur de leur adoption. Instruits
par l'observation des faits, connaissant les raisons qui ont
poussé les législateurs des Etats-Unis et du Canada à admettre l'institution du homestead, nous pouvons maintenant aborder utilement l'étude des propositions diverses qui
ont été faites, des arguments qui les appuient et aussi des
objections qui militent contre elles.

Afin de donner dès le début à ces éclaircissements toute
la précision possible, je crois devoir placer immédiatement
sous les yeux du lecteur les quatre propositions qui, à
l'heure actuelle, peuvent être considérées comme l'expression la plus autorisée des idées de réforme patronnées par
plusieurs publicistes en France, en Allemagne et en Autriche (1).

(1) Le 10 mars 1894, M. Benjamin Pandolfi a présenté à la Chambre
des députés une proposition pour l'institution des biens de famille.
Cette proposition a été prise en considération et elle viendra prochai-
nement en discussion devant le Parlement italien ; l'opinion publique
paraît d'ailleurs se montrer favorable à son adoption.

Les tendances rétrogrades de ce projet, qui est un véritable code de
la petite propriété rurale, sont si excessives, qu'il me semble impossi-

Voici d'abord, pour l'Allemagne, les dispositions d'un

ble de retenir longtemps sur cette proposition l'attention du lecteur. J'emprunte seulement un très bref résumé à une étude très complète publiée dans la *Réforme sociale* du 1ᵉʳ novembre 1894, p. 686, par M. Ippolito Santangelo Spoto.

Il est dit dans l'article premier : « tout fonds rural duquel une famille pourra, avec son propre travail, tirer le rendement nécessaire à son existence et sur lequel elle établira sa résidence, pourra être constitué en *bien de famille* ou *masseria*. A chaque fonds constitué en bien de famille il pourra être ajouté un fonds de réserve en titres nominatifs de rente consolidée de l'État ».

Les limites extrêmes de la valeur de la *masseria* sont fixées à 200 fr. au minimum et 600 francs au maximum de revenu net imposable ; quant à ce qu'on ne craint pas d'appeler le *fonds de réserve* (!) en rente sur l'État (!), le maximum est fixé à 2.000 francs (art. 4).

Par le fait de la constitution du bien de famille en *masseria* (art. 3), celle-ci, avec tout ce qui fait partie de sa dotation, perd le caractère de propriété individuelle de tel ou tel membre de la famille et devient *propriété familiale* ; sauf les exceptions des lois, elle est à l'avenir propriété *insaisissable et inaliénable*, transmissible *intégralement et indivisiblement*. Le propriétaire chef de famille est obligé à y fixer sa résidence et à diriger lui-même la culture.

Il serait permis, *pour augmenter la prospérité de la masseria*, de contracter, suivant les formes légales, des « dettes de famille », pour le payement desquelles la *masseria* pourrait être saisie ou mise en séquestre : le bien de famille serait placé sous la surveillance des syndicats agricoles qui veilleraient au perfectionnement des cultures, autoriseraient les emprunts, s'il y a lieu, contrôleraient les comptes des *masserie* et ceux des créanciers (art. 45-47).

M. Pandolfi affirme avec conviction que si « l'on veut créer une démocratie forte et vraie, le fidéicommis de la petite propriété et la consécration juridique de la *masseria* deviennent indispensables ». C'est parfait : je croyais pourtant que la nation américaine constituait une démocratie bien autrement « forte et vraie » que ne le sera jamais le peuple italien et cependant on n'y trouve nulle part trace de « fidéicommis de la petite propriété », bien au contraire (*vide suprà*, p. 171 et 212). L'illusion est chose respectable, encore faut-il ne pas fermer obstinément les yeux à la lumière. Les races latines n'ont chance d'échapper à l'écrasement prochain qu'en empruntant aux Anglo-Saxons quelques fragments de leur virile énergie et de leur initiative : si elles veulent s'enfoncer davantage, elles peuvent écouter M. Pandolfi. Ces « bons Anglais » s'en réjouiront, car ils continueront tranquillement la conquête de l'Italie, — comme celle de l'Espagne, du Portugal, des républiques sud-américaines — en achetant peu à peu les vignobles des grands crûs, les mines de soufre et les rares établissements industriels de la Péninsule.

projet de loi, rédigé par M. K. Schneider (1), juge provincial à Cassel, qui a obtenu les préférences du conseil de l'Agriculture de l'Empire, et qui, à la suite de ce choix, a fait, pendant l'année qui vient de s'écouler, l'objet d'une enquête soigneuse poursuivie auprès de toutes les personnes intéressées, et notamment des syndicats agricoles :

ARTICLE 1ᵉʳ. La propriété foncière, qui est consacrée à l'exploitation agricole, ne peut être grevée de dettes qu'au profit d'établissements publics de prêt et seulement jusqu'à concurrence d'un capital dont les intérêts et les arrérages annuels les plus élevés ne dépassent pas le fermage moyen et proportionné à l'usage des lieux.

Il n'est apporté aucune modification au droit spécial qui régit les fiefs, les biens possédés à titre de majorat ou de fidéicommis, en tant qu'ils seraient soumis à une restriction plus grande encore au sujet de l'endettement.

ARTICLE 2. Le montant de ce fermage est fixé et révisé tous les cinq ans, d'après le revenu net imposable, déterminé pour chaque arrondissement administratif par l'assemblée représentative du cercle et inscrit sur les cadastres par les fonctionnaires du livre foncier. Dans l'intervalle de cette période quinquennale, l'estimation ne peut être faite que sur la demande formelle du propriétaire, à ses frais et avec l'adjonction de l'expert rural.

ARTICLE 3. En cas de contestation et après l'audition des personnes compétentes, l'autorité administrative supérieure décide en dernier ressort si une propriété foncière n'a point été endettée au delà des limites fixées par l'article 1ᵉʳ.

ARTICLE 4. L'autorité administrative du pays détermine quels établissements (institutions de crédit, banques hypothécaires, caisses d'épargne, etc.) doivent être considérés comme établissements publics de prêt.

____

(1) *Réforme sociale*, 1ᵉʳ mars 1892, p. 383 et 384.

ARTICLE 5. Les hypothèques concédées au profit de ces établissements, dans les limites fixées par l'article 1er, confèrent les droits indiqués à l'article 7. Au delà de cette limite, elles sont encore inscrites par le fonctionnaire du livre foncier sur demande expresse à cet effet, mais ne confèrent que les droits indiqués dans l'article 8. Cet effet ne se produit pas à l'égard des premières, en cas d'abaissement ultérieur de la valeur limitative ; cependant les établissements autorisés ne peuvent demander une aliénation du bien hypothéqué que si la propriété, qui reste à leur débiteur, satisfait aux conditions de l'article 1er.

ARTICLE 6. Il n'est délivré aucune lettre hypothécaire. Les cessions ne sont permises qu'en faveur d'établissements similaires. Des amortissements annuels de la dette peuvent être faits, mais il est permis de fixer par convention le chiffre qu'ils devront atteindre.

ARTICLE 7. En cas de non-paiement des intérêts ou des arrérages, les établissements dont les droits respectifs se règlent d'après la date des inscriptions ont seulement le droit d'administration forcée. Le juge compétent peut cependant, sur la preuve de l'insuffisance du résultat produit par cette mesure, autoriser une adjudication forcée. Il est permis de porter plainte contre sa décision. Les caisses publiques ont des droits analogues pour le recouvrement des impôts fonciers.

ARTICLE 8. Au delà des limites fixées dans l'article premier, des hypothèques volontaires ou forcées peuvent être inscrites au profit de personnes privées, pour la garantie de leurs créances ; celles-ci ne peuvent faire l'objet d'une poursuite et ne rapportent pas d'intérêts (Voir pourtant art. 10).

Les cohéritiers peuvent prétendre à une semblable garantie hypothécaire, mais seulement dans le cas où les hypothèques au profit des établissements publics atteignent déjà la limite fixée ; ils ont au contraire le droit d'exiger un paiement comptant, lorsque le propriétaire peut se procurer de l'argent en constituant des hypothèques (dans les limites fixées). Avant le règlement de ces dettes, l'héritier ne peut ni hypothéquer, ni aliéner l'immeuble. En outre, les établissements titulaires d'inscriptions hypothécaires sont obligés de fournir des renseignements exacts sur l'état de leurs créances et le montant du reliquat dû au moment de l'ouverture de la succession.

Il n'est pas non plus émis de lettres hypothécaires. Les cessions sont pourtant permises.

Les hypothèques complètes (*die Vollhypotheken*) et les hypothèques inférieures (*die Hypotheken minderen Rechts*) doivent être inscrites sur deux parties différentes d'une même page, les dernières étant immédiatement au-dessous des premières.

Article 9. Toutes les autres charges réelles ainsi que tous autres droits réels peuvent être acquis et être inscrits sur le livre foncier, mais ils doivent être estimés en argent, à leur valeur propre, d'après la diminution de prix qu'ils entraînent pour la propriété. Lorsque, après leur inscription, des hypothèques viennent à être constituées, ces charges et ces droits entrent en ligne de compte pour le calcul de l'endettement autorisé par l'article 1er.

Ceux de ces droits qui garantissent un certain revenu à prendre sur l'immeuble grevé ne sont licites qu'à titre de servitudes foncières ou pour des personnes qui font partie de la famille du propriétaire et ont droit, à ce titre, à leur entretien. Ces personnes ne peuvent les céder. S'ils se trouvent encore dans les limites légales, ils prennent rang avec les hypothèques complètes et peuvent, en se transformant en une hypothèque de cette nature, être réalisés au besoin par la contrainte. En dehors de ce cas, ils ne confèrent que les droits d'une hypothèque inférieure et ils sont dans la même mesure irrachetables et inconvertibles en argent.

ARTICLE 10. Toutes ces hypothèques inférieures peuvent faire obstacle à un morcellement ou à une aliénation de la propriété hypothéquée, dans tous les cas où elles ne sont pas satisfaites : en d'autres termes, elles peuvent être opposées à l'acheteur au moyen d'une adjudication forcée. Le montant total de ces diverses sommes peut être liquidé à l'ouverture de la première succession.

ARTICLE 11. On ne peut hypothéquer, ni séparer, en vue d'une adjudication sur saisie, l'ensemble des bestiaux, des instruments, des semences et du mobilier, non plus que les provisions pour la famille du propriétaire qui sont nécessaires jusqu'à la prochaine récolte. On ne peut davantage hypothéquer les provisions qui doivent servir à la vente. En cas de contestation, la preuve est à la charge du créancier titulaire de l'hypothèque.

ARTICLE 12. En cas de faillite du propriétaire, ces dispositions restent valables.

ARTICLE 13. Dans le cas où il n'existe aucun droit de transmission intégrale (*Anerbenrecht*) ou si ce droit a été exclu par la volonté du défunt ou par celle des cohéritiers eux-mêmes, celui des héritiers qui vient à entrer en possession du bien ne peut être grevé de dettes que dans la mesure indiquée à l'article 8.

En Autriche une proposition de loi de homestead a été formulée par une commission extra-parlementaire composée des hommes réputés les plus compétents en cette matière. Voici la teneur de ses dispositions principales (1) :

(1) Dans la traduction de cette proposition, les détails secondaires, qui seraient sans intérêt pour le lecteur, ont été omis.

ARTICLE 1er. L'expression *bien de famille*, dans le sens du projet de loi, désigne tout immeuble rural comprenant une maison d'habitation et qui est inscrit comme tel, sur le livre des biens de famille (*Erbgüterbuch*), sur l'initiative du propriétaire.

ARTICLE 2. Les valeurs minima et maxima d'un tel bien de famille sont, sauf dispositions différentes de la législation de l'Etat, fixées respectivement à 1000 et 20.000 florins.

ARTICLE 3. L'inscription d'un immeuble comme bien de famille demeure valable à l'égard des acquéreurs postérieurs.

Ni la vente sur saisie, ni la faillite du propriétaire ne lui enlèvent son efficacité ; elle ne peut être radiée que sur l'initiative du propriétaire, lorsque celui-ci fournit la preuve que cette radiation est avantageuse pour l'exploitation et l'administration du bien.

ARTICLE 4. Un bien de famille ne peut être affecté à la garantie d'obligations contractées que de la manière suivante : A. pour la dette de la rente du sol, perpétuelle ou limitée à un temps déterminé, dont le montant annuel n'excède pas la moitié du revenu net cadastral ; B. dans le cas et dans la mesure où l'engagement pour dette de la rente du sol, autorisée dans le § A, n'a pas eu lieu, pour une dette dont le montant en capital n'excède pas le dixième du revenu net cadastral. Exceptionnellement, le tribunal compétent peut autoriser une affectation plus considérable, dans les cas où il est prouvé que celle-ci est liée à des avantages qui ne peuvent être obtenus d'une autre manière. Mais encore cette autorisation ne pourra-t-elle être donnée qu'à la condition que la dette soit éteinte par des paiements périodiques dans le délai de vingt ans au plus. Le tribunal fixera, sur la proposition du propriétaire, le taux d'amortissement périodique,

surveillera l'exécution stricte de l'obligation de ce propriétaire et, au besoin, y pourvoiera par le séquestre et autres
moyens de contrainte. C. Pour une obligation en rente via-
gère contractée, conformément aux usages des lieux, au
profit du propriétaire précédent ou du conjoint survivant
de celui-ci. D. Pour une obligation souscrite dans le but de
pourvoir à l'entretien, d'une manière conforme à leur situation, des enfants mineurs du précédent propriétaire, jusqu'à l'époque de leur majorité, ou dans le cas où ces enfants, même majeurs, seraient incapables de gagner leur
vie, pendant la durée de cette incapacité.

Article 5. Un bien de famille ne peut être soumis à une
vente forcée que dans les cas suivants ; A. Pour retard dans
le paiement des impôts ou autres charges publiques ; B. Pour
défaut de paiement de travaux exécutés sur le fonds, auxquels les lois assurent un rang privilégié ou une hypothèque légale ; C. Pour défaut d'acquittement des obligations
autorisées dans l'art. 4.

Article 6. En principe, le séquestre doit précéder la vente
forcée du bien de famille ; cependant, si celui qui poursuit
l'exécution forcée ne peut obtenir satisfaction, dans l'espace de deux ans, au moyen des revenus séquestrés, ou s'il
s'agit d'un retard de plus de deux ans dans le paiement des
prestations annuelles ou d'un retard dans le paiement du
capital garanti par une hypothèque, la vente forcée peut
avoir lieu immédiatement.

Article 7. Pendant la durée du séquestre, il est dû au
propriétaire du bien de famille, pour lui et sa famille, l'habitation gratuite sur le bien, et, sur les revenus séquestrés,
après déduction des paiements obligatoires aux termes de
l'article 5, une somme annuelle nette de 350 florins.

Article 8. Aucun effet rétroactif ne peut être attribué
aux dispositions de la présente loi.

ARTICLE 9. On ne peut demander à l'acquéreur d'un bien de famille que le payement des créances désignées à l'article 4 ; les autres créances seront acquittées jusqu'à due concurrence sur le produit de l'adjudication, et ce paiement, quelle qu'en soit l'importance proportionnelle, entraînera leur radiation totale.

ARTICLE 10. Les créanciers conservent intact l'exercice de leur droit de saisie et de poursuite, dans le cas où le propriétaire d'un bien de famille n'a pas sur ce bien son habitation fixe.

ARTICLE 11. Les frères et sœurs de celui qui acquiert par transmission à titre gratuit un bien de famille peuvent, aussi longtemps qu'ils sont mineurs ou incapables de gagner leur vie, à raison d'une infirmité physique ou mentale, exiger de ce propriétaire un entretien conforme à leur état, à charge par eux de fournir un travail conforme à leur condition et proportionné à leurs forces.

En France, la Société d'Economie sociale a publié, depuis plusieurs années, trois projets différents de loi de homestead. Le premier, contenu dans une pétition adressée au Sénat, le 1ᵉʳ décembre 1886, par M. Jules Fourdinier, propriétaire du Pas-de-Calais, est si excessif dans ses dispositions que personne aujourd'hui ne songe à le soutenir (1). Le deuxième, publié à la même époque et dû à la

---

(1) M. Fourdinier demandait l'adoption de la disposition suivante : « Sont déclarés insaisissables par la loi et dans aucun cas ne pourront être saisis pour aucune créance : 1ᵉ Tout domaine rural d'une contenance de *vingt* hectares au moins, y compris la maison d'habitation avec ses dépendances ; 2ᵉ les objets que la loi déclare immeubles par destination et nécessaires à l'exploitation de ce domaine.

« Toutefois ce privilège n'existera pas et ne pourra jamais être in-

plume d'un anonyme dont il n'a pas été difficile de percer
l'incognito, car la forte structure de l'ensemble, jointe au
souci des détails, indiquait le nom du savant éminent qui en
était l'auteur, établit toute une législation pour la petite
propriété immobilière : il allie heureusement et habilement
la réforme, toujours demandée, des lois successorales à l'introduction du principe du homestead. Mais il faut reconnaître que ce projet, très minutieux, manque de la vigoureuse
netteté des formules brèves qui paraît à notre époque une
des conditions de succès des réformes désireuses d'attirer
sur elles l'attention et la faveur publiques. Il me semble
que ces exigences d'ordre psychologique, qui sont loin
d'ailleurs d'être favorables à la bonne direction des affaires
publiques dans une démocratie, n'ont pas échappé aux publicistes distingués qui patronnent en France le mouvement
en faveur de l'introduction des lois de homestead, et il n'est
pas téméraire d'attribuer à une préoccupation de cette
nature ce que l'on me permettra d'appeler le troisième
avatar des réformes patronnées par la Société d'Economie
sociale. Dans un court article, publié, en mars 1892, par la
Réforme Sociale, sous la signature de M. François Lajeunie,
et où le mot *homestead* ne figure même pas, l'auteur, sans
enfermer sa pensée dans la formule toujours complexe
d'une proposition de loi, se borne à énoncer un ensemble
de principes qui doit être considéré comme l'expression

voqué en faveur d'un domaine rural où le propriétaire ne dirigera pas
lui-même son exploitation et où sa famille n'aura pas sa résidence
réelle et effective ».

On ne peut songer sérieusement à interdire à des propriétaires dont
l'actif dépasserait peut-être 100.000 francs de faire aucun emprunt, ni
de se servir de leur bien comme d'un moyen de crédit, et il n'est pas
plus légitime d'autoriser ces personnes à ne pas payer leurs dettes au
cas où, par impossible, elles auraient trouvé des prêteurs ignorants de
la loi.

officielle des vœux de l'Ecole dont M. Lajeunie est le disciple.

Il s'agirait uniquement d'ajouter à l'article 592 du Code de Procédure civile, qui exempte de la saisie un certain nombre d'objets mobiliers, un paragraphe nouveau aux termes duquel seraient également soustraites à la saisie les petites propriétés rurales, habitées et cultivées par leur propriétaire, et dont l'impôt foncier n'excède pas en *principal* la somme de vingt francs. L'obtention de ce bénéfice, qui pourrait être invoqué par tout Français, même vivant seul, ne serait soumise à aucune formalité de publicité ou d'inscription. « Dans le cas où le domaine serait plus important, on *pourrait* décider que le bénéfice d'insaisissabilité serait acquis aux terres dans un rayon restreint autour de l'habitation, pour donner le chiffre de vingt francs d'impôt en principal (1) ».

Vers la fin de l'année 1893, la réforme du homestead apparut définitivement comme une question dont le pouvoir législatif allait être saisi à bref délai. M. l'abbé Lemire, député du Nord, qui, dès son entrée à la Chambre des Députés, avait affirmé sa volonté bien arrêtée de défendre et de préserver la petite propriété, annonça qu'il présenterait à bref délai une proposition de loi de homestead. Pendant le même temps, M. Léveillé se mit à l'œuvre de son côté et, devançant son collègue, déposa sur le bureau de la Chambre un second projet *sur les biens insaisissables de famille*. Voici les dispositions de ces deux propositions de loi, soumises l'une et l'autre à l'examen de la Chambre des Députés :

(1) *Réforme sociale*, 1ᵉʳ mars 1892, p. 383 et 384.

PROPOSITION DE LOI

AYANT POUR OBJET D'ORGANISER EN FRANCE

LE BIEN DE FAMILLE

présentée par M. l'abbé Lemire, député (1)

TITRE PREMIER

De la constitution du bien de famille.

Article 1er. — Seront considérées comme bien de famille, moyennant les formalités ci-dessous indiquées, toute maison ou portion de maison appartenant en propriété à un chef de famille et occupée par lui à titre d'habitation ordinaire, toute pièce de terre possédée et jouie directement par la famille, à la condition que le tout n'excède pas une valeur de huit mille francs.

Art. 2. — Seront réputés chef de famille tout citoyen français marié, tout veuf avec enfants, toute veuve avec enfants, et plus généralement toute personne française investie de la puissance paternelle dérivant d'une filiation légitime.

Art. 3. — Au cas de divorce ou de séparation de corps, le titre de chef de famille sera donné à celui ou à ceux des conjoints auxquels le tribunal ou la cour aura confié la garde des enfants.

Art. 4. — Les formalités exigées pour que la maison ou la terre devienne bien de famille sont les suivantes :

Le chef de famille doit faire une déclaration écrite à la mairie du lieu de la situation de l'immeuble. Cette déclaration est transmise dans la huitaine par la mairie au bureau d'enregistrement du canton et au bureau des hypothèques de l'arrondissement. L'enregistrement et la transcription en auront lieu gratuitement.

Equivaudra à la déclaration précédente du chef de famille toute disposition testamentaire précise portant création de bien de famille, émanée des personnes mentionnées à l'article 2,

(1) N° 848. Chambre des Députés. Annexe au procès-verbal de la séance du 18 juillet 1894.

en faveur de leurs enfants mineurs. Cette disposition devra faire l'objet d'une déclaration à la mairie susdite par les soins du tuteur ou du curateur des enfants bénéficiaires.

ART. 5. — La déclaration écrite doit contenir une description détaillée de l'immeuble, et une estimation de sa valeur faite par trois experts désignés amiablement l'un par l'administration des contributions directes, l'autre par le juge de paix du canton de la situation, et le troisième par le déclarant.

Elle sera signée par le chef de famille et son conjoint, et, à défaut de celui-ci, par le représentant du conseil de famille.

ART. 6. — Elle sera accompagnée :

1° De l'extrait de mariage du chef de famille et de l'extrait de naissance des enfants, s'il y a lieu ;

2° Du procès-verbal d'expertise, rédigé sur papier libre et enregistré gratis ;

3° D'un certificat d'occupation effective de la maison ou de jouissance directe de la terre, délivré par le maire du lieu.

Les mineurs, au cas de l'article 4, paragraphe dernier, seront exemptés de cette dernière obligation.

ART. 7. — La constitution du bien de famille sera portée à la connaissance du public par un avis inséré, à la diligence et aux frais du déclarant, dans deux journaux de l'arrondissement.

Les avantages du bien de famille ne courront que quinze jours francs après cette publication ayant reçu date certaine.

ART. 8. — Si la terre ou la maison, séparément ou réunis, suivant les cas, ont une valeur excédant huit mille francs, et qu'elles ne puissent pas être divisées, il pourra en être distrait, pour jouir du privilège accordé au bien de famille, une portion correspondante à la valeur de 8.000 francs. Cette indication est faite par le déclarant.

ART. 9. — Dans aucun cas et sous aucun prétexte, il ne pourra être introduit, par constitution directe ou transmission héréditaire, dans un même ménage, plus d'un bien de famille,

TITRE II
Des avantages du bien de famille.

ART. 10. — Tout bien de famille est exempt de tout impôt direct.

Art. 11. — Le bien de famille ne peut pas être saisi quant au capital par les créanciers futurs du chef de famille. Il peut l'être pour les dettes grevant son patrimoine qui résulteraient d'un acte authentique antérieur à l'expiration du délai de quinzaine qui suivra la publicité par la voie de la presse donnée à la constitution du bien de famille, comme il est dit à l'article 7, ou qui auraient reçu, avant la même époque, une date certaine, conformément à l'article 1328 du Code civil.

Il n'est, dans les mêmes termes, soumis à aucune hypothèque légale ou judiciaire.

L'insaisissabilité ne peut toutefois être opposée au vendeur de l'immeuble, aux ouvriers, entrepreneurs, et généralement à tous créanciers pour travaux d'amélioration, et aux tiers prêteurs subrogés dans leurs droits (art. 2103, 1º, 2º, 4º et 5º).

Art. 12. — En cas de destruction totale ou partielle du bien de famille, l'indemnité d'assurance est subrogée réellement à l'immeuble, et jouit, dans les termes de l'article précédent, du privilège de l'insaisissabilité pendant un an.

TITRE III

De l'acquisition du bien de famille.

Art. 13. — En faveur de tout chef de famille, l'acquisition du bien de famille se fera sans charges fiscales jusqu'à concurrence de la valeur de huit mille francs.

Art. 14. — En faveur de tout chef de famille et pour faciliter la même acquisition, seront exempts de charges fiscales tous actes de vente, donation, cession avec payement par annuités, que feront avec lui les sociétés commerciales, aussi bien que les sociétés de bienfaisance ou d'utilité publique, lui transférant un bien de famille.

Art. 15. — Dans le même cas et pour le même but, les sociétés d'utilité publique et tous les établissements de crédit reconnus et contrôlés par l'État, tels que caisses d'épargne et de retraites, sociétés de secours mutuels, pourront employer un quart de leur fonds de réserve.

TITRE IV

De la conservation du bien de famille.

ART. 16. — Le chef de famille ne peut renoncer uniquement à l'insaisissabilité du bien de famille. Il ne peut ni l'hypothéquer, ni le vendre à réméré.

ART. 17. — Le chef de famille peut aliéner le bien, ou constituer sur lui une servitude réelle, mais seulement avec le consentement exprès de son conjoint, du vivant de celui-ci, et, après sa mort, avec l'autorisation du conseil de famille, durant la minorité des enfants.

Le conseil de famille a le même droit que le chef de famille, en cas de décès des deux conjoints, mais il devra suivre, pour cette aliénation ou cette constitution de servitude, les règles ordinaires prescrites par le Code civil au titre de la *Tutelle*.

ART. 18. — Le vendeur du bien de famille n'a aucun des privilèges fiscaux dont il jouissait comme acquéreur.

ART. 19. — Le veuf ou la veuve sans enfants, âgés de moins de cinquante ans, devront, pour conserver les avantages du bien de famille acquis avant leur veuvage, se remarier dans le délai de deux ans, faute de quoi ces avantages leur seront rétroactivement retirés, à compter du jour du décès de leur conjoint.

ART. 20. — Le bien de famille perd tous les avantages et obligations de la présente loi par une renonciation faite dans la même forme et aux mêmes conditions que la déclaration de constitution.

L'abandon effectif de la terre ou de la maison, constaté, à la requête du fisc ou des créanciers sur simple requête, par le Tribunal civil, équivaut à cette renonciation expresse.

ART. 21. — En cas de décès des parents, les enfants mineurs qui, pour une cause quelconque, ne pourront habiter la maison ou exploiter la terre, conserveront néanmoins le bien de famille comme tel, jusqu'à la majorité du plus jeune d'entre eux.

TITRE V

De la transmission héréditaire du bien de famille.

ART. 22. — Dans le cas où le chef de famille laisse à son

décès un conjoint ou des héritiers en ligne directe, il est dérogé à l'article 732 et aux règles concernant le partage contenues dans la section I, chapitre VI, titre I, livre III du Code civil, de la manière suivante :

ART. 23. — Le bien de famille n'est pas soumis au partage forcé en nature.

ART. 24. — S'il y a des enfants mineurs, il n'est pas soumis à la licitation, et l'indivision subsiste, quant à ce bien de famille, jusqu'à la majorité du plus jeune.

ART. 25. — Le bien de famille peut être repris, sur une estimation faite comme il est dit à l'article 5, par l'enfant que désigne le chef de famille, ou, à défaut, par celui qui est resté en dernier lieu avec ses parents, à charge d'indemniser les autres, s'il y a lieu, par des soultes garanties par le privilège de l'article 2103, 3° du Code civil.

A défaut de la désignation expresse ou tacite du successible au bien de famille mentionnée au paragraphe précédent, le successeur à ce bien pourra être désigné par ses cohéritiers à la majorité des suffrages. A défaut de majorité, il sera procédé par voie de tirage au sort.

Si, au moment de cette reprise sur estimation, le bien de famille vaut plus que 8.000 francs, il y aura lieu à une nouvelle déclaration conforme à l'article 8.

Il sera d'ailleurs toujours loisible aux héritiers tous majeurs de considérer le bien de famille, au cas de non désignation expresse ou tacite d'un successible à ce bien conformément au paragraphe 1er du présent article, comme un bien ordinaire soumis aux règles usuelles du partage, et de faire abstraction des avantages stipulés dans la présente loi ; cette renonciation sera faite dans la forme mentionnée à l'article 20, § 1er.

ART. 26. — Si, dans le délai de cinq ans, à compter du décès du *de cujus*, au cas où les héritiers sont tous majeurs, et à compter de la majorité du mineur le plus jeune, s'il y a des mineurs, les soultes dues par le détenteur du bien de famille ne sont pas remboursées, le privilège des copartageants, jusque-là paralysé dans son exercice, pourra donner lieu à exécution forcée.

ART. 27. — De même, dans le cas où, la valeur du bien de famille excédant la réserve des enfants, le chef de famille aurait légué la quotité disponible, ainsi que dans le cas où le conjoint aurait un droit de copropriété sur le bien de famille ainsi légué, il ne pourra être procédé au partage forcé en nature pour l'exécution du legs, mais il sera fait une estimation de la valeur de ce legs, que les héritiers ou le conjoint auront la faculté d'acquitter en argent.

L'hypothèque du légataire grevant le bien de famille ne pourra d'ailleurs donner lieu à l'exécution forcée que passé un délai de cinq années comptées comme il est dit à l'article précédent.

ART. 28. — La transmission du bien de famille par succession a lieu sans charges fiscales en faveur des héritiers qui n'en sont pas déjà pourvus personnellement.

ART. 29. — La continuation du privilège du bien de famille n'est assurée au successeur majeur que s'il est marié, ou si, étant célibataire, il se marie dans un délai n'excédant pas deux ans.

Dans ce cas, comme dans celui de l'article 18, les créanciers pourront conserver leurs droits respectifs éventuels par une inscription hypothécaire, laquelle demeurera de nul effet si la condition du mariage est réalisée par le titulaire dans le délai à lui imparti.

ART. 30. — Un règlement d'administration publique déterminera de quelle manière seront tenus les livres fonciers où seront inscrites, dans chaque arrondissement, les déclarations concernant les biens de famille.

Voici enfin le texte de la proposition de loi de M. Léveillé (1) :

I. — Etablissement du bien de famille.

ARTICLE 1ᵉʳ. — Le Français (ou la Française) qui veut fon-

(1) L'exposé des motifs explique la haute importance du projet ; en voici la reproduction intégrale :

Les Américains du Nord ont construit et depuis un certain nombre d'années ils ont pratiqué avec succès une institution, le *homestead*, qu'il serait bon d'introduire en France et dont le projet de loi actuel a pour but de poser les bases fondamentales.

Grâce à l'expérience poursuivie au delà de l'Atlantique, grâce aux

der une terre insaisissable de famille doit en faire la déclaration précise, écrite et signée, d'après une formule imprimée

études savantes de quelques-uns de nos compatriotes, MM. Donnat, Joliot, Castonnet-Desfosses, Duverger, Vidal, Alglave, Jannet et Corniquet, il est aujourd'hui facile de définir le *homestead* avec précision et d'en signaler les effets bienfaisants.

L'Américain du Nord qui veut assurer l'avenir des siens choisit un bien déterminé, d'une étendue et d'une valeur modestes, dont le maximum est fixé par la loi particulière de chaque Etat. Il s'y installe ; il exploite et il améliore l'enclos étroit qui entoure sa maison. Cet immeuble est dès lors placé sous un régime spécial. Il peut être aliéné par le nouveau propriétaire, mais il ne peut plus être saisi contre sa volonté.

La jeune famille a désormais trouvé son nid, qui abritera plus tard comme dans un asile inviolable la veuve et les enfants mineurs. La prévoyance du père, intelligemment secondée par le législateur, garantit ainsi le sort de toute la couvée. L'institution américaine prémunit le groupe familial tout entier contre les désastres possibles ; elle est la dot du ménage qui se fonde ; elle est la protection des berceaux futurs.

La politique du *homestead* n'a pas que des effets privés : elle a des effets publics. Elle multiplie dans un pays la classe des petits propriétaires ; elle leur procure le pain de chaque jour ; elle leur donne, avec une situation indépendante, la dignité de la vie. Si nous introduisions le *homestead* en France, nos paysans et nos ouvriers, en vivant plus souvent sous leur propre toit et au milieu des leurs, apprendraient à connaître autrement que d'une façon théorique et par conséquent apprendraient à respecter davantage ces deux institutions qui sont les colonnes de notre ordre social : la propriété, fruit légitime du travail et de l'épargne, et l'héritage qui, reliant intimement le père aux fils, est bien la première, la plus profonde et la plus sainte des solidarités humaines.

Aujourd'hui le capitaliste peut, chez nous, sans aucune limitation de somme, se constituer une fortune insaisissable en achetant des rentes sur l'Etat. Aujourd'hui la Française riche peut en se mariant, jusqu'à concurrence de plusieurs millions, s'il lui plait, frapper d'insaisissabilité tous les immeubles dotaux. Le projet actuel propose que, par un acte de prévoyance et de dévouement éclairés, qui n'imposera aucune charge au Trésor, qui réduira au contraire les ravages du paupérisme, les humbles et les laborieux puissent à leur tour assurer d'une façon simple, économique et solide l'existence de leurs jeunes enfants.

Encore une fois, il ne s'agit pas ici d'un système conjectural. L'expérience du *homestead* a été brillamment faite aux Etats-Unis. Il ne serait pas d'ailleurs difficile de prouver que le germe de cette institution démocratique était depuis longtemps inscrit dans nos

dont il remplit les blancs, à la mairie du lieu où est situé l'immeuble. La déclaration est rédigée en trois exemplaires, remis : l'un au fondateur, l'autre au maire, le dernier au conservateur des hypothèques de l'arrondissement.

ART. 2. — Le bien objet de la fondation devra comprendre une maison ou fraction de maison destinée à l'habitation de la famille ; il pourra comprendre, de plus, un enclos situé auprès de la maison. Le bien ne devra pas, lors de la fondation, dépasser une valeur de 10,000 francs pour l'immeuble construit et, de plus, une valeur de 2,000 francs pour les meubles et outils professionnels.

ART. 3. — Le bien de famille n'est constitué comme tel que si le fondateur l'occupe et l'exploite.

ART. 4. — Un même individu ne peut avoir deux biens insaisissables de famille fondés par lui.

II. — Régime spécial du bien de famille.

ART. 5. — Le bien de famille, institué par un fondateur solvable, ne peut plus être saisi, ni quant au capital, ni quant aux fruits, par les créanciers futurs du propriétaire. Le bien peut être saisi par le vendeur du terrain ou des matériaux, par les ouvriers qui ont concouru à l'amélioration du fonds (construction, mise en valeur, entretien). Il peut être saisi pour le payement des impôts et pour le payement des dettes nées des délits et quasi-délits du propriétaire. Le propriétaire ne peut renoncer à l'insaisissabilité du bien de famille.

codes. Il ne serait pas difficile non plus de dire sur quels terrains spéciaux et dans quelles conditions particulières le *homestead* pourrait le mieux réussir en France et y devenir le pivot de larges et fécondes opérations foncières.

Le projet actuel tend, en définitive, à ce double résultat : *diffusion et conservation de la petite propriété.*

Trop longtemps l'épargne populaire a dormi dans le bas de laine. Trop rapidement de nos jours elle se perd dans le jeu malsain ou bien elle se volatilise aux mains de financiers sans scrupule. Le temps n'est-il pas venu de diriger de préférence les économies de nos ouvriers et de nos paysans vers la terre ? La terre, du moins, garde les capitaux qu'elle reçoit : elle porte annuellement ses fruits.

Le *homestead* donnerait plus de stabilité aux familles et par là il contribuerait à la grandeur et à la puissance de l'Etat.

ART. 6. — L'insaisissabilité subsiste tant que l'immeuble reste aux mains du fondateur, de son conjoint survivant et de ses enfants mineurs.

ART. 7. — Le propriétaire peut aliéner le bien de famille. Toutefois, si le propriétaire est marié, ou s'il a des enfants mineurs, l'aliénation est subordonnée, dans le premier cas au consentement de la femme donné en chambre du conseil, dans le second cas à l'autorisation de justice.

ART. 8. — Le propriétaire ne peut hypothéquer ni vendre à réméré le bien de famille.

ART. 9. — Un règlement d'administration publique déterminera les mesures d'exécution de la présente loi.

Les propositions de lois que l'on vient de lire soulèvent deux questions d'un intérêt inégal, une question de principe et une question d'application. La question de principe doit être étudiée la première : ainsi le veulent la logique et l'importance des intérêts économiques auxquels elle se rattache. Toutefois avant d'aborder cet examen, qui portera d'une manière plus spéciale sur les projets français, il importe de rejeter, en dehors de la discussion, un problème qui serait de nature à la compliquer à l'excès et peut-être même à l'égarer.

On a remarqué entre les deux propositions de M. l'abbé Lemire et de M. Léveillé une différence essentielle ; tandis que l'une se borne à préserver le bien de famille *de la saisie des créanciers*, l'autre décide en même temps que l'habitation familiale sera *soustraite aux règles du code civil sur le partage forcé*. Une fois de plus, on jette dans la mêlée la question de la transmission intégrale.

On peut estimer que cette tactique n'est pas heureuse ; il y a peu d'avantages et beaucoup d'inconvénients à greffer une discussion très vive et parfois passionnée sur une autre qui, si elle se présentait seule, soulèverait de moindres objections ; n'était-il pas préférable de rester fidèle au grand principe de la division du travail, dont l'économie politique constate les merveilleux effets ?

En fait pourtant la plupart des partisans de la réforme du homestead réclament simultanément la réforme des lois successorales.

La seconde réforme est, à leurs yeux, le complément indispensable de la première ou plutôt elles se complètent mutuellement, de même que les deux piliers d'une voûte concourent ensemble au soutien du cintre.

Pour démontrer l'existence de cette corrélation, les économistes allemands et autrichiens ont eu sur leurs collègues de France un avantage marqué, puisqu'ils avaient obtenu la modification des lois successorales, avant de prôner l'introduction du homestead. Reconnaissant « qu'il était peu sage de vouloir faire le bonheur des gens malgré eux » divers Etats de l'Allemagne, depuis 1874, et l'Autriche, par la loi du 1er avril 1889, ont abandonné le principe du partage égal obligatoire et ils ont consacré législativement le droit du père de famille à transmettre à un de ses enfants l'exploitation rurale qu'il dirige. Cette première conquête assurée, il n'a plus été difficile de montrer que l'exemption de saisie des petites exploitations était la suite logique de l'institution du *Hofrecht* et le projet autrichien, rapporté plus haut, est à ce point inspiré de cette idée qu'il n'exempte de la saisie que les immeubles inscrits sur le *Hofrolle*. Nous ne pouvons plus, a-t-on dit, rejeter le droit de homestead (*Heimstættenrecht*), puisque nous avons admis le principe de la transmission intégrale, et ce serait manquer de logique, lorsqu'on a déjà préservé les petits patrimoines immobiliers contre une des deux grandes causes de leur *pulvérisation* et de leur *désintégration*, que de persister à les laisser exposés à la saisie, puisque ce mal-là est plus redoutable encore.

Cet argument faisant défaut aux réformateurs français, il semble qu'ils auraient avantage à mener leur campagne, sans renouveler, au sujet des lois successorales, une discussion qui jusqu'ici ne leur a point été favorable. Faut-il même dire que l'idée de la transmission intégrale semble, depuis quelque temps, moins préoccuper l'opinion publique et qu'elle paraît devoir se perdre bientôt dans l'indifférence générale ? Tel est d'ailleurs le sort naturel d'une proposition dont on a singulièrement exagéré l'importance et dont on n'a pas craint de faire le point central de la « réforme sociale en France ».

Sans entrer dans un débat qui n'a qu'un rapport lointain avec le sujet de cet ouvrage, il est permis de dire que les défenseurs de la liberté testamentaire ne sont pas remontés à la cause originelle d'une pratique qu'ils jugeaient malfaisante et dangereuse. Il ne s'agit pas de savoir comment un père de famille qui dirige une exploitation agricole ou industrielle et qui possède *en outre* des capitaux mobiliers pourra laisser à l'un de ses enfants son établissement et ne donner aux autres qu'une part en argent ; cette répartition, en dépit de l'article 832 du Code civil, est courante dans la pratique, parce qu'elle sauvegarde les intérêts de tous et que les héritiers ne sont jamais disposés à sacrifier leurs intérêts tangibles à la satisfaction théorique de leurs droits. Il s'agit, ce qui est bien différent, de trouver un moyen qui permette à un père de famille qui n'a qu'un patrimoine immobilier petit ou grand *et pas de capitaux mobiliers* — ce qui est précisément la situation de nos petits paysans propriétaires — de transmettre à un de ses enfants l'intégralité de son domaine rural.

Quand on réfléchit sur les données du problème, tel que nos mœurs françaises les fournissent, on ne tarde pas à reconnaître que l'on se trouve en présence de ce qu'on me permettra d'appeler la pierre philosophale de l'économie politique (1). Dans une société où les pères de famille se proposent de laisser à chacun de leurs enfants un patrimoine aussi considérable qu'ils auront pu l'amasser et où les enfants sont avertis par leurs parents, dès leur plus jeune âge, que ce patrimoine doit être pour eux la première ressource de leur ménage futur, la liberté testamentaire ne peut avoir qu'une action très limitée, elle risque de n'être qu'un leurre et ceux qui, par profession, fréquentent les prétoires de nos tribunaux civils ont beau jeu pour représenter les abus et les excès de tout genre qu'une pareille liberté autoriserait.

Puisqu'il est certain que le père français ne veut ni déshériter trois de ses enfants pour transmettre intégralement au quatrième sa propriété foncière, ni avantager l'un d'eux au détriment des autres, il faut évidemment qu'on aboutisse au morcellement ou à la licitation (2).

Je sais que cette objection n'arrête pas les réformateurs qui se vantent d'avoir trouvé depuis longtemps un remède. L'article 25 du projet de M. l'abbé Lemire, reproduisant en cela les dispositions des lois allemandes et de la loi autrichienne, dispose qu'un des enfants aura la faculté de reprendre sur estimation le bien de famille, à charge d'indemniser ses cohéritiers en leur payant des soultes garanties par le privilège de l'article 2103, 3° du Code civil.

M. l'abbé Lemire ne nous dit pas comment cet engagement sera tenu : là en effet est le point délicat. S'il est facile de promettre à ses cohéritiers de les indemniser, il est beaucoup plus malaisé d'exécuter sa promesse (3). On se

---

(1) On sait que la pierre philosophale fut aussi pour les chimistes du Moyen-Age une pierre..... d'achoppement.

(2) Je suppose une famille de quatre enfants au moins ; dans une société bien organisée ce doit être un type normal.

(3) Il serait intéressant de savoir si les soultes porteront intérêt au taux légal de cinq pour cent.

heurte en effet à l'une des deux objections suivantes : ou l'estimation du bien de famille correspond à sa valeur marchande, et il est manifeste que le propriétaire de ce bien ne peut, en cinq années, gagner une somme suffisante pour désintéresser ses cohéritiers — et cependant ce moyen est le seul qui s'offre à lui d'y parvenir, puisque la prohibition de l'hypothèque écarte les prêteurs — ou, au contraire, on s'efforce de venir au secours de celui qui garde le bien de famille par une évaluation inférieure à la valeur réelle et, dans ce cas, les autres enfants protestent contre une inégalité à laquelle les mœurs françaises répugnent. Dans les deux hypothèses, le problème est insoluble et on aboutit à une impasse; il n'existe que deux issues pour en sortir, la stérilité systématique ou une orientation nouvelle donnée à l'éducation des enfants. Comme le premier moyen menace la race d'une déchéance irrémédiable, les Français feraient bien de se demander s'il n'est pas temps de modifier la conception étrange qu'ils se sont faite et qu'ils continuent à accepter sur la mission du père de famille et ses devoirs vis-à-vis de ses enfants (1).

Au surplus, il conviendrait, semble-t-il, de ne pas rejeter les enseignements de l'expérience. Or il n'est plus possible de contester le pitoyable échec de la réforme allemande des lois successorales. Si l'on excepte le Hanovre et le duché de Lauenbourg où la coutume de la transmission intégrale s'é-

---

(1) Veut-on connaître sur ce sujet la pensée d'un jeune Américain que je rencontrai l'année dernière à Duluth ; il était employé dans une *elevator* de cette ville. « Mon père, qui a une ferme dans le Wisconsin, laissera son homestead à l'un de mes frères qui veut être farmer ; pour moi je ne me plais pas à la campagne et je suis ici pour le moment ; je ne demanderai rien à mon frère, car je me soucie peu (*I don't care*) de recueillir une part de l'héritage de mon père et je ne suis pas embarrassé de me tirer d'affaire tout seul. En peu de temps, je serai plus riche que mon frère ».

tait perpétuée dans les familles paysannes, en dépit des prescriptions légales antérieures, l'institution du *Hofrecht* n'a pu, dans les autres parties de l'Allemagne, triompher de l'indifférence des populations. Tandis que dans le Hanovre le nombre des inscriptions sur le *Hofrolle* s'élevait, au 1er janvier 1890, au chiffre de 68.394 et au chiffre de 513 dans le duché de Lauenbourg, il n'y avait à la même époque que 2028 familles en Westphalie, 73 dans le Brandebourg, 40 en Silésie, 8 dans le Schleswig-Holstein, 67 dans l'arrondissement de Cassel, qui eussent jugé opportun de profiter des avantages de la législation nouvelle (1). On aimait jadis à dépeindre la désolation des familles qu'une dure loi, ruinant à chaque génération l'exploitation paternelle, condamnait sans espoir à un travail de Pénélope, et voilà que cette loi est remplacée par une autre que ses auteurs considéraient comme un agent actif de stabilité et de conservation ; en conséquence on s'apprêtait à contempler le spectacle des parents se précipitant en rangs serrés vers les bureaux du Hofrolle, et on constate avec surprise que chacun reste attaché au partage égal. La déconvenue a été amère pour plusieurs publicistes ; quelques-uns se consolèrent en démontrant que la réforme du Hofrolle ne pourrait donner de résultat utile tant qu'elle ne serait pas complétée par la réforme du Homestead.

Sans insister plus longuement sur cette question incidente de la transmission intégrale, qui n'est liée d'aucune manière au principe de l'insaisissabilité de l'habitation familiale, je vais exposer les arguments que les partisans et les adversaires de l'institution du homestead ont développés depuis quelques années.

---

(1) La loi autrichienne de 1889 n'a donné aussi que des résultats insignifiants.

C'est d'abord sous le patronage des États-Unis que la propagande s'est faite en Europe et surtout en France. Tandis que les uns assuraient que « la législation du homestead sauvegardait de l'autre côté de l'eau l'antique alliance du capital et du travail », d'autres admiraient « l'intelligence sociale avec laquelle l'agriculture américaine avait su mettre, par le homestead, le domaine rural à l'abri de l'expropriation, c'est-à-dire de l'instabilité », et la docte Allemagne faisait écho en affirmant que les *nordamerikanischen Heimstättengesetze* étaient la cause principale du développement de la petite propriété aux Etats-Unis.

M. Léveillé n'a pas voulu rompre, sur ce point, avec la tradition, et l'exposé des motifs de sa proposition dépeint en termes émus la douce et gracieuse sollicitude du père de famille américain : certes Michel Chevalier n'eût pas contemplé sans quelque étonnement cet attendrissant portrait de l'Yankee. M. l'abbé Lemire était disposé à suivre la même voie, n'étaient les sollicitations de son patriotisme éclairé qui l'ont engagé à chercher dans nos traditions nationales le type qui devait lui servir de modèle (1).

Il ne saurait y avoir de surprise à constater que cet argu-

---

(1) « En tout ceci, nous avons moins souvent que notre collègue, M. Léveillé, invoqué l'exemple de l'Amérique. Pour trouver les origines du bien de famille, nous n'avons pas besoin de regarder si loin. L'Amérique n'est qu'en apparence un pays de nouveautés. C'est une terre chaude et franche où des germes apportés d'Europe par des colons de nationalités diverses, se développent plus vite et plus librement que chez nous et offrent à nos yeux accoutumés à la végétation vieillie qui les entoure, le spectacle d'une croissance hardie, presque gigantesque. Mais, en fait d'institutions, elle n'est neuve et frappante que parce que nous avons oublié ». J'ai le regret de ne pouvoir partager les idées exprimées dans ces lignes. Jamais les conditions sociales où se trouvent les Etats-Unis ne s'étaient encore rencontrées dans le passé; jamais des familles particularistes, ne comptant que sur elles-mêmes et aidées de l'outillage moderne, n'avaient été jetées sur un territoire neuf plus grand que l'Europe. Il importe de de ne pas céder aux charmes de la terre chaude et franche.

ment ait produit une impression très vive. Quelle que soit l'opinion que l'on professe sur la civilisation américaine, on doit convenir que les États-Unis n'ont jamais pu être accusés de tendances réactionnaires dans leur législation. Beaucoup d'observateurs affirment même, avec raison, que cette grande démocratie, par son aptitude à s'adapter rapidement aux incessantes modifications de la vie moderne, marque « aux vieux pays » (*old countries*) la voie nouvelle où ils s'engageront. Ainsi que l'écrivait naguère un littérateur français, « étudier aujourd'hui les États-Unis, c'est observer par avance la France, telle qu'elle sera dans cinquante ans » (1).

En réalité cependant, des publicistes allemands, partisans eux-mêmes de la réforme du *Heimstættenrecht*, ont donné une des meilleures preuves de la faiblesse de ce premier argument. Si M. Rudolf Meyer dans l'ouvrage qu'il publia, en 1883, sur les lois américaines de homestead, les envisageait encore comme les sauvegardes de la petite propriéte rurale (2), une connaissance plus exacte de leurs dispositions modifia bientôt le sentiment des économistes à leur égard. On ne tarda pas à reconnaître l'inefficacité absolue d'une telle législation, pour remédier aux maux de l'agriculture allemande et les éloges cédèrent la place à des

(1) Paul Bourget, *The Cosmopolitan*, novembre 1893.

(2) M. Rudolf Meyer donnait comme conclusion à son ouvrage une proposition de loi ainsi conçue : « Le propriétaire d'une exploitation » rurale de moyenne étendue, suffisant à la subsistance de sa famille, » ne pourra ni la vendre, ni l'hypothéquer, sans l'assentiment de sa » femme ; en cas de poursuites pour dettes ordinaires, le créancier ne » pourra faire saisir et vendre le bien avant un délai de deux années, » à partir de l'échéance ». Cette formule brève était presque copiée sur les lois américaines ; elle restait même en *deçà*, puisqu'elle autorisait la saisie, pour le recouvrement de dettes chirographaires, lorsque deux années s'étaient écoulées depuis l'échéance, tandis que les lois américaines de homestead refusent tout droit de saisie de l'habitation familiale au créancier simplement chirographaire.

critiques parfois amères qne Séring, traducteur fidèle de la pensée d'un grand nombre de publicistes, exprimait en ces termes : « Elles (ces lois) n'empêchent pas que, dans les cas où le propriétaire a un besoin sérieux de crédit, il grève d'hypothèques son exploitation agricole et même lui impose une charge plus lourde que celle qu'elle peut supporter ; elles laissent la famille exposée au grave danger de se voir dépouillée pour le paiement des dommages-intérêts dus en réparation des délits commis par le mari ; elles ne mettent pas davantage obstacle à l'exploitation usuraire (*wucherische Ausbeutung*) du paysan, enfin elles amènent une extension démesurée du crédit réel et spécialement du crédit hypothécaire, au détriment du crédit personnel, et, en pratique, cette législation n'a pas empêché que, dans beaucoup de cas, le farmer américain s'enfonce (*stecken*) profondément dans les dettes. Aussi doit-on venir très vite à considérer comme plutôt nuisibles les lois de homestead qui se sont développées comme des pousses sauvages sans formation juridique (*wild und ohne juristische Zucht aufgewachsenen Vorschriften* (1). »

Un rapprochement entre la proposition de M. Rudolf Meyer en 1883 et les projets autrichiens et allemands de 1892, fait apparaître l'évolution curieuse accomplie en neuf années par les partisans du homestead, dans les pays de langue allemande : la dissemblance entre les projets actuels et le modèle qu'on était allé chercher au delà de l'Atlantique est aussi complète que possible. D'ailleurs, si l'on se place au point de vue de certains économistes allemands, il faut reconnaître que le jugement qu'ils portent sur la législation américaine du homestead, pour sévère qu'il soit, est parfaitement justifié. Dans des pays où l'endettement hypo-

<hr>

(1) **Sering**, *Die landwirthschaftliche Konhurrenz Nondamerikas*, 1887, p. 67 et 433.

thécaire suit chaque année une marche ascendante et où la presque totalité des saisies immobilières n'a d'autre cause que les poursuites dirigées par le créancier hypothécaire, il est manifeste que le vote d'une loi se bornant à exiger que, dans le cas où il serait marié, le propriétaire d'un bien foncier obtienne, pour l'hypothéquer valablement, le consentement de son conjoint, n'aurait aucun effet (1). D'autre part il est certain que jamais, aux Etats Unis, aucune loi de homestead n'a sauvé de la saisie un propriétaire imprévoyant ou dont les gains étaient, durant plusieurs années, inférieurs aux dépenses. Parfois, dans des circonstances accidentelles, pendant les périodes de crise commerciale, ces lois sont utiles au farmer qui se trouve *surpris* et devient soudainement insolvable, en dépit de sa parfaite solvabilité *d'hier* et de *demain*. Mais là se borne leur effet et elles n'ont jamais eu pour but, ni pour résultat d'empêcher un farmer d'engager jusqu'au dernier *cent* sa propriété immobilière à la garantie des dettes quelconques qu'il lui plaît de contracter.

L'exemple de l'Amérique doit donc être impitoyablement retranché de l'argumentation des partisans de la réforme du homestead (2). Il est temps de comprendre qu'un même mot désigne aux Etats-Unis deux institutions dissemblables (3) et il ne faut plus attribuer à une législation, dont

(1) Il y aurait désormais deux signatures, au bas des actes de constitution d'hypothèque, au lieu d'une et voilà tout. On sait d'ailleurs que la loi française, en reconnaissant une hypothèque légale à toutes les femmes mariées sur les biens de leurs maris, a déjà pour effet pratique de rendre nécessaire, ou du moins très utile, le concours de la femme à toute constitution d'hypothèque consentie par le mari.

(2) On verra plus loin (chap. XII) qu'il peut au contraire être invoqué par les adversaires de cette réforme.

(3) A savoir : la loi de *Homestead* proprement dite, qui attribue des terres aux émigrants ; et la loi de *Homestead Exemption*, dont on a vu l'origine et la détermination dans les chapitres III et suivants.

la plupart des Yankees ignorent jusqu'à l'existence, une valeur sociale qui est le seul partage de la loi fédérale de homestead sur l'aliénation des terres du domaine public votée, en 1862, par le congrès de Washington. Suivant l'expression de M. Emile Levasseur, « le homestead Exemption, vu de près en Amérique, perd, comme les bâtons flottants de La Fontaine, une partie du prestige que ses panégyristes lui prêtent de loin en Europe (1). »

Quant aux autres raisons alléguées à l'appui de la réforme proposée, rien ne nous dispense de les examiner, car on n'est pas autorisé à rejeter une idée nouvelle par cet unique motif qu'elle invoque indûment le patronage de la plus progressiste des démocraties modernes.

On insiste d'abord sur les avantages manifestes que la société retire de la stabilité des éléments qui la composent ; la collectivité doit éviter aux familles la rencontre des divers agents de destruction et de dissolution qui la menacent et, par suite, elle doit veiller à la conservation de la petite propriété. Plusieurs économistes ont fait précisément de la fixité de la famille et de la permanence de sa condition à travers de nombreuses générations le point central de la réforme sociale, ou plutôt de leurs réformes sociales, et ils n'ont pas eu de peine à démontrer, par le chiffre des statistiques allemandes, autrichiennes, françaises et italiennes, comment, chaque année, des milliers de foyers étaient détruits par les saisies immobilières qui, en enlevant aux familles ouvrières et paysannes leur habitation et leur gagne-pain et en dispersant leurs membres, constituaient

____

(1) *Rapport sur le concours de 1894 pour le prix du Comte Rossi, fait à l'Académie des Sciences Morales et Politiques, par M. E. Levasseur, au nom de la Section d'Economie politique, Statistique et Finances.* Ce rapport a été annexé en appendice à l'important ouvrage que M. Levasseur vient de publier sur *l'Agriculture aux Etats-Unis,* Paris, 1894, Chamerot et Renouard.

pour la société un danger et une cause d'affaiblissement.

Les progrès récents du socialisme ont contribué à donner à cette argumentation, sinon plus de valeur, du moins plus de relief ; on a eu beau jeu à affirmer que les paysans, expropriés et rejetés violemment dans le prolétariat, ne pourraient manquer de devenir les recrues du parti socialiste, tandis qu'au contraire ce parti ne rencontrait pas d'adversaires plus intransigeants que la masse des petits propriétaires menacés dans leurs intérêts essentiels par les doctrines collectivistes.

L'exemption de saisie, pour le foyer domestique et ses alentours, faciliterait, disait-on, le développement des institutions tutélaires dont l'objet est de créer, dans les centres manufacturiers, de petites maisons possédées par les ouvriers ; elle empêcherait que, comme à Mulhouse, ces ouvriers ne soient, dès la seconde génération, évincés de la propriété de leur habitation au profit des débitants et des cabaretiers.

Mais l'institution du homestead, ajoutait-on, serait surtout utile à la petite propriété rurale. « Est-il rien de plus propre à attacher au sol l'ouvrier agricole que de mettre son foyer, et les quelques arpents de terre qui l'entourent, à l'abri d'une dépossession forcée ? Ces quelques arpents de terre, il sera d'autant plus encouragé à les féconder de ses sueurs qu'il sera assuré d'en pouvoir jouir toute sa vie et d'en transmettre la jouissance à sa femme et à ses enfants » (1),

« Le socialisme, écrit M. Robert de Sizeranne, c'est le : tout à l'État ! Le homestead, c'est le : quelque chose à l'individu ! Le socialisme, c'est tout le monde prolétaire ; le homestead, c'est beaucoup de gens propriétaires. C'est non pas la seule, mais une des lois bienfaisantes et sagement

____

(1) L'*institution du homestead*, lecture faite à l'Académie de Législation de Toulouse, par M. Saturnin Vidal, Toulouse, 1888.

protectrices qui pourraient consolider la barrière que la petite propriété oppose à la Révolution » (1).

Certains économistes prussiens ont pu ajouter un argument plus précis encore, en citant les lois de 1890 et de 1891 sur les *Rentengüter* qui autorisent les landtags provinciaux à découper en petites exploitations certaines portions du domaine public et à les vendre aux paysans moyennant une rente perpétuelle. Or il est manifestement inutile de multiplier les efforts en vue de *constituer* de petites propriétés rurales, si on laisse, chaque année, disparaître par milliers celles qui existent déjà : l'utilité pratique, la logique et le bon sens indiquent qu'avant de chercher à créer il faut savoir conserver ce qui existe (2).

On allègue enfin que l'institution du homestead n'est pas seulement utile à la famille du petit cultivateur et de l'ouvrier, (ce qui d'ailleurs intéresse la société tout entière soucieuse de ses meilleurs éléments) ; elle ne serait pas moins bienfaisante à l'agriculture elle-même et favoriserait la bonne exploitation des terres. La petite culture tient une place importante à côté de la grande ; sans elle, les gran-

---

(1) *Le bien de famille insaisissable*, par Robert de la Sizeranne; brochure de 15 pages. Paris, 1894, Armand Colin et Cie.

(2) Au mois de novembre 1893, M. le baron Falkenhayn, ministre de l'agriculture en Autriche, a présenté un projet de loi sur les Rentengüter, analogue à la loi prussienne du 27 juin 1890 : voici, dans ce projet, les articles qui se rapportent au sujet de cet ouvrage.

ART. 33. Toute aliénation gratuite ou à titre onéreux d'un Rentengut ou d'une partie, toute location, constitution d'usufruit, de servitude ou autres charges réelles est dénuée de son effet juridique, si elle a été consentie sans l'agrément du syndicat agricole et la permission du ministre de l'agriculture.

ART. 34. Sur le Rentengut, ses dépendances, les fruits et les produits en argent de ses fruits on ne peut établir aucune hypothèque conventionnelle ou légale. On ne peut davantage acquérir sur ces biens aucun droit quelconque, par aucune mesure d'exécution ou de garantie. L'application de ces dispositions ne peut être ni écartée ni restreinte par aucune convention.

des exploitations ne tardent pas à souffrir de leur isolement ; l'ouvrier salarié, dont la main d'œuvre est plus coûteuse et moins soigneuse, ne remplace pas sur les domaines des fermiers ou des propriétaires le petit paysan intéressé au produit de son travail ; et, surtout, à mesure que la petite propriété disparaît, disparaît aussi le paysan lui-même qui émigre dans les villes, privant ainsi l'agriculture des bras dont elle a besoin.

Tels sont les principaux arguments des partisans de l'institution du homestead. Écoutons maintenant les adversaires de cette réforme.

Leur premier argument, qui semble décisif à bien des gens, se formule ainsi : la législation du homestead constituerait au profit des ouvriers urbains et agricoles un PRIVILÈGE ! !

Ce mot suffit à condamner une réforme, et on ne saurait s'élever avec trop de force contre la tendance actuelle des esprits à faire une législation spéciale pour les ouvriers et les petits cultivateurs, « à reconstituer une sorte d'ancien régime à rebours, où le privilège serait pour les classes inférieures » (1). « Par une étonnante contradiction, ajoute-t-on, au moment où les classes populaires acquièrent de plus en plus une part prépondérante dans la gestion des intérêts publics, on les suppose volontiers ignorantes, faibles et insouciantes, dès qu'il s'agit de leurs intérêts économiques et moraux (2) ».

Le prétendu bénéfice que l'on veut accorder aux paysans et aux ouvriers ne servirait d'ailleurs qu'à empirer leur condition, en leur enlevant tout crédit. Personne ne doute

____

(1) *Annales de l'École des sciences politiques.* Oct. 1889, compte-rendu, par M. Alix, sur *Le socialisme d'état et la réforme sociale,* de M. Claudio Jannet.

(2) *Ibid.*

plus que c'est surtout par l'exploitation intensive, par le progrès des méthodes, par l'emploi des engrais et les travaux d'amélioration que la culture de l'Europe occidentale peut espérer lutter avec le moins de désavantage contre la concurrence des pays neufs : tout cela exige des capitaux — et c'est précisément pourquoi la difficile question du crédit agricole préoccupe tant l'opinion publique à l'heure actuelle. — Or, n'y a-t-il pas une contradiction manifeste, au moment où l'on cherche à canaliser vers les campagnes le flot toujours grossissant des capitaux accumulés dans les centres urbains, à enlever aux emprunteurs le crédit, qui peut seul déterminer les prêteurs à leur confier leur argent ? « Avec le homestead, le petit crédit hypothécaire n'est plus possible. Le prêt sur gage sans déplacement, tel qu'il est institué en Belgique et en Italie et qu'on projette d'instituer en France, ne sera pas davantage réalisable : quant au crédit personnel, que l'on préconise, quelle sera sa valeur, lorsque l'emprunteur aura pris soin, au préalable, de mettre à l'abri des créanciers toutes les valeurs dont il pouvait disposer ? (1) ».

Sans doute, le crédit est parfois un instrument de ruine, mais il est souvent aussi un levier puissant dont se servent les plus capables et les meilleurs : de quel droit, en tous cas, peut-on interdire à un propriétaire d'administrer, comme il l'entend, son patrimoine et d'affecter un de ses biens à la sûreté de ceux qui, en lui prêtant leurs capitaux, vont lui permettre d'étendre son exploitation et d'accroître ses profits ? A tous ces points de vue le homestead constitue une atteinte illégitime au droit de libre disposition du propriétaire.

Enfin on fait observer que s'il est utile de protéger la

(1) Opinion de M. Adolphe Coste, rapportée dans la discussion à la Société d'économie politique. *Ubi supra.*

famille et son foyer et de favoriser le travailleur des campagnes, dans l'intérêt même de l'agriculture, du moins devrait-on mieux placer ses faveurs. « Il est très désirable qu'il y ait en France des paysans cultivateurs, mais c'est se leurrer que de compter, pour constituer cette démocratie agricole, précisément sur les moins laborieux, les moins économes, les moins éclairés, c'est-à-dire ceux qui s'exposent à la saisie (1) ».

Quant aux arguments spéciaux invoqués en Allemagne et en Autriche, en faveur du homestead, il faut reconnaître que les réponses à leur opposer s'offrent d'elles-mêmes. Sans insister de nouveau sur l'insuccès pratique de la réforme du *Hofrecht*, la création de petites propriétés, par les lois prussiennes de 1890 et de 1891 sur les *Rentengüter*, n'inspire aucune confiance à plusieurs économistes allemands, qui soupçonnent les grands propriétaires prussiens d'avoir voulu établir de petits *Rentengüter*, insuffisants pour nourrir une famille, afin de s'assurer des laboureurs, obligés de venir travailler chez eux et entravés dans leur liberté de se déplacer (2). Ce qu'on peut espérer de

(1) Opinion de M. Droz, *eodem loco*.

(2) Plusieurs propositions de loi formulées par le parti des « *Agrariens* » ne confirment que trop ce soupçon. Ce parti poursuit depuis plusieurs années une politique singulièrement réactionnaire : c'est ainsi qu'il demande avec insistance la restriction de la liberté de déplacement des ouvriers agricoles et la suppression, dans les trains, de la quatrième classe ou le renchérissement des billets, pour mettre un terme à ce qu'il appelle le vagabondage par chemin de fer. Que les grands propriétaires, surtout ceux de la Prusse orientale, voient en maugréant les paysans aller, au moment de la récolte, louer leurs services aux agriculteurs du Sud et notamment de la Saxe qui leur offrent un salaire plus élevé pour « l'arrachage » de la betterave, on le comprend sans peine ; mais que des demandes du genre de celles qui viennent d'être signalées puissent être adressées à un Parlement, c'est ce qui est inexplicable. Les « *Agrariens* » allemands deviennent trop « encombrants » et M. de Caprivi n'a pu s'empêcher de déclarer que cette agitation dépasse les limites compatibles avec le bien de

mieux, c'est que les lois sur les *Rentengüter* ne seront pas appliquées. Enfin, puisque le nombre des saisies immobilières en Allemagne a cessé d'augmenter et a même diminué dans une proportion importante (1), il n'y a pas lieu de modifier le droit commun pour introduire une législation exceptionnelle en faveur de cultivateurs qui ne doivent le plus souvent attribuer qu'à leur incapacité et à leur imprévoyance l'expropriation dont ils sont victimes. Depuis trente années, l'agriculture allemande a accompli de grands progrès ; les bâtiments sont en meilleur état, les champs mieux cultivés, les troupeaux plus considérables et de race supérieure : à tout prendre le régime actuel s'est donc montré favorable au développement de l'agriculture.

On devine que ces différentes objections ne sont pas restées sans réplique. Les partisans de la réforme du homestead ont d'abord répondu que, si les familles que l'on voulait protéger contre la saisie ne formaient pas l'élément

l'Etat. Dans une brochure récente, *Gegen die Agrarische Bewegung*, M. Grabowsky fait appel aux hommes de bonne volonté pour résister aux exigences des « *Agrariens* ». Cf. *Journal des Économistes*, 1893, t. 3, page 134 et *Économiste français*, 24 octobre 1891.

(1) Voici le nombre des ventes judiciaires de biens ruraux en Prusse de 1882 à 1890 et la contenance moyenne des immeubles vendus :

		hectares
1882	8.583	10,00
1883	7.162	11,50
1884	5.731	14,00
1885	5.802	15,00
1886	6.036	18,00
1887	5.895	20,00
1888	5.484	22,00
1889	5.337	16,00
1890	4.703	16,35

La progression constante de la contenance moyenne est due à ce que les immeubles les plus atteints ont été les biens équestres (*Rittergüter*) dont les propriétaires s'endettent par suite des dépenses de la vie urbaine ou militaire. La propriété paysanne au contraire (*Bauerngüter*) résiste mieux à la dépression agricole, grâce à l'esprit de travail et d'économie du petit cultivateur.

le meilleur et le plus robuste de la démocratie agricole, elles en constituaient néanmoins un facteur important. « Pour avoir fait de mauvaises affaires, une famille de paysans n'en peut pas moins maintenir en état de culture quelques hectares du territoire national, et c'est là le grand intérêt (1) ».

Quant à priver de crédit la petite culture, les membres de la Société d'Économie sociale et leurs émules allemands et autrichiens en prennent aisément leur parti, car c'est justement pour rendre impossibles les appels au crédit, quand les sommes empruntées ne pourraient être payées que sur un bien indispensable à l'existence du cultivateur, qu'on propose d'établir le homestead. « N'est-il pas d'expérience constante que rien n'est plus funeste au petit cultivateur que l'emprunt hypothécaire, cet emprunt étant presque toujours pour lui le commencement et l'instrument de sa ruine ? C'est donc faire à l'institution du homestead une querelle à contre-sens que de lui reprocher de rendre impossible ce qu'elle a pour but d'empêcher (2) ».

Selon M. Claudio Jannet qui a exposé à une réunion de la Société d'Économie politique le but qu'il poursuivait, le rôle économique de la petite propriété est tout différent de celui de la grande culture. Le grand propriétaire doit, en recourant au crédit, introduire la culture intensive sur les terres riches et être le promoteur du progrès agricole : au contraire, la principale fonction de la petite propriété doit être de maintenir la population dans les campagnes. Le petit propriétaire profite de l'expérience et de l'initiative de son voisin plus riche, mais sa situation modeste ne lui permet pas de se montrer l'initiateur du progrès.

---

(1) Paroles de M. Claudio Jannet, discussion précitée.

(2) *L'institution du homestead*, lecture faite à l'Académie de législation de Toulouse, par M. Saturnin Vidal, Toulouse 1888, page 18.

« C'est très volontairement que nous acceptons cette limitation du crédit. Celui-ci doit s'appuyer sur le superflu et non sur le nécessaire. On porte au Mont-de-Piété des bagues, des montres, des tapis, parce qu'on peut se passer de ces choses. On n'y porte point les habits dont on a besoin pour se couvrir. La maison et la pièce de terre ne sont point du superflu pour la famille : on ne peut donc les engager (1) ».

« Est-ce un crédit si désirable, écrit M. Robert de la Sizeranne, si utile que celui qu'on obtient en engageant sa dernière ressource, son gagne-pain ? N'est-ce pas un mirage, un mensonge destiné à tromper l'emprunteur sur son véritable état, sur ses forces, sur ses chances, à lui cacher qu'il est à bout de ressources et qu'il faut recommencer une nouvelle vie. N'est-ce pas le cas de répéter le mot du président Dupin : « *Le crédit territorial soutient le paysan comme la corde soutient le pendu!* » (2).

Les partisans de l'institution du homestead ne se sont pas émus davantage du reproche qui leur était adressé de constituer un privilège au profit d'une certaine classe de la société, « une sorte d'ancien régime à rebours ». Ils ont d'abord fait remarquer que des lois diverses, dans tous les pays, et notamment l'article 592 de notre Code de procédure civile interdisent la saisie des outils des artisans nécessaires à leurs occupations personnelles or, la terre n'est-elle pas, pour le petit cultivateur, l'outil nécessaire à son occupation personnelle, comme la forge est nécessaire à l'occupation personnelle du forgeron, le métier à tisser à celle du tisserand ? Il ne s'agit donc que de tirer les conséquences qui découlent normalement du principe de l'exemption de saisie posé à l'égard des « outils des artisans », car

(1) Proposition de loi présentée par M. l'abbé Lemire, exposé des motifs, p. 10.
(2) *Op. cit.*, p. 13.

il est manifeste que la nature immobilière de l'outil ne saurait autoriser à exclure l'ouvrier agricole d'un bénéfice dont jouit l'ouvrier des villes (1).

Ce raisonnement n'est peut-être pas à l'abri de toute critique, puisque le homestead, même dans sa conception européenne, désigne plutôt le foyer de la famille que l'atelier de son chef (2). Aussi bien, sans plus se soucier de rattacher l'institution nouvelle à un principe *ancien*, plusieurs partisans du homestead, n'ont-ils pas été gênés de relever ce mot de *privilège* qui, il faut l'avouer, est employé pour réveiller des préjugés d'assez mauvais aloi plutôt que pour représenter une objection véritable : admettons, ont-ils dit, qu'il s'agisse d'un *nouveau* privilège au profit de la classe la plus pauvre et la plus intéressante : Qui pourra s'en plaindre ? « On crie au privilège, écrit le très savant professeur de la Faculté libre de droit de Paris, mais nos lois en sont pleines. C'est ainsi que, pour une raison ou pour une autre, les traitements des fonctionnaires, jusqu'à concurrence des quatre cinquièmes ou des deux tiers, et leurs pensions de retraite en totalité, les rentes sur l'Etat, les dépôts en compte courant à la Banque de France sont exempts de saisie. Fonctionnaires et bourgeois ont depuis

(1) « On peut dire que le sol (*Grund und Boden*) lorsqu'il est occupé par la demeure du débiteur est pour lui le lieu indispensable où s'exerce son activité (*Erwerbthätigkeit*) et, par suite, conformément à l'exemple américain et à la belle formule, « *my home, my castle* », cette demeure mérite d'être rendue indestructible (unverkümmerbar) » K. Schneider, *ubi supra*. Cette considération a fait, en Allemagne, l'objet de nombreux développements.

(2) En outre, il importe de se tenir en garde contre les extensions par similitude : on peut répéter à leur sujet cet adage proverbial : on sait bien où elles commencent, mais on ne sait où elles finissent. Que penser par exemple de celle-ci : « Si la loi américaine du homestead américain soustrait aux créanciers le foyer domestique, comme notre loi leur soustrait les vêtements du débiteur, c'est qu'elle considère ce foyer comme un vêtement, comme *le vêtement de pierre de la famille* ». Extrait d'une conférence faite à Oran, en 1888 par M. Donnat.

longtemps leurs privilèges et le droit commun n'est fait en réalité que pour Jacques Bonhomme » (1). Ce privilège est d'autant plus aisé à légitimer qu'il repose tout entier sur cette idée qu'un homme, en se mariant et en fondant une famille, contracte envers elle des obligations, que sa femme et ses enfants mineurs sont ses premiers créanciers, « créanciers d'un toit pour abriter leur tête, et de l'instrument nécessaire pour leur assurer, avec le travail, le minimum de subsistance ». Pourquoi un père de famille ne pourrait-il pas être considéré comme ayant payé *d'avance* cette dette, qui est la plus sacrée de toutes, et avoir ainsi assuré *d'avance* aux siens une habitation qui sera leur citadelle (*Castle*) ?

Cette discussion sur le principe même de l'institution du homestead est loin de clore le débat ; il reste en effet, à ceux qui admettent l'utilité de la réforme, à s'entendre sur les applications qu'il convient d'en faire.

Une première difficulté, la plus grave en soi, quoique, en fait, elle ne soit susceptible que d'une seule solution pratique, consiste à prendre parti sur la question d'aliénation volontaire de l'immeuble soustrait à la saisie des créanciers. On a vu que les deux projets français, rapportés plus haut, suppriment complètement le droit du petit propriétaire foncier d'affecter d'une manière quelconque son immeuble à la garantie de ses créanciers, et les propositions autrichienne et allemande ne lui laissent ce droit qu'en l'entourant de restrictions qui équivalent, à peu près, à la sup-

(1) Le *Correspondant*, 25 juillet 1890, p. 382, les faits économiques et le mouvement social. Il conviendrait d'ajouter aux cas d'insaisissabilité mentionnés au texte, les pensions à la caisse nationale de la vieillesse qui sont insaisissables jusqu'à concurrence de 360 francs. En outre, la jurisprudence décide, d'une manière constante, que les salaires des ouvriers ne peuvent être saisis que dans la mesure du cinquième de leur montant.

pression. On prétend par là assurer aux imprévoyants la conservation de leur foyer, en dépit même de leur mauvaise administration. Mais il est aisé de deviner que cette garantie est illusoire tant qu'on laisse au propriétaire le droit de libre disposition : au lieu de s'endetter ou d'hypothéquer son habitation, il la vendra, et ce n'est pas l'exigence du concours de la femme qui mettra un obstacle sérieux à cette aliénation ; les praticiens ne manqueront pas d'ailleurs de trouver, dans ce droit d'aliénation, des moyens multiples de tourner la prohibition légale, de sorte que, par cette fissure, s'échappera jusqu'au dernier atome l'effet bienfaisant de la réforme entière.

Cette première difficulté, qui n'a échappé à aucun des promoteurs de l'institution du homestead (1), ne paraît avoir trouvé sous la plume d'aucun d'eux une réponse satisfaisante. S'il est certain que, dans l'état actuel de l'opinion et en face des exigences de la civilisation moderne, il est impossible de prononcer l'inaliénabilité du bien de famille, il n'en demeure pas moins que l'institution du homestead ne peut, sans ce complément, donner que des résultats insignifiants. Vainement dit-on que « l'insaisissabilité ne faisant obstacle qu'à la vente forcée et l'inalié-

---

(1) « Les deux questions (l'insaisissabilité et l'inaliénabilité) se touchent, et, à première vue, il peut sembler que la solution de l'une doit apporter la solution de l'autre. A quoi bon, peut-on dire en effet, stipuler, en faveur de la famille et de la stabilité des foyers, l'insaisissabilité de la maison du petit cultivateur, si on le laisse libre d'aliéner cette maison ? On veut l'empêcher d'emprunter, d'hypothéquer, l'insaisissabilité aura, en effet, pour résultat de l'en empêcher. Mais, s'il a besoin d'argent, s'il veut à tout prix s'en procurer, au lieu d'hypothéquer il vendra, et son foyer domestique n'en sera pas moins perdu, perdu pour lui, et perdu pour sa famille. Qu'aura donc gagné la stabilité des foyers à cette entrave, plus gênante qu'efficace, résultant de l'insaisissabilité » ? Vidal, *L'institution du homestead*, p. 27. Impossible de mieux dire ; mais alors ? — *Vide infra* au texte la réponse faite par ce même auteur à l'objection qu'il a si bien formulée.

nabilité s'opposant à la vente amiable, la différence entre les deux situations est grande ; on comprend donc que chacune d'elles soit soumise à des règles différentes. Autre chose est la stabilité des foyers, autre chose leur immobilisation. Si la première est souhaitable, ce serait se méttre en contradiction avec toutes les tendances du siècle que de vouloir réaliser législativement la seconde » (1).

Ce raisonnement prouve péremptoirement que l'inaliénabilité légale serait autrement grave que l'insaisissabilité ; il ne démontre point que l'aliénation ne permettra pas d'éluder les défenses portées par le législateur en matière d'affectation hypothécaire.

Une deuxième difficulté s'est rencontrée lorsqu'il a fallu décider si l'exemption de saisie existerait de plein droit au profit de tout propriétaire, par le seul fait que l'ayant droit remplirait les conditions requises, ou s'il y avait lieu d'exiger en outre une inscription à faire par le propriétaire qui voulait en bénéficier.

A propos de la législation du homestead aux Etats-Unis, les avantages et les inconvénients des deux systèmes ont été examinés, il serait donc superflu d'y revenir maintenant ; qu'il suffise de rappeler que l'avantage du système de publicité ne consiste pas seulement à donner aux tiers une sécurité plus grande, mais aussi et surtout à permettre aux individualités plus capables et plus énergiques de se débarrasser d'une protection qui, pour eux, n'est que nuisible.

Les publicistes allemands inclinent très généralement vers le principe de l'exemption de plein droit et cette préférence a pour elle un motif très puissant, tiré d'une expérience dont le souvenir ne va pas sans amertume pour plu-

(1) Vidal, *loc. cit.* — N'est-on pas déjà en contradiction avec les tendances du siècle en voulant réaliser la première ? Sur ce point, *vide infra*, chap. XII, p. 337.

sieurs d'entre eux. La réforme du *Hofrolle*, qui exige une inscription volontaire de la part de celui qui désire soumettre son exploitation rurale au *Hofrecht*, n'a donné, ainsi que je l'ai dit, que de très maigres résultats dans la plupart des Etats de l'Empire qui l'ont adoptée, et on a attribué cet échec précisément à l'exigence d'une inscription spéciale. Aussi le projet de M. K. Schneider, ne requiert-il aucune publicité *ad hoc.* De même la proposition de M. François Lajeunie admet l'exemption de plein droit, « sans demander au propriétaire aucune manifestation active de sa volonté : une déclaration formelle *se produirait assez rarement*, et le but que l'on recherche ne serait pas atteint (1) ».

Le projet autrichien et les deux propositions de M. Léveillé et de M. l'abbé Lemire exigent au contraire une inscription.

Ce système, qui a l'avantage de respecter la liberté individuelle de chacun, risque d'ôter toute efficacité au remède social que l'on préconise. Peu de propriétaires se soucieraient de porter, par une déclaration publique, une atteinte aussi grave à leur crédit et la méfiance soupçonneuse du paysan le conduirait trop souvent à n'apprécier le bienfait de la loi qu'au moment où l'accumulation des dettes ne permettrait plus d'échapper à la saisie prochaine. M. l'abbé Lemire a vu le danger ; aussi demande-t-il que le bien de famille régulièrement inscrit comme tel, sur les registres de la mairie, soit exempt de tout impôt direct et de tout droit de mutation par décès. De plus, « l'acquisition du bien de famille se ferait sans charges fiscales jusqu'à concurrence de huit mille francs ».

Cette disposition est conforme à la tendance actuelle qui

____

(1) Proposition de M. François Lajeunie, *Réforme sociale*, 1er mars 1892, page 384.

engage les divers parlements de l'Europe et de l'Amérique
à exonérer de plus en plus les familles ouvrières de leur
part contributive dans les charges publiques. Ce mouvement général, qu'il importe de juger avec sang-froid, afin
d'échapper aux affolements de la crainte et surtout aux illusions d'un espoir déraisonnable, est peut-être en France
plus légitime qu'en aucun autre pays, car l'organisation de
nos impôts a été depuis longtemps signalée par les économistes les plus orthodoxes comme bien peu démocratique.
Quoiqu'il en soit, M. l'abbé Lemire, en joignant l'exemption
d'impôt à l'exemption de saisie, se garantit d'avance contre
l'indifférence générale qui accueille souvent les réformes
législatives les plus bruyantes ; il est certain que les déclarations afflueraient dans les mairies. Il reste à savoir si M. le
ministre des Finances soutiendra la motion ; lorsque les familles réputées aisées seront seules en France à alimenter
le budget, celui-ci sera bien près de mourir d'anémie. En
tout cas, il ne faudra pas faire honneur à l'institution du
homestead d'une démarche qui aurait pour premier, souvent même pour seul motif impulsif le désir d'échapper à
la taxe foncière.

Les partisans de la réforme du homestead se sont trouvés
encore en face d'un troisième et très délicat problème, lorsqu'il a fallu prendre parti sur l'étendue de la prohibition à
formuler et sur la valeur des biens fonciers auxquels elle
s'appliquerait.

Le projet allemand décide que *toute* propriété foncière
consacrée à l'exploitation agricole est soumise aux restrictions qu'il édicte, quelle que soit la valeur du fonds ; mais
d'autre part, la défense de recourir à l'emprunt n'est pas
absolue et le revenu net imposable, tel que le fait connaître,
sans expertise, la taxe foncière, indique la limite de l'endettement permis.

Le projet autrichien se montre plus rigoureux et on pourrait dire qu'il interdit tout recours au crédit aux propriétaires d'immeubles dont la valeur est comprise entre mille et vingt mille florins, si, d'une part, il ne faisait bénéficier de ses faveurs que ceux-là seuls qui le désirent (puisqu'il exige une inscription) et si, d'autre part, il n'autorisait les tribunaux à permettre aux propriétaires de contracter un emprunt, dans tous les cas où cet emprunt « paraîtra associé à des avantages qui ne peuvent pas être obtenus d'une autre manière (1) ». On déterminera, *par une expertise*, la valeur du fonds.

Les frais et les complications d'une expertise n'ont point effrayé davantage MM. Lemire et Léveillé qui n'ont point voulu s'en rapporter aux cotes de l'impôt foncier pour déterminer la valeur des propriétés soustraites à la saisie.

Tout le monde reconnaît aujourd'hui qu'il est impossible de suivre l'exemple de plusieurs Etats américains qui ont adopté le principe de la « limitation en étendue » ; le rendement d'un hectare de terre est en effet très variable, suivant les régions et suivant les terrains dans une même région.

Le choix d'une « limite en valeur » s'imposait donc. Pour déterminer cette valeur, plusieurs procédés ont été préconisés. On avait d'abord songé à s'attacher à la valeur locative ; malheureusement celle-ci est difficile à déterminer avec précision et on a trouvé, avec juste raison, qu'il n'était

---

(1) On remarquera que le projet autrichien ne s'applique pas aux immeubles de moins de 1000 florins : ce projet lie en effet la réforme du homestead à celle des lois successorales, puisque ne bénéficieront de celle-là que les immeubles que leur propriétaire a soumis au *Hofrecht* : on a estimé qu'une propriété foncière de moins de 1000 florins ne constituait pas un véritable foyer fixe et stable. D'ailleurs la législation locale de chaque Etat peut abaisser le chiffre de la valeur minima requise.

pas sans danger d'accepter, pour la fixer, les tableaux de rehaussement dont l'administration des contributions indirectes se sert pour découvrir les dissimulations de prix et les déclarations de succession trop réduites.

MM. Lemire et Léveillé n'ont pas eu plus de confiance dans les indications cadastrales qui servent de base à la perception de l'impôt foncier ; peut-être faut-il le regretter, et M. Lajeunie avait été mieux inspiré en décidant que la restriction du droit d'emprunter ne frapperait que les propriétaires d'immeubles dont la cote foncière est équivalente en principal à vingt francs d'impôt annuel. Ce mode d'évaluation simple et rationnel dispensait de recourir aux coûteuses formalités d'une expertise spéciale pour chaque immeuble, et cet avantage est appréciable en un temps où tout le monde se plaint de l'exagération des frais de justice. Ce dernier mal n'atteignait guère jusqu'ici que les mineurs ; il importe de ne pas le laisser sévir contre les parents eux-mêmes.

Enfin on peut ajouter que les valeurs de huit mille ou de dix mille francs choisies comme limites par les deux promoteurs du mouvement du homestead à la Chambre des députés sont beaucoup trop élevées ; on oublie que l'argent subit, dans les campagnes, une « appréciation » considérable et que par suite une somme pareille y représente une véritable fortune, qu'on ne peut sans injustice soustraire au gage des créanciers. Ici encore M. Lajeunie avait donné un exemple qu'il eût été prudent de suivre : il estimait qu'une taxe foncière de vingt francs « correspond d'ordinaire à une propriété sur laquelle un paysan peut vivre avec sa femme et un ou deux enfants, sans souffrir de trop fortes privations ». Il limitait son ambition à ce résultat très modeste, et en cela il me paraît s'être montré tacticien expérimenté.

CHAPITRE DOUZIÈME

On vient de lire, dans le chapitre qui précède, l'exposé des arguments qui militent en faveur d'une loi de homestead et des objections qui s'élèvent contre cette innovation. Mais un auteur n'a pas rempli toute sa tâche lorsqu'il a ainsi marqué les coups : il lui reste à indiquer de quel côté il se range. J'hésite d'autant moins à le faire que le choix ne dépend pas ici d'une appréciation personnelle : *les faits* viennent me dicter, avec une précision rigoureuse, la conclusion cherchée.

C'est, en effet, l'exemple de l'Amérique qui, bien loin de pouvoir être invoqué en faveur d'une réforme de notre législation, doit nous porter à rejeter comme inutile cette réforme.

Nous avons vu que ce ne sont pas les lois de homestead qui ont amené, dans l'Ouest des États-Unis, le développement de la petite propriété rurale (1), et que, dans un pays dont l'agriculture se trouve dans des conditions de tous points comparables, au Canada, où l'exigence d'une inscription permet de constater avec précision l'effet exact de l'institution du homestead, cet effet est RADICALEMENT NUL.

Nous avons parcouru une autre contrée des États-Unis, dont la situation agricole se rapproche étrangement de celle des nations occidentales de l'Europe : ce sont les États de

(1) *Vide supra*, chap. VIII.

l'Est dans lesquels, comme en France, comme en Allemagne, comme en Autriche, il s'agit de lutter, avec un sol
épuisé par une culture déjà ancienne, contre la fertilité du
célèbre *tchernoziom* de l'Iowa, du Minnesota, des Dakotas
et du Nebraska. Or, nous avons constaté que ces États de
l'Est, dont l'agriculture a été ruinée par la concurrence des
farmers de l'Ouest, — à ce point que le sort de l'agriculture
dans les nations occidentales de l'Europe semble, par comparaison, être éminemment prospère — avaient inscrit dans
leurs lois la règle de l'insaisissabilité du home. On affirme
que cette insaisissabilité sera non moins salutaire aux familles paysannes de l'Europe qu'à la société tout entière,
intéressée à la bonne exploitation du sol national, et cependant nous avons vu, de l'autre côté de l'Atlantique, les farmers, toujours menacés de la saisie et qui n'auraient eu,
dit-on, pour se prémunir contre elle, qu'à déposer entre
les mains du Registrar du comté une déclaration écrite,
nous les avons vus dédaigner comme inutile cette démarche
si simple ; bien plus, certains États ont même négligé de
consigner sur leur *Statute Book* aucune loi de homestead.

On proclame aussi en Europe que l'exemption de saisie
pour le foyer domestique et ses alentours faciliterait le développement de la petite propriété ouvrière, et nous constatons aux États-Unis que les ouvriers des centres manufacturiers de l'Est se gardent d'inscrire sur les registres publics
l'habitation dont ils sont propriétaires, et que la ville des
États-Unis où la petite propriété ouvrière est le plus développée, Philadelphie, fait précisément partie d'un État qui
a refusé jusqu'ici d'adopter la législation du homestead !

Voilà des faits dont il importe d'écouter l'enseignement.

Il y a plus encore. A mesure que le défrichement des
prairies et des forêts avance dans l'Ouest, à mesure que la
multiplication des transactions exige une sûreté plus grande

dans le commerce, la législation du homestead jouit de moins en moins de la faveur du corps électoral et du public. Elle commence à apparaître aux électeurs de l'Ouest sous des dehors moins séduisants, depuis que beaucoup d'entre eux, d'emprunteurs qu'ils étaient autrefois, sont devenus prêteurs à leur tour, depuis que les créanciers ne sont plus tous, comme jadis, des habitants de l'Est, de New-York surtout, la ville sangsue, que l'on accuse volontiers, dans l'Ouest, de pomper la part la plus grosse du profit du travail manuel.

Enfin les crises économiques moins fréquentes et surtout moins graves (1) rendent moins nécessaire de protéger la population contre les excès du crédit.

On se trompe donc lorsqu'on veut transplanter dans des pays anciennement habités, où toutes les terres cultivables ont été depuis longtemps mises en valeur, une législation faite pour des pays *neufs* et pour une population *nouvelle*, et on aggrave cette erreur en invoquant l'exemple des États-Unis de l'Ouest, car il est déjà *trop tard* pour le faire, puisque ces contrées, à mesure que le temps s'écoule et que leurs éléments deviennent *moins nouveaux*, témoignent pour cette législation une sympathie sans cesse décroissante (2).

(1) Ce fait a surtout frappé les économistes des États-Unis dans la crise de 1893. Cette crise a sans doute amené un rétrécissement du crédit très grave et, pendant trois mois, l'arrêt de la production a été presque complet ; mais, d'autre part, le nombre des faillites a été relativement minime, et la plupart des banques qui avaient fermé leurs portes ont pu reprendre leurs affaires.

(2) Il ne manque certes pas d'institutions que nous pourrions emprunter utilement au peuple américain : la plus féconde et la plus puissante est l'organisation de ses familles. On ne connaît guère en France la famille américaine ; on croit même ordinairement que la famille n'existe pas en Amérique. Alors qu'est-ce qui y existerait ? D'où viendrait cette puissance en œuvres, non pas en œuvres de tueries ou de faste, mais en œuvres usuelles, productives, vitales qui surpassent celles des peuples les plus rangés ? Ce ne sont pas les cadres admi-

L'exemption de saisie n'améliorerait en rien, spéciale-ment, la condition du paysan propriétaire dans l'Europe occidentale. La cause du mal dont il souffre est trop pro-fonde, elle se rattache à des phénomènes économiques d'une amplitude trop grande, pour qu'on puisse admettre qu'une insaisissabilité légale, dont les inconvénients encore ignorés seraient bien vite révélés par la pratique, soit capable d'apporter aucun soulagement. C'est, en effet, par un abus de langage, ainsi qu'on l'a remarqué, qu'on appelle crise agricole ce déplacement de l'équilibre des forces économi-ques, auquel notre époque assiste, et qui a modifié si pro-fondément la situation des agriculteurs de l'Occident de l'Europe. Elle n'a rien des accès spasmodiques et passagers d'une crise, cette *dépression* agricole qui se développe, au contraire, dans sa majestueuse toute-puissance ; on pour-rait plutôt la comparer à un grand fleuve aux flots paisibles qui, par la seule poussée de la masse de ses eaux, écarte-rait sans fracas les obstacles s'opposant à l'immersion lente et sûre des terres qui s'étendent le long de ses rives (1).

nistratifs, certes, ni le génie d'un potentat qui font et soutiennent ces merveilles pratiques, positives, fécondes en Amérique. Là, comme ailleurs, quand il s'agit de races qui vivent de la prospérité des arts usuels, tant vaut la famille, tant vaut la race. Quelle n'est donc pas la valeur de la famille américaine ! Nous ne la soupçonnons pas aisé-ment pour ce qu'elle est, parce qu'elle est à peu près le contrepied de la nôtre, et que nous ne concevons pas aisément ce qui diffère de nous, ne nous occupant guère en France que de nous-mêmes.

(1) A ce propos, il n'est pas sans intérêt de rapporter ces paroles très actuelles que M. Foucher de Careil prononçait, il y a vingt-cinq ans, au retour d'un voyage où il avait pu constater l'incomparable fécondité des terres de l'Amérique du Nord : « Je dis que le remède doit être cherché non pas dans des élévations de tarifs et des rétablis-sements de droits *qui ne seraient qu'une goutte d'eau dans l'Océan*, mais dans une connaissance approfondie de l'état de la culture uni-verselle sur le globe, dans une répartition mieux équilibrée de la culture des céréales sur notre sol et dans la transformation normale de notre agriculture ». *Comptes rendus des travaux de la Société des Agriculteurs de France*, annuaire de 1870, p. 81.

Vainement on soustraira à la saisie le champ du paysan : si cet « instrument de travail », comme on l'appelle, ne produit pas assez pour l'entretien de celui qui s'en sert, on ne saurait faire échapper le paysan à une expropriation forcée. Toute la différence consistera en ce que cette expropriation prendra désormais les apparences d'une aliénation volontaire, le propriétaire vendant son « homestead » afin d'en tirer le seul service qu'il puisse désormais lui rendre.

Il y a en vérité quelque puérilité à ne vouloir mettre obstacle qu'à la saisie finale, alors qu'on laisse toute leur force (et il faut reconnaître qu'il est impossible de faire autrement) aux causes dont elle est la conséquence nécessaire et inéluctable. Tel serait un ingénieur qui se plaindrait de l'excès du volume d'eau amené par une conduite de plusieurs kilomètres et qui chercherait à diminuer la quantité déversée à l'embouchure, sans vouloir modifier en rien la quantité puisée à la source. La saisie est l'aboutissant naturel des emprunts répétés que trop de petits cultivateurs font parfois par imprévoyance, souvent par nécessité. *Elle n'est pas en soi un événement plus grave que tous ceux qui l'ont précédée, elle n'est que la liquidation finale et nécessaire d'une longue période d'endettement.* Que des pays comme l'Inde, la Roumanie et la Russie, dont la population n'a reçu qu'une éducation économique rudimentaire, aient cru trouver avantage à prohiber ou, au moins, à rendre très difficile l'aliénation volontaire ou forcée de la propriété foncière, c'est là une mesure que la situation inférieure de ces populations suffit à légitimer. Quel que soit, en effet, l'attachement que l'on professe pour le grand principe de l'initiative individuelle et du *self-help*, il est certain que les gouvernements de ces pays doivent se montrer circonspects et ménager les transitions : les sociétés communautaires, habituées à l'immobilité tranquille de l'Orient, seraient exposées à des commotions violentes, si elles étaient mises brusquement en contact avec les éléments toujours mobiles des nations occidentales. Mais une telle raison ne saurait plus être alléguée devant les parlements de Paris, de Berlin ou de Vienne, et ce serait manifestement rétrograder que d'admettre l'insaisissabilité de la petite propriété foncière dans le pays où l'on a écrit que « la responsabilité individuelle, c'est la force et la vie des républiques » (1).

L'effort des partisans de la réforme du homestead n'est qu'une manifestation d'une des tendances les plus curieuses de certains esprits. Les sociétés, accoutumées depuis plusieurs siècles à la fixité de leurs éléments organiques et à la perpétuité de leurs traditions, n'étaient pas toutes également préparées aux transformations rapides et incessantes que notre siècle leur ménageait. Trop souvent des heurts et des ruines générales ou privées ont accompagné ce renouvellement de toutes choses, qui ne s'en est pas moins accompli malgré les résistances et les récriminations. Plusieurs regrettent encore l'ancienne organisation sociale et rêvent, notamment pour les petits cultivateurs, l'attachement au sol, la stabilité sans lesquels, disent-ils, la culture n'est pas possible (2) ; mais il n'est au pouvoir de personne

(1) *Paris en Amérique* par le docteur Réné Lefebvre (pseudonyme de Laboulaye), Paris, 1864, p. 97.

(2) Ainsi, pour citer un exemple, M. Devas, le seul publiciste anglais qui se soit prononcé en faveur d'une loi de homestead, demande, dans ses deux ouvrages *Labor and Capital in England* et *Studies of family life*, que l'on crée dans son pays une peasantry par l'établissement de petites tenures indivisibles et inaliénables, de manière à donner à la petite propriété une stabilité analogue à celle que « la grande propriété a trouvée dans les substitutions, et la propriété collective dans le régime de la mainmorte ».

Comment la comparaison même choisie par l'auteur ne lui démontre-t-elle pas son erreur ? ignore-t-il que les substitutions ont été dans ce siècle restreintes successivement par plusieurs lois et que la propriété collective de mainmorte a diminué d'importance ?

de remonter le courant. Vainement voudrait-on orienter les sociétés modernes vers un idéal de fixité, elles évoluent sans cesse, et chaque année ne fait qu'accélérer la vitesse acquise.

Et précisément, par un surcroît de malechance, on entreprend de lutter contre une des évolutions les plus caractérisées des temps modernes. S'il est, en effet, une réforme qui ait poursuivi avec ténacité son œuvre de renouvellement, en dépit de tous les obstacles que les réactions politiques en France, l'aristocratie territoriale en Angleterre, la puissance des traditions du passé en Allemagne et en Autriche aient accumulées ou accumulent encore devant elle, c'est incontestablement celle qui consiste à assurer la libre circulation de la propriété foncière. Toutes les institutions — majorats, substitutions, vestiges divers du régime féodal — qui s'opposaient à cette transmission rapide sont tombées une à une sous les coups redoublés de la civilisation contemporaine. La propriété immobilière devient aliénable (1) et saisissable comme la fortune mobilière et même, par une sorte de renversement des choses, cette dernière, soit en vertu de dispositions légales (rentes sur l'État français, comptes courants avec la Banque de France), soit plus encore par l'effet d'une dissimulation facile (surtout pour les titres au porteur), bénéficie d'une insaisissabilité de fait ou de droit que la propriété immobilière ne connaît pas.

Bien plus cette conquête même ne satisfait pas encore les besoins d'un état social que tout concourt à orienter vers le mouvement ; la « mobilisation » de la propriété foncière apparaît dans le lointain comme le but extrême de l'évolution et plusieurs déclarent d'avance qu'il est inutile de chercher

(1) Les économistes demandent à juste titre l'abaissement des droits qui frappent les mutations des propriétés immobilières. Cette réforme est urgente.

à les contenter tant que la propriété foncière ne sera pas représentée par un petit morceau de papier que son détenteur remettra de la main à la main à son acheteur ou à son créancier hypothécaire.

Je sais que beaucoup de publicistes traitent encore ces réformes d'utopies, mais du moins convient-il de remarquer que cette *commercialisation* de la propriété foncière est déjà beaucoup plus avancée qu'on ne le croit communément. L'organisation des sociétés anonymes a triomphé ingénieusement de la difficulté que l'immobilité même de cette catégorie de biens apportait à la multiplication des échanges, et aujourd'hui la copropriété de richesses immobilières immenses (chemins de fer, mines, canaux, établissements industriels) se transmet et circule aussi facilement qu'une balle de coton ou un sac de blé.

En présence de ces faits, il est puéril de vouloir fixer par des procédés artificiels le petit propriétaire à la terre qu'il cultive ; autant vaudrait essayer de faire « remonter dans l'Érié les eaux du Niagara ». En vain on allègue que l'institution du homestead constituerait au profit des petites gens une sorte de régime dotal semblable à celui que les gens riches stipulent dans leur contrat de mariage : l'argument est sans force, car le régime dotal est, lui aussi, une institution agonisante, et son organisation tracassière et coûteuse est en opposition directe avec les variations incessantes de la valeur des choses (1).

Les paysans partageront le sort commun ; le nombre de

---

(1) On ne doit pas davantage arguer de l'insaisissabilité des rentes sur l'Etat. M. Levasseur écrit à ce sujet : « Je crois pour ma part qu'il n'y a pas lieu d'invoquer comme modèle un privilège qui est inique à l'égard des créanciers et superflu pour le crédit de l'Etat. Ce crédit n'est plus en 1894 dans la triste situation où il se trouvait en l'an VI, et l'immunité a donné lieu plus d'une fois à de scandaleux abus ».

ceux qui continueront à cultiver le champ de leur père diminuera de jour en jour, et le travail agricole sera de moins en moins exécuté suivant les cadres anciens. C'est pure utopie que de vouloir attacher artificiellement au sol des individus qui ne remplissent pas les conditions nécessaires pour en conserver utilement la possession. Le paysan a besoin de se montrer capable de profiter des avantages de l'organisation économique moderne, tout en se préservant de ses inconvénients : car l'évolution, dont nous parlons, sera profitable à ceux qui auront assez d'activité pour en suivre les mouvements, et, d'autre part, la production sera débarrassée de la routine et des pratiques surannées qui en retardent les progrès.

Quant à l'intérêt social, il ne réclame pas davantage l'introduction de l'institution du homestead ; il exige la transformation des incapables et il s'accommode mal de toutes les entraves apportées à la réalisation du grand désidératum économique : *the right man in the right place.*

Aux lecteurs qui jugeraient ces conclusions un peu dures, je répondrais que ceux-là seuls évitent les duretés de la vie qui savent mettre leur conduite en harmonie avec les besoins économiques de leur temps. Lorsqu'il y a quelque cinquante ans, le développement des moyens de transport ouvrit à la grande industrie et au grand commerce des débouchés indéfinis, nombre de petits industriels et de petits commerçants ne purent soutenir la lutte ; leur vrais amis ne furent pas ceux qui cherchèrent à les protéger artificiellement contre un rival qui devait fatalement les écraser ; ce furent ceux qui leur ouvrirent les yeux aux réalités du lendemain et les engagèrent à devenir eux-mêmes les auxiliaires, voire même les pionniers de ce régime nouveau. Les forces sociales et économiques sont trop persistantes pour que la volonté de l'homme puisse lutter contre elles : elles la broient au passage, comme ces navires transatlantiques dont la masse pesante brise les barques des pêcheurs de Terre-Neuve, sans que personne à bord se doute du terrible accident.

Il ne sert à rien de se dissimuler la vérité : la petite propriété foncière est menacée par les méthodes nouvelles de l'agriculture. L'emploi plus abondant des capitaux, la nécessité de connaissances scientifiques plus étendues, la mobilité des productions suivant les exigences du marché, la répartition différente des débouchés, toutes ces conditions ne sont pas favorables au développement de la petite propriété rurale *dans les pays anciennement cultivés* ; elles concourent au contraire à assurer la suprématie de la grande exploitation agricole.

Pour lutter dans la mesure possible contre ces causes d'infériorité, il faut que le paysan devienne chaque jour plus capable ; toute institution qui, à l'instar du homestead, tendrait à le préserver arbitrairement contre les suites de son inertie, doit donc être considérée comme inutile et dangereuse ; elle est en contradiction avec les exigences les plus certaines de l'avenir, voire même du présent.

APPENDICES

APPENDICE I

Pourquoi la question du homestead demeura complètement inconnue aux sociétés anciennes ou du moyen-
age.

Certains lecteurs jugeront peut-être que cette étude de-
meurerait incomplète, si je n'y ajoutais quelques pages sur
les longues périodes qui ont précédé l'éclosion des sociétés
modernes. C'est à cette préoccupation que je voudrais répondre maintenant.

Il est certain que les sociétés de l'antiquité ou du moyen-
âge ne se sont jamais inquiétées d'assurer la conservation
de la petite propriété foncière, et on ne retrouve chez elles
aucune institution dont le but *direct* et *spécial* tendît vers
ce résultat.

On aurait tort de voir là aucun signe de négligence ou
de dureté : ces sociétés avaient en effet une excellente raison pour ne pas se préoccuper de cette question, puisque
leur organisation sociale rendait impossible l'apparition de
la question elle-même. Heureuses gens, s'écrieraient volontiers quelques douces âmes que le nombre croissant des
petites saisies immobilières contriste sincèrement ! pourquoi
ne les imitons-nous pas ? Hélas, parce que cela est impossible pour les deux raisons que voici.

On ne peut nier que le meilleur moyen d'empêcher des
individus de « s'enfoncer dans les dettes » ne soit de supprimer pour eux les occasions d'emprunter. Telle était pré-

cisément la situation des sociétés anciennes. Le crédit est de nécessité moderne ; il est né du progrès des méthodes qui a rendu inévitable un outillage coûteux et sans cesse renouvelé, dont l'achat exige des capitaux souvent considérables. Mais jusqu'à notre époque, les méthodes de travail étaient au contraire traditionnelles et simples ; l'outil était peu coûteux et ne changeait guère et alors même que des transports perfectionnés, surtout par mer, permettaient un commerce étendu, la multiplication des petits ateliers simples pouvait seule fournir à ce commerce les marchandises qui en étaient l'objet, puisque l'absence d'un moteur puissant interdisait la formation du grand atelier. Il n'était donc jamais nécessaire de réunir de gros capitaux et le crédit était inconnu ; personne ne sentait le besoin d'y recourir. La petite propriété se maintenait aisément à côté de la grande, puisque l'une et l'autre ne pouvaient employer que les mêmes procédés de culture et de travail.

A cette première raison qui est évidente, il convient d'en ajouter une seconde. L'usage imprudent du crédit et l'endettement progressif, avec la saisie pour terme, ne sont pas les seules voies qui conduisent un petit propriétaire à la perte de son avoir immobilier ; il y a aussi la vente, l'aliénation volontaire, consentie par imprévoyance ou prodigalité. C'est ici qu'intervient l'organisation générale de la propriété qui, en rendant indisponible entre les mains de l'individu la terre qu'il possède, le préserve par là même du danger auquel son inaptitude naturelle l'exposerait.

Je voudrais justifier en quelques pages cette seconde allégation. Le plan ni l'objet de cet ouvrage ne me permettent de passer en revue les diverses sociétés dans lesquelles l'organisation de la propriété foncière a eu le résultat qui vient d'être indiqué ; je relèverai seulement quelques échantillons, choisis dans les peuples sur lesquels des documents, connus de tous, donnent plus de relief aux idées qui seront exposées. Les Juifs, les Hindous, les Grecs, les Germains et les Celtes d'Irlande me fourniront notamment les principaux types de cette étude.

Qu'il soit bien entendu toutefois, que cette organisation de la propriété foncière n'avait pas pour *but* de garantir au paysan la possession permanente du sol qu'il cultivait. Il se trouva, qu'entre autres effets, le régime de la propriété produisit celui-là, mais il faut se garder de croire qu'il y ait eu là aucun dessein prémédité. L'emphytéote anglais qui loue à Londres, pour quatre-vingt-dix-neuf ans, un terrain sur lequel il édifiera une construction est assuré contre l'éviction pendant cette longue période : le propriétaire qui lui a consenti ce bail n'a pourtant pas considéré ce but : il a cru faire une bonne affaire et voilà tout.

§ 1.

Au milieu des peuples qui se livraient ou qui se livrent encore à l'art pastoral sur les steppes herbues à travers lesquelles ils paissent leurs troupeaux, il est manifeste que personne n'est exposé à perdre ce qu'il n'a pas. Dans cet état primitif, l'appropriation des pâturages ne dure que quelques heures, puisque ce n'est que pendant ce temps que l'herbe peut suffire à la nourriture des troupeaux.

La culture, même la plus rudimentaire, fait apparaître une seconde forme de propriété plus complexe : la terre continue d'appartenir à la tribu, mais on la partage périodiquement entre les différentes familles ; à l'expiration de ces périodes très courtes, chacun abandonne la portion de terre qui lui avait été attribuée, celle-ci est de nouveau confondue dans la masse totale pour être allotie à un tiers.

Les plus anciens documents relatifs à l'état de la propriété chez les Juifs, dans les premiers temps de leur installation sédentaire, portent la trace évidente de la persistance d'un droit général de la communauté, malgré l'appropriation des terres de culture. La loi mosaïque ordonnait en effet que, tous les cinquante ans, à l'occasion du jubilé, les terres retournassent à leur propriétaire ancien (1) ; on trouve aussi, au Deutéronome, une institution où l'on serait tenté de voir un précédent lointain des lois américaines de homestead : « Vous ne recevrez pas pour gage la meule ni le moulin, parce que celui qui vous les offre engage sa propre vie » (2).

Cet organisme social, dont les Juifs n'avaient conservé que les vestiges, se retrouve dans toute sa pureté, au milieu de cette immense agglomération agricole de l'Inde, de cette antique société hindoue qui, depuis plusieurs dizaines de siècles, maintient, ou plutôt maintenait fidèlement jusqu'à l'époque de la conquête anglaise, ses institutions et son régime de propriété communautaire. Ici les renseignements sont plus complets et le présent éclaire le passé.

« Jadis, dit Élisée Reclus, chaque village était une fraternité, possédant les forêts et les pâturages en commun et distribuant à chacun de ses membres le sol qu'il avait à cultiver dans l'année, pour la production du riz ou d'autres céréales, de l'indigo, des légumes et des fruits (3). Dans

______

(1) Sanctificabis annum quinquagesimum et vocabis remissionem cunctis habitatoribus terræ tuæ, ipse est enim jubilæus. Revertetur homo ad possessionem suam et unusquisque rediet ad familiam pristinam. Lévit., XXV, 10.— Terra quoque non vendetur in perpetuum, quia mea est et vos advenæ et coloni mei estis. Unde cuncta regio possessionis vestræ sub redemptionis conditione vendetur. Lévitique, XXV, 23 et 24.

(2) Non accipies loco pignoris inferiorem et superiorem molam, quia animam suam opposuit tibi. Deutéronome, chap. XXIV, verset VI.

(3) Elisée Reclus, *Géographie universelle*, t. VIII, p. 337. Je ne puis évidemment qu'esquisser ici le régime de la propriété dans l'Inde. Je me permets de signaler à ceux qu'intéresserait spécialement l'étude de cette grande question économique, l'œuvre magistrale de M. B. H.

les provinces du Haut Gange, que les Anglais possèdent depuis moins longtemps que le Bengale, un grand nombre de communes agricoles sont encore constituées en *bhayat-chara* ou fraternités. Ces villages sont de véritables républiques autonomes, qui vivent séparées les unes des autres et indépendantes de toute autorité extérieure. Comme le dit Sir Charles Metcalfe, « cette union indestructible semble douée d'une éternelle durée, dans une région où aucun empire ne peut se maintenir et où les révolutions succèdent aux révolutions : les Indiens, les Afghans, les Mogols, les Mahrattes, les Sikho sont maîtres tour à tour, mais le village reste toujours le même. Depuis des siècles, ces fraternités procèdent au partage *annuel* des terres du village, avec une régularité qui n'est possible qu'à l'immobile Orient ». Les habitants ont si peu le désir de la propriété privée que ces partages mêmes ne s'appliquent qu'à une partie du domaine communautaire.

On ne peut douter que le même régime de propriété n'ait été connu de la Grèce primitive, à Sparte, à Corinthe, à Thèbes, à Leucade, dans les Cyclades et les îles de la côte d'Asie ; à Lipari et en Sardaigne, la tradition s'est conservée d'un partage de terre opéré par le sort (1).

Les Germains pratiquaient aussi ce partage périodique des terres communautaires, ainsi que l'attestent ces deux textes célèbres de César et de Tacite : « Il n'y a pas chez les Germains de propriété privée ; les magistrats fixent tous les ans, à chaque famille, l'étendue et l'emplacement des terres qu'elle devra cultiver, et, l'année finie, l'obligent à en chan-

Baden Powel, judge of the Chief Court of Panjab, *The land system of British India*, 3 vol. Oxford 1892.

(1) Aristote, *Politique*, 11, 2 à 9, Diodore de Sicile, V, 9, 15, 74 et 81. Il y aurait imprudence à garantir la parfaite exactitude de cette énumération. Aristote et Diodore peuvent être suspectés en science sociale autant que Pline en histoire naturelle.

ger (César)..... Ils occupent en masse les champs qu'ils
peuvent cultiver et les partagent selon les rangs ; leur étendue facilite la répartition et ils en changent tous les ans ;
et il reste une partie qu'on ne partage pas (Tacite) » (1).

Chez les Germains, comme dans l'Inde et la Grèce primitive, on retrouve ainsi le *mir* qui existe à l'origine de la
vie sédentaire de toutes les races pastorales (2).

Les Celtes irlandais du V° au VIII° siècle ne connaissaient encore d'autre propriété que la propriété collective
et le livre de la *Dun Cow* (*Lebor na Hindu*) écrit, au VII°
siècle, par un moine, abbé de Clanmacnois, nous donne sur
ce point les renseignements les plus précis. « Autour des
champs, nous dit-il, il n'y avait ni fossé, ni haie, ni mur
de pierre ; partout on ne voyait que des champs unis, et la
terre ne fut point partagée définitivement jusqu'à ce qu'ar-
riva l'époque des fils d'Aed Slane » (VIII° siècle) et l'auteur
ajoute que ce fut par suite du grand nombre de familles, à
cette époque, que des divisions et des bornages furent introduits en Irlande (3).

(1) Voici la transcription de ces textes difficiles, sur le sens desquels
l'accord est loin d'être fait parmi les interprètes. César, *de bello gallico*,
VI, 22. « Neque quisquam agri modum certum aut fines habet proprios,
sed magistratus ac principes in annos singulos gentibus cognationi-
busque hominum qui una coierunt quantum, et quo loco visum est,
agri attribuunt atque anno post alio transire cogunt.

Tacite, *de moribus Germanorum*, 26 : « agri pro numero cultorum
ab universis per vices occupantur, quos mox inter se secundum digna-
tionem partiuntur ; facilitatem partiendi camporum spatia præstant :
arva per annos mutant et superest ager.

(2) J'ai omis à dessein de mentionner jusqu'ici la Chine, car s'il paraît certain qu'elle ait connu à une époque la propriété communautaire,
les renseignements que l'on trouve sur son régime de propriété sont
trop rares et surtout trop contradictoires pour ne pas laisser une large
place à l'hypothèse et à l'erreur.

(3) Si les limites de ce travail ne l'interdisaient absolument, il y
aurait plaisir à développer les enseignements si éloquents que nous
donnent ces vieux textes. Comment ne voit-on pas que la propriété

Dans cette période primitive, de nombreux groupements familiaux, réunis les uns aux autres par des liens de parenté éloignée, formaient par leur fusion le « sept », collectivité villageoise qui était *seule* propriétaire de toutes les terres. Il semble même qu'à l'époque la plus reculée la notion de la propriété individuelle fut totalement inconnue et il n'est pas certain qu'on ait toujours procédé à des partages périodiques quelconques. Cependant nous voyons, au moins à partir du VI⁰ siècle, le chef du « sept » faire, chaque année ou tous les trois ans, un allotement des terres *arables* du sept (1).

Il est à peine besoin d'insister pour montrer comment ce système de propriété enlève à tous la possibilité de disposer du champ qui leur a été attribué.

Puisque toutes les terres appartiennent à une agglomération plus ou moins nombreuse, il est manifeste que chacun des membres de la collectivité n'a qu'un droit temporaire de jouissance ou d'usufruit sur les terres qui lui ont été alloties pour quelques années, le plus souvent pour quelques mois : toute aliénation, tout engagement pour dettes seraient évidemment sans effet, puisque personne ne peut disposer d'une chose qui ne lui appartient pas.

La protection de la propriété du petit et de l'humble est à tel point la conséquence nécessaire de ce système agraire

individuelle est née avec le travail et avec l'effort ? Ce n'est pas par un effet du hasard que, dans l'Inde, comme chez les Germains et les Irlandais, nous voyons les terres arables alloties annuellement entre les membres de la collectivité, les pâturages restant seuls soumis à l'usage commun. Comme le disait un jour un savant économiste, les socialistes devraient, au moins, pour se conformer à la vérité historique, prendre l'herbe pour emblème et pour symbole.

(1) *Land tenure in Ireland*, par W. Ernest Montgomery. Cet ouvrage a été couronné par l'université de Cambridge en 1889. — Nous retrouvons encore aujourd'hui cette propriété collective en Russie, dans les communautés slaves et dans les Indes Hollandaises.

que jamais il ne s'est rencontré de prolétariat agricole dans les pays qui l'ont pratiqué dans toute sa pureté. César a eu une vue très nette de ce résultat et il l'a exprimée avec une grande précision, dans des termes que ne désavouerait pas le meilleur des disciples d'Adam Smith. A la suite du texte rapporté plus haut, il ajoute ces mots : « Ils (les Germains) invoquent bien des raisons pour légitimer ce partage annuel des terres : la crainte que les hommes ne perdent, par la continuité des travaux agricoles, le goût de la guerre, ou qu'ils ne s'appliquent à étendre les limites de leurs champs et que les plus puissants ne chassent les plus petits de leurs terres, ou encore que le désir de l'argent (de la richesse) ne se développe, ce qui engendre les factions et les dissensions ; enfin ils y voient le moyen de contenir le peuple, par le sentiment de la justice et de l'égalité, puisque chacun voit sa fortune égaler celle des plus puissants ».

Est-il utile de faire remarquer que cette propriété collective du sol et ces partages annuels ne sont compatibles qu'avec un état de civilisation très peu avancé ? Il faut le croire, puisque certains esprits, qui se refusent à mettre la science au service de leurs bonnes intentions, cherchent le progrès dans le retour à ces pratiques anciennes. Que n'écoutent-ils ce bon abbé de Clanmacnois qui nous dit que le grand nombre des familles fit introduire des divisions et des bornages. Il convient en outre de ne pas oublier que si ce régime de propriété a pour effet de protéger les incapables et les imprévoyants, il maintient aussi dans une situation inférieure les plus capables et les plus laborieux et met ainsi obstacle au progrès de la race qu'il enlise dans la routine.

A mesure que l'accroissement de la population exige une culture plus intensive du sol, on ne procède au partage des terres qu'à des intervalles de plus en plus éloignés ; les terres arables gagnent progressivement en étendue sur les pâturages et enfin le moment arrive où l'on procède à un partage définitif : à ce moment, la véritable *propriété familiale* apparaît, parce qu'elle se concilie seule avec les travaux d'amélioration (drainage, irrigation, construction) dont la récompense pécuniaire se répartit sur une longue suite d'années. Cette marche en avant nous conduit ainsi à une troisième forme de la propriété foncière.

Une grande partie des fraternités de l'Inde ont depuis longtemps franchi cette étape ; on ne partage plus périodiquement les terres et chaque famille a un droit fixe et stable sur le champ qu'elle cultive. Pour l'Irlande, il semble que cette période de transition entre la propriété collective et la propriété familiale doive être placée à la fin du X⁰ siècle et au commencement du XI⁰ (1).

Il semble qu'à la suite de ce progrès, les chefs de famille vont pouvoir aliéner librement leurs terres ; les plus capables en profiteront, semble-t-il, pour s'élever à la fortune et, pour emprunter le langage de César, la propriété du plus humble passera entre les mains du plus puissant, ce qui d'ailleurs ne devrait point être regretté, puisque la collectivité est intéressée à ce que la direction du travail appartienne aux plus habiles.

(1) Nous assistons aujourd'hui en Russie et dans les communautés slaves à une transformation de ce genre. — On ne sait si les Germains ont jamais connu cette période de transition. Cf. Fustel de Coulanges, Recherche sur cette question : Les Germains connaissaient-ils la propriété des terres ? *Comptes rendus de l'Académie des sciences morales et politiques*, 1885, t. 123, p. 757 ; ce mémoire a donné lieu à une importante discussion au cours de laquelle a été traitée incidemment la question de la propriété foncière à Rome ; Cf. de Laveleye, *De la propriété et de ses formes primitives*, 1874, et *La propriété collective du sol*, 1886 ; Garsonnet, *Histoire des locations perpétuelles*, 1875 ; Dargun, Ursprung und Entwickelungsgeschichte des Eigenthumes, dans *Zeitschrift für vergleichende Rechtwissenschaft*, V. 84.

Cependant l'histoire atteste que cette modification dans la répartition de la propriété foncière ne se produit pas, car deux forces persistantes luttent ensemble, pour en arrêter le progrès. De celles-ci la première nous est indiquée par Platon dans un passage où il expose avec précision les raisons qui rendent la propriété collective incompatible avec un degré de civilisation plus avancé. Traçant les plans de la cité idéale, il écrit : « D'abord que nos citoyens partagent entre eux la terre et les habitations et qu'ils ne labourent point en commun, puisque, comme il a été dit, ce serait en demander trop à des hommes nés, nourris et élevés comme ils le sont aujourd'hui : mais que, dans ce partage, chacun se persuade que la portion qui lui est échue *n'est pas moins à l'Etat qu'à lui* » (1).

Lorsque la collectivité a procédé à ce partage définitif, elle n'a point abandonné l'intégralité de son droit sur les terres autrefois communes, elle a retenu, au contraire, à son profit une sorte de *droit supérieur*, de *domaine éminent ;* et cette réserve n'est pas restée vague et sans effet pratique, elle a eu, au contraire, pour première conséquence, d'empêcher toute aliénation de la part du propriétaire, ou au moins de soumettre les aliénations au consentement des autres membres de la fraternité ou de la commune, chaque propriétaire étant considéré comme simple bénéficiaire d'une concession *personnelle* faite à lui-même ou à ses ancêtres.

Dans le district de Jaghir de la province de Madras, et dans quelques villages de l'Inde centrale, nul dans le vil-

---

(1) Νειμασθων μεν δη πρωτον γην τε και μη κοινη γεωργουντων, επειδη το τοιουτον μειζον, ῃ κατα την νυν γενεσιν και τροφην και παιδευσιν ειρηται. προσθεν δ'ουν τοιαδε διανοια πως, ως αρα δει τον λαχοντα την ληξιν ταυτην νομιζειν μεν κοινην αυτην τας πολεως ξυμπασης….. Platon, Lois, livre V, n° 740, édition de Godefroid Stallbaum, t. VI, p. 131, Leipzick, 1824.

lage ne peut vendre sa terre sans le consentement des autres habitants et, comme le nouveau propriétaire doit prendre sa place dans l'association qui lie tous les habitants et sa part dans les obligations qui en dépendent, les autres peuvent, en consentant en principe à l'aliénation, écarter tel ou tel acquéreur, par l'exercice du retrait. « *Aussi les ventes d'immeubles sont-elles peu nombreuses (1)* ».

En Irlande, les lois Brehon (2), dont les auteurs favorisèrent cependant ce passage de la propriété collective à la propriété de famille, portent textuellement que chaque membre de la tribu peut garder sa terre, mais qu'il ne peut ni la vendre, ni l'aliéner, ni la cacher (*conceal*), *ni la donner en payement* pour délits commis (*wchrgeld*) ou *pour dettes contractées* (3).

Rien ne serait plus faux, en effet, que de se représenter une fraternité hindoue, un mir russe ou un sept irlandais, comme une agglomération de personnes juxtaposées les unes aux autres, à l'exemple de nos communes françaises que l'on quitte à son gré et où l'on entre à sa guise. Ces associations primitives sont fondées sur des liens précis et séculaires qui, depuis plusieurs générations, unissent entre eux les divers membres qui les composent et elles excluent l'étranger, le non-apparenté (4), qu'elles considèrent comme un élément de trouble et de discorde. Ainsi l'impossibilité où se trouve chaque individu d'organiser sa vie, en dehors

(1) Colebrooke, *Digest of Hindu law*, London, 1841, t. II, p. 161 ; Georges Campbell, *The tenure of land in India*.

(2) Les Brehons étaient des avocats réunis en une sorte de caste. Ils rédigèrent un recueil de lois qui porte leur nom.

(3) *Ancient laws of Ireland*, vol. II, p. 345. Cf. Sir Henry Sumner Maine, *Études sur l'histoire des institutions primitives*, trad. Durieu de Leyritz. Le Play a observé des prohibitions du même genre chez les Bachkirs de l'Oural, *Ouvriers Européens*, p. 10 et suiv.

(4) Les formes significatives de l'adrogation primitive à Rome font bien ressortir cette préoccupation.

du groupe au milieu duquel il est né, l'unit indissolublement
à la terre. Cette union se trouve encore fortifiée par l'action
d'une seconde institution sociale : je veux parler de la famille, telle qu'elle est comprise et organisée chez les peuples communautaires. Il m'est interdit de développer ici
cette conception grandiose de la famille patriarcale, d'après
laquelle la famille ne comprend pas seulement les membres
actuellement vivants, mais s'étend en toute réalité des ancêtres les plus éloignés dans le passé jusqu'aux descendants
les plus lointains dans l'avenir. Ceux qui vivent ne sont que
les représentants, à un moment donné de la durée, de cette
série indéfinie de générations, et ils doivent, par le culte des
ancêtres et par leur préoccupation constante du sort de leurs
descendants, attester qu'ils ne sont que l'anneau de jonction
qui relie les siècles passés aux siècles futurs.

Si le lecteur pensait que ces idées n'ont qu'un rapport
lointain avec la fixité de la propriété foncière, il lui suffirait,
pour revenir de son erreur, d'écouter ces graves paroles de
Platon : « Moi, législateur, je déclare que votre famille ni
vos biens ne sont à vous et qu'ils appartiennent à votre famille passée et à venir (1) ».

De cette notion de la famille découle immédiatement, en
effet, au point de vue qui nous intéresse, une conséquence
importante : c'est que le véritable propriétaire des biens de
la famille, n'est pas le chef actuellement vivant, mais l'ensemble des générations passées et à venir. Il n'est que l'u-
sufruitier, le détenteur précaire d'un patrimoine unique et
éternel, qu'il doit, en dépositaire fidèle, transmettre à ses
descendants, comme ses ancêtres le lui ont transmis à lui-

---

(1) Platon, Lois XI. Ἐγὼ οὖν νομοθέτης ὢν οὔθ' ὑμᾶς ὑμῶν αὐτῶν εἶναι
τίθημι οὔτε τὴν οὐσίαν ταύτην, ξύμπαντος δὲ τοῦ γένους ὑμῶν τοῦ τε ἔμ-
προσθεν καὶ τοῦ ἔπειτα ἐσομένου, καὶ ἔτι μᾶλλον τῆς πόλεως εἶναι τό τε γένος
πᾶν καὶ τὴν οὐσίαν. Platon, *Lois*, livre XI, n° 923, t. VI, p. 330 de l'é-
dition de Stallbaum.

même. Lorsque le vieux Caton, toujours désireux de ramener ses concitoyens aux mœurs de la Rome primitive, définissait le bon père de famille, l'homme qui transmet à ses descendants, après l'avoir augmenté, le patrimoine des ancêtres, les deux mots descendants et ancêtres avaient certainement dans sa bouche un sens précis et large, tout à la fois, que nous ne pouvons saisir que par un effort de l'esprit (1).

Cette conception de la famille communique à tout le patrimoine domestique, et surtout à la propriété par excellence, à la propriété immobilière, les caractères de perpétuité et de permanence dont est douée la famille elle-même. Puisque toutes les générations passées, présentes et à venir sont au même titre *actuellement* co-propriétaires de l'habitation de la famille, puisque, pour employer l'expression de Platon qui parle au temps *présent*, ce bien *appartient* (2) à la famille passée et à venir, il est manifeste que toute aliénation du « home » de la famille (s'il est permis d'employer ce terme qui n'a rien d'antique), toute saisie de celui-ci pratiquée sur le ou les co-propriétaires aujourd'hui vivants est sans effet et radicalement nulle, comme le serait, dans

(1) On rapprochera encore avec intérêt de ces conceptions la formule si curieuse de l'interdiction prononcée par le magistrat romain contre le prodigue. « Quando tibi bona paterna avitaque nequitia tua disperdis, liberosque tuos ad egestatem perducis, ob eam rem tibi ea re commercioque interdico ». La loi des XII Tables, on le voit, ne considère comme prodigue que celui qui dissipe le patrimoine de ses ancêtres et frustre ainsi ses descendants. Aussi l'affranchi, n'ayant jamais d'ancêtres au point de vue du droit, n'était jamais soumis à la curatelle pour prodigalité. *Sentences de Paul*, III, 4 § 7 ; Ulpien, *Règles*, XII, § 3.

(2) Il est très digne de remarque, en effet, que Platon, parlant de cette co-propriété de famille, met au présent de l'indicatif le verbe appartiennent (εἰσὶν) et que, parlant de la famille passée et à venir, il n'emploie pas successivement le verbe au prétérit et au futur : ce détail est fort important, si l'on veut saisir la véritable pensée de Platon.

notre législation actuelle, l'aliénation par une seule personne ou la saisie pratiquée par les créanciers de cette personne d'un bien qui appartient indivisément à mille autres co-propriétaires (1).

Au surplus voici ce que je lis dans un ouvrage qui n'a certes rien de commun avec l'étude de la législation américaine du homestead : « Le chef de famille, dans l'Inde, ne peut aliéner sa terre sans le consentement de ses héritiers présomptifs qui sont ses co-propriétaires, et la propriété est à ce point inviolable, que les *Hindous ne connaissent pas la saisie immobilière* (2) ».

Non seulement, comme nous l'avons vu, les ventes immobilières sont peu nombreuses chez ces peuples, mais encore au cas où elles ont lieu, il existe au profit des descendants, un droit de retrait à titre onéreux (réméré) ou gratuit, pendant un délai plus ou moins long, suivant le degré de civilisation auquel la société est parvenue. Aujourd'hui encore, dans l'Inde, le propriétaire, obligé d'abandonner son bien, faute de pouvoir payer les impôts, demeure inscrit au registre du village et peut reprendre sa terre pendant cent ans ou trois générations (3).

A l'heure actuelle, la vente, à un étranger, de la terre des

(1) Platon qui vivait dans une société que nous avons tant de peine à comprendre, alors même que nous croyons la mieux connaître, a bien vu comment cette conséquence découlait fatalement du principe qu'il venait de poser dans le texte que j'ai rapporté, et, dans le même ouvrage, il l'énonce en ces termes. « Ne méprisez jamais la part convenable qui vous est échue, et qu'elle n'entre jamais dans aucun contrat de vente ni d'achat. Si vous le faites, ni le dieu qui a présidé à votre partage, ni le législateur ne ratifieront de pareils engagements ». Et Héraclide visant, non plus la société idéale de l'avenir, mais les civilisations réelles du passé qui ont admis cette conception de la propriété familiale, nous atteste que c'était une chose honteuse chez les Lacédémoniens que de vendre ses terres.

(2) Elphinstone, *History of India*. Londres, 1843, t. I, p. 127.

(3) Georges Campbell, *op*. et *loc. cit.*

ancêtres est, en Chine, réputée infâme et le Chinois qui, par sa mauvaise conduite, en est arrivé à cette extrémité, qui va ainsi « déposséder sa famille du passé, spolier sa famille de l'avenir » est noté d'infamie, obligé de quitter son village, de changer de nom ; il est excommunié, n'appartient plus à aucun groupe, à aucune famille, et reste seul, violemment séparé du passé, du présent, de l'avenir.

Et ce sort n'est que trop mérité, car « la ruine d'une famille cause la ruine des religions éternelles de la famille ; des religions détruites naît la confusion des castes ; par cette confusion tombent aux enfers les pères des meurtriers et de la famille même, privés de l'offrande des gâteaux et de l'eau (1) ». Il convient d'ajouter que le Chinois peut, pendant un temps indéfini, exercer sur la terre qu'il a aliénée le droit de réméré. Dans de telles sociétés, la question du homestead devait toujours demeurer inconnue ; tout y concourt à interdire l'aliénation et à prohiber la saisie de la propriété foncière, grande ou petite ; on n'a pas eu à résoudre un problème que l'organisation même des institutions essentielles empêchait de se poser.

D'ailleurs, nous avons la bonne fortune de pouvoir contrôler l'action de ces deux forces sociales et de nous assurer qu'elles produisent bien l'effet que nous leur avons attribué. Comme le chimiste, qui ne voulant laisser aucune place au doute sur les causes de telle combinaison chimique, recommence son expérience sans y joindre le corps à l'affinité duquel il attribue cette combinaison, nous pouvons observer des sociétés qui, elles aussi, ont traversé l'état social ci-dessus décrit, mais ont plus ou moins rapidement évolué vers une organisation économique différente ; et cette contre-épreuve dont Rome, dans l'antiquité, l'Ir-

____

(1) *Baghanad gita*, traduction Em. Burnouf.

lande, depuis plusieurs siècles, l'Inde et la Russie, à l'heure
actuelle, nous fournissent les éléments, n'est pas moins
instructive que les expériences qui viennent d'être rapportées.

On a vu, dans une autre partie de cet ouvrage (ch. X),
comment « le prolétariat agricole » est apparu dans l'Inde,
lorsque, en dépit de l'administration si sage et si conserva-
trice de l'Angleterre, les idées européennes, pénétrant dans
plusieurs provinces, en modifièrent peu à peu les mœurs
traditionnelles ; de même, aujourd'hui, en Russie, où le mir
recule devant une civilisation plus avancée, la petite propriété disparaît ou est grevée de dettes usuraires qui en
absorbent tout le produit et les mêmes « questions agraires » agitent plusieurs des principautés danubiennes, spécialement la Roumanie.

Nous avons laissé l'Irlande à une époque où la propriété individuelle est définitivement constituée, mais où
les lois Brehon défendent formellement toute aliénation et
tout endettement de la terre. Il ne paraît pas que cet
état transitoire ait été de longue durée et bientôt, sous
l'action d'influences diverses, parmi lesquelles il convient
de ranger, en première ligne, le développement des arts
usuels et la complication plus grande de l'organisme social (1), l'aliénabilité des terres devient de plus en plus la
règle. Or, simultanément la petite propriété se fait plus rare
et les incapables et les imprévoyants ne peuvent plus conserver la possession de leurs champs qui passent entre les
mains des plus riches.

(1) Il ne semble pas douteux, si l'on en juge par la lecture des lois
Brehon, que le développement de ce pouvoir d'aliénation ne doive
être *en partie* attribué à l'influence de l'Église catholique qui, désireuse d'agrandir sa fortune territoriale, se montra très favorable à
une transformation économique, sans laquelle cet agrandissement ne
pouvait se produire. Cf. Montgommery, *op. cit.*

Sans doute, la crise agricole irlandaise fut aussi le résultat des guerres de confiscation qui marquèrent les règnes de Henri VII, de Henri VIII, d'Elisabeth et du gouvernement de Cromwell, et il faut se garder d'oublier les sauvages spoliations qui désolèrent la verte Erin, alors que suivant la parole d'un narrateur de l'époque, « de Valentia au rocher de Cashel, en n'entendait plus ni le mugissement d'une vache, ni le sifflet d'un garçon de ferme, labourant un champ ». Mais encore convient-il de ne pas oublier que cette confiscation et ces guerres, pour cruelles et terribles qu'elles aient été, ne suffisent point à expliquer l'acuité d'une crise agraire qui dure encore après plusieurs siècles. En réalité, l'Irlandais de cette époque, comme l'Hindou, le moujick russe et le paysan roumain de nos jours, n'était point capable de s'élever à la propriété individuelle absolue et, le jour où les diverses institutions sociales, qui par leur protection tutélaire remédiaient à l'insuffisance de son éducation économique, ont dû faire place à une civilisation plus avancée, la crise est apparue, et l'on s'est trouvé en présence d'une question agraire.

D'ailleurs il y a eu, dans le passé, un peuple qui s'est dégagé plus que tout autre de la forme communautaire et qui, dès les premiers temps de son histoire, s'est élevé à une notion plus individualiste de la propriété. On sait que ce fut précisément, parce que Rome émancipa l'individu dans une mesure jusque-là inconnue, que ce grand peuple connut de si hautes destinées et se rendit maître du monde civilisé de son temps ; mais aussi une telle civilisation ne pouvait-elle plus s'accommoder du régime de propriété qui a été décrit dans les pages précédentes.

Gaius nous donne un témoignage certain de l'existence ancienne du régime de la propriété familiale, lorsqu'il nous dit que « les enfants sont appelés des héritiers siens, parce qu'ils sont des héritiers de la maison et que, du vivant même du père, ils sont considérés comme les co-propriétaires du patrimoine (1) ».

Par une coïncidence curieuse, nous retrouvons, en ces temps reculés, la distinction que les lois américaines de homestead devaient établir dans notre siècle avec tant de précision, entre le « foyer » et « l'atelier de travail ».

On oppose à l'*ager*, terre exploitée, située loin de l'habitation, dont l'aliénation est libre, l'*heredium*, ce foyer de la famille, qui, au dire de Pline, se composait d'une maison d'habitation et d'un jardin potager à l'entour, dont l'aliénation reste *quelque temps* défendue.

Sauf cette exception de peu de durée, la propriété foncière fut librement aliénable, les créanciers pouvaient la saisir et la faire vendre, et si, au dire de Cicéron, la vente de l'*heredium* fut, jusqu'à la fin de la République, considérée comme un déshonneur (2), ce sentiment, qui ne visait d'ailleurs qu'une toute petite partie du patrimoine immobilier des familles patriciennes, ne doit pas nous égarer. Le droit romain se distingue en effet par la rigueur extrême avec laquelle il a toujours sanctionné les droits du créancier qui, après s'être fait attribuer *le corps et les biens* de son débiteur, pouvait à son gré l'emprisonner, le tuer, ou le vendre comme esclave, et, d'autre part, on n'admire pas moins en lui la notion si précise et si nette qu'il eut du droit de propriété individuelle, le célèbre *dominium ex jure Quiritium*, exclusif et absolu, conception si complète que nos législations modernes n'ont pu que copier sur ce point, en l'affaiblissant, le modèle romain.

(1) Gaius, Commentaire II, § 157 : *Sed sui quidem heredes ita appellantur, quia domestici heredes sunt, et, vivo quoque parente, quodammodo domini existimantur.*

(2) Cicéron, *de Oratore*, II, 55 et *pro Sulla*, 20.

La petite propriété disparut progressivement dans les campagnes voisines de Rome et en Italie même, et il est certain qu'à la fin de la République, elle n'était plus dans toute la péninsule qu'une exception. « Il n'y a pas à Rome deux mille personnes qui possèdent, dit un jour le tribun Philippe, homme modéré cependant, (de l'aveu de Cicéron (1), bon juge en ces matières) et les travaux historiques les plus dignes de foi ont démontré l'exactitude de cette assertion.

Deux causes contribuèrent à cette transformation. Les plébéiens qui, par leur origine, se rattachaient à une organisation sociale communautaire, se trouvèrent aisément désemparés en présence de ces hommes capables et énergiques dont les ancêtres avaient fondé Rome. Nous retrouvons ici cette grande loi sociale qui veut que l'arrivée soudaine de plus capables au milieu de moins capables amène, parmi ces derniers, une désorganisation qu'ils n'eussent pas connue, s'ils n'avaient point été en contact avec les nouveaux venus.

Cette cause générale de ruine produisait des effets d'autant plus étendus qu'elle trouvait, dans la guerre, un auxiliaire puissant. Il ne faut pas oublier que la guerre se fit, pendant plusieurs siècles, sous les portes de Rome et à tout le moins en Italie et que, par suite, elle ravageait incessamment les cultures, en même temps qu'elle rendait très aléatoire la rémunération du travail agricole ; et comme pour rendre plus certaine la ruine des imprévoyants, à cette source de dommage venait encore se joindre l'obligation de s'enrôler pour marcher contre l'ennemi commun.

La guerre terminée, il fallait emprunter pour réorganiser la petite exploitation saccagée et cet emprunt conduisait le plus souvent à la dépossession définitive. Les patriciens se montraient empressés à prêter l'argent nécessaire et ils

____

(1) Cicéron, *De Officiis*, 11, 21.

pressuraient sous l'usure la plus odieuse leurs infortunés débiteurs. « C'est par bandes que le magistrat adjugeait les débiteurs à leurs créanciers, les maisons des patriciens étaient pleines de prisonniers pour dettes et Tite-Live atteste qu'elles se transformaient parfois en prisons et en lieux de torture (1) ».

Les patriciens dominaient d'autant plus aisément, au point de vue économique, qu'ils avaient eu soin de conserver pour eux seuls la direction du pouvoir politique, et qu'ils se servaient de cette prééminence pour faire de bonnes affaires et s'enrichir. Ils étaient seuls investis du droit de bourgeoisie, de la qualité de membre de la *civitas* et, jusqu'à l'époque impériale, on sait que les plébéiens luttèrent. sans découragement, pour conquérir, morceau par morceau, les divers avantages attachés à la qualité de *civis*.

Ils voyaient notamment que l'accession à la cité les ferait participer à la jouissance de cet immense ager publicus qui enrichissait si largement les patriciens, à cette époque de conquêtes incessantes. A plusieurs reprises, ils obtinrent en effet des concessions de terres et plusieurs lois agraires (2) partagèrent entre les plébéiens de vastes territoires. Cependant on a vu, à la page précédente, que ces concessions ne réussirent pas à reconstituer en Italie la petite propriété.

Peut-être le lecteur, attristé par le souvenir des crises agraires dont les historiens nous font le récit et par l'impuissance, à y porter remède, des nombreuses lois qui furent votées, reportera-t-il involontairement sa pensée vers ces fraternités hindoues ou ces septs irlandais au milieu

<hr>

(1) Tite-Live, VI, 36. Edouard Cuq, *Institutions juridiques des Romains*, t. I⁰ʳ, Ancien Droit, p. 90, Paris 1891.

(2) En 254, 256, 259, 260, 261 ; Denys, V, 53 et 64 ; VI, 23, 26, 37, 58. Conf. Tite-Live, II, 23 ; VI, 7 ; XXVII, 1.

desquels la propriété foncière demeurait immuable aux mains du cultivateur. Décidément ce régime communautaire vaut mieux que cette organisation individualiste qui aboutit à l'absorption de la petite propriété par la grande et à la multiplication du prolétariat agricole. Ainsi Tibère et Sénèque, qui aimaient à rappeler le champ de quatre à sept jugères des Cincinnatus, des Coruncanius, des Régulus et des Fabius Cunctator, déploraient comme un fléau l'étendue de ces propriétés dont on ne peut, au dire de Columelle, faire en un jour le tour à cheval. Pline redira après tant d'autres la même plainte : *latifundia perdidere Italiam* !

A ceux qui entretiendraient ces pensées, je rappellerai d'abord que ces agitations agraires ne troublèrent jamais profondément la paix publique ; elles prenaient simplement la forme de retraites sur les collines qui entouraient Rome, sans qu'on se livrât à des violences sur les personnes ou sur les biens. En outre, il ne faut pas oublier que l'obligation, où se trouvèrent ces petits cultivateurs, d'aller toujours plus loin chercher des terres fut un auxiliaire des plus utiles à l'expansion durable de la puissance romaine. Si le sol de l'Italie n'appartenait plus, au temps des premiers empereurs, qu'à de grands propriétaires, il ne faut pas oublier que ce fait demeura spécial à la péninsule : mais dans les provinces, la petite propriété se développa et ce fut précisément parce que derrière les soldats romains venaient toujours des hommes énergiques préparés à s'implanter sur le sol ou, plutôt, parce que ces soldats eux-mêmes avaient toujours hâte, dès qu'ils le pouvaient, de laisser leurs armes pour aller labourer les champs abandonnés par les vaincus, que les conquêtes romaines furent si solidement assises. Tels aujourd'hui ces Anglais qui, ne trouvant plus leurs moyens d'existence dans leur patrie, s'en vont coloniser au Cap ou en Australie et y établir sur des bases stables la puissance de leur race.

A la vérité, à l'époque impériale, la petite propriété subit de graves atteintes, même dans les provinces, ainsi que Pline le constate dans le texte même cité à l'instant : latifundia perdidere Italiam, *jam vero et provincias*. Mais ce fait économique doit être rattaché à des causes différentes qui ne peuvent être indiquées ici et notamment aux lourdes charges que la Rome impériale faisait peser sur la province pour nourrir et distraire l'immense agglomération de pauvres et de désœuvrés qui se pressaient dans son enceinte.

Ce ne furent pas, quoiqu'en ait pensé Pline, les grandes propriétés foncières qui perdirent l'Italie ; les grands patrons du travail agricole fournirent pendant longtemps à la république des administrateurs de premier ordre, et Rome déclina le jour où la désorganisation sociale, atteignant toutes les classes, amena la chute de ceux d'en haut, sans qu'au-dessous d'eux personne s'élevât pour les remplacer.

§ 2.

Lorsque l'invasion barbare eut définitivement renversé l'édifice vermoulu de l'Empire romain, un type nouveau de société apparut et une organisation sociale, inconnue jusqu'alors, s'imposa aux peuples civilisés de l'Europe Occidentale.

On se rappelle que, dans les sociétés communautaires, l'existence d'un droit éminent, retenu par la collectivité d'une manière plus ou moins précise, rend impossible toute aliénation de la terre par celui qui la cultive. Au moyen âge, le grand propriétaire, le seigneur va jouer, auprès des petites gens, une fonction semblable, non pas, — qu'on le remarque avec soin, — qu'il se préoccupe directement de leur bien, mais parce que son intérêt personnel et l'organisation générale de la société le lui commandent.

Il n'y avait certes aucune préoccupation démocratique dans cette grande entreprise de la société féodale d'attacher au sol ceux qui étaient capables de le cultiver ; il s'agissait de défricher, de mettre en valeur de vastes superficies de terrain, soit neuf encore, soit retourné à l'état natif. En cela, la situation se rapproche sensiblement de celle des États de l'Ouest de la Confédération américaine ; on a plus de souci de la terre que de celui qui la cultive, de la chose que de l'homme. Le seigneur fait le compte des services de toute nature dont la prestation lui est nécessaire pour la bonne exploitation de son domaine et la satisfaction légitime de ses divers besoins : il concède à chacun de ceux, qu'il croit aptes à lui fournir le service demandé, une certaine portion de terre dont l'étendue est proportionnée au service rendu, puisqu'elle en doit produire la rémunération.

Dans cette organisation première, il y avait si peu de tendance à assurer la perpétuité des familles, *pour elles-mêmes*, que la tenure du serf n'était pas de droit transmissible aux héritiers (1). Rien ne démontrait en effet que ceux-ci seraient capables de fournir les services exigés, ni d'ailleurs qu'ils y consentiraient.

Si donc nous voyons les possesseurs d'une tenure se succéder de père en fils dans la même condition, il n'y a là que l'effet d'une entente permanente, quotidienne, d'une sorte de tacite reconduction. Le seigneur n'était pas obligé de continuer aux fils la concession de terre qu'il avait consentie au père, de même que les fils n'étaient pas obligés,

____

(1) A un degré supérieur de l'échelle sociale, le même système prévalait : pendant longtemps, les bénéfices avaient un caractère *essentiellement personnel* et prenaient fin à la mort du titulaire.

vis-à-vis du seigneur, à la prestation des services qui avaient pu être exigés du père. Mais l'intérêt bien entendu des deux parties ne tarda pas à établir la perpétuité des rapports, à travers les générations, et les fils succédèrent naturellement au père.

Ces considérations avaient surtout de la valeur pour les tenanciers dont les services devaient consister en un travail manuel à exécuter sur les terres du seigneur. La culture de la terre, à cette époque, moins encore que de nos jours, n'exigeait aucune aptitude spéciale, puisque les méthodes de travail, simples et traditionnelles, étaient à la portée de tous ; par suite, le seigneur n'avait aucune raison de concéder sa tenure à d'autres qu'aux enfants de son serf et d'autre part, dans un temps où l'évolution économique était lente, ceux-ci ne désiraient, ni ne pouvaient aller offrir ailleurs le travail de leurs bras. En cet état, il était interdit au serf d'aliéner ou de grever de dettes le petit domaine qui lui avait été concédé ; n'ayant pas la faculté de le transmettre à ses fils, il pouvait encore moins l'aliéner entre vifs au profit d'un étranger.

Les *leges Barbarorum* qui contiennent des dispositions sur la saisie des meubles n'en contiennent aucune sur la saisie des immeubles (1), qui échappaient absolument à la poursuite du créancier.

Ce silence significatif durera pendant plusieurs siècles et l'insaisissabilité du home par un créancier impayé est à peine mentionnée dans les textes : les capitaux mobiliers sont singulièrement rares, et on n'a pas besoin de prohiber un acte que personne ne songerait à faire et que toutes les institutions sociales concourent à rendre impossible. Ainsi

---

(1) Esmein, *Etudes sur les contrats dans le très ancien droit français*. Cf. Sumner Maine, *Etudes sur l'histoire des institutions primitives*, traduction Durieu de Leyritz, p. 134 et suiv.

la grande charte de 1215 ne vise que l'insaisissabilité pour crime (*magnum delictum*), dans cette disposition remarquable de son article 20 : « Liber homo non amercietur pro parvo delicto, nisi secundum modum delicti ; et, pro magno delicto, amerciatur secundum magnitudinem delicti, *salvo contenemento suo ; et mercator eodem modo, salva mercan disâ suâ ; et villanus, eodem modo, amercietur, salvo wainagio suo*, si inciderint in misericordiam nostram ». Ce texte offre, pour nous, un intérêt spécial, car il pose nettement le principe de l'insaisissabilité du *home*, de l'habitation et de l'étendue de terre qui en est l'accessoire nécessaire, principe dont nous avons retrouvé l'application dans les lois américaines de homestead. Voici, en effet, la définition donnée par Webster des deux mots *wainage* et *contenement* : le premier désigne les chevaux, bœufs, charrues, chariots et leurs accessoires nécessaires pour la culture de la terre et aussi la terre elle-même ; le second désigne « la terre qui est l'accessoire d'une autre, par exemple une certaine quantité de terre adjacente à une maison d'habitation (*adjacent to a dwelling house*) et nécessaire pour la jouissance convenable de cette habitation (*and necessary to the reputable enjoyment of the dwelling* ».

A la même époque, notre ancien droit coutumier nous présente, dans certains cas, l'abandon de la jouissance de l'immeuble au créancier comme le seul moyen d'éteindre la dette, si le débiteur ne paie pas. « *Et cil à qui la dete est deue n'est pas gentixhons qui puist fief tenir, li souverains doit délivrer au créancier toutes les yssues du fief, dusqu'à tant que la dete soit aemplie* (1) ». Bouteiller, dans sa *Somme rurale*, ne paraît admettre la vente de l'héritage du débiteur que si celui-ci s'est obligé par une clause

______

(1) Beaumanoir, chap. 35, n° 2. Cf. dans le même sens de Fontanes XXI, § 9 : Ordonnances de Philippe Auguste de 1214 et 1218.

spéciale à le laisser vendre et il ajoute ces mots dignes de remarque, que l'on ne manquera pas de rapprocher de la législation américaine du homestead : « Si obligé n'était à la vendition, vendre ne le pourrait, mais les fruicts mettrait-on en paye *par si que le mineur eut de quoi vivre, si autre chose n'avait* » (1).

Cette organisation sociale se modifia cependant à partir du XIII* siècle ; à cette époque un accroissement considérable de la population rendit nécessaire une culture plus progressiste du sol, puisque l'extension du défrichement ne fournissait plus de terres nouvelles à la culture. Sous l'action de ce travail plus intense, la propriété devait s'émanciper, ainsi que cela arrive inévitablement dans toute transition de cette nature, et le haut domaine du seigneur fut restreint.

Le tenancier poursuivait deux choses en une seule : d'une part, il voulait relâcher les liens personnels qui l'engageaient vis-à-vis du seigneur et substituer au travail à exécuter, à la corvée, une redevance payable d'abord en nature, plus tard en argent ; d'autre part il demandait qu'il lui fût permis de se substituer plus librement quelqu'un, en cédant, à sa volonté, sa tenure à un tiers et cette faculté nouvelle ne put lui être refusée, lorsqu'il eut fait triompher sa première prétention.

En cet état nouveau, les petites familles furent beaucoup moins stables qu'on ne le pense communément. Il y a une

---

(1) *Somme rurale*, chap. 69. — L'édit des criées rendu par Henri II, le 3 sept. 1551, tenta d'introduire une procédure uniforme de « saisie réelle » ou de « décret forcé », mais un grand nombre de provinces, parmi lesquelles la Flandre, la Normandie, l'Artois, la Bresse, le Bugey, la Provence, le Béarn, le Dauphiné, le Languedoc et la Guyenne, restèrent plus ou moins fidèles à leurs anciennes coutumes. Cf. *Des voies d'exécution sur les biens des débiteurs dans le droit romain et dans l'ancien droit français*, par Jules Tambour. Paris, 1856.

certaine illusion d'optique à croire que les familles se perpétuaient toujours au même lieu, parce que les domaines sur lesquels elles se succédaient demeuraient dans les mêmes fonctions. Ces fonctions persévéraient à travers de lentes modifications, parce que le régime économique n'était point exposé aux coups que lui portent aujourd'hui les inventions incessantes des sciences modernes. Mais il n'est pas exact de dire que les familles, qui vivaient sur ces domaines, fussent à l'abri de l'éviction ; nous avons vu que, primitivement, la volonté du seigneur pouvait changer les concessionnaires d'une tenure et plus tard l'incapacité ou l'imprévoyance du tenancier amenaient promptement son éviction, faute de pouvoir acquitter le cens. Si l'humble condition de ces tenanciers rend difficile la preuve directe de cette assertion, la comparaison qui peut être faite avec les domaines seigneuriaux que nous voyons passer, par des transmissions répétées, à des familles nouvelles, nous donne sur ce point des éclaircissements précieux.

Il ne faut donc accepter qu'avec quelque réserve cette affirmation d'un savant professeur, qui, après avoir montré que « la location perpétuelle et le bail à longue durée étaient le droit commun de la propriété en France, en 1789, et qu'il n'y avait presque aucune portion du sol qui ne fût possédée en vertu de ce contrat », ajoute que « les serfs, aussi bien que les hommes libres, lui devaient la fixité de la tenure, qui les conduisit lentement, mais sûrement, à la propriété » (1).

Ce qu'il faut dire seulement, c'est que celui qui détenait une terre, en vertu d'un bail à cens, ne pouvant affecter à la garantie de son créancier un domaine qui ne lui appartenait pas, était par là même plus aisément prémuni contre

____

(1) Garsonnet, *Histoire des locations perpétuelles*, p. 388.

son imprévoyance ; tels de petits fermiers qui réussissent
tant bien que mal à acquitter leurs fermages, et cependant
se ruineraient rapidement, s'ils étaient propriétaires, faute
de savoir résister à la tentation d'emprunter. Mais il convient
de se tenir en garde contre toute exagération, car il n'y
avait, dans le bail à cens, aucune vertu spéciale qui mît nécessairement le tenancier en mesure de toujours acquitter
exactement le cens, et son impéritie ou son imprévoyance le
laissaient, là comme ailleurs, exposé à l'expulsion, ce qui
au surplus ne saurait être regretté.

On sait comment l'avènement de nouvelles conditions
économiques n'a plus permis le maintien du système féodal
d'exploitation du sol : la petite propriété qui, au milieu de
ce siècle, avait bénéficié, comme la grande, de la plus-value
générale amenée par le développement des voies ferrées,
a subi, dans ces vingt dernières années, de rudes assauts ;
alors on s'est aperçu du trouble apporté à la vie des petites
familles qui y vivaient. Autrefois, au contraire, la petite
propriété foncière restant toujours dans ses mêmes fonctions, il était moins aisé de constater les bouleversements
dont souffraient les familles qui les cultivaient ; mais ces
bouleversements n'en existaient pas moins, bien que plus
aisément masqués par la stabilité du petit théâtre qui en
était le témoin. L'esprit ne doit pas se laisser égarer par les
apparences des choses, et il n'y a pas de raison, *a priori*,
lorsqu'on passe par une même route, à trente années d'intervalle, pour croire que la chaumière retrouvée, sans
changement visible, abrite les mêmes paysans ou leurs
descendants.

Il est impossible de clore cette trop courte esquisse des
institutions économiques qui, dans les siècles passés, assuraient la conservation de la petite propriété, sans étudier
plus spécialement la législation anglaise sur ce point : la

grande république américaine est, en effet, la fille émancipée de l'Angleterre, et elle a emprunté à ce pays non seulement ses capitaux, mais aussi ses institutions et son droit civil, puisque le « common law » anglais constitue encore aujourd'hui le fond du droit civil américain, toutes les fois que des dérogations expresses n'y ont pas été apportées par les statuts.

Or, le « home » de l'individu ou de la famille est une des plus anciennes institutions du common law anglais. Pendant très longtemps, la demeure d'un homme fut intransmissible et inaliénable, excepté dans les cas où un ordre du souverain ou les nécessités de la défense l'exigeaient. A plus forte raison, le créancier ne pouvait-il faire vendre aucune portion de la terre de son débiteur, et, nous dit le grand jurisconsulte anglais Blackstone, « cette défense fut maintenue par le common law, bien longtemps après que les restrictions relatives à l'aliénation eurent été abolies » (1).

La première atteinte au droit du débiteur de continuer à jouir de sa terre fut seulement portée sous Edouard I (Webster 2 : 13 Edouard I, ch. 11 ; 25 Edouard III, ch. 17) qui donna au créancier, par le *writ* de *capias ad satisfaciendum*, le pouvoir d'arrêter et d'emprisonner son débiteur, jusqu'à ce que la dette fût payée. Quelque rigoureuse que fût cette mesure pour le débiteur, elle n'équivalait, en aucune façon, au point de vue économique, à la vente forcée du bien, puisque la *famille du débiteur conservait intacte son habitation*, à l'abri de toute poursuite du créancier ; d'ailleurs, cette pratique, suivant la remarque d'un jurisconsulte américain, aboutissait à ce résultat singulier que tandis que le *common law*, pour répondre aux exigences des institutions féodales, maintenait la femme et les en-

____

(1) Blackstone, *Commentaires*, III, n° 418.

fants dans la possession du « home », le corps du mari et du père pouvait languir perpétuellement en prison (1).

Les *writs fieri facias* et *levari facias* n'autorisaient que la saisie des marchandises et des revenus de la terre du débiteur et le *writ elegit* lui-même ne permettait pas au *sheriff* d'expulser le débiteur de l'immeuble qu'il occupait et encore moins d'en exécuter la vente forcée. Le créancier pouvait seulement prendre possession de la moitié de la terre du débiteur et conserver cette possession pendant le temps strictement suffisant pour éteindre la dette par l'accumulation des revenus. Dans le cas même où le débiteur avait acquiescé au jugement de condamnation ou avait consenti une hypothèque, l'effet de ces actes se bornait à permettre au créancier d'obtenir la jouissance de la *totalité* de la terre de son débiteur ; et encore cette extension des droits du créancier résultait-elle de statuts spéciaux relatifs au commerce (*statutes merchant or statute staple*) (2).

Enfin ce n'est que par des bills, rendus sous le règne de la reine Victoria, que la vente forcée de la propriété immobilière d'un débiteur fut définitivement autorisée, pour assurer le paiement de ses dettes (3).

Tous ces principes, qu'il conviendrait de compléter par l'exposé du *right of dower*, du douaire de la femme mariée (4),

---

(1) Thompson, *A treatise ou Homestead and Exemption laws*, p. 9. — Cette situation aurait pu évidemment exercer une contrainte morale très puissante sur la famille pour l'obliger à aliéner volontairement son habitation et à payer le créancier. Mais en réalité, l'emprisonnement pour dettes entraînant pour le créancier au moins autant de difficultés que d'avantages, celui-ci se gardait bien de compter sur cette ressource suprême et ne faisait crédit à son débiteur que dans les limites de la valeur de ses biens saisissables : il était donc bien vrai qu'en pratique comme en théorie l'habitation de la famille échappait au gage du créancier.

(2) Fitz, nat. Br. 131 ; Blackstone, *op. cit.*, III, n° 419.

(3) 1 et 2, Vict., ch. 110.

(4) En effet ce *right of dower* joue au regard de l'aliénation volon-

ont une importance capitale au point de vue de la législation américaine du homestead, car ils établissent nettement, ainsi que l'ont remarqué plusieurs tribunaux américains, que l'innovation texienne de 1839 n'était en réalité qu'une résurrection (1) ; on essayait de renouer, avec le succès que l'on sait, la longue chaîne du passé.

Telles sont les institutions économiques diverses qui dans l'antiquité ou au moyen âge ont conservé ou développé la petite propriété foncière. Que le lecteur ne croie pas cependant, que j'aie voulu, comme tant d'autres, prouver qu'en cette matière aussi, « il n'y a rien de nouveau sous le soleil ». Beaucoup répètent cette formule, oubliant qu'il y a, au moins, une chose nouvelle à notre époque, je veux dire la machine à vapeur et l'organisation industrielle moderne, et cette nouveauté est l'origine d'une série indéfinie de transformations inéluctables et d'évolutions nécessaires.

taire un rôle correspondant à celui que les principes précités jouent vis-à-vis de l'aliénation forcée, de la saisie. Mais le douaire de la femme mariée est encore une institution actuelle, aussi n'ai-je pas cru devoir en parler ici.

(1) Sur l'importance de cette constatation, *vide supra*, p. 74.

APPENDICE II

EFFETS PRATIQUES DES LOIS DE HOMESTEAD DANS LES ÉTATS DE
NEW-YORK, CONNECTICUT ET NEW-JERSEY.

I

Relevés faits par les county clerks, relativement au nombre des déclarations de homestead publiées dans les différents comtés.

New-York.

COMTÉS	NOMBRES	REMARQUES
Montgomery	65	depuis 1881 ; très peu dans les dernières années.
Tioga	3	depuis 1880.
Stouben	37	dans les 10 dernières années.
Monroe	6	— 6 dernières années.
Wayne	10	— 20 dernières années.
Lewis	92	depuis 1850.
Seneca	40	— 1850 ; aucune depuis 1872.
Schenectady	1	en 1872 ; aucune depuis.
Columbia	8	en 10 ans.
Wyoming	6	en 24 ans.
Chemung	65	avant 1882.
Chemung	490	depuis et surtout en 1882.
Delaware	11	dans les 10 dernières années.
Putnan	2	aucune depuis 1880.
Yates	3	depuis 1887.
Otsego	30	— 1852.
Greene	33	— 1850.
Livingston	5	— 1880.
Cayuga	25	en 20 années.

COMTÉS	NOMBRES	REMARQUES
Jefferson	36	depuis 1876.
Madison	112	— 1850.
Fulton	3	— 1876.
Cortland	41	— 1851 ; 10 seulement sont postérieures à 1866.
Catterangus	119	depuis 1850.
New-York	17	—
Orange	44	—
Camden	1	
St-Lawrence	300	—
Washington	150	dans les 10 dernières années, une environ chaque année.
Schuyler	18	depuis l'organisation du comté en 1856.
Ulster	17	depuis 1860. Deux seulement dans les 10 dernières années.
Clinton	50	depuis 1870.
Oneida	30	6 entre 1870 et 1880 et 24 depuis 1880.
Broome	7	depuis 1870.
Renselaer	50	dans les 30 dernières années.
Onandaga	131	depuis 1851 ; 13 dans les 6 dernières années.
Erie	14	en 15 années.
Chenango	16	en 20 années.
Kings	0	aucune.
Allegany	49	depuis 1850.
Niagara	9	en 10 ans.

Connecticut.

COMTÉS	NOMBRES	REMARQUES
New-Haven	1	
Hartford	»	on profite très peu de la loi.
Middlesex	»	très peu.
New-London	»	aucune déclaration.

New-Jersey.

COMTÉS	NOMBRES	REMARQUES
Hutterdon	0	
Monmouth. . .	»	
Hudson	1	en 10 ans.
Mercer	2	en totalité.
Cape May . . .	0	
Middlesex . . .	»	
Gloucester. . . .	»	
Morris.	2	le dernier en 1856.
Salem.	0	
Burlington . . .	0	en 30 ans.

II

Massachusetts.

M. C. D. Wright, to Consul Henderson (1).
Census Office 20, Beacon Street.

6 janvier 1887.

Cher Monsieur.

J'ai honneur de vous adresser sous ce pli un relevé qui montre dans quelle mesure les particuliers, dans cet Etat, profitent des dispositions des sections 1 et 2, chapitre 120, des Statuts publics, relatives à l'*Act de Homestead Exemption*.

Les renseignements ne permettent pas de faire un total pour l'Etat tout entier, aussi ai-je été obligé de donner les relevés par comtés.

Barnstable County : population 29.845. — Entre 1851 et 1885, environ 32 personnes ont inséré la clause d'exemption dans le titre d'acquisition ; le nombre total des personnes qui ont fait par la suite une déclaration s'élève à 322.

(1) Cette lettre fut écrite en réponse à une demande de renseignements adressée par le consul anglais de Boston ; on se souvient en effet que le gouvernement anglais avait, en 1886, ordonné à ses consuls de faire une enquête sur la législation américaine du homestead.

Bershire County : population 73.328. — Environ 1 p. 0/0 des actes contiennent la clause soit dans le titre d'acquisition, soit par une déclaration subséquente.

Bristol County : population 158.498. — Pendant les 12 dernières années, 10 personnes environ ont invoqué les dispositions de l'*Act*.

Duke's County : population 4.135. — Presque tous les actes contiennent la clause de *homestead exemption*, ou la propriété est transcrite au nom de la femme.

Essex County : population 368.727. — Une personne par an, pendant les 10 dernières années.

Franklin County : population 37.449. — Environ 1 p. 0/0.

Hampden County : population 116.764. — Très peu, pas plus de 2 par an.

Hampshire County : population 48.472. — Très peu jusqu'aux 3 dernières années ; depuis ce temps, de 25 à 30 par an.

Middlesex County : population 357.311. — Environ 1 sur 500 actes contient la clause d'exemption dans le titre d'acquisition ; environ un demi pour cent fait une déclaration subséquente.

Nantucket County : population 3.142. — La même chose que pour le comté de Duke.

Norfolk County : population 102.142. — De 10 à 12 par an, pendant les 10 dernières années.

Plymouth County : population 81.680. — Environ 15 par an.

Suffolk County : population 421.109. — 3 seulement dans les 16 dernières années.

Worcester County : population 244.039. — De 1852 au 7 octobre 1886, c'est-à-dire pendant une période de près de 34 années, 2.388 personnes ont profité des dispositions de l'*Act*, soit en insérant la clause dans l'acte d'acquisition, soit en faisant une déclaration subséquente.

On voit que, pour une raison quelconque, probablement l'ignorance quant à l'existence d'une telle disposition dans les Statuts, on ne profite pas des dispositions de l'*Act*, si ce n'est dans certains cas peu nombreux.

Dans les comtés de Barnstable, Duke's, Nantucket et Worcester, les chiffres indiquent une connaissance commune de l'existence de l'*Act*, mais, dans les autres comtés, le nombre des personnes qui profitent de ses dispositions est insignifiant.

Dans l'espoir que ces informations seront utiles au gouvernement de Sa Majesté, je suis...

CARROLL D. WRIGHT, Chef.

APPENDICE III

TEXTE ORIGINAL ET TRADUCTION DE DEUX LOIS AMÉRICAINES DE HOMESTEAD.

South Dakota

CONSTITUTION

ARTICLE 21. — *Exemption from execution, etc.*

SECTION 4. — The right of the debtor to enjoy the comforts and necessaries of life shall be recognized by wholesome laws; exempting from forced sale a homestead, the value of which shall be limited and defined by law, to all heads of families, and a reasonable amount of personal property, the kind and value of which to be fixed by general laws.

POLITICAL CODE

CHAPTER 38. — *Exemption from execution, etc. — Homesteads.*

SECTION 1. — The homestead of every family resident in this [territory] as hereinafter defined, whether such homestead be owned by the husband or wife, so long as it continues to possess the character of a homestead, shall be exempt from judicial sale, from judgment lien, and from all mesne or final process issued from any court.

SECTION 2. — A widow or widower, though without children, shall be deemed a family while continuing to occupy the house used as such at the time of the death of the husband or wife.

Section 4. — The homestead shall be liable for taxes accruing thereon, and***, shall be liable only for such taxes, and shall be subject to mechanic's lien for work, labor, or material, done or furnished exclusively for the improvement of the same, and the whole or a sufficient portion thereof may be sold to pay the same.

Section 5. — The homestead may be sold for any debt created for the purchase thereof.

Section 6. — The homestead must embrace the house used as a home by the owner thereof, and if he or she has two or more houses thus used at different times and places, such owner may select which he or she will retain as a homestead.

Section 8. — (as amended by chapter 65, acts of 1885). If within a town plat it must not exceed one acre in extent and if not within a town plat in must not embrace in the aggregate more than one hundred and sixty acres. If the homestead is claimed upon any land, the title or right of possession to which was acquired or claimed under the laws of the United States relating to mineral lands, then the area of the homestead shall not exceed one acre, whether within or without a town plat.

CONSTITUTION.

Article 21. — *Exemption de saisie, etc.*

Section 4. — Le droit du débiteur à la jouissance du nécessaire et du « confort » de la vie sera reconnu par des lois salutaires; elles exempteront de la saisie un homestead dont la valeur sera limitée et définie par la loi, en faveur de toute « tête de famille » ; la même exemption protégera une quantité raisonnable de biens meubles, dont la nature et la valeur seront déterminées par les lois générales.

CODE POLITIQUE

Chapitre 38. — *Exemption de saisie, etc. — Homestead.*

Section 1. — Le homestead de toute famille résidant sur ce territoire, tel qu'il est ci-après défini, qu'il soit la propriété du mari ou de la femme, aussi longtemps qu'il conserve le caractère de homestead, ne pourra être l'objet d'aucune vente sur saisie, d'aucune hypothèque légale, ni d'aucune autre mesure d'exécution quelconque ordonnée par un tribunal quelconque.

SECTION 2. — La veuve ou le veuf, quoique sans enfants, sera considéré comme une famille, aussi longtemps que le conjoint survivant continuera à habiter la maison qu'il occupait au moment de la mort du mari ou de la femme.

SECTION 4. — Le homestead restera exposé à la saisie pour la perception des impôts ; le privilège de l'artisan ne sera pas davantage paralysé, lorsqu'il garantit le salaire ou le prix du travail ou des matériaux, à condition toutefois que ceux-ci auront été gagnés, exécutés ou fournis, en vue de l'amélioration du fonds et le homestead tout entier ou telle partie, qui serait jugée suffisante, peut être exproprié, dans le but de payer une dette de cette nature.

SECTION 5. — Le homestead peut être saisi pour toute dette contractée à l'occasion de l'achat du fonds.

SECTION 6. — Le homestead doit embrasser la maison que son propriétaire affecte à l'habitation de la famille, et si le ou la propriétaire a deux maisons ou plus, ainsi affectées à des époques et dans des lieux différents, il ou elle doit choisir celle qui, suivant son désir, sera conservée en qualité de homestead.

SECTION 8. — (Amendée par le chapitre 65 des lois de 1885). Le homestead ne doit pas avoir une superficie supérieure à un acre, s'il est situé dans l'intérieur d'une ville, ni dépasser dans l'ensemble cent soixante acres, s'il est situé en dehors de l'enceinte urbaine. Si le droit de homestead est réclamé sur une terre dont le titre d'acquisition a dû être considéré comme soumis aux lois fédérales concernant les gisements minéraux, la superficie du homestead ne doit pas dépasser un acre, sans distinguer entre les immeubles urbains et les immeubles ruraux.

Wisconsin.

CONSTITUTION.

ARTICLE 1. — *Exemption from execution, etc.*

SECTION 17. — The privilege of the debtor to enjoy the necessary comforts of live, shall be recognized by wholesome laws, exempting a reasonable amount of property from seizure, or sale for the payment of any debt, or liability hereafter contracted.

REVISED STATUTES OF 1878 AND SUPPLEMENT OF 1883.

CHAPTER 130. — *Exemption from execution, etc. — Homesteads.*

SECTION 2983. — A homestead, to be selected by the owner thereof, consisting, when not included in any city or village, of any quantity of land not exceeding forty acres, used for agricultural purposes, and when included in any city or village, of any quantity of land not exceeding one fourth of an acre and the dwelling house thereon and its appurtenances, owned and occupied by any resident of this state, shall be exempt from seizure or sale on execution, from the lien of every judgment, and from liability in any form for the debts of such owner, except laborers', mechanics', and purchase-money liens, and mortgages lawfully executed, and taxes lawfully assessed, and except as otherwise specially provided in these statutes; and such exemption shall not be impaired by temporary removal with the intention to reoccupy the same as a homestead, nor by a sale thereof, but shall extend to the proceeds derived from such sale while held with the intention to procure another homestead therewith, for a period not exceeding two years. Such exemption shall extend to land, not exceeding, altogether, the amount aforesaid, owned by a husband and wife jointhy, or in common, and to the interest therein of a tenant in common, or two or more tenants in common, having a homestead thereon, with the consent, expressed or implied, of the cotenants

and to any estate less than a fee held by any person by lease
or otherwise.

CONSTITUTION.

ARTICLE 1. — *Exemption de saisie, etc.*

SECTION 17. — Le droit privilégié du débiteur à la jouissance du confortable nécessaire de la vie sera reconnu par des
lois salutaires, qui protégeront une quantité raisonnable de
biens contre la saisie ou l'expropriation dirigée dans le but
d'obtenir le paiement de toute dette et de tout engagement
postérieurs.

STATUTS RÉVISÉS DE 1878 ET SUPPLÉMENT DE 1883.

CHAPITRE 130. — *Exemption de saisie, etc. Homesteads.*

SECTION 2983.— Un homestead, dont la superficie, s'il est situé hors de l'enceinte d'une ville ou d'un village, ne dépassera pas
quarante acres et devra être affectée à une exploitation agricole,
ou, s'il est situé sur le territoire d'une ville ou d'un village,
dont la superficie ne devra pas excéder le quart d'un acre,
ainsi que la maison et les dépendances construites dessus,
sera, au choix du propriétaire, et à la condition d'être occupés
par un résident de cet état, exempt de saisie, vente forcée,
hypothèque judiciaire et en général de toute poursuite quelconque à raison des dettes du propriétaire : cette exemption
ne sera pas opposable aux artisans, aux ouvriers, aux prêteurs
de deniers ayant servi a acquérir le fonds, aux créanciers qui,
par contrat, se seraient fait concéder une hypothèque et elle
n'apportera pas davantage obstacle au recouvrement des impôts légalement établis.

Cette exemption ne sera pas supprimée par un déménagement temporaire, si l'intention persiste de venir habiter de
nouveau le homestead que l'on quitte, ni par la vente du fonds;
dans ce dernier cas, l'exemption protège les deniers qui pro-
viennent de la vente aussi longtemps que le détenteur les
conserve dans le dessein de se procurer un autre homestead,
pourvu toutefois que cette période n'excède pas deux années.

Cette exemption pourra être invoquée pour toute terre possédée par le mari et la femme, en commun ou par portions divises ; elle protégera aussi les tenanciers qui n'auraient sur l'immeuble occupé qu'un droit de copropriété indivise et qui y auraient établi leur homestead, du consentement exprès ou tacite de leurs copropriétaires ; il importerait peu que le droit préservé contre les poursuites du créancier fût inférieur au droit de propriété, qu'il fût même un simple droit de jouissance à titre de locataire ou à un autre titre quelconque.

TABLE DES MATIÈRES

CHAPITRE PREMIER.

Les deux sens du mot homestead.

CHAPITRE II.

Pourquoi des publicistes européens proposèrent d'imiter la législation américaine du homestead.

CHAPITRE III.

Situation économique aux États-Unis et au Texas en 1839 ; la première loi de homestead.

CHAPITRE IV.

Commentaire des dispositions des lois américaines de homestead, principalement au point de vue économique.

CHAPITRE VII.

But politique, économique et social des lois de homestead. — Comment elles s'harmonisent dans l'ensemble des lois américaines.

CHAPITRE VIII.

Les effets pratiques des lois de homestead.

CHAPITRE IX.

Les lois de homestead au Canada.

CHAPITRE X.

De quelques mesures législatives, prises dans l'Inde, en Serbie, en Roumanie et en Russie, qui peuvent être rapprochées de la législation du homestead.

CHAPITRE XI.

Les projets de loi de homestead en France, en Allemagne et en Autriche. — Les arguments des partisans et des adversaires.

CHAPITRE XII.

Conclusion.

APPENDICE I

Pourquoi la question du homestead demeura complètement inconnue aux sociétés anciennes ou du moyen âge.

APPENDICE II

Documents relatifs à l'application des lois d'homestead dans les États de New-York, Connecticut, New-Jersey et Massachusetts, p. 374.

APPENDICE III

**Texte original et traduction de deux lois américaines d'ho-
mestead : le Dakota méridional, le Wisconsin, p. 379.**

Imp. G. Saint-Aubin et Thevenot, Saint-Dizier, 15-17, passage Verdeau, Paris.